中国政法大学校级人文社会科学研究项目资助（15ZFG81002）

感谢父亲陈利妹、母亲王钦云：
您的善良与淳朴，是我们兄弟姐妹们的榜样

清末民初政治制度改革失败原因的研究

——制度的利益分析理论系列研究之二

陈忠云 著

中国政法大学出版社

2019·北京

图书在版编目（ＣＩＰ）数据

清末民初政治制度改革失败原因的研究:制度的利益分析理论系列研究之二/陈忠云著
北京:中国政法大学出版社,2019.11
　ISBN 978-7-5620-9298-8

　Ⅰ.①清…　　Ⅱ.①陈…　　Ⅲ.①政治改革—研究—中国—近代　　Ⅳ.①D693.2

　中国版本图书馆CIP数据核字(2019)第263729号

出 版 者	中国政法大学出版社
地　　址	北京市海淀区西土城路 25 号
邮寄地址	北京 100088 信箱 8034 分箱　邮编 100088
网　　址	http://www.cuplpress.com（网络实名：中国政法大学出版社）
电　　话	010-58908437（编辑室）58908334（邮购部）
承　　印	保定市中画美凯印刷有限公司
开　　本	720mm×960mm　1/16
印　　张	25.25
字　　数	420 千字
版　　次	2019 年 12 月第 1 版
印　　次	2019 年 12 月第 1 次印刷
定　　价	99.00 元

白钢教授序言 *

    制度的利益分析理论是陈忠云博士博览群籍、审问慎思后，独创的一种政治学分析理论。它是以政治利益为导向的、基于人性演绎的动态分析理论。该理论能够对政治领域中行为者的行为规律、与政治制度形成和发展的关系进行有效分析，尽管分析对象的时代不同、却屡试不爽。

    在《超越不同形式政治制度的研究范式——制度的利益分析理论之魅力》专著中，"制度的利益分析理论"初展锋芒，赢得学术界的认可。特别是作者通过理论的逻辑推理、采用文献资料进行考证等手段[1]，创立了对古代政治制度的形成与发展问题研究的新方法，令人耳目一新，俨然进入一个千岩万壑的新境界。

    现在，作者再接再厉，同样利用"制度的利益分析理论"开展对清末民初政治制度改革问题的研究，并完成第二部专著《清末民初政治制度改革失败原因的研究——制度的利益分析理论系列研究之二》。该专著为探讨戊戌变法、预备立宪，乃至民国初年民主改革等系列事件的失败原因，将理论、历史线索、当时影响相关事件的各种现实因素等，结合起来研究。通过综合运用多种分析方法，在避免孤立地就事论事的同时，建立起更具系统性、必然性的论证数据链条，以展示该研究的高度科学性。

    "腹有诗书气自华"。陈忠云是位饱学经典、殚精竭思的创新型学者，其文博辩而深切，所有观点必出于己，不蹈袭前人窠臼。这在当下实属难能可贵。也正因为如此，对"制度的利益分析理论"前景，他才能够胸有成竹，信心满满。目前他正在以此理论为中心，构建一个全新的理论分析体系。值

---

  * 白钢教授，中国社会科学院荣誉学部委员。

  [1] 如果有条件，也可以在这种理论之下，采用实地考察以及运用统计学的量化分析等手段。

得翘首以待。

　　初识陈忠云，是在 1995 年夏天我任神户大学客座教授时。陈忠云是从本科起就在日本就读的留学生。当时他正在读硕士课程，长期国外留学经历，广泛涉猎政治学领域各种理论和研究方法，使他拥有扎实的学术基础。特别是他那忠厚、朴实、勤奋的品格让我为之动容。曾邀他学成回国，为政治学学科建设添砖加瓦。而今读到他的关于"制度的利益分析理论"系列论著之二，不禁为之加额相庆，拍案称奇。

　　高山仰止，景行行止。

　　是为序。

白銧

2018 年 9 月 16 日

作者自序

　　十余年前，笔者开始着手构建"制度的利益分析理论"。在构建好该理论之后，就有了建立以该理论为中心的理论体系的打算。该理论体系将由一系列的研究专著构成。现在已经完成第一部专著《超越不同形式政治制度的研究范式——制度的利益分析理论之魅力》、第二部专著《清末民初政治制度改革失败原因的研究——制度的利益分析理论系列研究之二》。在后续的工作中，制度的利益分析理论系列研究之三、之四等，将陆续推出。

　　第二部专著《清末民初政治制度改革失败原因的研究——制度的利益分析理论系列研究之二》，是首部从制度的利益分析理论以及历史的角度，系统地对清末民初政治制度改革失败原因进行研究的作品。近代中国政治制度发展道路曲折复杂，特别是什么原因造成清末民初政治制度改革屡遭挫折的问题，至今困扰着中国人。众多学者对该问题进行研究，但他们往往就事论事，较少从理论的角度看问题，也较少从历史的角度看问题。这种研究方法的缺陷使他们的研究思路容易落入窠臼，缺乏稳定性、逻辑性、系统性，也导致其对改革失败原因判断的主观性较大。

　　与他们不同的是，笔者对清末民初政治制度改革失败原因的研究，是在建立在理论系列研究的第一部专著，也就是《超越不同形式政治制度的研究范式——制度的利益分析理论之魅力》的研究基础之上。该专著主要有两个方面的内容，一是构建制度利益分析理论，二是在该理论的基础上对古代政治制度是形成与发展问题进行研究。理论方法与历史方法，这两种研究方法同样是研究清末民初政治制度改革失败原因的基础。

　　当然，就像探讨清末民初政治制度改革失败原因的既存研究那样，孤立地对清末戊戌变法、预备立宪矢败的原因以及民初民主失败原因进行探讨也不是不可以，但科学的分析手段越少，其观点往往越主观。克服主观的重要方法之一就是增加科学分析的手段。孤立地对清末民初的具体事件进行研究，相当于在点上的研究；从历史角度看问题，相当于在线上的研究；在制度的利益分析理论导航之下，从历史角度对事件进行研究，相当于通过理论、线、点结合对某具体问题进行探讨。在点上研究事件原因，可能因为偶然性因素较多，准确性较差。而理论、点、线结合，或许可以找到更准确的必然性原因。这种研究方法，既符合制度的利益分析和理论的系统分析要求，也符合建立更完整的论证数据链条的要求。

由于本书采用新的研究方法进行分析，在这种方法之下形成的观点往往与现存的各种观点相左。同样，还是套用第一部专著《超越不同形式政治制度的研究范式——制度的利益分析理论之魅力》序言中的一句老话，"正是因为这些相左论点的存在才为本书的学术争鸣提供了机会，在此谨向在本书中所提及的持有这些学术观点的学术同仁们表示感谢"。本书中所提到的相左观点的作者，笔者对他们的研究和辛苦劳动表示深深的敬意。同时，也希望能够展开更加活泼的学术争鸣。建设一个理性、美好的中国，是我们的追求，也是我们的责任。

陈忠云
2018 年 8 月

目　录 CONTENTS

第一部分　既存研究的文献梳理以及
　　　　　本书的理论

一百多年前的戊戌变法，开启了清末民初政治制度变革的序幕，中国进入了政治制度改革激荡的时代。当时重要的政治制度改革事件除了戊戌变法，还有预备立宪、民初的民主宪政等。然而，戊戌变法、预备立宪都以失败告终。人们推翻清朝建立中华民国，试图进行彻底的政治制度改革，却还是因为袁世凯走上称帝道路而遭受夭折。尽管当时的政治制度改革一波接一波，但都遭遇失败，最终使中国陷入军阀混战的泥沼，对国家与民众造成极为惨烈的危害。人们困惑，什么原因导致清末民初的政治制度变革陷入这种困境呢？尽管这些事件发生于百余年之前，人们却对此越发关注。

探讨清末民初政治制度改革失败原因的学者众多，其观点五花八门，但亦可以进行梳理归类。以下，对清末戊戌变法、预备立宪以及民初民主宪政失败原因的既存观点分别进行综述。

一、关于戊戌变法失败原因的既存观点[1]

关于戊戌变法失败的原因，学者们的考察视角主要有两种：一是从宏观视角进行考察，认为因戊戌变法成功的社会条件不具备而导致失败；二是从微观视角进行考察，认为在改革实施的过程中因改革的具体手段存在问题而导致失败。从微观视角的考察还包括探讨发生戊戌政变[2]原因的过程论观点。

李喜所、郭世佑、邹小站、史革新等从第一种的宏观视角进行考察，他们认为成功的社会条件不具备而导致失败，具体理由包括经济基础薄弱、民

---

[1] 也存在一些关于戊戌变法失败原因文献综述的既存研究。如，耿茹："近十年来戊戌变法失败原因研究综述"，载《历史教学》2003 年 05 期。

[2] 探讨戊戌政变的直接原因，主要着眼于变法的终局，而探讨戊戌变法失败的原因，涉及的事件更多，范围更广。

智不足等。李喜所认为，"戊戌变法失败的根本原因不在康梁维新派的变法内容和具体策略上，而在于当时没有出现一个使变法成功的整体的社会环境以及与此相联系的强大的促进改革的政治和经济力量"；[1]郭世佑认为，"历史人物的觉悟、能力与技巧各有高低，但历史条件与历史时代往往很难超越，不同时代孕育出不同的政治思想家与政治活动家"，他们的"幼稚不仅属于他们个人，而且属于一个时代甚至属于一个可望连绵的社会群体"；[2]邹小站认为，"当时社会条件不成熟则是变法失败的根本原因，由于当时的教育未变化，所以变法的思想、人才储备不足，社会经济也不能造成变革的力量"，史革新指出，"当时情形是社会发展不平衡且复杂，传统思想根深蒂固，守旧反对势力太大"。[3]另外，高放等人认为戊戌变法之所以失败，是因为"当时中国资本主义的发展还极不充分，还没有具备进行君主立宪必须具备的条件"；[4]汤志钧认为资产阶级改良派不但不敢摧毁封建制度，并且又对帝国主义存在妄想，是戊戌变法失败的原因之一。[5]

董方奎、陈志勇、沈茂骏、张鸣、杨天石、徐临江、茅海建、萧功秦、马勇、林贤治等人从第二种的微观视角进行考察，他们认为是在改革的过程中因策略、手段存在问题而导致失败，具体理由包括改革策略失误、康有为不成熟政治行为、既得利益者守卫既得利益等。关于改革策略失误问题，董方奎认为"戊戌变法失败的主要原因是光绪及康有为的策略错误……（包括）齐头改革带来的混乱"；[6]陈志勇认为，"急于求成、盲目冒进是导致变法失败的一个重要原因"。[7]沈茂骏认为康、梁等维新派策略失误在于，他们不但没有争取把持朝政大权的慈禧的支持，反而卷入了后党、帝党之争，导致变

〔1〕 李喜所："梁启超对戊戌变法的反思——兼评百年来学术界对变法失败原因的考察"，载《河北学刊》2001 年 03 期。

〔2〕 郭世佑："百年戊戌变法研究回顾"，载《学术研究》1998 年 09 期。

〔3〕 上述邹小站与史革新的观点，参照王毅："戊戌维新与晚清社会变革——纪念戊戌变法 110 周年学术研讨会综述"，载《清史研究》2009 年 02 期。

〔4〕 高放等：《清末立宪史》，华文出版社 2012 年版，第 65 页。

〔5〕 汤志钧：《戊戌变法史》，上海社会科学院出版社 2015 年版，第 380-382 页。

〔6〕 董方奎："论戊戌变法的策略错误——九十年前的改革教训值得注意"，载《华中师范大学学报（哲社版）》1988 年 03 期。

〔7〕 陈志勇："操之过急 功败垂成——戊戌变法失败主观原因探析"，载《南京政治学院学报》1991 年 01 期。

法运动的失败。[1]张鸣亦认为变法失败的主要原因是维新派忽略了最有权势的慈禧的存在，而把宝押在没有权势的光绪身上。[2]杨天石持另外一种策略失误的观点，他认为变法失败既与慈禧控制大权、顽固派势力强大有关，也与将礼部六堂官革职的光绪策略失误有关。[3]上述策略失误问题，或者在某种程度上也可以说与康有为有关，但是有学者把矛头直指康有为，认为是他不成熟的政治行为导致变法失败。徐临江、茅海建等人认为康有为的个性高傲、经验不足，没有争取更多的人支持而导致变法失败。[4]萧功秦、马勇亦认为康有为的行为问题是导致戊戌变法失败的主要原因，萧功秦借用王照的"康梁等亦庸医杀人者也"一句话强烈谴责康有为，[5]而马勇认为康有为的不成熟行为是导致戊戌变法失败最根本的原因，康"选择用一种暴力的手段去解决一个和平改革当中的问题，他要让谭嗣同游说袁世凯、（并让其）包围颐和园去捉拿（慈禧）皇太后，让（慈禧）皇太后授权给光绪皇帝"。[6]关于既得利益者守卫既得利益的问题，上述的沈茂骏还认为慈禧与光绪之间的政治利益（名誉等）之争也是戊戌变法失败的原因之一，[7]而林贤治则认为，"无论如何，改革只能限制在让老人（慈禧）感觉到个人权力不被触犯的

---

〔1〕 沈茂骏："戊戌变法失败原因新解"，载《学术研究》1990 年 04 期。

〔2〕 他认为应当"找一个理由与时机，让西太后出来堂而皇之地主持变法。毕竟她是最有权势的人"。张鸣：《重说中国近代史》，中国致公出版社 2012 年版，第 154 页。

〔3〕 杨天石：《帝制的终结》，岳麓书社 2013 年版，第 70 页

〔4〕 徐临江："康有为文化个性和维新运动的失败"，载《上海交通大学学报（社科版）》2001 年 03 期；茅海建：《戊戌变法的另面："张之洞档案"阅读笔记》生活·读书·新知三联书店 2018 年版，自序参照。

〔5〕 萧功秦：《危机中的变革：清末政治中的激进与保守》，广东人民出版社 2011 年版，第 71 页。

〔6〕 马勇："戊戌变法失败的关键原因"，载 http://history.sina.com.cn/his/zl/2013 - 06 - 09/145248110.shtml，访问日期：2017 年 1 月 22 日。清末的苏继祖也有此看法。他说："今日者势成骑虎，社稷有倾复之祸，皇上有倒悬之危，所倾社稷，危皇上者，不得不归咎于康有为也"。中国史学会主编：《戊戌变法》（第 1 册），神州国光社 1953 年版，第 354 页。

〔7〕 王照的见解是这种观点的主要根据。王照认为"戊戌之变，外人或误会为慈禧反对变法，其实慈禧但知权利，绝无政见，纯为家务之争。故以余人之见，若奉之以主张变法之名，使我公然出头，则皇上之志可由屈而得伸，久而顽囤大臣皆无能也。此策曾于余之第一奏折显揭之，亦屡向南海劝以此旨。而南海为张荫桓所蔽，坚持扶此抑彼之策，以那拉氏为不可造就之物"〔中国史学会主编：《戊戌变法》（第 4 册），神州国光社 1953 年版，第 359 页〕。王照认为如果把戊戌变法的总设计师的荣誉头衔送给慈禧，就可能使慈禧支持变法，但康有为等人无视慈禧在变法中的作用，导致变法的反对派联合慈禧而形成一个利益集团阻挠变法。

程度;而且,她的个人权力,是与满朝元老、既得利益者、特权集团的安全感紧密联系在一起的"[1]。总而言之,他们认为是人为的政治运作失误等原因导致戊戌变法失败,所以有学者深感惋惜,认为"戊戌变法是近代中国唯一可能成功的改革,或者说它具备了成功的基本条件,差只差在人为的政治运作方面"。[2]

从微观视角的考察还包括探讨发生戊戌政变原因的过程论观点。骆宝善、房德邻、茅海建等从变法终局的各种事件中探讨戊戌政变的直接原因。人们曾经讨论慈禧终止变法的直接原因是什么的问题,主要围绕杨崇伊密折、谭嗣同动员袁世凯实施围园劫后的计划以及袁世凯告密、光绪接见伊藤博文等几个事件进行分析,讨论哪一个事件才是导致变法终止的直接原因。[3]但从1999年前后开始,骆宝善、房德邻等学者明确提出戊戌政变不是单个事件所导致,而是一个过程[4]。在这种过程论的观点中,政变起始的时间也被不断地修正。从戊戌年八月三到八月六的几个事件组成一个过程开始,逐步前推到七月十九,茅海建认为,"政变起始于七月十九日光绪帝未依当时的政治游戏规则,即应先请示慈禧太后,而是独立地决定罢免礼部六堂官"。[5]近年的研究更前推到四月二十七日,邱涛认为,"慈禧从四月二十七日围绕京畿军力和人事的调整、部署,实际上也可看作政变开始的标志"。[6]

---

〔1〕 林贤治:"戊戌维新——一场流产政改",载 http://blog.sina.com.cn/s/blog_4ac0d2950100yyws.html#commonComment,访问日期:2017年9月13日。

〔2〕 王也扬:"戊戌变法:近代中国唯一可能成功的改革",载《浙江社会科学》2000年03期。

〔3〕 亦可参照茅海建关于戊戌政变的学术史梳理。茅海建:"戊戌政变的时间、过程与原委",载《戊戌变法史事考》,生活·读书·新知三联书店2005年版,第1-10页。

〔4〕 骆宝善通过考察后认为,"戊戌政变的发动历经了从初三日杨崇伊上密折、西太后允准回宫训政、布置谋划,至初六日颁布捉拿康有为和训政上谕这样一个过程",并认为政变与八月初五晚的袁世凯在天津告密没有直接联系(骆宝善:"再论戊戌变法不起于袁世凯告密",载《广东社会科学》1999年05期)。房德邻的过程论观点与骆宝善基本一致,但对过程的探究更为细密,认为初三日起,光绪帝已不能像往常那样自行处理日常政事,而权力已转移到太后手中,"事实上初三日已经发生政变",并且"政变经历了一个过程,其间事机杂出,几个看似偶然实则互相关联的事件促成了政变的发生和升级"(房德邻:"戊戌政变之真相",载《清史研究》2000年02期)。

〔5〕 茅海建:《戊戌变法史事考》,生活·读书·新知三联书店2005年版,第162页。黄彰健等亦认为并不是袁世凯告密导致戊戌政变发生。实际上,"废祖制、改衣冠及礼部六堂官之被罢免,都可以解释为政变爆发的原因"(黄彰健:《戊戌变法史研究》,上海书店出版社2007年版,第647页)。但他没有从过程论的角度进行解释。

〔6〕 邱涛:"'戊戌政变过程论'与戊戌变法研究",载《教学与研究》2013年03期。

上述主要是当代学者们的见解。而百余年前戊戌变法的亲历者梁启超，则从慈禧与光绪之间关系恶劣、既得利益者痛恨改革以及光绪缺少权力等角度探讨失败的原因。他认为戊戌变法失败原因有如下几点，"其一由西后与皇上积不相能，久蓄废立之志也，其二由顽固大臣痛恨改革也"，[1]而最重要的就是光绪手中无权，戊戌变法"数月以来，新政之诏多矣，督责大臣之旨多矣，乃日日降旨严催而诸臣藐然，日云必加严惩，而未闻一惩，盖上无权既久，大臣所共闻知"，[2]光绪因缺少权力而无法做到令行禁止，顽固大臣拒绝服从，使变法无法展开。同样是戊戌变法亲历者的王照，认为慈禧与光绪之间的政治利益（权力、名誉等）之争是失败的主因原因。除了前述"家务之争"的见解以外，他还说，"戊戌政变内容，十有六七皆争利争权之事，假政见以济之，根不坚实，故易成恶果"[3]。上述两人都深度参与变法运动，他们的观察更具体、更细致。

二、关于清末预备立宪失败原因的既存观点[4]

关于清末预备立宪失败原因的思考，与戊戌变法研究相似，一部分学者从宏观视角进行考察，认为这种改革可能成功的社会条件不具备而导致失败，另一部分学者从微观视角进行考察，认为改革实施过程中存在的问题导致失败。

萧功秦、张继良、吴春梅、张玉光、李昊鲁等从第一种的宏观视角进行考察，他们认为成功的社会条件不具备而导致预备立宪失败，具体理由包括制度移植水土不服、经济基础薄弱等。关于制度移植水土不服的问题，萧功秦

---

［1］　中国史学会主编：《戊戌变法》（第1册），神州国光社1953年版，第268页。
［2］　中国史学会主编：《戊戌变法》（第2册），神州国光社1953年版，第63页。
［3］　中国史学会主编：《戊戌变法》（第2册），神州国光社1953年版，第355页。王照：《礼部代递奏稿》（注3）。另外，在清末的官员、学者中，行政机构改革、伊藤博文的到来等，也是导致戊戌变法失败原因的见解也存在。陈夔龙在《梦蕉亭杂记》中称，"戊戌变政，首在裁官。京师闲散衙门被裁撤者，不下十余处，连带关系之失职失业者将及万人，朝野震骇"（中国史学会主编：《戊戌变法》（第1册），神州国光社1953年版，第485页）。苏继祖在《清廷戊戌朝变记》中提出他的看法："八月之变，幽禁皇上，株连新党，翻改新政，蓄此心固非一日，而藉口发难，实由于伊藤之来也"［中国史学会主编：《戊戌变法》（第1册），神州国光社1953年版，第342页］。
［4］　也存在一些关于清末立宪失败原因文献综述的既存研究。如，吴磊、于春江："近年来国内清末新政研究概述"，载《阿坝师范高等专科学校学报》2010年02期。崔志海："建国以来的国内清末新政史研究"，载《清史研究》2014年03期。这些文献综述的论文，部分内容与清末立宪失败原因研究有关。

认为，由于"后发展的传统国家在政治现代化过程中存在的诸多两难矛盾与困难……（因此移植而来的）外来制度必须与本国风俗融为一体才能立足"。[1]张继良等认为，"中国传统政治文化与西方宪政文化是两种不同的价值体系，前者凸显君权主义，后者以保障人权为诉求。西方宪政文化的输入及其对清末立宪的影响，是在'中体西用'的思维定式下被纳入中国传统政治（制度）体系后才发生作用的，因此其价值含量和基本功能无不受到贬损和扭曲"。[2]关于社会经济基础薄弱导致失败的问题，吴春梅认为，"由于民主政治建立的前提是经济发展、教育普及，当时中国缺乏建立宪政的基础，晚清宪政改革不可避免要遭到失败，这是历史的必然"。[3]张玉光认为，"任何的政治改革，必须以经济的发展为基础。如果没有在全社会形成广泛的社会共识，没有庞大坚实的中产阶级的有力支持，宪政运动的实践无异于缘木求鱼"。[4]李昊鲁认为，"宪政之根基在于建立在市场经济充分发展基础上的市民社会，只有期待其茁壮成长，构建其与国家权力之间的相互制衡良性互动的新型社会治理模式，才能为宪政的实现打下坚实的根基"。[5]

侯宜杰、谢俊美、袁伟时、蒋德海、秦晖、萧功秦、谢红星、马勇、崔志海、张鸣、李泽厚等从第二种的微观视角进行考察，他们认为在改革实施的过程中，出现统治者缺乏主动性和紧迫感、特权阶层对立宪进程的阻挠、统治者固执地紧握权力、改革策略失误、特定人物突然死去的偶然因素等问题，导致预备立宪失败。关于统治者缺乏主动性和紧迫感的问题，侯宜杰认为，清政府因为"缺乏主动性和紧迫感，刚愎自用……以致与立宪派的矛盾

〔1〕 萧功秦："清末新政中的保守主义思潮——立宪运动百年的反思"，载《天津社会科学》2004年04期。萧功秦还认为，西方立宪政治"是资本主义市场经济发展与市民社会发展到相当程度后的社会产物"，它"有赖于一系列复杂的历史、文化、经济和社会条件的存在才得以成立"。"而这些条件往往是该种文化原先所固有，而中国所没有的"。萧功秦：《危机中的变革：清末政治中的激进与保守》，广东人民出版社2011年版，第119页、第122页。
〔2〕 张继良、梁小惠："中西文化冲突与清末宪政模式之选择"，载《河北法学》2006年08期。
〔3〕 吴春梅："宪政改革：晚清新政的误区"，载《江苏社会科学》1998年02期。
〔4〕 张玉光："清末立宪运动与商人的宪政诉求"，载《贵州社会科学》2006年01期。
〔5〕 李昊鲁："从清末立宪反思宪政之根基"，载《中国石油大学学报（社会科学版）》2011年05期。另外，在预备立宪时期，统治者及部分官员也存在民智不足的思考。1907年江苏巡抚陈夔龙上奏折，提及"近年预备立宪之举，颇为海内欢迎，而欢迎之故，无非歆动于地方自治一言。其实程度未到，自治恐为召乱之阶"〔故宫博物院明清档案部编：《清末筹备立宪档案史料》（上册），中华书局1979年版，第178页〕。而之所以预备立宪需要九年时间，统治者认为民智不足也是一个重要的理由。

日益尖锐，导致立宪派绝情而去，走向政府的对立面，使政府丧失了预备立宪的社会和阶级基础"。[1]他还在后来所写的另外一篇作品中解释，"清朝之所以速亡，从很大程度上说，是清政府违背了一定要实行立宪的承诺，中断了预备立宪的进程，恢复到专制独裁的政治体制，剥夺民权、丧失诚信，遭到全国人民唾弃的结果"[2]。谢俊美认为，"清政府从未想把改革认真地进行下去，尤其是对新政的关键部分如责任内阁、议会的建立和召开一再敷衍、拖延"，结果导致失败。[3]袁伟时认为，清统治者是从三方面自己把自己打败，其中一个方面就是"政治制度改革当断不断"。[4]关于特权阶层对立宪进程阻挠的问题，蒋德海认为是既得利益者阻挠导致失败，"清末立宪最终演变成革命，根本原因是特权阶层对立宪进程的阻挠。正是这种阻挠，使大批忠贞不贰之士变成异议者，又使异议者变成反对者，最后把反对者逼成了革命家"。[5]关于统治者固执地紧捏权力问题，秦晖认为，由于"清廷只想学日本天皇，决不愿意当'虚君'，那革命终归就很难避免了"。[6]关于改革策略失误的问题，新权威主义[7]论者萧功秦认为，"新政早期阶段（1901年至1905年）可以称之为开明专制主义时期"，然而之后由于策略失误，开启立宪进程，导致民众过早地进行政治参与，使统治者失去权威，清末新政也因此失败。他认为其实"对于当时的中国来说，1905年以前的集权的开明专制

---

〔1〕　另外还有缺乏将改革事业进行到底的坚强领导核心、政府腐败透顶等原因。侯宜杰："预备立宪失败的原因"，载《史学月刊》1991年04期。

〔2〕　侯宜杰："清朝何以速亡"，载《青史参考》2012年26期。

〔3〕　他认为清末政治制度改革失败还有其他几个原因，改革缺乏强有力的领导、地方督抚以及各级官吏对改革进行阻挠、严重的财政困难等。参照谢俊美："清末新政失败论议"，载《历史教学》1995年11期。

〔4〕　另两个方面是无力制止贪污、重蹈国有经济的死胡同。参照袁伟时：《帝国落日 晚清大变局》，江西人民出版社2003年版，第443—444页。

〔5〕　蒋德海："清末立宪，丑剧还是悲剧"，载《探索与争鸣》2009年05期。

〔6〕　秦晖："'演员'越来越清晰，'剧本'越来越模糊"，载《南方周末》，2011年07月21日，D24版。

〔7〕　新权威主义，指的是在后发展国家中出现的一个温和渐进的改革观，它认为从传统的旧体制转变为民主体制，需要经过一个开明导向的新权威阶段，它认为只有这种具有市场经济导向的稳定的权威存在，才有可能保持政治稳定，只有政治稳定，才能导致经济开放与繁荣，只要市场经济能发展起来，就会导致社会的分殊化与利益集团的多元化，而只有社会多元化，才会进而导致文化价值观的契约化意识与宽容精神，而所有上述这一些因素的结合，才会使具有中国民族特色的民主政治有了社会、经济、政治与文化的支持条件。萧功秦：《危机中的变革：清末政治中的激进与保守》，广东人民出版社2011年版，第265页。

模式更为合适"。[1]萧功秦这种观点与前述的制度移植水土不服（宏观视角）的思考密切相关，他认为因为中西政治文化不同，决定了政治制度的差异，在西方行得通的立宪制度，在中国未必行得通。清末立宪失败正是这种行不通的结果[2]。谢红星认为立宪改革从官制改革入手是错误的，要是从国会建设入手则清朝可能还有自救的机会[3]。马勇认为，1911 年 5 月清廷组成皇族内阁与出台铁路干线国有化的政策是重大的策略失误，本来立宪政策是"踏准了世界历史的节奏，也取得了巨大成就，一个全新的宪政国家指日可待。可就在这个时候，一个皇族内阁，一个铁路干线国有化政策，将先前努力付之东流"。[4]崔志海也认为清朝的灭亡与其策略失误相关，启动政治改革，则恶化统治集团内部关系；组成皇族内阁以及实施铁路国有化政策，则加剧了清政府与立宪派的矛盾。特别是他认为，清末的这些新政本身具有颠覆清朝统治的内在动力，也就是其本身就具有革命性，实施这些新政等于自掘坟墓。[5]关于特定人物突然死去的偶然因素问题，张鸣、李泽厚认为是慈禧突然死去的偶然因素导致预备立宪失败，假如慈禧多活几年，立宪政治就成功了。[6]

---

[1] 萧功秦：《危机中的变革：清末政治中的激进与保守》，广东人民出版社 2011 年版，再版自序第 2 页、第 4 页。

[2] 萧功秦：《危机中的变革：清末政治中的激进与保守》，广东人民出版社 2011 年版，第 122 页。

[3] 谢红星："论清末立宪从官制改革入手之误"，载《中南大学学报（社会科学版）》2014 年 02 期。

[4] 马勇："'宪法十九信条'出台始末"，载《财经》2013 年 15 期。他因此感慨，"任何改革都是利益分配格局的调整，任何人、任何集团都不能自以为聪明损人利己垄断一切。退一步海阔天空，适度的让步既是对对手、他人的尊重，也是给自己、给自己所属的阶级、阶层、集团留有机会，是共赢，而不是你死我活，全盘皆输"。马勇："晚清政治改革：逻辑与困境"，载《决策探索》（下半月）2014 年 03 期。

[5] 浙江大学历史系："中国社科院崔志海研究员讲座报道"，载 http://www.ch.zju.edu.cn/index.php?c=index&a=detail&id=12519&web=lishi，访问日期：2017 年 6 月 17 日。相关文献参照崔志海："清末十年新政改革与清朝的覆灭"，载《社会科学辑刊》2013 年 02 期。

[6] 张鸣认为如果慈禧"晚死几年，大体上立宪就能办成了"（田志凌："张鸣：仓促革命断送了温和政改之路"，载《南方都市报》2011 年 3 月 24 日，第 RB16 版）。张鸣的这种看法，可能是基于下述的理由。他认为在实施"新政过程中，出现了三种新鲜事物：其一是媒体的壮大；其二是新市民的兴起与发展，士绅和绅商团体的壮大；其三是准议会的出现"。这些新鲜事物的出现，一方面对权力能够进行有效的监督，另一方面也提高了国家经济水平。这使"整个国家机器并非我们以前想象的那样无可救药。越到后来，它的吏治腐败程度其实越是在逐渐降低"（张鸣：《重说中国近代史》，中国致公出版社 2012 年版，第 203 页、第 206 页）。他认为新政在整体上是成功的，因为慈禧死去，清廷乱决策，甚至搞出皇族内阁、铁路国有等名堂，犯了大错导致立宪没有办成，"如果是让一个老成

既从宏观也从微观的视角对预备立宪失败问题进行考察的学者，除了上述的萧功秦之外，还有高放、高旺、迟云飞等人。高放认为，"清末立宪失败有经济发展、政治传统、文化变迁、派别较量、族群关系、人物作用六个层次的内因……尤其是人物的作用更显得突出"。而导致清末立宪失败的关键人物是慈禧，"正是由于慈禧这个极端专制主义顽固派首领三次政变、四十七年的独裁统治，才错过了并且扼杀了我国从君主专制到君主立宪制的转变"，"如果不是光绪被慈禧扳倒并被囚禁十年和毒死，如果不是慈禧专横统治四十七年，清末的君主立宪改革也许可能成功"。[1]高旺也持这种观点，他认为，清末宪政改革失败既与社会经济、传统政治文化有关，又与改革掌舵者个人能力有关。[2]迟云飞认为，有如下几个原因导致预备立宪失败：一是清末社会结构变化有限；二是从社会思想意识变化的角度看，中国人还没有做好真正接受西方政治模式（制度移植）的心理准备。最后，无论是从财政的实力还是从是否存在一支有朝气、强有力的领导队伍的角度看，清政府都已经无力领导变革。[3]

三、关于民初的政治制度改革失败原因的既存观点

对民初民主宪政失败原因的研究主要有两类：一类是对当时议会、政党等民主政治失败的原因进行探讨；另一类是对袁世凯称帝的原因进行探讨。袁世凯称帝也是民初政治制度改革失败的一个标志。

前一类的对议会、政党等民主政治失败原因的看法与前述的戊戌变法、预备立宪两个事件失败原因的看法基本相同，主要也有两种视角：一是从宏观视角进行考察，认为当时议会、政党等民主政治成功的社会条件不具备；二是从微观视角进行考察，认为主要是因为在民初政治制度改革的过程中存在权力

（接上页）的政治家当权，未必会这么干"（张鸣：《重说中国近代史》，中国致公出版社2012年版，第225页）。李厚泽认为慈禧如果"早死十年就好了，戊戌变法可能成功；如果她晚死十年也好，就不会有辛亥革命了"（"再议辛亥革命"，载http://book.ifeng.com/yeneizixun/detail_2012_11/26/19537794_0.shtml，访问日期：2016年6月9日）。其意思是，如果在戊戌变法之前慈禧死去，变法可能成功；如果在预备立宪时期慈禧能多活十年，立宪改革可能成功。

〔1〕高放等：《清末立宪史》，华文出版社2012年版，第539页、第540页。
〔2〕高旺：《晚清中国的政治转型：以清末宪政改革为中心》，中国社会科学出版社2003年版，第223-242页。
〔3〕迟云飞：《清末预备立宪研究》，中国社会科学出版社2013年版，第452页、第454页。

斗争等问题导致失败。

赵小平、刘青华、高伟、王建华、张鸣、汪朝光、杨天宏、杨绪盟、孙宏云、朱勇、张永等，从第一种的宏观视角进行考察，他们认为因社会条件不具备而导致民初议会、政党等民主政治无法成功，具体理由包括制度移植水土不服、传统政治文化观念根深蒂固等。关于制度移植水土不服的问题，赵小平认为，"为什么三权分立制度在欧美能运行自如，而到了中国就寸步难行呢？表面看来，这只是个政体形式问题，但实质原因却无疑要从蕴藏在它背后的整个经济、政治、军事实力中去寻找……它的失败标志着资产阶级代议制在中国移植的破产"。[1]刘青华认为，"照搬欧美各国（制度），不顾本国的具体国情和实际状况，搞硬性移植，是导致民初民主政治失败"的重要原因。[2]高伟认为之所以民初从美国移植过来的政治制度陷入失败，"主要原因是民初的中国根本不具备发展民主共和制度的经济基础、真正的法制和普遍的民情"。[3]王建华认为，"民初政党失败的深层原因是中西政治精神的巨大差异。建立在契约关系基础上的西方政治，强调'多元共存'的共和精神；建立在伦理关系基础上的中国政治，强调权力独占与以礼节情的道德力量"[4]。张鸣认为，"一个有两千年帝制传统的国度，骤然引进一个最先进的制度，难免消化不良"[5]。汪朝光认为民初民主制度之所以失败，"盖因当时的中国，无论是政治、经济、文化状况，还是民众素质与历史传统，均不具备实行西式民主之条件。民国的创立者以其美好理想而引入之西式民主，虽经短暂实验，而终因水土不服"而失败。[6]杨天宏认为，"中国国会存在时间如此短暂，与移植代议政制的主客观条件不成熟，南橘北枳，异化质变，暴露出诸多弊端，遭到国人唾弃有关"。[7]杨绪盟也强调因制度移植、水土不服导致民

---

〔1〕 赵小平："论民初国会的失败"，载《四川大学学报（哲学社会科学版）》1995年02期。

〔2〕 刘青华："论民初民主共和政治的失败"，载《贵州社会科学》1998年04期。

〔3〕 高伟："论民初民主共和政治失败的必然性———读托克维尔'论美国的民主'"，载《经济与社会发展》2006年08期。

〔4〕 王建华："共和精神的缺失———民初政党失败再思考"，载《人文杂志》2007年01期。

〔5〕 张鸣："仓促革命断送了温和政改之路"，载 http://www.guancha.cn/historiography/2011_ 03_ 25_ 55456. shtml，访问日期：2018年5月15日。

〔6〕 汪朝光还认为"革命派领导人与袁世凯之间不同的理想追求和行事风格亦为革命党人失败的重要因素之一"（汪朝光："历史上特定情境下罕有之个案——民初西式民主政治夭折的缘由"，载《北京日报》2014年3月31日，第19版）。

〔7〕 杨天宏："民初国会存废之争与民国政制走向"，载《近代史研究》2015年05期。

初政治制度改革失败的问题。[1]关于传统政治文化根深蒂固的问题，孙宏云认为，"在传统文化的影响下，政党成员多不具备西方政党运作所需的理性认识，而是经常表现为极端敌视或机会主义的党派意识，因而损害了正当的党派竞争。人治观念未能向法制观念转变"。[2]朱勇认为议会政治失败的主要原因之一，是"具有悠久历史的权力一元化政权体制和政治传统在中国社会根深蒂固"。[3]张永认为，当时政治运行将"越来越倾向于袁世凯集权，这是中国几千年政治传统和政治文化所决定的"[4]。

袁伟时、萧功秦、许纪霖、章永乐、张永、马勇等从第二种的微观视角进行考察，他们认为在民初政治制度改革的过程中，因存在权力斗争等问题导致失败。袁伟时认为造成民初宪政失败，"国民党方面与袁世凯方面都有着不可推卸的责任"，特别是国民党，他们要限制甚至剥夺袁世凯的权力；[5]萧功秦也认为孙中山、宋教仁等人为了党派利益，放弃了有利于政治操作的总统制，而采用"因人设法"的手段制定了内阁制，这些"都是出于对政敌斗争的需要，而不是考虑全国政治的有效运作"。萧功秦还把袁世凯称帝之后发生的国家灾难全部归罪于辛亥革命。[6]许纪霖认为，民初政治势力无论是袁世

---

[1] 杨绪盟编著：《移植与异化——民国初年中国政党政治研究》，人民出版社2009年版，第283页。其实，关于民初政治制度改革中制度移植、水土不服的观点早就存在。1915年筹安会成立之后声明"中、美（制度）情殊，不可强为移植"，他们主张只有君主制度（帝制）才能够救中国。白蕉：《袁世凯与中华民国》，四川人民出版社1985年版，第130页。

[2] 孙宏云："再析民初政党政治失败的原因"，载《中山大学学报社会科学版》1999年01期。

[3] 朱勇："论民国初期议会政治失败的原因"，载《中国法学》2000年03期。

[4] 张晓波、周绍纲主编：《1913：革命的反革命》，中华书局2014年版，第28页。另外，民国的胡适认为民国政治制度改革失败，是因为"我们清除掉了那陈腐的寄生的权贵，可是，我们未能培养出现代的领袖来取代他们……一个朝代灭亡了，表面上政体改变了，仅此而已。人们的观念和想法，没有任何根本的改变"[江勇振：《舍我其谁：胡适》（第二部上正当中，1917-1927），浙江人民出版社2013年版，第436页]。

[5] 限制与剥夺袁世凯的权力'第一招是制定《临时约法》，改变现行的政治体制，把总统虚位化……第三招是参议院和国会处处限制、阻碍政府的正常运作。第四招是制定宪法不从实际出发，冀图把剥夺大总统行政权固定化……民国初年的国民党人缺乏的就是既坚持民主、自由，又善于听取各方意见，照顾各方利益，适时妥协、退让的政治大智慧"（袁伟时："民初宪政格局崩毁再审视——以袁世凯和国民党为中心的考察"，载《徐州师范大学学报》2011年04期）。

[6] 他认为辛亥革命是二十世纪多灾多难时代的开端，临时约法是因人而设的恶法，正是这个恶法，使辛亥革命"成为二十世纪政治中国碎片化的历史大灾难的起点。表面上看，十年后的北洋军阀混战、南北分裂，各省分裂，与辛亥革命无关，然而，实际上，这一切都与临时约法的严重制度缺陷有关"，这种制度缺陷引发越来越严重的政争与分裂。萧功秦："辛亥革命是二十世纪多灾多难时代的开端"，载《探索与争鸣》2011年第08期。在该论文中，除了上述的观点之外，他还认为"辛亥革命

凯、进步党还是国民党，都因为角逐权力而忽视了权威的重建，最终导致改革失败。[1]章永乐认为，1913 年共和政治的失败原因，"从根本上是 1912 年的'大妥协'[2]结构的破裂……（因为）双方（国民党、袁世凯）都想要掌握实权"。[3]另外，张永强调民国初年议会政治失败的原因是选举规模急剧扩大、选民虽多但素质低、各主要政治势力参与程度不同，特别是最强的北洋派及地方实力派几乎没有参与选举等。[4]马勇认为主要是因为民初政治家的民主素养问题导致失败。[5]

部分对清末民初政治制度改革失败原因进行研究的作品，没有在此进行列举。但他们研究的切入点以及内容，基本上不出上述的宏观视角、微观视角以及相关具体理由的范围。

在关于民初民主宪政失败原因的既存研究中，后一类是对袁世凯称帝的原因进行探讨，相关的看法主要有两种：一是认为袁世凯主观上追求个人权力而走上称帝的道路；二是认为当时社会的客观需要迫使袁世凯走上称帝

（接上页）本质上就是一场在特殊有利条件下偶然成功的排满民族主义革命"，不承认辛亥革命是对旧制度的一种革命。他认为"（清末）国人并不是由于专制太深，所以要自由民主"，不认为在清末新政时期依然普遍存在的禁止剪发、易服，向权贵跪拜，以及凌迟刑罚等，也是"专制太深"的一种表现。

〔1〕"辛亥之后的中国，选择的恰恰是走向权力之路。民国初年的三派势力，无论是袁世凯、进步党还是国民党，目光都盯着权力的争夺，而忽视了权威的重建……（他们）关心的重点不是协商妥协，为民国制定一个新宪法和新制度，而是忙于党争，打击对方的势力，扩充自己的权力……无论是党人、政客，还是军阀、造反者，都假借'公'的名义讨伐政治上的异己，个个自认是公之化身，代表正义。国民党限制袁世凯的权力是如此，进步党借袁世凯之手削弱国民党亦是如此，而袁世凯一再僭越法治大搞独裁更是如此。美国革命通过宪政之路实现'公天下'，但民初的中国却转而向法国革命靠拢，不是以制度的安排，而是通过权力的攫取试图重建秩序的统一"（许纪霖："自美国革命始，于法国模式终：辛亥后制度转型为何失败？"，载《东方早报》2011 年 4 月 24 日）。

〔2〕 所谓"大妥协"，是指在 1912 年，建立统一的中国是孙中山、袁世凯等人的共识，这种共识使他们产生妥协。"第一轮妥协的结果是，革命党人把临时大总统的位置交出来了，但……他们想搞政党内阁制，把内阁的权力拿到手里……（袁世凯北洋）给同盟会—国民党一个面子，把实际上听命于袁世凯的内阁'化妆'成同盟会—国民党内阁。这个通过妥协产生的政治结构已经矛盾重重，已经到了不靠'政治化妆术'就维持不下去的地步"。张晓波、周绍纲主编：《1913：革命的反革命》，中华书局 2014 年版，第 5-6 页。

〔3〕 张晓波、周绍纲主编：《1913：革命的反革命》，中华书局 2014 年版，第 16-17 页。

〔4〕 张永："解密民国初年议会政治失败的真正原因"，载 http://view.news.qq.com/a/20130926/004636.htm，访问日期：2013 年 9 月 26 日。

〔5〕 民初民主政治"失败没有必然性，而是人为因素，政治家的民主素养起到了非常重要的作用"。马勇："民初政党政治失败原因说"，载《〈团结〉杂志编辑部论文集》2008 年 11 期。

的道路。

孙永兴、迟云飞、张永、章永乐等持前一种看法。孙永兴认为，袁世凯称帝主要是他追求权力的主观欲望所致，因为"内因是事物变化的根本原因和动力，外因是事物发展变化的条件，相对外因来说，内因是主要的、根本的"，并且这种追求是一贯的，"他废弃《临时约法》，枪杀宋教仁（等）……都是为做皇帝进行的重要准备"。[1]迟云飞认为，在袁世凯的"脑子里面，他还是信奉传统政治的……袁世凯直接授意和操纵了很多推动称帝的活动……袁世凯后来搞帝制，应该是他的思想和行为逻辑的发展，而不是偶然的"。[2]另有部分学者认为袁世凯称帝虽是主观原因所致，但情况特殊，如因身体病衰而计算错误等。张永认为，袁世凯"一心想着当皇帝，谋取自己的私利，因而失去了很多人的信任……（原因可能是）袁世凯在 1915 年身体变差，或者袁世凯家族男人活不过六十岁的迷信，导致袁世凯失去了冷静的头脑"；[3]章永乐认为，袁世凯"向来都是很慎重地计算政治利益的，在称帝这个事情上，很明显他的计算出现了错误。这里可能有他所获取的信息发生了扭曲的原因，也可能跟他最后一两年计算能力下降，变得不那么理性有关"。[4]

祝曙光、母书鹏、张鸣、陆建德、杨天宏等人持后一种看法。祝曙光认为，袁世凯复辟帝制的行为"并不完全出于他的个人主观愿望，而是有现实基础"，因为当时国内一些人认为中国不能实行共和制，部分外国使节认为中国应实行君主制，这些主张促成了袁世凯走上称帝的道路。[5]母书鹏认为，"袁世凯走上帝制之路不能全部归于其主观因素，还应该充分认识到当时内忧外患的严峻形势迫切需要加强中央权威，国内存在的君宪思想和外国列强的态度也对袁世凯走向帝制之路起到了推波助澜的作用"。[6]张鸣认为，客观存在的传统政治文化让袁世凯必须称帝，因为"毕竟中国延续了两千多年的帝

〔1〕 孙永兴："也谈袁世凯功过——与祝曙光教授商榷"，载《探索与争鸣》2004 年 10 期。

〔2〕 张晓波、周绍纲主编：《1913：革命的反革命》，中华书局 2014 年版，第 36 页。

〔3〕 张晓波、周绍纲主编：《1913：革命的反革命》，中华书局 2014 年版，第 65 页。

〔4〕 张晓波、周绍纲主编：《1913：革命的反革命》，中华书局 2014 年版，第 59 页。如上所述，认为袁世凯是主观上追求个人权力走上称帝的道路，还可细分为两种：一种是袁世凯一贯追求的、非偶然因素导致，如前两位学者的思考；另一种是偶然因素导致，如后两位学者的思考。

〔5〕 祝曙光："袁世凯功过辨"，载《探索与争鸣》2004 年 01 期。

〔6〕 母书鹏："民国初期袁世凯走向帝制之路的原因探析"，载《兰台世界》2011 年 25 期。

制，老百姓已经习惯了有一个皇帝……在我们这个伦理型的国度，强调的是天地君亲师和忠孝仁义，这些伦理结构其实都是围绕着君主来建构的，孝也是为了忠，一旦君主没了，那么这个重心就会动摇"，因此如果袁世凯不是皇帝，就无法树立自己的权威。[1]陆建德认为，1913年的中国更像一个无政府国家，"所以中国要从无政府走到有政府，更需要一个强有力的中央集权"，袁世凯称帝正是为了达到这种目的。[2]杨天宏认为，袁世凯改制未必为圆"皇帝梦"，"袁最初未必会做甚至未必敢做这样的梦，民初的政治乱象让国人对'民主共和'深感失望，君主立宪的政体主张复活，才有了他'做梦'的条件"。[3]

另外，国外也存在一些对清末民初的政治制度改革失败原因进行思考的作品。关于戊戌变法为何失败，徐中约认为，维新派缺乏经验、战略欠周详，皇太后独揽大权和保守派大力反对，是其失败的主要原因。[4]深泽秀男认为，戊戌变法失败的主要原因与以慈禧太后为首的保守派官僚的势力过于强大、维新派的政治经济基础过于弱小有关。[5]关于预备立宪为何失败，卡梅伦认为与慈禧太后的去世关系极大。[6]关于民初以及民初以来中国民主政治失败的原因，黎安友认为主要与军人精英因政治利益的计算而持续控制权力等问题相关。[7]

四、从某种理论视角进行研究的既存观点

上述所有学者的研究都有一个显著的特点，就是他们都不采用理论进行辅助研究。部分学者试图克服因不采用理论可能造成主观臆断的问题，他们从某种理论角度解释清末民初的政治制度改革失败的原因。

---

〔1〕 张鸣：《重说中国近代史》，中国致公出版社2012年版，第244-245页。

〔2〕 张晓波、周绍纲主编：《1913：革命的反革命》，中华书局2014年版，第49页。也有学者通过考察洪宪帝制前的政治社会存在多方面的问题来论证袁世凯权威主义政治的必要性与合理性。邓亦武、张宪文："论民初袁世凯新权威主义政治"，载《菏泽学院学报》2007年04期。

〔3〕 杨天宏："袁世凯改制未必为圆'皇帝梦'"，载http://cul.qq.com/a/20151104/034087.htm，访问日期：2016年8月1日。

〔4〕 Immanuel C. Y. Hsu, *The Rise of Modern China*, New York：Oxford University Press, 2000, p. 380.

〔5〕 ［日］深泽秀男：《西太后：清末动乱期的政治家群像》，东京山川出版社2014年版，第67页。

〔6〕 Meribeth E. Cameron, *The Reform Movement in China*, 1898~1912, New York：Octogan Books, INC, 1963, p. 182.

〔7〕 Nathan, Andrew J. *China's transition*, New York：Columbia University Press, 1997, pp. 74-75.

　　朱仁显、史成虎等采用新制度论中的路径依赖、制度锁定等概念解释戊戌变法、清末新政失败的原因。朱仁显认为戊戌变法"主张学习西方国家的政治制度，改君主专制制度为君主立宪制度，倡导民权、平等。但……自我强化机制使专制主义制度陷入了路径依赖，专制主义制度被'锁定'在一种无效率的状态。戊戌变法由于无法打破路径依赖下形成的制度均衡，无力实现制度创新，最终以失败告终"。[1]史成虎认为，"戊戌变法试图打破统治中国几千年的君主专制制度，通过自上而下的变法建立君主立宪政体，以实现制度创新的目标，但最终没有打破旧制度的'路径锁定'状态，制度替换随着戊戌政变的发生而夭亡"。[2]史戎虎还采用新制度理论对清末新政失败原因进行解释，他认为，"路径依赖是清末新政失败的根本原因，路径依赖使得旧制度'锁定'在一种圆形的轨道上进行周而复始循环，要打破这种'路径锁定'必须付出高昂的代价"。[3]此外，新权威主义[4]论者萧功秦，间或也使用"路径锁定"[5]等一些新制度三义理论的概念解释清末新政失败的原因。

　　还有一些学者，为了证明民三制度不适合于包括民国时期在内的中国，采用摩尔根原始民主制度的理论进行说明。如杨奎松认为，"摩尔根早就发现，人类的民主政治形式在原始部落状态就已经产生出来了，它和现代个人自由、权利平等之类的观念没有任何关系……无论是古雅典的直接民主制，还是古罗马的代议民主制；无论是古罗马共和国，还是中世纪的威尼斯共和国，其实多半也都是从部落民的历史传统或经验中沿袭演进出来的政治管

　　〔1〕　朱仁显、李凯、卢碧珍："戊戌变法失败原因新探：一个路径依赖的视角"，载《天府新论》2011 年 04 期。

　　〔2〕　史成虎："新制度主义视阈下戊戌变法失败的反思"，载《山西师大学报（社会科学版）》2012 年 04 期。

　　〔3〕　史成虎、张晓红："清末新政失败原因新解——以路径依赖为视角"，载《石河子大学学报》2012 年 05 期。

　　〔4〕　严格地说，新权威主义不是一种分析的理论，它不具有理论的分析功能，无法起到严密推理、系统分析的作用。它只是一种观点，一种思潮，如萧功秦认为"新权威主义指的是在后发展国家中出现的一个温和渐进的改革观"（萧功秦：《危机中的变革：清末政治中的激进与保守》，广东人民出版社 2011 年版，第 265 页），他可以借助"新权威主义"这个词表达一种稳步推进改革的愿望，但无法把它作为分析具体问题的理论基础。或者这也是萧功秦本人也只把这种观点称为"新权威主义"，而没有把它称为"新权威主义理论"的缘故。

　　〔5〕　萧功秦：《危机中的变革：清末政治中的激进与保守》，广东人民出版社 2011 年版，再版自序第 7 页。

理方式"。[1]

总而言之，上述的研究基本上代表了目前学术界对清末民初的政治制度改革失败原因研究的总体水平。

如上所述，关于清末民初政治制度改革失败的原因，学者们十分关心，他们纷纷从宏观视角或者微观视角提出自己的看法。但细读他们的作品，可以发现他们的研究方法存在一定问题，他们当中除了极少数人采用新制度主义理论进行分析之外，几乎不采用理论进行分析。从科学的角度看，如果缺乏较为科学的理论进行导航，思路容易出现不清晰的问题，导致推理的逻辑性差，判断的主观性大。而在此思路上产生的各种具体观点，也就难免存在各种问题。既存研究在研究方法与具体论点上存在的问题，将在第二章、第三章提及，并探讨如何克服这些问题。

---

〔1〕 杨奎松：《谈往阅今：中共党史访谈录》，九州出版社 2012 年版，第 9 页。

作为研究导航系统之制度的利益分析理论

一、既存研究在研究方法方面存在的问题

　　如上所述，对清末民初政治制度改革失败原因进行研究的学者，在研究方法上，除了极少数人采用新制度主义理论进行分析之外，几乎不采用理论进行分析。如果写的是散文、小说或者是介绍清末民初的一些历史趣闻等趣味性文章，没有理论支撑关系不大。但如果要深入探讨清末民初政治制度改革失败的原因并写作相关的论文，没有理论，则可能出现如下几个问题：一是无法把握政治领域行为者（特别是强者）的行为倾向或者行为规律，无法理解这种行为倾向或者行为规律与制度的形成与发展之间的关系。二是无法正确把握政治制度发展的大方向。政治制度发展的大方向，实际上包含于政治领域行为者的行为倾向或者行为规律之中。这种行为倾向、行为规律，决定了行为者对特定制度的偏好与选择。不理解政治领域行为者的行为倾向或者行为规律，也就无法把握政治制度发展的大方向。三是缺少理论，就无法站在政治制度发展的高度上看问题，无法对特定强者为争取个人最大化利益而扭转政治制度发展方向的倒行逆施行为进行细致的考察。四是对资料甄别、筛选可能出现问题。由于重要历史资料如《上谕档》《清实录》《袁世凯全集》等，或者是在强者主持之下编写，或者是强者个人言论的汇编，他们说一套做一套的把戏必定反映在这些历史资料之中[1]，因此存在很多相互矛盾的资料。没有正确的理论和科学的推理，对史料的真伪进行判断的难度很大。在对这些资料进行甄别选择时，哪一种资料最能够真实地表现统治者的言行

---

　　[1]　因为与专制政治相关的资料，往往预先都已经或者被注水，或者被隐瞒，或者被销毁。强者的这些行为，实际上也是一种政治利益导向的行为，因为他们的权力无所不能，他们要获得名誉的利益，往往采用这种掩盖自己胡作非为的手段。

也无法确定。五是缺少正确的理论，往往无法理顺思路，在推理的过程中容易犯低级逻辑错误的同时，激情也往往变成最大的卖点。这些都容易出现非理性的判断而误导读者。六是落入研究窠臼，无法提出更为合理的新观点。多数的学者在几个固定的观点上不断重复，无论是从宏观视角还是从微观视角的研究，都存在这样的问题。当然，每一个学者可能都认为自己的观点是在挖掘资料的基础上形成的新观点，但是一旦把他们的作品罗列并加以考察的时候，就会发现该问题。

罗列上述几点，主要是说明如果没有理论的情况下，研究清末民初政治制度改革失败的原因时容易出现的问题。总而言之，没有理论，科学推理基本上缺位。但即使有了理论，如果不是适合于进行具体问题分析的理论，科学推理同样缺位。如采用新制度主义理论解释戊戌变法与清末政治改革失败的原因，至少存在下述两个问题：一是理性人假设问题。由于利用新制度主义理论进行分析，行为者的人性假设必定是理性人假设，但是这种假设不符合晚清慈禧、载沣、奕劻等人的行为。如果慈禧的行为是理性的，她不会采用僵化的手段维持自己的既得利益以及祖宗之法，而导致戊戌变法失败。如果载沣、奕劻的行为是理性的，他们不会组成皇族内阁，自己把自己打垮。二是脱离行为者追求利益的行为而强调路径依赖、制度锁定等的作用。实际上，任何一项的政治制度变革，都是与行为者的政治利益追求相关。学者们认为是路径依赖、制度锁定的原因导致政治制度改革失败，显然是脱离行为主体的一种解释，他们没有将行为者追求政治利益行为与制度改革结合在一起进行具体分析。对政治制度进行维持或者改革的主体是政治行为者。政治行为者根据自己的政治利益来决定是否进行制度维持或者改革，而不是制度本身。政治制度只是利益人实现自己政治利益的一种工具，利益人按照自己的利益来设计、安排制度。清末皇帝制度之所以被锁定而导致制度改革失败，是因为这种制度最符合强者的利益，是强者为了维持自己的利益把它控制住，不让其向前发展。并非是这种制度本身能够把自己锁定，甚至也把行为者锁定在这个制度里面。显然，强调所谓的制度锁定，是一种本末倒置的思考。当然，这种错误的解释其实是新制度主义理论本身的问题，但学者们套用不当。

一些学者采用摩尔根原始民主制度理论解释中国民主制度改革不能成功的原因，同样存在问题。因为人类史上根本不存在所谓的原始民主，这个问题可以参照笔者已出版的拙作第十四章〔1〕。

　　总而言之，在关于政治制度问题的研究方法方面，如果没有正确的理论，具体的研究容易陷于或者摸石头过河，或者盲目前行的状态，以致在寻找资料、论证过程、结果判断等方面陷入错误。特别是，假如没有采用理论或者没有采用合适的理论进行分析，将导致其思路以及具体观点存在种种问题，不能达到对清末民初政治制度改革失败原因进行深入研究的目的。而采用制度的利益分析理论则可以解决该问题，它将突破旧思路以及旧观点，出现新思路以及新观点。由于该理论具有较高的科学性，是目前研究政治制度问题最有魅力的分析手段之一。该理论所包含的学问技术能够更有系统、更有逻辑、更为准确地表达作者的学术思想。

二、制度的利益分析理论

　　什么是理论？理论是概念、原理的体系，是系统化了的理性认识，具有全面性、逻辑性和系统性的特征〔2〕。什么是制度的利益分析理论？制度的利益分析理论是在政治制度发展的历史与现实中存在的各种事实的基础上，系统化地抽象概括出政治行为者在追求政治利益的过程中与追求某种包含特定政治利益的政治制度形式之间的必然关系，以揭示政治制度发展规律的一般性理论。该理论在考察、分析某一国家、地区的具体政治制度的形成与发展的问题，并进行相关论文写作时，可以起到一种类似于导航系统的作用。

　　以下分成构建理论的必要性与基本要求、制度的利益分析理论的内容、制度的利益分析理论的科学性、制度的利益分析理论与其他理论的比较等四个部分进行阐述。

　　（一）构建理论的必要性与基本要求

　　质的分析、量的分析等具体分析手段多样化，是学术研究的发展趋势。但是，比具体分析手段多样化更关键的是学术研究导航理论的建立。没有导航理论，无论采用何种具体分析的手段，都容易误入迷途。如果是进行一些描述性的工作，理论或许作用不大。但如果要进行一些讨论研究的工作，没

---

　　〔1〕　陈忠云：《超越不同形式政治制度的研究范式——制度的利益分析理论之魅力》，中国政法大学出版社 2016 年版，第 14 章。

　　〔2〕　辞海编辑委员会主编：《辞海》（第 6 版），上海辞书出版社 2009 年版，第 1349 页（理论条）。

有理论则寸步难行。特别是对复杂的问题进行研究，采用科学的理论进行严密的逻辑推理，是克服主观臆断的一条必由之路。当因资料少而对某个事件不明大体时，只要挖掘新资料，就可以使人们耳目一新。但资料丰富复杂，甚至存在各种相互矛盾的资料，缺少理论则无法鉴别，或者束手无策或者将错就错。特别是，如果没有科学的理论，在某种特殊环境之下，错误的观点往往通过学术以外的手段进行运作，而变为相关领域的标杆观点、权威观点。这种做法将误导读者、压制整个领域研究水平的提高。科学的理论将颠覆以往的研究思路、研究观点而出现新思路、新观点，引导研究走出困境。

理论有多种，但要构建一种能够进行有效的分析的理论，必须要符合简洁性、科学性、有效性的要求。这样的理论就像是外科医生手中的一把手术刀（柳叶刀），是分析具体问题的利器。医生手中的手术刀，材质成分构成以及手术之前的消毒程序等都很讲究，但是首先在形状上要符合手术时便于切割的要求。如果把制造手术刀的材料铸成锄头，材质相同，也可以进行消毒，但无法成为便于切割的手术刀。如果手术刀太笨重就不容易操作，失去手术刀的功能。所以，灵巧、锋利是对手术刀的最低要求。同样，简洁性、科学性、有效性是对理论中的分析概念、分析框架的基本要求。灵巧、锋利的手术刀帮助医生顺利地切除患者身体的病灶；具备简洁性、科学性的理论，帮助作者有效的进行剖析，找到相关问题的病灶。如果理论本身模糊不清、歧义太多、充满争议，单单对理论的说明，就成为重大的负担，这种理论理所当然难以成为一种分析的工具。因此理论本身不能太复杂，明晰、简洁是对分析理论的基本要求，大杂烩的理论注定无法成为有效的分析工具。

（二）制度的利益分析理论的内容

由于笔者对制度的利益分析理论的定位是一种分析的理论，这要求概念、理论框架必须明晰。只有理论本身明晰，才能够在分析具体的问题时，做到条理分明。笔者在构建制度的利益分析理论时努力追求这个目标。对该理论的构建，在拙作《超越不同形式政治制度的研究范式——制度的利益分析理论之魅力》（第二章）中就已经初步完成。该理论包括利益人假设、不同利益内涵政治制度、利益人与不同利益内涵政治制度结合而形成的两种推理模式等三部分内容。以下，对此三部分内容进行进一步的研究。

在上述的拙作中，对利益人是进行如下的定义。政治领域的利益人，是指具有追求主观上认为相对较大或最大政治利益（均指具体化政治利益）的行为倾向，并且在具体行为实施之前主观认为自己所选择的手段符合自己的政治发展目标的行为主体[1]。政治领域行为者的这种行为倾向，更准确地说，是他们的行为规律。政治领域的利益人定义，适用于说明所有政治环境之下相关行为主体的行为，无论是法治国家还是非法治国家。这种利益人假设，与"性善论""性恶论"等人的行为倾向假设相比没有极端化，善人也追求自身利益，恶人也追求自身利益，因此这种假设更具客观性，更具普遍性的意义。

对政治领域行为者进行利益人假设有其必要性。某个国家采用何种政治制度、何种政治利益分配方式，都必定是基于某一个人、某一群人或者全国所有政治行为者的行为。所有的这些政治行为者，都是一个一个具体的人，有血有肉的活生生的人。他必定存在他个人的利益、个人的追求。而一个一个政治行为者在追求其政治利益的过程中，必定显示其特定的行为倾向、行为规律。正是这种行为倾向、行为规律，决定了他对某种制度类型的偏好与选择。所以，不同的决策主体，或者是个人决策或者是集团决策或者是全国民众授权决策，他们所选择的政治制度、政治利益分配方式，将完全不同。特别是，政治本身就涉及政治利益分配的问题[2]，行为者参与政治就是为了获得包括制定对自己有利的规则等在内的各种政治利益，否则，参与政治没有意义。如果从这些细微处入手，准确把握这些行为者的行为倾向、行为规律，可以见微知著，由此发现政治制度发展的规律。所以，在理论上，政治领域的所有行为者都必须假设为利益人。正是基于这种认识，制度的利益分析理论把利益人假设作为分析的基点。

当然，利益人还可以有更细致的分类。在皇帝制度之下，政治领域的人群分类，基本上可以把皇帝等人归于政治强者一类，官员属于相对强者一类，其余属于政治弱者一类。在特定制度之下，虽然强者、弱者都是追求自身利益的利益人，但他们追求利益的目的与手段根本不同。对皇帝来说，为所欲为是他们使用权力的最高境界，而千秋万代控制中国是他们最大的政治利益。强者的这种追求本身就不合理，但他们为了达到这种不合理的最大化利益的

---

〔1〕 陈忠云：《超越不同形式政治制度的研究范式——制度的利益分析理论之魅力》，中国政法大学出版社 2016 年版，第 38 页。

〔2〕 伊斯顿认为政治是一种社会的利益关系，是对社会价值的权威性分配（［美］戴维·伊斯顿：《政治生活的系统分析》，王浦劬译，华夏出版社 1998 年版，第 2 页）。

目的，动用各种狡猾、残暴的手段控制人们。愚民术狡猾到极点、凌迟刑罚残暴到极点，只能说明统治者自私到极点。弱者也是利益人，也追求自身相对较大的利益。[1]但他们是弱者，不可能轻易地实现自己的目标。他们必须讲究策略，手段必须要更为合理。他们针对强者所规定国家私有的皇帝制度、等级制度等，提出国家民有以及公正、平等、自由等政治理念，并设计相应的政治制度。这是重大的政治进步。正是公正平等、国家民有等主张更合理、更有吸引力，才能联合广大弱者，才有战胜极端自私强者的可能。虽然作为利益人的强者、弱者，他们都追求自身的利益，但是追求利益的目标与手段完全不同。

但下面的一种情形也容易发生，当弱者处于弱者的地位时命运悲惨，具有强烈的追求公正平等的精神，但一旦成为强者，如果没有制度约束，他们同样胡作非为。历史上曾反复发生弱者通过暴力推翻旧政权的事实。一些弱者在这过程中变成了政治强者。他们的追求也发生相应的改变，从当初追求合理的政治利益变成追求不合理的政治利益。当他们是弱者的时候，他们追求自己的应有权利，其利益诉求是合理的，但是一旦变为强者，如果没有合理的制度制约他们，原先强者的所作所为，将在这个原先弱者的身上再现，因为他们都是利益人。[2]比如，当初太平天国的洪秀全也曾追求平等的政治理念，并向民众承诺要建立实现这种理念的社会。这是合理的政治利益追求。但他完成了从低等级到高等级、从被控制者到控制者的地位转变之后，就放弃了这种追求，继续维持原来的等级制度格局。原先的承诺对他本人来说没有任何约束力，只是欺骗性的谎言。

由于利益人的行为倾向与制度关系密切，考察利益人与政治制度互动的

---

[1] 弱者作为利益人的这种行为特征，不能简单地理解为自私自利。就像并排着的两个商店，它们都销售某一种物品。两个店中的这种物品，质量相同但标价不同。某消费者在知道这些信息的情况之下，他将如何选择？没有理由选择标价高的那个商店，而让自己付出更高的代价。具有追求主观上认为相对较大或最大政治利益的行为倾向是人的本性，在这种情况之下，自私自利的人如此选择，不自私自利的人同样也是这种选择。自私自利更多的是指人们通过不正当手段、走歪门邪道而获得利益的行为倾向。这要结合制度的问题进行考察。总而言之，弱者为免受强者欺凌压迫而维护自身的应有权利，与自私自利没有关系，追求这种相对较大利益是合理的。

[2] 一些理论明确区分弱势群体与强势群体，对人群进行分断。这种理论认为这两个人群是处于你死我活的零和博弈状态，没有考虑到他们之间的动态变化。这种静态的分析方法，往往使他们采取固定的眼光看问题。

问题就显得极为重要。政治制度是利益人获取政治利益的明文化、非明文化规则的总称，这些规则规定政治利益的单向或者双向的流动，以及对利益人争取政治利益的行为进行相应的单向或者双向制约。[1]政治制度只是人们获得政治利益的一种手段，这决定了政治制度包含特定人群的政治利益。行为者建立新制度，其意图是要把自己的利益反映在制度之上，如果一个人具有左右制定制度的权力，他必定围绕着其个人的政治利益进行制度设计、制定；如果一群人具有左右制定制度的权力，他们必定围绕着这群人的政治利益进行制度设计、制定；如果一个国家的民众都具有左右制定制度的权力，他们必定围绕着这个国家全体人民的政治利益进行制度设计、制定。所以，政治制度必定有它特定的政治利益内涵。所谓的政治制度的利益内涵，是指政治制度本身所包含的与政治利益相关的内容。不同利益内涵的政治制度，主要以制度本身所包含的政治利益内涵进行区分，可分为超越政治利益计算的制度（如家庭制度）、政治利益非均衡导向制度（如皇帝制度）、政治利益均衡导向制度（如民主制度）等。本书关注后两种政治制度。

推理模式的基本要素是作为利益人的强者与弱者，以及不同利益内涵的政治制度。推理模式主要有两种：

第一推理模式：作为利益人的强者，如果具备一定的条件，必定建立利益向自己一边倒的政治制度。这些条件是，独占国家的欲望、暴力手段、无制度制约、个人决定等于国家决策等。具备这些条件，足以让他可以为所欲为地追求其最大化利益。而暴力夺权的古代强者，都具备这些条件。利益向强者一边倒的政治利益非均衡导向制度，虽然不同于自然界中弱肉强食的丛林规则，但还是较为靠近。自然界中弱肉强食，是强者为生存直接以弱者为食物。人类也是动物，同样存在弱肉强食的问题，但人类的弱肉强食，与自然界的强者对弱者的生吞活剥不同，是人类强者采用暴力手段对弱者进行全面控制，又通过愚民术以及生杀予夺等方法使弱者彻底屈服，并无条件地服务于自己。并且人类强者的聪明之处在于，他们企图让弱者服务于自己的时间不是短期，而是长久服务于自己以及自己子孙。

第二种推理模式：虽然人类也是动物，但毕竟是高级动物，既能够更巧

〔1〕 陈忠云：《超越不同形式政治制度的研究范式——制度的利益分析理论之魅力》，中国政法大学出版社 2016 年版，第 47 页。

妙地实施这种弱肉强食的计划，也能够产生克服弱肉强食问题的机制。强者建立利益向自己一边倒的政治制度，这是发生制度性政治腐败[1]的根源之一。在这种制度之下，大大小小的掌权者由于不受有效的制度制约，普遍发生滥用权力进行谋私、损害弱者利益的问题。但弱者也是追求自己利益的利益人。如果他们的利益反复受到强者的侵害，必定走向利益觉醒，产生不满与反抗。不单单人类如此，读者可以观察猴园中猴王统治的情形，欲控制一切的猴王也总是面临着其他猴子的觊觎与反抗。但人类更为理性，他们追求公正、平等、自由的政治理念，要求制定制度对掌权者进行有效的制约。[2]人类政治制度从政治利益非均衡导向制度向政治利益均衡导向制度发展，实际上就是去除弱肉强食的历史过程。真正摆脱弱肉强食的丛林规则，就是这种政治利益均衡导向制度。研究这种制度的转化，是本书的制度的利益分析理论主要内容之一。

上述两种推理模式成立的基点是利益人，利益人处于演绎推理的核心位置。正是因为强者、弱者都是利益人，所以政治利益非均衡导向制度本身就蕴含着无法克服的内在矛盾与利益冲突。强者是利益人，假如这个世界没有有效的制度制约强者追求利益的行为，那么他必定胡作非为。假如弱者不是利益人，不追求自身利益，那么他将永远屈服，强者的目的就得逞。但正是因为弱者也是利益人，所以他们不可能屈服，政治利益非均衡导向制度必将向政治利益均衡导向制度过渡。

笔者认为这种制度转换的道理及其背后的逻辑，读者通过上述的文字足以清晰地理解。但是，采用数理模式亦可说明。不感兴趣的读者可跳过。

上述内容的各要素可以用代码替代。政治利益非均衡导向制度的代码是

---

〔1〕 关于制度性政治腐败的解释，参照第4章。

〔2〕 也可以采用已出版的拙作的表述方法：一是作为利益人的强者，以暴力手段控制了社会决策权，并围绕其个人利益最大化的目标，设计政治利益向其一边倒的制度，即政治利益非均衡导向制度，以获取最大化利益。在这种制度之下的统治者行为不受有效的制度制约，往往为所欲为、胡作非为。二是在政治利益非均衡导向制度之下，政治利益完全向权贵一边倒，权贵由于不受任何刚性制度的制约而胡作非为，民众的利益受到严重的损害。但民众也是利益人，他们对此必定感到不满。为了守卫自己的利益，他们追求公正平等的政治理念，并在此理念的基础上设计制约权力的公正平等政治制度，促使原来的政治利益非均衡导向制度向政治利益均衡导向制度转化。陈忠云：《超越不同形式政治制度的研究范式——制度的利益分析理论之魅力》，中国政法大学出版社2016年版，第48—49页。

U（*Unequilibrium*），民众的利益觉醒为 A（*Awaken*）、公正平等的追求为 P（*Pursuit*）、反抗为 R（*Resistance*），等。

统治者尽管有愚民术、镇压等作为维持 U 的手段，但该制度之所以向政治利益均衡导向制度发展，是因为 U 是民众的利益觉醒（A）、公正平等的追求（P）、反抗（R），等的函数[1]。可用如下数理模式表示。

$$U = f\ (A,\ P,\ R) \qquad\qquad (1)$$

由于 A、P、R 等的变化是连续的，可假设为具备可微性。可以采用全微分法求上述函数的变化量。

$$dU = \frac{\partial U}{\partial A}dA + \frac{\partial U}{\partial P}dP + \frac{\partial U}{\partial R}dR \ldots \qquad\qquad (2)$$

该数式表明，A、P、R 等自变量连续不断地变化，必定影响因变量 U，促使因变量发生变化。这些项的和，指各项自变量的变化将共同作用于因变量 U[2]。

该数理模式的整体含义是，因为强者、弱者都是利益人，如果强者在包含弱者的群体中建立政治利益向自己一边倒的非均衡导向制度，那么这种制度不可能处于较为稳定的状态。因为弱者也是利益人，他们也追求自身的利益。随着民众的政治利益日益觉醒、公正平等的追求日益强烈、反抗力度日益增大，使这种政治制度面临着重大的调整，能够给各方带来双赢的政治利益均衡导向制度将替代政治利益非均衡导向制度。

（三）制度的利益分析理论的科学性

科学是运用范畴、定理、定律等思维形式反映现实世界各种现象的本质的规律的知识体系[3]，科学的理论是客观事物的本质、规律性的正确反映[4]。

---

〔1〕 影响政治利益非均衡导向制度（U）变化的因素，远不止民众的利益觉醒（A）、公正平等的追求（P）、反抗（R）等，但为了简化，只能提取最有代表性的几个因素。

〔2〕 构建该数理模式。[美] 蒋中一：《数理经济学的基本方法》，刘学译，商务印书馆 2004 年版。该数理模式仅表达制度的利益分析理论核心部分内容。

〔3〕 辞海编辑委员会主编：《辞海》（第 6 版），上海辞书出版社 2009 年版，第 1234 页（科学条）。

〔4〕 辞海编辑委员会主编：《辞海》（第 6 版），上海辞书出版社 2009 年版，第 1349 页（理论条）。

可以从客观性、规律性的角度对制度的利益分析理论的科学性进行探讨。客观性主要指更合乎事实，规律性主要指在一定条件下反复出现的关系。由于制度的利益分析理论包含利益人假设、不同利益内涵政治制度、利益人与不同利益内涵政治制度结合而形成的两种推理模式等，可以从客观性、规律性的角度对这三个部分内容的科学性分别进行探讨。

关于利益人概念的客观性特点，可以从两个视角探讨：一是将利益人假设与理性人假设进行比较，二是从政治领域的历史资料以及现实生活中各种政治事实角度去感受利益人假设的客观性特点。首先将利益人假设与理性人假设进行比较。在政治领域行为者追求政治利益方面，理性人假设存在如下几个问题：一是对理性一词理解的矛盾、混乱。有学者认为理性的行为者具有长远目光，而有学者认为在共有地悲剧、囚徒困境等所设定环境中的行为者也是理性的，但其实他们的目光较为短浅。学者们的知识背景不同，对理性、理性人的理解差异较大。[1]二是无法说明作为政治领域重要行为者的皇帝的非理性行为。皇帝因为权力不受制约而为所欲为，经常出现非理性行为。首先，如果在研究古代、近代政治制度的问题时，把皇帝也假设为理性人，这将与事实相矛盾。而利益人假设能够客观地反映政治领域行为者追求政治利益的情况。政治领域的利益人包括理性的利益人、有限理性的利益人、非理性的利益人。不能说皇帝是非理性的理性人，但可以说皇帝是非理性的利益人。这种描述更客观、更准确，并且表达这种意思的概念是重要的，因为皇帝很多的行为都是非理性。其次，可以从政治领域的历史资料以及现实生活中各种政治事实角度去感受这种假设的客观性特点。任何分析的前提假设都必须建立在可观察事实的基础之上。笔者在拙作《超越不同形式政治制度的研究范式》中，把每个时代政治领域的行为者都假设为利益人，并且都指出其事实根据所在。当然，笔者在阅读清朝资料的过程中，似乎也发现一些例外，如嘉庆朝被贪官毒死的李毓昌。山阳县查赈委员李毓昌，在发放受灾救济粮款时，因山阳县知县王伸汉等其他官员为占有一些额外救济粮款，向

---

[1] 陈忠云：《超越不同形式政治制度的研究范式——制度的利益分析理论之魅力》，中国政法大学出版社 2016 年版，第 35-36 页。

李毓昌商量虚报受灾人数，以达到目的〔1〕。在制度性政治腐败的前提之下，这是一种常见的贪腐方式〔2〕。但李毓昌不但拒绝，而且还要向朝廷检举揭发。这就由一个不合作事件转变成你死我活的斗争事件。因为这些官员担心，一旦被检举揭发，自己的命运可能变得极为悲惨。李毓昌显然没有意识到他要进行检举揭发的不合作态度，给贪官们带来的危机感。

这个案例让我深感兴趣。因为在我构建理论的过程中，也竭力寻找反例，以更好地修正我的理论，但能够找到这一类的案例极少。在制度性政治腐败的前提之下，从理论上分析是无官不贪，这个反例是否能够否定利益人假设的客观性？不能。这可以举几个理由：一是李毓昌是一个非常特殊的案例，他刚刚走出考场进入官场，对制度性政治腐败环境之下官场交往的规则一窍不通。二是制度性政治腐败的环境是一个大染缸，在官场上混得越久的人越油滑、越贪婪。可以断定，李毓昌即使浑身洁白如雪进入这个染缸，不出多长时间，将毫无疑问是满身油污。当然，他刚刚进入官场生命就结束，我们无法确证是否如此，但从理论上推断必定如此〔3〕。三是即使制度性政治腐败

<hr/>

〔1〕 "谕、昨江南省将王伸汉等解到，当令军机大臣会同刑部连日熬讯。据王伸汉供认，向李毓昌商量虚增户口不允，（李毓昌）欲行禀揭（揭发检举），因而谋害。又质之先行到案之李毓昌家人马连升供亦相符"〔《清实录》（第30册）仁宗睿皇帝实录（三），中华书局1986年版，第876页〕。《清史稿》也记述同一件事，但细节不同：李"毓昌，字皋言，山东即墨人。嘉庆十三年进士，（同年）以知县发江苏。十四年，总督铁保使勘山阳县赈事，亲行乡曲，钩稽户口，廉得（访查）山阳知县王伸汉冒赈状，具清册，将上揭。伸汉患之，赂以重金，不为动，则谋窃其册，使仆包祥与毓昌仆李祥、顾祥、马连升谋，不可得，遂设计死之"〔（清）赵尔巽等撰：《清史稿》第43册，中华书局1977年版，第13039页〕。《清实录》记述王伸汉向李毓昌商量虚增户口，但李毓昌要举报；而《清史稿》是记述李毓昌进行查访，发现王伸汉冒赈的问题，并准备举报。因为《清实录》是更原始的资料，以《清实录》为准。而《清史稿》记述该事，则有明显的加油添醋痕迹。

〔2〕 如，"宝坻县已革知县单幅昌侵蚀赈银二万余两之案。计该县共领赈银四万两，而侵蚀之数至于过半。则该邑待赈贫民，不能仰邀抚恤者，不知凡几。一县如此，其余各州县亦殊不可信。以灾黎活命之源，饱其私囊。贪官墨吏，视为固然。即该上司有派往查赈之员，亦不过彼此分肥，通同具报"〔《清实录》（第30册）仁宗睿皇帝实录（三），中华书局1986年版，第882-883页〕。"如山阳查赈一案。除李毓昌持正被害，其余皆长同吃赈，是多一委员，百姓多一番苦累矣。嗣后上司于饬查公事，不得滥委多员"〔《清实录》（第30册）仁宗睿皇帝实录（三），中华书局1986年版，第958页〕。

〔3〕 就像顺治时代的官员文程在回答顺治为何贪官如此之多的问题时说："彼平居未仕时，亦知贪吏不可为。一登仕籍（权力在手），则见利智氏（昏）矣"〔《清实录》（第3册）世祖章皇帝实录，中华书局1986年版，第566页〕。后来的嘉庆说道，"清廉者亦失其素守，渐成贪吏"〔《清实录》（第29册）仁宗睿皇帝实录（二），中华书局1986年版，第62页〕。在制度性政治腐败的环境之下，从理论上说，某一个掌权者不可能能够出淤泥而不染。

的环境对李毓昌没有任何影响，他自始至终是一个百分之百的公正廉洁官员，那么在普遍是贪官的官员中，就出现一个李毓昌，显然这是属于特殊案例。这种特殊案例即使存在，对改善制度性政治腐败环境的作用依旧等于零。

关于利益人概念的规律性特点。也可以从规律性的角度去发现利益人假设的科学性。在政治领域，行为者追求主观上认为相对较大或最大政治利益（均指具体化政治利益）的行为倾向，在出现文字之后的任何地域、时代，是均可以观察到的普遍现象，这是政治领域行为者的一种行为规律。例如，皇帝总是希望自己能够永久地控制政权，官员总是千方百计讨好皇帝而希望获得提拔，等等。特别是在不受有效制度制约之下，无论何时何地，掌权者滥用权力都是普遍的现象，中国政治历史上曾经有过的将贪官剥皮实草的办法，都无法阻止政治腐败的蔓延。

需要说明的是，一些人认为利益人假设的定义不够高尚，但笔者研究的是在皇帝制度之下皇帝官员等如何追求政治利益的问题。他们以愚民术、凌迟等手段控制弱者，并欲千秋万代维持这种政治利益一边倒的制度。如果把政治领域的行为者无条件地假设为高尚的人，如何包括这些极端自私的皇帝们？而弱者追求公正、平等、自由的政治理念，追求自己正当的权利，这种追求没有不高尚之处。利益人假设的最大特征是，首先，在最基础层次，把政治领域的所有行为者都假设为利益人。其次，各个人群根据各自的政治地位，又有各自具体的政治利益追求，就像上述的强者与弱者。如果认为利益人假设不高尚，恰恰是因为他们没有领悟到利益人假设的这种巧妙、细腻、准确之含义。[1]客观研究要有客观的前提假设，以及支持这种假设的可观察事实基础。笔者刻画政治领域的利益人，目的是为了反映客观现实，并强调公正的制度对权力制约的必要性与合理性。正视政治领域行为者普遍存在的现象，制定相应的制度克服这种问题，使权力不会因为不受制约而泛滥成灾，对他人、对社会造成严重的伤害。

关于制度的利益内涵概念的客观性特点。该客观性要与行为者联系在一起思考。政治制度从来不是先天形成，而是后天设计，这种设计必定反映设计者的利益意图。以制度本身所包含的政治利益内涵区分，政治制度的类型

---

〔1〕 不受制度制约的掌权者往往胡作非为，但他们又担心人们指出该问题。利益人假设显然是踩到了他们的痛脚。

可分为政治利益非均衡导向制度（如古代中国的等级礼制与皇帝制度），政治利益均衡导向制度（如政治民主制度）等。不同的政治制度中包含着不同人群的政治利益，这是客观存在的，并且相对来说较容易理解。政治利益非均衡导向制度实际上是作为既得利益者的强者获得利益的延长线。在这种制度之下，从最高掌权者到最低掌权者，必定产生以权谋私的制度性权力腐败。政治利益均衡导向制度实际上是保护弱者公正、平等地获得政治利益的底线。洛克等西方学者的人生而平等的观点，可以是追求公正平等政治理念的一种理由，但不是形成公正平等政治制度的根据。因为包括洛克时代在内的、民主原则尚未明确形成之前的各时期，人并非是生而平等。平等并非是先天的，而是弱者后天争取的。这必须从作为利益人的强者、弱者追求各自政治利益的角度开始论证。

关于制度的利益内涵概念的规律性特点。该规律性也要与行为者联系在一起思考。无论是强者或者弱者，由于他们都是利益人，他们在设计制定政治制度的时候，必定要求这种制度要能够反映自身的利益。皇帝必定制定利益向自己一边倒的皇帝制度，弱者如果有机会也必定要求制定对自己有利的制度，如民主制度等。王权制度、皇帝制度不是天生的，同样，民主制度也不是天生的，这些都从属于政治主体的政治利益。

关于利益人与不同利益内涵政治制度结合而形成的两种推理模式的客观性、规律性。由于这两种推理模式是建立在利益人与不同利益内涵政治制度等要素的基础之上，其客观性、规律性同样是建立在这些要素的客观性与规律性之上。不合理的利益一边倒的政治制度必定被淘汰，政治利益均衡导向制度必定取代政治利益非均衡导向制度，这是政治制度发展的历史规律。也就是说，利益人是不变的，要建设公正平等的社会，必须寻求制度改变。以制度不变求人性改变，这是徒劳的。

总而言之，政治涉及利益分配的问题，政治制度就包含着与政治利益分配相关的各种规则。而人，都是利益人，无论在何种政治制度之下，他必定谋取自身的政治利益。有什么制度，利益人就有什么样的谋取自身政治利益的行为。政治制度不变，这种格式化的政治行为永远不变。而从政治利益出发、从行为者的人性开始演绎的制度的利益分析理论，之所以可称之为科学性较强，主要体现在这种理论各要素的客观性、规律性、合理性上。根据这种理论推理而形成的观点，其合理性、正确性可以从世界范围寻找较为可靠的资料进行考证，就像笔者已出版拙作《超越不同形式政治制度的研究范式》

所研究的内容那样。

顺便再强调该理论中利益人概念的科学使用方法。虽然无论是弱者还是强者，都假设为利益人，但当初刻画利益人概念时，主要是将利益人与制度结合起来看问题。不受有效制度制约的强者，往往不择手段追求其政治利益最大化。而弱者的利益因此反复受到伤害，他们忍无可忍，起来反抗要求改变制度。但在反抗的过程中可能出现各种情形，比如清朝被雍正捕获的曾静等人。在被捕获之前的曾静，他选择的是通过反抗来守卫自身的利益，但是被捕获之后面临着凌迟，他选择的是通过肉麻吹捧、推诿责任等行为来讨好雍正，以避免即将遭受的凌迟。如何解释曾静在被捕之前与被捕之后的两种截然相反的行为？在制度的利益分析理论的脉络中，前一种行为是作为弱者的利益人的正常行为，因为符合利益人在反复受到压迫而必然奋起反抗的逻辑，而后一种行为则是在特殊环境之下的反常行为。在或者遭受凌迟或者极力讨好雍正以避免被凌迟的二者择一的情况之下，曾静如果对凌迟感到恐惧，则可能极力讨好雍正。但由于这种行为不符合利益人在反复受到压迫而必然奋起反抗的逻辑，而是一种在特殊情况之下的反常行为，此时应当避免采用利益人的概念进行分析。

（四）制度的利益分析理论与其他理论的比较

制度的利益分析理论与政治学新制度主义理论有很大的可比性。笔者在拙作《超越不同形式政治制度的研究范式——制度的利益分析理论之魅力》中，对政治学新制度主义理论存在的问题进行了探讨。

政治学新制度主义理论包括理性选择制度主义理论、历史制度主义理论、社会学新制度主义理论[1]。这三种理论中的后两种，涉及文化的内容，如历史制度主义理论的算计途径、文化途径等。社会学制度主义理论同样注重文化的因素。由于文化本身就是一个极为复杂的问题，这致使后两种理论难以成为有效的分析工具。

制度的利益分析理论与上述理论相比，除了在人性假设、制度利益内涵等方面有很大的差别之外，还有一个不同的见解是在对文化的理解方面。该理论不否认政治文化的存在，而是在理解政治利益与政治文化的关系时，认

---

〔1〕〔美〕彼得·豪尔、罗斯玛丽·泰勒："政治科学与三个新制度主义"，载薛晓源、陈家刚主编：《全球化与新制度主义》，社会科学文献出版社 2004 年版，第 195 页。

为政治文化是处于从属的、外围的地位，政治文化服从于政治行为者的政治利益。不存在完全独立于政治行为者的政治利益之外的，甚至能够支配他们政治利益的政治文化。专制政治文化是独立于弱者的政治利益之外，并欲支配弱者的行为，但它是强者所塑造的、为强者服务的政治文化。[1]

制度的利益分析理论除了可以与政治学新制度主义理论进行比较之外，还可以与统计学理论稍作比较。统计学理论包括描述性统计与推测统计两部分，在此主要与推测统计进行比较。

推测统计理论主要是一种微观的研究，它的作用是根据课题的要求采用相应的方法收集数据，以及对收集好的数据进行具体分析，并将分析的结果作为课题的论据。由于这是属于一种纯技术性的知识，因此在所有的学术领域中几乎都可以利用统计学的方法进行分析。关于其构建方法，主要是以概率理论为基础进行构建，其具体内容包括概率分布、标准差、中心极限定理等。假设检验是推测统计的核心内容之一，它是通过特定方法搜集样本数据，并在概率理论之下对整体状况进行推论的一种方法。其步骤是①对总体参数（比例、均值、方差）进行假设。②判断总体参数假设是否正确，需要采用随机抽样的方法从总体中抽取样本，并计算样本统计量（样本比例、均值、方差），对总体参数的假设是否正确的问题进行验证。③在对样本统计量进行计算之后可能发现与总体参数假设不符。不符的原因是什么？是由于样本抽取的误差造成还是因为本来就不同？这需要计算样本统计量与总体参数之间接近程度的 Z 值（抽样标准差）或者概率值。④设定检验的概率临界值。⑤决定采用何种检验方法。[2]⑥计算检验统计量 Z 值或者概率值。通过 Z 值或者概率值判断总体参数的假设是否成立[3]。

为了进一步解释该推测统计原理，可以利用 2016 年美国总统大选的数据对上述的步骤进行模拟，但各具体数据全部是假设[4]。①在 2016 年的美国总统大选的最后阶段，选战在希拉里与川普之间展开。某调查机构综合以往

---

〔1〕　该问题参照本书第 3 章。

〔2〕　根据数据的特点，检验方法有多种，如 t 检验等，并各有公式。此处原假设、备择假设等省略。

〔3〕　利用推测统计理论对数据进行具体分析，还有模型构建、模型拟合等内容，感兴趣的读者可以阅读统计学等书籍，在此不探讨。

〔4〕　在此只能进行简单的说明，感兴趣的读者可以阅读统计学原理等的书籍。

的民意调查、出口调查、选举结果以及其他的各种因素，预测希拉里此次获得的支持率将达 50%（π）。这是对总体比例的假设。②这种总体比例的假设是否成立，需要采用随机抽样的方法从总体中抽取样本进行数据验证。通过电话调查获得的 1600 例（n）的数据。计算样本比例，希拉里得票率达 52%[1]（p）。那么，预测的 50% 是否还能成立？样本比例 52% 是否等于总体比例 50%？③52% 与 50% 的差异，是何种原因引起的？是抽样误差，还是本质不同所导致？这需要计算样本比例与总体比例之间接近程度的 Z 值（抽样标准差）或者概率值。④设定检验的概率临界值为 0.05。由于是双侧检验，$Z_{a/2} = Z_{0.025} = 1.96$。⑤在对总体比例的检验中，计算检验统计量的公式是：

$$Z = \frac{p - \pi}{\sqrt{\dfrac{\pi(1-\pi)}{n}}} \qquad (1)$$

⑥代入：

$$Z = \frac{0.052 - 0.50}{\sqrt{\dfrac{0.50(1-0.50)}{1600}}} = 1.6 \qquad (2)$$

也就是样本比例与总体比例相比，它们之间的接近程度，是 1.6 个抽样标准差。

$$Z_{a/2} = Z_{0.025} = 1.96 > Z = 1.6 \qquad (3)$$

由于 Z = 1.6 不在拒绝域范围，说明 52% 的抽样数据统计量与媒体预测 50% 之间没有本质不同，它们之间的差异是抽样误差所造成。如果计算出来的 $Z_{a/2} = Z_{0.025} = 1.96$，也就是如果换算成概率值将小于 0.05 而落入拒绝域，则属于小概率事件，小概率事件在一次的抽样调查中一般是不会发生，如果发生了，则说明样本比例与媒体预测的比例之间的差异显著，它们之间有本质

---

［1］　有时候媒体直接公布在抽样调查中得到的结果，如希拉里的支持率是 52%，这是统计学原理中点估计的一种方法。

的不同，媒体的 50% 支持率的预测无法成立[1]。以上所有的计算均可在电脑的统计软件中完成，并且统计软件可直接计算具体的概率 P 值，更方便。

推测统计的最大特征是在概率理论之下进行数据分析。概率理论的科学性是公认的。推测统计的量化分析，毫无疑问是一个很好的问题研究手段，并且随着软件的开发，使用越来越便利、越来越普及。

笔者在国外求学时，在课堂上就听到欧美政治学硕士生要苦练几项基本功，包括读书、写作、算数，这算数就是统计学。统计学训练是美国政治学硕士生的基础训练之一，所以在美国政治学领域，统计学几乎是人人皆知的普及性知识[2]。但政治学领域的推测统计的研究也存在局限性。确实，概率理论的科学性是公认的，但概率理论的科学性不等于一篇使用概率理论进行分析的论文也是科学。因为判定一篇推测统计量化分析论文是否科学，参考的因素很多，特别是抽样数据问题。就一篇推测统计量化分析论文来说，验证假设是否成立是通过抽样数据进行验证而非事实验证。由于是抽样数据验证，最大的问题在于如何取得可靠的抽样数据。可靠的抽样数据是量化分析论文的生命。数据有问题，概率理论无论如何科学，统计软件无论如何先进，都无法挽救这篇论文非科学性的结论。

在政治学领域，样本数据采集容易受各种因素影响。物理、化学等学科研究样本多数是没有生命的物体，只要研究者通过调整温度、借助显微镜等手段就可以获取较为客观准确的数据。但在政治学领域，样本数据主要通过被调查者、被采访者进行采集，数据真实性的程度依赖于他们。而被调查者、被采访者能否提供较为真实的数据，很大程度上取决于政治环境以及被采访者自身的利益。如果政治环境存在问题，他们担心道出真实的情况可能对自己不利，说谎、隐瞒等问题就必定存在。这些问题直接影响样本数据的真实性。

上述提到的希拉里与川普之间的美国总统竞选，就可以说明这个问题。在进行大选投票之前，调查者通过电话调查等方式采集样本数据，并根据这

---

〔1〕 之所以采用这些简单的假设数据，目的是让读者更容易地理解推测统计的核心原理。原理越复杂，解释的方式越简单，对读者越有帮助。当然，在现实中的美国大选，调查员获取数据的手段或者更复杂。

〔2〕 ［美］加里·格尔茨、詹姆斯·马奥尼：《两种传承：社会科学中的定性与定量研究》，刘军译，格致出版社、上海人民出版社 2016 年版，第 19-20 页。

些样本数据进行计算，结果证明希拉里获胜概率大。甚至在大选投票的当天早上，依然可以证明希拉里的胜率高达百分之八九十。但计票结果证实胜率很高的希拉里落选。这种结果让全世界关心美国大选的人都大跌眼镜。为何出现这种情况？人们发现，部分选民在投票之前接受采访时，在回答是否投票给川普的问题上隐瞒真实的想法，是导致所采集样本数据的可靠性发生问题的主因之一。由于川普歧视妇女等的言论，使不少美国人对他抱有负面的印象，也对那些支持川普的人抱有负面看法。支持川普的选民即使因赞同川普将来的施政策略而认为自己的一票非他莫属，但为了避免发生不良效应，他们没有在接受采访的时候表示自己的一票可能去向。这个问题使调查者无法取得可靠的样本数据，而他们就是根据这些样本数据进行计算、并推测选举的可能结果。最终，数据验证的情况与真实的情况大相径庭。[1]由此可知，数据统计结果是否可信，与抽样数据的真伪高度相关，并极具敏感性。

好在美国大选有双重的验证机会，数据验证的问题可以在大选的出口调查中被发现，进而在计票结果中得到事实的验证，因此存在对数据的可靠性问题进行反思的机会。错误的统计所造成的蒙蔽只是一时。[2]

美国政治学的量化分析，关键的基础是美国大选以及与此相关的政治环境[3]。没有大选，美国政治学量化分析可能也是英雄无用武之地。更何况，从上述的例子可知，即使是美国大选，在获取的数据中，如果存在被采访者因担心自身利益受损而说谎的问题，数据分析的结果也是不可信。而其他地方如果权力尚未被控制，将存在更严重的此类问题，你可以想象能够取得什么样的数据。比照一下上述美国大选中的数据问题，也大致可知这类数据的

---

〔1〕 在1936年的美国总统大选期间，某杂志社进行了民意调查，当时主要是根据电话簿等进行抽样调查，并根据该抽样数据进行演算预测，结果是完全错误。在探讨预测错误原因时，他们发现抽样方式有问题。因为他们主要是根据电话簿进行抽样调查，但当时有电话的大多是较为富裕的家庭，而有选举权的并不仅限于这些人。显然，这种错误的抽样方式，是导致预测脱靶的主要原因之一。Jeffrey Witmer, *Data analysis: An introduction*, Prentice Hall, 1992, p. 97.

〔2〕 当然，在某些情况之下，推测统计有其独特的作用，是其他方法所无法替代的。比如，两军对垒，需要明确的数字对比一决胜负。选民在对候选人的人品等进行考察的基础上，通过比较他们之间政策主张的差异，决定自己的一票将花落谁家。所以，美国大选在最终的计票结果出来之前，人们对谁当选有相当的悬念，而推测统计理论在满足人们的好奇心方面发挥其重要作用。按照严格的程序获得样本数据并采用推测统计的方法预测结果，很受急于提前知道可能结果的美国民众的欢迎。当然，如果只通过抽样数据进行验证，其可靠性依然存疑，而最可靠的是最终计票结果的事实验证。

〔3〕 大选是一个（权力被控制的）关键指标，它还波及其他与政治相关的数字公正的问题。

价值几何。如果没有合格的原料，放在统计软件这个机器中加工出来的将都是怪物。并且，没有任何机会对这样的数据验证问题进行事实验证。没有事实验证，数据验证的错误无从得到纠正，也就无法对何种原因导致数据错误的问题进行反思。在这种情况之下，推测统计的操作者无论是有意还是无意，对民众的蒙蔽都不只是一时。细的数据验证，对民众的影响将是长久。在某些研究领域，之所以推测统计的量化分析无法普及，不是学者、学生对推测统计的量化分析不感兴趣，而是大环境、原始样本数据的问题。在以前对推测统计过程进行心算手写的时代，确实是难度较大，但是随着统计软件的开发，已经在相当程度上克服了这些困难。现在的学生，对真理追求的执着以及对电脑操作熟悉的程度，都是令人惊讶的，但是如果其研究是在不真实的原始样本数据的基础上展开，不但没有意义，而且往往是在有意无意中欺骗了读者。这是最令人对量化分析望而却步的。

一般来说，学者进行某项研究，他首先要考虑的是研究的目的是什么，收集何种资料、采用何种分析手段能够更好地实现这种目的？他们将在被容许的范围内收集最真实的资料，采用相应最佳的分析手段。国外政治学者们收集随机抽样的数据资料，并采用推测统计量化分析的方法，主要是他们认为这是在被容许的范围内能够达到研究目的的最佳手段。他们并不追求论文形式上的美感，而是追求更为精确的研究结果，以更好地实现研究目的。在这方面，国内的情况与国外有很大的不同。但国内一些学者强调采用量化分析的方法是与国际接轨。然而，作为学问基础的制度不接轨，变成空中楼阁的学问如何接轨？如果认为量化分析在形式上具有很强的美感，为了追求这种形式上的美感而不惜牺牲其他方面的内容，这种脱离实际意义的研究，将使学术论文的价值变得很低。对于这种问题，我相信大多数的国内学者都知道，我本人其实也是抱着一种较为宽容的态度，因为我知道这是他们在特殊环境之下的一种生存之道。但我必须告诉我的学生们，目前确实存在这样的问题。

量化分析实际上是追求精细化、精致化研究的一种方法。但由于数据的问题，导致越精细、越精致，越像玩数字游戏。这是一种令人尴尬的窘境。而在求真务实理念之下构建的制度的利益分析理论，可以避开这类窘境，直抵问题的核心。该理论认为，在利益人假设以及在制度性腐败〔1〕的前提之下，采集样本数据对腐败问题进行推测统计研究，难度大但意义不大。因为在这种情况之下，不是一个人腐败的问题，而是制度性政治腐败环境的问题。在这种环境中，某行为者具备如下几项条件：①他是利益人。②他的权力不受有效制度制约。③资源都在其触手可及的范围内。那么他有不贪腐的理由吗？实际上，在政治利益一边倒制度之下的权力，由于不受有效制度制约必然发生腐败的问题，这是属于具有普遍性特征的制度性政治腐败。在这种情况之下，即使能够取得抽样数据，问题也可能较多，如果采用在概率理论之下推测统计分析方法处理这些数据，学术意义可能不大，并且这非常容易把问题神秘化、复杂化而误导读者。这样的问题，如果利用制度的利益分析理论进行分析，可以直奔主题。该理论是基于普遍性原理并建立在事实之上，以细致的观察、准确把握政治领域行为者的行为，作为学术研究的基础。它是从人性开始演绎，从人的政治利益追求开始研究，研究其与制度发展的必然关系，以探索制度发展的内在本质。它的一般分析方法是，①在该理论之下直接对某专题的核心问题（如制度发展方向、制度改革失败原因等）进行推理假设；②收集数据，包括质的数据、量的数据（量的数据有大数据、随机抽样数据等）。〔2〕如果是可靠的抽样数据，当然可以把它们作为论据纳入这种理论体系中，但由于该理论主要是基于普遍性的原理，其推测结果或者更适合于采用大数据予以证明；〔3〕③按照该理论的逻辑发展构建数据链条；

---

〔1〕 某种制度容易导致权力滥用问题，并且相关配套制度无法有效地制约这种腐败行为，这种权力腐败就是属于制度性腐败。

〔2〕 如果没有可信度较高的量的数据，依靠可信度高的质的数据，同样足以建立证明论点的有效数据链条，并进行合理推论。

〔3〕 "大数据是以容量大、类型多、存取速度快、应用价值高为主要特征的数据集合，正快速发展为对数量巨大、来源分散、格式多样的数据进行采集、存储和关联分析，从中发现新知识、创造新价值、提升新能力的新一代信息技术和服务业态。"国务院：《国务院关于印发促进大数据发展行动纲要的通知》，国发〔2015〕50号。

"大数据"反腐案例。哈尔滨市纪委在利用大数据调查当地人大预算工作委员会主任朱某贪污腐败的问题时，发现朱某一人缴纳多处房产的水电气、物业费。进一步调查证实，虽然房产不在其名下，但真正的房产所有者就是朱某。还有一例，通过大数据调查哈尔滨市公安局交警支队考验处处长侯某的贪污腐败问题时，发现在其任职前后消费水平有明显变化。他任职5年乘航班54次，头等舱占24次，而此前4年乘航班19次，无头等舱；任职后妻子出国（境）18次，而此前仅出境一次。经查证侯某有严重的贪污腐败问题。记者强勇，载 http://www.sohu.com/a/212883466_267106，访问日期：2019年3月25日。

④利用严密构建好的数据链条对推理假设进行证实。

制度的利益分析理论导航与具体分析的功能兼备。作为导航式的理论，它可以提供一种制度发展的分析思路，同时可以在具体分析中起到一种技术性指导的作用。

导航式的理论无论在质的分析还是在量的分析中，所起的作用同样重要。量的研究与质的研究一样，正确理论的导航从文章立意就开始起作用，从最开头的问卷设计、到数据论证、到结论，进行全程跟踪。如果没有导航理论，量化分析同样从一开始就容易迷路而误入歧途。在此举笔者较为熟悉的政治学领域量化分析的例子。一些学者采用量化分析的方法对农村的一些问题进行分析，如农民对基层干部等的信任问题。他们通过数据分析，认为农民对基层干部不信任，但是他们对非基层干部相对信任[1]。这种研究存在一些问题。对农民来说，他们获得基层干部信息的渠道相对畅通，干部利用权力控制资源，损害农民的利益，绝大多数农民对他们不信任是理所当然。但是关于非基层干部的信息不可能像基层干部那样获得。然而，非基层干部也是从基层干部过来的，当他们是基层干部的时候因为各种问题让农民产生不信任，为何成为非基层干部之后他们的行为就可以获得农民信任？尽管数据分析的结果可能确实是这样，但这是一种无法解释的逻辑困境。出现这种问题，显然是在进行问卷设计的时候，就没有理顺好这些逻辑关系。也就是说，这种量化研究从一开始就陷入迷途。而如果有正确的理论从一开始就进行导航，他们在进行问卷设计之时，就会理顺这些逻辑关系，以获取更加准确的数据。但是，调查者前期工作准备不足，导致在后期的研究成果中出现难以解释逻辑困境。虽然通过电脑对数据进行演算，花费时间较少，但是根据电脑演算结果进行 P 值比对、核实以及理顺文脉等，还是要花一定的时间。并且理论性的错误往往是基础性的错误，如果说研究成果有第二次出版的机会，对非基础性的错误稍加修改即可，而对这种基础性的错误，非全部推翻重新再来不可。在量化分析中，因为没有理论导航而造成错误结果的严重性，不亚于质的研究。

制度的利益分析理论也可以在具体分析中起到一种技术性指导的作用。

---

[1] 胡荣："农民上访与政治信任流失"，载《社会学研究》2007 年 03 期。邱国良："转型时期我国农民的政治信任及其重建"，华中师范大学 2011 年博士学位论文。马德勇：《中国乡镇治理创新：10 省市 24 乡镇的比较研究》，南开大学出版社 2014 年版，第 91 页。

笔者认为，在某些情况之下，制度的利益分析理论的分析方法比推测统计的方法更方便、更有效。它可以越过各种障碍，直抵核心问题。笔者曾看到一篇学生习作，该生收集数据并采用非参数检验的卡方检验的方法，论证乡镇选举的公推直选比非公推直选更受农民欢迎的假设。像这种问题，无论是否存在量的数据，都在制度的利益分析理论可以解释的范围之内。公推直选，民众参与其中，表达自己的利益。而非公推直选，往往是官员操纵的内容较多，而民众参与的内容较少。根据利益人假设，民众理所当然希望自己能够参与其中，进行自己的利益表出，避免官员损害自己的利益。所以，在一般的情况之下，这种方法必定更受农民欢迎。这种解释在制度的利益分析理论中属于前提预设的公理部分，如利益人必定追求自身利益。从人的追求政治利益的行为规律看，必然如此。这是被数千年来政治制度发展历史所反复证明的。与推测统计利用数十例、数百例的抽样数据进行推测相比，这种公理是基于人性、基于历史的结论，无数事实铸就了这种公理。一些地方公推直选制度消失，从理论上分析，并不是选民的民智不足所导致，而是不符合掌权者的利益所导致，因为掌权者要主导、控制局面，公推直选不符合他们的利益。[1]

总而言之，无论是质的研究还是量的研究，制度的利益分析理论都是重要的，而真实的数据更是研究的生命。高质量的建筑物不能建立在不牢固的地基之上，高质量的论文无法建立在虚假的数据之上。要获得可信度高的量化数据，环境更为重要，但环境问题受到很多条件的限制，非调查主持者个人的努力可以解决。要获得可信度高的质的数据，个人的努力很重要。你可以深入现场明察暗访，进行近距离观察，进行具体详细的记录。甚至就像公安人员卧底于毒贩、赌棍的人群中一样，卧底于你想要进行研究的现场。[2]

三、作为研究导航系统的制度的利益分析理论

笔者在构建制度的利益分析理论时，实际上对它的定位就是一种研究导航系统。因此，不追求高大上，但追求真理，求真务实。如果是高大上的理论，表面上金光闪闪、光芒万丈，但它是虚伪、空洞的，由这种理论对人们

---

〔1〕 当然，由于情况复杂，不排除存在一些例外的情况。

〔2〕 作者在如何表达社会责任感与保证被访者不受伤害之间搞平衡，我的建议是在必要时设置一个作品提出之前的保密期。

的行为进行导航，可能导向灾难。而如果是追求真理，更重视的是合理的、客观实在的、具有现实问题分析意义的内容。只有真实的理论，才有研究导航的价值，只有理论本身越接近真理，其研究导航的价值才越大。

利用制度的利益分析理论对政治制度的问题进行研究时，从文章立意开始，文献梳理、资料搜索、论证方法、结论，都受该理论的全程跟踪、导向。从开始写作的第一步，在梳理既存研究的文献时，就可以体会到该理论的这种作用。梳理文献就是对之前各种观点进行扬弃的过程。以什么标准对之前的观点进行扬弃？就是制度的利益分析理论所设定的政治利益导向的研究视角。在搜索资料时，如果没有理论，那么在巨量文献的茫茫书海中，就没有一个落脚处，难以登高望远，进行准确、有效地搜索目标。但是采用该理论，以政治利益为导向，就可以较为有效地、准确地搜索目标，并且还可以对资料的真伪进行判断。制度的利益分析理论，除了提供导航系统之外，还提供多种分析框架，供作者选择。其论证方式灵活，可以采用质的数据进行论证，也可以采用量的数据进行论证。

由于制度的利益分析理论擅长解释政治制度发展过程的各种问题，这使笔者可以利用这种理论进行一些探究性的研究，如对清末民初政治制度改革失败原因进行研究。该理论是否适合说明清末民初政治制度改革失败原因的问题？由于制度的利益分析理论包含利益人假设、不同利益内涵政治制度、利益人与不同利益内涵政治制度结合而形成的两种推理模式等，可以对这三个部分的适用性分别进行探讨。

关于利益人假设的适用性。人必定追求自身利益，在清朝是普遍可以观察到的现象。明末李贽（1527~1602）说："夫私者，人之心也。人必有私，而后其心乃见；若无私，则无心矣"[1]。李贽的意思是，是人就必有私。[2]

---

〔1〕　李贽："德业儒臣后论"，载漆绪邦、张凡注：《李贽全集注》（第6册）·藏书注（三），社会科学文献出版社2010年版，第526页。

〔2〕　官员们都希望到肥水多、条件好的地方任职，而不愿到条件恶劣的地方。"南方各省人人愿往，至宁古塔（属于黑龙江省、当时生活环境很差）、则不愿者多"〔《清实录》（第5册）圣祖仁皇帝实录（二），中华书局1985年版，第149页〕。到台湾任官，向来是个美缺，"该省督抚及各官，因该处出息肥饶，视为利薮，往往夤缘徇情。不以渡洋为苦，转以得调美缺为喜"（中国第一历史档案馆编：《乾隆朝上谕档》（第14册），档案出版社1991年版，第307页）。

雍正时期,有一个谚语是"人非圣人谁能无私"[1],等等。

虽然上述的各见解都没有大错,但也不十分正确。如上所述,在皇帝制度的时代,必分政治强者与政治弱者。皇帝等为政治强者一类,官员属于相对强者一类,其余属于政治弱者一类。虽然强者、弱者都是追求自身利益的利益人,但他们追求利益的目的与手段还是有质的区别。讨论清末民初政治制度改革失败原因的问题时,利益人假设至少有三方面内容。第一方面内容,是政治领域所有行为者都是利益人,包括强者、弱者。强者欲千秋万代维持其利益一边倒制度,是不合理的。而弱者在利益反复受到强者侵害的情况之下,必定产生不满并奋起反抗,他们追求自己的应有权利,这种追求是合理的,并且正是弱者的这种追求才促进了政治制度向前发展。第二方面内容,是在强者的压迫之下,弱者追求自身的利益是合理的,但正是因为弱者也是利益人,一旦他们掌握权力、政治地位改变之后,如果同样不受制度制约,将走原先强者为所欲为的老路。第三方面内容是,弱者在追求个人利益的时候,与他们追求国家利益没有矛盾。

第一、第二方面的内容在上述已经强调过。在此对第三方面的内容稍加解释。清末民初的中国社会正处于新旧制度的转折点上,国家陷入极大的危机,在这个时代出现众多的舍身为国仁人志士。这与利益人假设没有矛盾。作为利益人的弱者,他们观念中的国家利益的内容不是空洞的、夸夸其谈的,而是与个人生存环境息息相关的。国家的政治制度公正、富有强大,这种良好的政治环境将给在这个国家中生存的个人带来莫大的利益。而国家被强者独占、政治制度恶劣、贫穷破败,除了一群贪渎的掌权者,一般民众的物质与精神生活将是极端痛苦。对作为利益人的弱者来说,良好的政治环境是生活在这个国家的每一个人的利益,他们追求这种与个人利益息息相关的国家利益。利益人正是重视个人利益,才能够认真建设作为自己生活家园的国家,才能誓死捍卫作为自己生活家园的国家。为国家利益牺牲,也是为争取自己个人良好的生存环境而牺牲,也是为争取自己个人权利而牺牲[2]。而在这个

〔1〕 中国第一历史档案馆编:《雍正朝汉文谕旨汇编》(第6册)·上谕内阁,广西师范大学出版社1999年版,第277页。
〔2〕 清末的徐锡麟是一个典型的案例。徐锡麟因为暗杀安徽巡抚恩铭被捕。他没有因为自己将被处死而悲伤,反而认为"我自知即死,将我宗旨大要,亲书数语,使天下后世皆知我名,不胜荣幸之至"(陈晨:《秋瑾徐锡麟轶事》,人民日报出版社2014年版,第297页)。他临刑前留下的照片,也是一脸豪气,显示了其宁死不屈的英雄气概。

过程中往往产生值得后人纪念的伟大人物。但是，为个人利益而出卖国家利益的人也存在，特别是在某种制度之下，国家领导人个人完全控制国家。此时，他的个人意志等于国家意志，个人决策等于国家决策。在这种情况之下，为了其个人利益，他可以拿国家利益做交易，国家的国土、财富，以及国家因受到侵略遭到损失而应得到的赔款等，都可以成为实现其个人利益的交易项目[1]。

政治利益非均衡导向制度与政治利益均衡导向制度同样适合说明清末民初的政治制度问题。皇帝制度属于政治利益非均衡导向制度，临时约法属于政治利益均衡导向制度。虽然临时约法的问题较多，但是与皇帝制度相比内容完全不同。

利益人与不同利益内涵政治制度结合而形成的两种推理模式，同样适合于清末民初的政治制度问题的分析。第一推理模式是，政治利益非均衡导向制度是强者在对弱者进行暴力征服之后所制定的制度，如皇帝制度。强者在这种制度之下独占国家，并为了防止弱者反抗，要尽可能对他们进行彻底地控制。清朝皇帝对弱者控制的手段包括剃发、跪拜、凌迟等。第二推理模式是，弱者也是利益人，他们无法承受强者的反复压迫，将追求礼尚往来、公正平等的政治理念，设计符合弱者利益的政治民主制度。该推理模式强调从政治利益非均衡导向制度过渡到政治利益均衡导向制度是历史的必然，是政治制度发展的大方向。

当然，在对某一具体的问题进行分析时，任何一种理论都不可能做到面面俱到，制度的利益分析理论也是如此。但由于该理论是一种对政治利益导向的分析，紧紧抓住利益人追求政治利益这个核心问题，分析其与政治制度发展以及与制度改革失败之间的关系。利用该理论进行推理，可以利用大量可信度较高的资料进行考证，以贴近事实真相。同时，该理论对处理资料也有很大帮助。没有理论往往容易把整体资料进行碎片化解读，而有了制度的利益分析理论可以把碎片资料进行整体化组织。这些是本书研究的最大特色，也是其他的既存研究所不具备的内容。

---

　　[1]　"西人与中国互市，动辄挟我国君之权力以制我之民"[（清）汪康年：《论中国参用民权之利益》、中国史学会主编：《戊戌变法》（第3册），神州国光社1953年版，第148页]。本国皇帝往往有意无意中变成被外国人所操纵的攫取本国人利益的僵尸皇帝。

学者们对清末民初政治制度改革失败原因的研究，基本上可以分为两大类，一类是从宏观视角进行考察，另一类是从微观视角进行考察。为了对清末民初政治制度改革失败的原因展开系统的、富有逻辑性的分析，有必要在制度的利益分析理论之下，对上述两类观点的合理性问题进行探讨。以下按照宏观视角诸观点的问题、微观视角诸观点的问题、扭转政治制度发展方向才是改革失败的最关键原因的顺序，分别进行论述。

一、宏观视角诸观点的问题

从宏观视角考察戊戌变法失败原因的学者有李喜所、郭世佑、邹小站、史革新等，他们认为成功的社会条件不具备而导致变法失败，具体理由包括经济基础薄弱、民智不足等。从同样角度考察新政、预备立宪失败原因的学者有萧功秦、张继良、吴春梅、张玉光、李昊鲁等，他们同样认为成功的社会条件不具备而导致预备立宪失败，具体理由包括制度移植水土不服、经济基础薄弱等。从同样角度考察民初政治制度改革失败原因的学者有赵小平、刘青华、高伟、王建华、汪朝光、杨天宏、杨绪盟、孙宏云、朱勇、张永等，他们认为因社会条件不具备而导致民初议会、政党等民主政治无法成功，具体理由包括制度移植水土不服、传统政治文化观念根深蒂固等。

从宏观视角进行考察的几种看法，学者们都只是简单提及，没有对其与失败的必然联系进行严密的考证、论证。事实上，从宏观视角进行考察的几个看法，都不在制度变革中起决定性作用，与政治制度改革失败之间没有必然联系。以下从上述的看法中析出制度移植水土不服、传统政治文化根深蒂固、经济基础薄弱、民智不足等几个具体理由，一一进行考察。

（一）制度移植水土不服观点的问题

在既存研究中，持有制度移植水土不服观点的学者认为，中国的政治制度体系与西方的政治制度体系，是两种界限分明的政治制度体系，如果把特定环境之下形成的西方政治制度体系移植到中国来，将因产生水土不服的问题而失败。学者们认为这是导致清末民初政治制度改革失败的主要原因之一。

持有这种观点的学者不少，其中对这方面问题的研究挖掘较深的是萧功秦。他认为1905年以后搞预备立宪制度，这种政治制度移植的改革必然失败。因为东西方政治制度是两种异质的存在，在这两种异质制度的背后，具有特殊的"异质政治制度的文化背景"[1]。西方政治制度是在西方特定的条件之下，是"有赖于一系列复杂的历史、文化、经济和社会条件的存在才得以成立"[2]，"这些条件并非是人为地'制造'出来的，而是在长期历史发展过程中自然生成并相互依存的"[3]，所以该制度"不能单纯理解为某些思想家基于某种政治理念的人为的设计"[4]。而清末中国人认为可以引进西方政治制度对中国政治制度进行改造，这是对西方立宪的"文化误读"。他认为这种误读的后果是严重的，因为不顾国情搞制度移植的政治制度改革必然失败[5]。

认为西方政治制度是在西方特定条件之下形成的判断，实际上与后续各种判断关系重大，应当展开实证研究证实这种判断的正确性，人云亦云的一些理由不能成为判断的有效根据。如果对古希腊雅典民主政治制度与近代英国民主制度的形成过程进行考证，可以确认西方民主制度形成的核心原因是政治强者与弱者之间利益调和的结果[6]。萧功秦对该问题并没有进行具体地论证，而他所认为的西方民主制度是"在长期历史发展过程中自然生成并相互依存的"[7]，是"有赖于一系列复杂的历史、文化、经济和社会条件的存

---

〔1〕　萧功秦：《危机中的变革：清末政治中的激进与保守》，广东人民出版社2011年版，第122页。

〔2〕　萧功秦：《危机中的变革：清末政治中的激进与保守》，广东人民出版社2011年版，第119页。

〔3〕　萧功秦：《危机中的变革：清末政治中的激进与保守》，广东人民出版社2011年版，第120页。

〔4〕　萧功秦：《危机中的变革：清末政治中的激进与保守》，广东人民出版社2011年版，第119页。

〔5〕　"西方的立宪制度是与它的经济结构、文化结构、政治体制和它的社会结构紧密地联系在一起的，是受这些条件支持的，而中国没有这些条件。打个比方说，西方立宪制是附在西方人肌肉上的一层皮，这个皮是与肌肉、骨骼与血液联系在一起的，这样它才有活力。中国把它直接拿过来披上是行不通的"（袁训利："'思想者是幸福的'——著名学者萧功秦教授访谈录"，载《历史教学》2004年11月期）。

〔6〕　陈忠云：《超越不同形式政治制度的研究范式——制度的利益分析理论之魅力》，中国政法大学出版社2016年版，第14章、第16章参照。

〔7〕　萧功秦：《危机中的变革：清末政治中的激进与保守》，广东人民出版社2011年版，第120页。

在才得以成立"〔1〕等的判断，只是这类思考的惯用套话，并非是在实证研究基础上得出来的结论。他既主张存在原始民主制度（原生型制度）〔2〕，又主张民主制度的形成需要如此复杂之程序，这不是自相矛盾吗？并且这种错误认识将产生一连串的效应，如他认为清朝皇帝如果及时改革是可以成功的，"清末改革的悲剧在于，当统治者在臣民中享有比较充足的权威资源时，统治阶层总是缺乏改革的意愿；当帝国被列强打败并陷入深重的民族危机时，例如，当清帝国统治者在甲午战争与庚子事变如此严重的危机之后，才会在焦虑感的压力下，进行'狗急跳墙'式的变革"〔3〕。既然中西方文化不同，制度异质，制度移植必定产生水土不服的问题，如果更早进行这种改革，政治经济文化的条件就更不具备，为何就能成功呢？

持有制度移植水土不服导致清末民初政治制度改革失败观点的学者，在诸多方面的问题无法自圆其说。其实，制度的利益分析理论认为，包括民主制度在内的政治利益均衡导向制度是人们普遍的追求，无论是古希腊雅典民主，还是古罗马共和民主，还是近代英国民主，都是民众为对抗胡作非为的强者而形成公正、平等、自由的政治理念，并设计制约权力的政治制度。这种政治理念以及政治制度不是西方人所独有，而是在政治利益非均衡导向制度之下弱者的普遍追求，包括中国。清末民初的民众要求制定制度，制约胡作非为的权力，这不是外来的，而是在专制制度之下的弱者本来就有的要求。如果认为因不同政治体系而需要进行制度移植，等于割断中国古代民众曾经有过的强烈追求公正、平等、自由政治理念以及设计相关政治制度的历史，这种观点显然不客观。

学者们之所以持有制度移植水土不服的观点，主要有几个原因：

一是，他们认为西方民主制度有其特殊的形成与存在的环境。这种制度，或者是在天生的原始民主制度的基础上形成，或者是在特殊的宗教环

〔1〕 萧功秦：《危机中的变革：清末政治中的激进与保守》，广东人民出版社 2011 年版，第 119 页。

〔2〕 "从历史根源上来看，英国的立宪政体是原生型的、典型的君主立宪政体"（萧功秦："近代国人对立宪政治的文化误读及其历史后果"，载 http://www.aisixiang.com/data/36306.html，访问日期：2017 年 6 月 18 日）。

〔3〕 萧功秦：《危机中的变革：清末政治中的激进与保守》，广东人民出版社 2011 年再版，自序第 3 页。

境的基础上形成，但这种理解是错误的。事实上，西方的政治民主制度不是从来就存在。这种制度既不是在原始民主遗风等特殊的政治环境之下发展出来，也不是在先知所预言的"恺撒的物当归给恺撒，神的物当归给神"（《新约·马太福音》22：17—21）等特殊宗教环境之下形成的，而是与强者一样同是利益人的弱者，在利益受到强者反复侵害的情况之下奋起抗争而作用于制度的结果[1]。

　　二是，持有制度移植水土不服观点的学者，没有细分组成民主制度的成分。民主制度最少分政治理念与制度设计两个部分。没有公正平等的政治理念就没有民主的政治制度设计，也就不可能实现民主制度。但由于强者的控制，部分地方的民众即使有了公正平等的政治理念，有了民主的政治制度设计，也不等于说可以顺利地实现民主制度。在政治利益非均衡导向制度之下的国家、地区，之所以无法形成政治利益均衡导向的民主制度，不是特殊环境的问题，而主要是强者控制手段的问题[2]。

　　包含公正、平等、自由、法治等政治理念的政治利益均衡导向制度，是

---

〔1〕　陈忠云：《超越不同形式政治制度的研究范式——制度的利益分析理论之魅力》，中国政法大学出版社 2016 年版，第 14 章、第 16 章参照。与弱者在利益受到强者反复侵害的情况之下奋起抗争问题相关的早期欧美文献不少，在此略举一二。①18 世纪欧美文献："英国在诺尔曼人征服以后的很长一段时间里，王朝的权力几乎是无限的。最初是贵族，后来是人民赞成自由，逐渐侵犯了帝王的特权，直到将其最庞大的权利的绝大部分消灭为止"（［美］汉密尔顿、杰伊、麦迪逊：《联邦党人文集》，程逢如、在汉、舒逊译，商务印书馆 2007 年版，第 129 页）。②19 世纪欧美文献："欧洲西半各国不按十数帝王之族随意治民，而按民心以治国。六十年前（指 1820 年之前）各国帝王于百姓之身家性命若为国家之所固有，随意驱策，无人敢抗……至于今，则诸国非帝王之所治，而民之所自治，比户几各有举官之权，既有此权，内外大小诸事必将顺民心以治理。从前欧一百八十兆皆如奴仆听主人之约束，而不敢违背者，今则悉由自主"（［英］麦肯齐：《泰西新史揽要》，［英］李提摩太、蔡乐康译，上海书店出版社 2002 年版，第 407 页）。③与该问题相关的中国文献（1908 年）："考欧洲宪法之发生，……皆为人民抗其君，流血漂杵而得者也。欧洲中古，本为封建制度，各私其土，各子其民，威福日增，渐流横暴。其在英也，则有英王约翰、英王查理斯、英王威廉三次之革命，遂订权利法章、准权大典、权利请愿三次之宪章。其在美也，则因英国赋敛殖民之虐，遂起脱离母国之心，十三洲逼而称兵，华盛顿举为领袖，糜财钜万，血战七年，卒开独立之厅，遂定成文之法，统领由于公选，政治取于分权"［（清）达寿："考察宪政大臣达寿奏考察日本宪政情形折（光绪三十四年七月十一日）"，载故宫博物院明清档案部编：《清末筹备立宪档案史料》（上册），中华书局 1979 年版，第 26 页］。离这些具体事件越近，人们的看法越客观、实在。离这些事件的时间越久远，人们的解释越主观、随意，甚至出现诸如原始民主、基督教二元论等观点。

〔2〕　陈忠云：《超越不同形式政治制度的研究范式——制度的利益分析理论之魅力》，中国政法大学出版社 2016 年版，第 15 章参照。

具有普遍意义的政治制度，先秦时代的中国人就已在强烈地追求。[1]但是，在秦始皇等人采用暴力手段全面控制了中国并设立皇帝制度之后，历代皇帝都对民众进行强力地控制，他们除采用残酷的镇压手段之外，还采用愚民术等对民众进行奴化教育，这种状态一直维持到清末。从秦朝到清末两千余年来，虽然民众追求公正平等的政治理念依然强烈，但基本上都处于强者的严密控制之下。尽管民众失去了实现民主制度的政治环境，但作为利益人的弱者还是坚定不移地追求自己的利益。在政治利益非均衡导向制度之下，他们追求公正平等的政治理念任何时候都存在，一旦统治者的控制松弛，他们就可能在公正平等政治理念之下进行制约权力的制度设计。总而言之，清末民初的民众要求制定制度制约胡作非为的权力，这不是外来的，而是在专制制度之下的弱者本来就有的要求。当然，西方民众在构建程序化民主政治制度方面先行一步，他们在权力制约、权力监督方面经验丰富，这些经验值得借鉴[2]，但借鉴不等于移植。

（二）传统政治文化根深蒂固观点的问题

在既存研究中，不少学者认为清末民初政治制度改革失败是因为传统政治文化对人们的影响根深蒂固所致。这个观点同样包含很大的主观臆断成分。

制度的利益分析理论认为，政治主体包括掌权者、非掌权者等。在专制制度之下，作为最高掌权者的强者，他们的政治利益[3]与政治制度、政治文化[4]之间的关系，是一种三个层次同心圆的关系。强者的政治利益处于核心

---

[1]　先秦时代的中国人，为追求公正、平等，他们在经济领域发明度量衡等工具并构建程序化的市场交换制度，在政治领域也有同样的追求，他们强烈追求公正平等的政治理念，并将经济领域的度量衡等工具，引用到政治领域中作为表达公正平等政治理念的标尺，并且进行初步的制约权力的政治制度设计（陈忠云：《超越不同形式政治制度的研究范式——制度的利益分析理论之魅力》，中国政法大学出版社 2016 年版，第 258 页参照）。

[2]　对上述内容的具体论述，参照本书第 6 章《清朝民众对权力制约的思考》。

[3]　关于政治利益，可以参照拙作的观点。陈忠云：《超越不同形式政治制度的研究范式——制度的利益分析理论之魅力》，中国政法大学出版社 2016 年版，第 37 页。

[4]　阿尔蒙德是研究政治文化的主要学者之一，他认为，"政治文化是一个民族在特定时期流行的一套政治态度、信仰和感情"（［美］加布里埃尔·A. 阿尔蒙德、小 G. 宾厄姆·鲍威尔：《比较政治学：体系、过程和政策》，曹沛霖等译，东方出版社 2007 年版，第 26 页）。笔者认为这种政治文化还包括影响人们的政治态度、信仰和感情的相关作品、习惯等。因为只有包含这些内容，才能对传统政治文化进行理解。所谓的传统政治文化，指历史上曾经存在过，并且保留至今影响人们政治行为的制度以及各种说教等。中国传统政治文化很复杂，但能够保留下来的，多数是为强者实现其政治利益、愚弄民众的物质、精神产品。

的地位，政治文化处于最外围的地位。支配强者的政治行为不是政治文化而是政治利益，他们通过暴力控制国家的决策权，以自己的政治利益为核心，设计政治利益向自己一边倒的政治制度，又为了防止民众的不满与反抗，塑造政治利益向自己一边倒的政治文化。显然，稳固、长久地获得政治利益是目的，政治制度、政治文化都是实现该目的的手段。

由于强者欲望强大，他们采用暴力手段占有了国家，制定利益向自己一边倒的政治制度并欲长久的维持该制度。但强者的欲望包含着两个重大问题，一是如果个人可以占有国家，那么人人都将变成希望占有国家的政治野心家，他们将挑战皇家的威权；二是这种制度是建立在损害民众政治利益的基础之上，因此必将遭到民众的反抗。由于这两个问题存在于皇帝制度肌体之内，皇帝制度本身无法解决这些问题。要解决这种问题，只能像先秦统治者制定等级礼制去维护等级制度那样，从制度外部采取强化控制民众行为的措施去维护皇帝制度。他们因此竭力制造忠君的政治文化，希望以此改变人们的思想，让民众主动放弃政治野心以及放弃反抗，万众一心地共同维护当朝（当时的朝代）的皇帝制度。

这里举中国传统政治文化的若干具体内容进行说明。毫无疑问，在数十斤的人体上凌迟数千刀的凌迟酷刑，同样也是中国传统政治文化的一部分。这些刽子手先用动物的肉来训练凌迟本领，练出比庖丁解牛更熟练的凌迟技术。古代中国相当一部分的工匠精神集中在如何控制民众的政治领域中。由于这部分的中国传统政治文化过于血腥，不展开阐述。此处主要围绕着统治者所塑造的忠君的传统政治文化展开。该传统文化主要包括两个方面内容：一是忠君说教，如天子受命于天、忠君孝亲、天地君亲师等，二是对忠君说教进行形象化诠释，以民众喜闻乐见的方式让这种说教深入人心。如西周的红歌、汉代的树立典型榜样等。

关于忠君说教的部分。先秦时代，统治者主张"天子受命于天"，主要目的是强调其政权的正当性、合法性，"天子作民父母，以为天下王"[1]。到了汉代，董仲舒为讨好汉武帝而老调重弹："唯天子受命于天，天下受命于天子"[2]。掌权者之所以强调天，是因为统治者野心太大，要千秋万代私占国

---

[1]　李民、王健撰：《尚书译注》，上海古籍出版社2004年版，第222页。

[2]　（西汉）董仲舒：《春秋繁露》，张世亮、钟肇鹏、周桂钿译注，中华书局2012年版，第400页。

家。但他们感到自己的力量太弱小，要控制全国千百万民众，力不从心。然而，在具有超然力量的上天看来，天下就像倒扣的一口锅，他可以主宰锅里的一切。统治者把自己打扮成天的儿子，并且就像嫡长继承制中的嫡长子独占继承权力的机会那样，独占讨好天地的机会，垄断对天地的祭祀，"乃命重、黎，绝地天通（不允许一般民众祭祀天地），罔有降格"[1]。或许他认为这样就可以直接继承天的权威，去控制被罩在"大锅"之中的民众。

而忠君孝亲，则是统治者以鼓励孝亲的方式，达到让民众忠君的目的。汉朝统治者采用以孝劝忠方式推行忠君策略，并且采用物质奖励的方法，如惠帝四年"春正月，举民孝弟、力田者复其身"[2]，以免除其徭役等方法对孝的行为进行奖励。到了宋朝，树立二十四孝等典型榜样，让人们向其学习。到了清朝，统治者依然反复强调"古来求忠臣必于孝子之门"[3]。在清朝雍正年间，传统政治文化之内涵以"天地君亲师"一句话概括，[4]五个字中当中一个字是"君"。显然，这种传统政治文化的核心内容是皇家文化，隐藏于这种文化的背后，是强者无止境的欲望[5]。

关于对忠君说教进行形象化诠释的部分。忠君说教有时很枯燥，民众不容易接受。统治者为了收到说教的潜移默化效果，他们往往寓教于乐，在娱乐中对人们灌输忠君意识，以图让人们接受并积淀为有助于其达到长久统治目的的政治文化。他们以民众喜闻乐见的娱乐方式代替僵化的说教，对民众的思想进行渗透。如西周的"打黑唱红"。周公等人一边打击同胞兄弟管叔、蔡叔等"黑帮"，一边高唱歌颂周文王、周武王的"红歌"。而唐朝的唐太宗

---

〔1〕 李民、王健撰：《尚书译注》，上海古籍出版社 2004 年版，第 399 页。

〔2〕 （东汉）班固：《汉书》，中华书局 1999 年版，第 66 页。

〔3〕 中国第一历史档案馆编：《嘉庆道光两朝上谕档》第 7 册（嘉庆七年），广西师范大学出版社 2000 年版，第 421 页。

〔4〕 "天地君亲之义，又赖师教以明自古师道，无过于孔子"（《清实录》第 7 册·世宗宪皇帝实录（一），中华书局 1986 年版，第 135 页）。

〔5〕 或者有人还认为礼、德等也是传统政治文化的内容之一，但其实这只是统治者欺骗民众的策略而已。如西周的制礼作乐、敬德保民，都是欺骗民众的策略（陈忠云：《超越不同形式政治制度的研究范式——制度的利益分析理论之魅力》，中国政法大学出版社 2016 年版，第 4 章参照）。当然，传统政治文化十分复杂，能够留存下来的大多是对统治者有利的文化，而对统治者无害的文化有时也可以留存，比如管子的"礼义廉耻"（"国有四维，一维绝则倾，二维绝则危，三维绝则覆，四维绝则灭……何谓四维？一曰礼，二曰义，三曰廉，四曰耻"）（《管子全译》，谢浩范、朱迎平注译，贵州人民出版社 2008 年版，第 3 页），这种文化在国家的危机时刻往往发挥它的作用。民国的"新生活运动"就是以这种文化作为精神支柱。而传统政治文化中对统治者不利的杨墨思想则被彻底排斥。

还把自己的"正确光荣伟大"事迹，编成歌曲《秦王破阵乐》，让人们欢声歌唱。又为了挖掘该歌曲洗脑的剩余价值，再改编成音乐舞蹈的英雄史诗"《七德舞》，（以）形容圣功"[1]。

　　还有一种是树立忠君的典型榜样。西汉统治者建立麒麟阁纪念馆，纪念忠君的十一功臣；东汉统治者建立云台纪念馆，纪念忠君的二十八将；唐太宗建立凌烟阁纪念馆，纪念忠君的二十四功臣。清朝也设有忠君纪念馆，如昭忠寺、贤良祠等，并开放这些纪念馆，让人们参观学习，相互交流忠君的经验。他们还把"天地君亲师"变成人们在家中祭祀供奉的牌位。统治者大力推广这种传统政治文化，以致到今日，在乡下依然可以看到这种牌位。

　　如上所述，政治制度、政治文化都是统治者实现自己政治利益的手段。政治制度（如王权制度、皇帝制度）可以根据最高统治者的利益进行设计，政治文化可以根据最高统治者的利益进行塑造。政治制度规定最高统治者的权利以及民众必须要服从统治者，而政治文化的多数内容则教育民众为何要服从统治者。由于能够流传下来的传统政治文化，往往是强者在维持自己利益的过程中所塑造的，这种政治文化中所包含的政治利益是向他们一边倒的。所以，在民众对公正平等政治理念追求中，这种利益一边倒的传统政治文化注定是脆弱的，不可能根深蒂固不可破除。

　　在探讨传统政治文化对清末民初政治制度改革失败问题的影响时，不能无视统治者制造政治利益一边倒政治文化的过程，不能从客观存在的角度对这种传统政治文化进行正当化。部分学者认为是政治文化决定了政治制度，决定了统治者追求政治利益的方式，这种思考是本末倒置的。所谓的传统政治文化，其实并不传统。因为从制度的利益分析理论角度观察，强者总是追求其最大化的政治利益，只要不受有效的制度制约，他将放纵自己控制一切的欲望，设置有利于自己的政治制度，塑造有利于自己的政治文化。强者的这种利益取向在任何时代都存在，不单单是古代，当代一些国家也存在这种现象。看看当代某些国家（如朝鲜等），在表演大众游戏（mass game）中体现的忠君政治文化，以及在电视中播放的军方领导人右膝跪地向国家领导人汇报情况的画面，就明白这个道理。这种政治文化与传统关系不大，与现实中的政治利益关系重大。作为利益人的强者，任何时候都追求其政治利益最

〔1〕　（北宋）司马光编撰：《资治通鉴》，沈志华、张宏儒主编，中华书局 2009 年版，第 8064 页。

大化。只要利益人假设永远不变，如果没有有效的制度对强者进行制约，这种专制的政治制度、专制的政治文化永远都有可能存在。

中国传统政治文化的内容包含愚民术，谎话连篇。但谎言说一千遍就成了"真理"。经过长期的宣传、洗脑，部分民众的思想可能被劫持，暂时失去自我意识。这类似于大脑被植入一种愚民的精神寄生虫，人们的思想因此被劫持[1]。这种愚民的精神寄生虫使被劫持者失去了公正平等地追求自己利益的正常人格，而变成为君主利益而生存的傀儡[2]。他们在皇帝制度被推翻之后，在短期内可能产生一种类似于鸦片中毒的症状，留恋皇帝制度。但即使如此，这类人不可能很多，这种症状也不可能维持很长时间。由于人人都是利益人，他们的礼尚往来、公正平等的合理思考任何时候都是不会被磨灭的，只要劫持者失去继续劫持的能力，完全可以通过解放思想重新唤醒民众的礼尚往来、公正平等的良知，因为这才是人们在社会中生存的基本原则。

毫无疑问，认为传统政治文化根深蒂固是清末民初政治制度改革失败原因的文化决定论观点，没有认识到政治利益这个核心因素的决定性作用，没有对中国传统政治文化的形成过程进行准确地理解，没有认识到中国传统政治文化本质的问题而随意套用，这是错误的。[3] 传统政治文化不可能处于政治中

---

〔1〕 这与动物脑部感染寄生虫，思想和行为被劫持的问题一样。"寄生生物的生活习性令人感到恶心。这些生物侵入宿主机体后，在宿主体内生活，以宿主的组织为食……他们不仅蚕食着宿主的身体，而且劫持了宿主的大脑，使宿主的行为方式改变而更符合这些寄生生物的需求……比如虫草，这是一种真菌，在其昆虫宿主体内发育到特定阶段时，会'命令'宿主攀爬到更高的地方，像一片高大的草叶上。而且宿主爬到高处后，就把自己紧紧贴在那里死去。然后，昆虫的尸体上会慢慢长出真菌的子实体，最后真菌的孢子会散落下来。真菌'命令'昆虫爬到高处，是为了把自己的后代传播得更远"（魏天悦："寄生虫会控制你的思想"，载《羊城晚报》2011年03月17日，第b4版）。皇帝塑造政治文化的目的类似于此，同样是"令人感到恶心"。

〔2〕 就像被寄生虫侵袭之后的动物、昆虫，它们的大脑遭受劫持而变成为寄生虫而生存的傀儡，即"僵尸动物"（孝文秋凌："揭秘入侵大脑的八种寄生虫及其宿主"，载科学网，http://news. sciencenet. cn/htmlnews//2008/9/211333. html，访问日期：2014年8月7日）。

〔3〕 部分学者持有中西方不同的政治文化决定了中西方不同的政治制度的观点。资中筠对这种观点进行驳斥，她认为有人说"中国有中国的国情，中国有它的特殊性……所谓民主自由这一套东西都是西方的制度，它不符合中国的文化，中国文化有它自己根深蒂固的传统……（这种）文化决定论，就会导向我们不需要进行根本的制度改革"（资中筠："中国一定要进行根本性制度改革"，载 http://www. aisixiang.com/data/36097.html，访问日期：2016年6月3日）。但她还认为"从中外历史发展看，制度与文化是胶着在一起的，也可以说是一枚硬币的两面。孰先孰后真很难说，所以称之为'鸡与蛋的关系'"（资中筠："文化与制度——鸡与蛋的关系"，载 http://www. aisixiang. com/data/54193. html，访问日期：2018年3月24日）。这种观点是关心中国政治制度问题的多数学者的共同看

心的位置而决定政治行为者如何追求政治利益，只能是政治强者根据自己追求政治利益的需要，决定塑造何种政治文化，或者决定是否利用传统政治文化。

另外，一些学者关心清末民初政治制度改革失败原因，也关心制度与文化之间关系的问题。他们虽然没有直接探讨传统政治文化与清末民初政治制度改革失败原因之间的关系，但他们对制度与文化之间关系看法的问题，毫无疑问将影响他们对清末民初政治制度改革失败原因的研究，如秦晖的观点。

主张清朝统治者固执地死守权力而导致政治制度改革失败的秦晖，在文化与制度关系的方面则认为"文化无高下，制度有优劣"[1]。但从制度的利益分析理论角度看，在政治领域，不但制度有优劣，文化同样也有高下。如果传统政治文化包含着较多的利益向强者一边倒的成分，包含着较多的愚民成分，并且是封闭的（如古代中国统治者排除杨墨学说），而民主政治文化包括公正、平等、自由等政治理念，并且是开放的、多元的，那么从政治制度发展的角度看，这两种政治文化之间的高下岂不是一目了然？秦晖之所以存在"文化无高下"的思考，至少与如下几个问题有关系：

首先，缺少政治文化的概念。对于什么是文化，他有他的独特见解，认为"每个人都有价值偏好（如，你信仰儒教我信仰基督教等），价值偏好类似的人们构成群体，这些群体的价值偏好，就是说他们'喜欢什么，不喜欢什么'，这就形成一组选择性判断，这就是文化的概念"[2]。但他对政治文化这

（接上页）法，但存在一些问题。他们没有意识到行为主体的存在，把行为客体误认为是行为主体。在制度的利益分析理论的政治利益导向的分析中，首先要区分政治主体、政治客体。鸡和蛋是政治主体、是行为者，文化与制度是政治客体，是行为者的行为对象。在某种特定制度之下，强者是鸡，强者的儿子是蛋，而政治利益是鸡和蛋生存与发展的营养，政治制度、政治文化都是他们获取更多政治利益的手段，采用这些手段可以确保他们能够长期获得政治利益这种营养。如前述，政治利益、政治制度、政治文化是一种三个层次同心圆的关系。强者的政治利益处于核心的地位，政治文化处于最外围的地位。支配强者的政治行为不是政治制度、政治文化而是政治利益，他们通过暴力控制国家的决策权，以自己的政治利益为核心，设计政治利益向自己一边倒的政治制度，又为了防止民众的不满与反抗，塑造政治利益向自己一边倒的政治文化。

〔1〕 秦晖："文化无高下，制度有优劣"，载 http://news.ifeng.com/history/zhuanjialunshi/qinhui/detail_ 2010_ 02/23/352534_ 0. shtml，访问日期：2017 年 5 月 23 日。以下所引用的秦晖观点，皆出自该篇文章。

〔2〕 辞海这样规定文化概念："文化，广义指人类在社会实践过程中所获得的物质、精神的生产能力和创造的物质、精神财富的总和。狭义指精神生产能力和精神产品，包括一切社会意识形式：自然科学、记述科学、社会意识形态"［辞海编辑委员会主编：《辞海》（第 6 版），上海辞书出版社 2009 年版，第 2379 页（文化条）］。

个核心概念没有进行定义。确实，政治文化之外的生活文化、艺术文化等，与各个地方的气候、资源等关系密切，地方特色较强。但是政治文化涉及或为民主权力，或为专制权力服务的问题，公共性较强，是世界通用。秦晖所谈论的文化，应当都是属于政治领域的政治文化。欲探究政治领域的文化问题，政治文化的概念是必要的，但是找不到秦晖关于政治文化概念的定义。没有清晰的政治文化概念，在展开论述时，作者的思路可能不清晰，读者要把握其思想脉络十分困难。

其次，秦晖认为，能够选择才是文化比较的前提，苏联与美国之间的文化比较是没有意义的，因为苏联人无法自由地选择。但不同的两个国家的制度、文化，都可以在作者的某种问题意识之下进行比较，为何要自由选择才有比较意义？自由选择、不自由选择，本身也是比较的一个具体内容，为何把这种具体内容变为能否比较的前提？由于作者在这些问题上语焉不详，笔者认为这可能与上一个问题相关，也就是概念、研究方法缺失引起思路不清晰的问题。实际上，苏美两个国家，政治制度、政治文化差异巨大，可以比较的地方太多。从制度的利益分析理论角度看，政治主体的政治利益与政治制度、政治文化是一种三个层次的同心圆关系。而在不同政治制度之下，存在以谁的政治利益为中心塑造政治文化的问题。苏联以统治者的政治利益为核心，制造控制民众思想的各种精神产品，并利用此精神产品对民众进行洗脑，潜移默化地培育民众对掌权者深怀敬畏的一种感情，以形成一种顺从统治者的政治文化。而美国是以选民的利益为核心，倡导政治自由，塑造尊重个人人格的政治文化。在这种自由、开放的政治文化中，特别重视萝卜、青菜各有所爱的选择自由。显然，两个国家之间存在两种不同的同心圆：一种是以统治者利益为核心，专制制度、专制政治文化的同心圆，一种是以选民的利益为核心，自由民主制度、自由政治文化的同心圆。这两种同心圆之中的政治文化的高下，一目了然。自由与专制，其本身就是两种政治文化的最大区别。从民众的角度看，自由意味着有多种选择，专制意味着没有选择。是否能够进行自由选择，恰恰就是这两种政治文化的比较意义之所在。或者秦晖最初强调文化是一种选择，其初衷可能也是想探讨可以选择的自由政治文化、不能选择的专制政治文化的问题，但没有政治文化的概念、没有与两种政治同心圆相关的理论，政治利益、政治制度与政治文化之间的逻辑关系无法理顺，导致其无法正确地进行思考。

　　秦晖还认为美国人与瑞典人之间的文化比较才有意义，因为他们虽然都存在大致相同的可自由选择的民主制度，但是，瑞典人选择了"从摇篮到坟墓"、把自己的一生都委托给国家管理的体制，而美国人选择了一个相对而言最"自由放任"的体制。他认为这才是文化的最大不同。笔者认为与其说这是政治文化的问题，不如说是政府政策的利益导向问题。瑞典是一个高福利的国家[1]，某个人假如不纳入国家的管理，住房、失业、医疗、养老等方面将失去保护，将受到巨大的损失。而把自己的一生都委托给国家管理，可以让自己得到最大的利益。所以，政府这种政策导向，使追求个人利益的瑞典人愿意"从摇篮到坟墓"、把自己的一生都委托给国家管理。这与人们追求利益有关系，与国家政策导向有关系，与政治文化的高下无甚关系。笔者认为，如果说秦晖的文化（政治文化）无高下观点也存在符合事实的地方，或者就是体现在美国人、瑞典人对政治文化的追求上。从政治利益的角度看问题，美国人、瑞典人在追求自身政治利益、崇尚政治自由方面是没有区别的。他们国家的政治制度、政治文化都是为他们追求自身的政治利益服务，这也是没有很大的不同。从这个角度看，这两个国家之间的政治文化并无高下是符合事实，但也因此它们之间政治文化的比较意义远不如苏联与美国之间政治文化的比较。

　　其实，秦晖对清末民初政治制度改革失败原因进行研究的内容并不多，之所以提起他的观点的问题，是因为从制度的利益分析理论角度看，要解释清末民初政治制度改革失败原因，逻辑性、系统性是重要的，如果在这些方面存在问题，就不可能正确地解释清末民初政治制度改革失败原因。也就是说，如果该学者在解释清末民初政治制度改革失败原因时，用一两句话一带而过，或许没有问题，但是如果要系统地解释政治制度改革失败的原因，这些制度上、文化上认识问题的存在，将阻碍其进行正确的解释。

　　（三）经济基础薄弱观点的问题

　　在既存研究中，部分学者们认为经济基础薄弱、没有等到经济发展之后再开启政治制度改革，是清末民初政治制度改革失败的主要原因之一。但他们没有提到导致经济基础薄弱的原因是什么的问题，以及哪一种经济制度可以更加促进经济发展。也有学者提到要等到市场经济充分发展之后才可以发

---

〔1〕　秦富民："瑞典的民生：从摇篮到坟墓"，载《决策信息》2010年第4期，第76-77页。

展民主制度，这也不正确。实际上，经济落后的根源往往在于政治，如果统治者认为普天之下莫非王土、率土之滨莫非王臣，全面控制人们的政治、经济行为（如"上农除末"等的禁商行为），甚至把民众主要的生活资源国有化（如汉武帝、王莽的盐铁专卖[1]），这样掌权者就有更多、更有效的控制民众的手段，而民众将更为恐惧掌权者，更没有独立的人格，更无法明辨是非曲直，更容易任人宰割。在这种政治体制之下，不受制度制约的上上下下掌权者必然胡作非为，并且他们的权力没有边界，可以随时、随意剥夺民众的任何方面的利益。清末的中国也是如此。严复认为，"盖西国之王者，其事专于作君而已；而中国帝王，作君而外，兼以作师……中国帝王，下至守宰，皆以其身兼天地君亲师之众责……卒之君上之责任无穷，而民之能事，无由以发达"[2]。在皇帝制度之下，不但民众的政治权利被剥夺，经济活动的权利也被控制。在经济活动中，古来中国民间就具有强烈的契约精神，但是由于掌权者随意剥夺侵害，破坏这种契约精神，这样国家的经济何以发达？

其实，近代在财产民有、市场经济的前提之下，政治发展与经济发展没有严格的先后问题，因为它们都是同质的制度。而经济落后的国家，其根源往往在于政治[3]，在很多时候政治制度不改革，就无法按照市场秩序理顺经济关系，符合政治利益均衡制度的经济基础就无法形成。所以这是一项系统工程，政治、经济理应同时改革，相互促进，不是要等到经济发展到多高的程度才能够开启政治制度改革。

在既存研究中，学者们认为经济基础薄弱、没有等到经济发展之后再开启政治制度改革，是清末民初政治制度改革失败的主要原因之一。这只是浅层认识，什么原因造成经济基础薄弱，才是要认真思考的问题。但学者们很少涉及这一层次的问题。显然，认为经济基础薄弱、没有等到经济发展之后再开启政治制度改革，是清末民初政治制度改革失败主要原因的论点，成立的理由不足。

---

〔1〕 陈忠云：《超越不同形式政治制度的研究范式——制度的利益分析理论之魅力》，中国政法大学出版社2016年版，第7章、第8章参照。

〔2〕 王栻主编：《严复集》（第4册），中华书局1986年版，第928页。

〔3〕 袁世凯在1899年1月12日认为，中国能工巧匠很多，但为何产品远不如西方？主要是因为"在上者偷工减料，启其弊窦，下至冗员杂役，层层剥蚀，转相效尤，欲器之精，胡可得乎"〔骆宝善、刘路生主编：《袁世凯全集》（第3卷），河南大学出版社2013年版，第312页〕。如果没有有效的制度制约掌权者，无论是在政治方面还是在经济方面，他们都将胡作非为。

（四）民智不足观点的问题

在既存研究中，不少学者强调民智不足导致清末民初政治制度改革失败。但如果用事实说话，戊戌变法失败，是因为慈禧为追求完美的政治利益而对光绪未进行充分授权，光绪因此难以推进改革，当光绪企图摆脱慈禧的控制，即被慈禧终止变法而告终。预备立宪失败，同样是慈禧，她制定《若干基本规则》〔1〕以及《钦定宪法大纲》中的决策规则〔2〕，奠定了失败的基础。而后来的载沣等人就是按照慈禧在《钦定宪法大纲》中所制定的决策规则进行决策，设立皇族内阁并将铁路国有化，导致民众进行激烈反抗，使清政权以及预备立宪双双走向终结。民初政治制度改革失败，是袁世凯欲控制皇帝般的权力而扭转政治制度发展方向所导致。戊戌变法失败、预备立宪失败，以及到袁世凯称帝为止的民初政治制度改革失败，哪一个是因为民智不足、不懂得参与政治所造成的？哪一个不是强者欲强行追求完美的政治利益而极力扭转政治制度发展方向所造成的？

其实，从制度的利益分析理论角度看，政治领域的弱势群体，他们天生不是暴民、愚民，而也是善于追求自身利益的利益人。在政治制度转型期，民众由于长期处于专制制度之下，对民主制度的运营方式可能会产生暂时的不适应。但通过教育，可以提高他们的政治智慧，民众可以在政治参与中逐步熟悉民主制度的操作程序，因为这符合他们的政治利益。最好的教育就是在实践中进行，民众是珍惜自己参与政治的机会。但由于选票与政治利益直接挂钩，如果制度不够严密，在投票的时候可能存在一些投机取巧现象。又由于在国会中讨论进行政治利益分配等问题的时候，如果制度不够严密，发生一些争执甚至打架，这些是正常的。即使在今日，较为成熟的民主国家中也依然存在这种情况。而在清末与民国初期，要民众选举就选举、召开国会就召开国会，并没有多少证据可以证实他们是不适合于民主政治。选举作弊

〔1〕　在 1906 年颁布《仿行立宪上谕》前后，慈禧在内部的讲话中提及《若干基本原则》，一曰君权不可侵损；二曰服制不可更改；三曰辫发不准薙（剃）；四曰典礼不可废（包含跪拜的内容）〔余肇康：《翟鸿機朋僚书牍选》（上），载《近代史资料》总 108 号，中国社会科学出版社 2004 年版，第 21 页〕。或者这不是公开的决策规则，但却真正左右决策者的决策行为。

〔2〕　1908 年 8 月份《钦定宪法大纲》出台。《钦定宪法大纲》关于君上大权是如此规定，①大清皇帝统治大清帝国，万世一系，永永尊戴。②君上神圣尊严，不可侵犯。⑤设官制禄及黜陟百司之权。用人之权，操之君上，而大臣辅弼之，议院不得干预。⑨爵赏及恩赦之权。恩出自君上，非臣下所得擅专。⑬皇室经费，应由君上制定常额，自巨库提支，议院不得置议。

等问题，完全可以在制定更加严密的制度之下得到解决。强调所谓的民智低下、人民无法正常地进行政治参与的观点，是一种偏见，是统治者通过贬低对方来维护自己既得利益的一种手段。如慈禧、袁世凯，这两个追求不受任何制度制约的极端利己主义者，就反复强调民智不足。由于他们控制话语权，越强调民智不足，对他们恢复、维持专制政权就越有利。

古今中外，所有追求政治利益的行为者都假设为利益人。而利益人天生有足够的智慧设计适合于追求自己政治利益的制度形式。中国强者设计、制定王权制度、皇帝制度，其争取自身的政治利益的手段极为高明。弱者也同样，在如何追求公正平等的制度方面有足够的智慧。先秦时代的民众追求公正平等的经济交换，他们发明度量衡等器具，并形成程序化的市场交换制度。他们在政治方面也追求公正平等政治理念，并试图构建程序化民主政治制度[1]。如果提供合适的环境，他们有足够的能力构建这种制度。正是因为弱者与强者一样都是利益人的这个前提，决定了人类政治制度必定从政治利益非均衡导向制度向政治利益均衡导向制度发展。

确实，清末民初的政治制度改革，要调整各种利益[2]形成新的利益格局，需要一个过程。但这个过程完全可以与民众参政同时进行，最初不妨在某个时间段内、在一定程度上控制参政资格，等到把民主规则建立起来并且顺利运行之后再完全放开。

如上所述，学者们从宏观视角考察的制度移植水土不服、传统政治文化根深蒂固、经济基础薄弱、民智不足等诸理由，不可能是清末民初政治制度改革失败的主要原因，这意味着他们这类观点基本上全部脱靶。实际上，从宏观视角的研究，是最难展开的部分，也是最容易进行写作的部分。认为是最难展开的部分，是因为这种研究需要进行大量的工作，特别是要有合适的理论、明确的视角。如果没有理论和视角，那么在古代文献的茫茫书海中，就没有一个落脚处，难以登高望远、进行准确、有效地搜索目标，其研究的难度可想而知。认为是最容易进行写作，是因为如果不想认真研究，有很多现成的观点可以引用，比如摩尔根的原始民主观点等。上述制度移植水土不

---

〔1〕 陈忠云：《超越不同形式政治制度的研究范式——制度的利益分析理论之魅力》，中国政法大学出版社 2016 年版，第 12 章、第 13 章参照。

〔2〕 如需要调整利益格局、解放思想、破除利益一边倒的传统政治文化、加强公民政治教育、熟悉民主政治操作程序等。

服的主张，几乎都是建立在这种观点的基础之上，而恰恰这种观点是错误的[1]。从整体上看，持有宏观视角一类观点的多数学者，他们的关键判断往往只一句话、一小段话了结，似乎没有要追根究底的意思。他们本身对相关问题就不求甚解，读者更无法清晰了解。

二、微观视角诸观点的问题

上述从宏观视角提出的诸观点基本上覆盖清末、民初时期，而从微观视角提出诸观点，则区分清末、民初等不同时期。从微观视角进行研究的学者，多数观点理应也是建立在对历史资料分析的基础之上。但是因为缺少理论，他们或者无法正确把握政治领域行为者（特别是强者）的行为规律，或者无法把握政治制度发展的大方向，或者误读资料，因此无法较为准确地找到清末民初政治制度改革失败的原因。即使有的判断在某种程度上符合资料所展示的历史事实，但没有理论，也无法进行较有系统地解释而停留于断片思考的层次。下面分别对清末政治制度改革（包括戊戌变法、预备立宪改革）失败原因的既存研究的问题、民初政治制度改革失败原因的既存研究的问题进行探讨。

（一）关于清末政治制度改革失败原因看法的问题

在既存研究中，还存在从微观视角探讨清末政治制度改革失败原因诸观点。从微观视角考察戊戌变法失败原因的学者有董方奎、陈志勇、沈茂骏、张鸣、杨天石、徐临江、茅海建、萧功秦、马勇、林贤治等人，他们认为是在戊戌变法进行的过程中因策略、手段存在问题而导致失败，具体理由有，维新派（包括光绪在内）改革策略失误、康有为不成熟政治行为、既得利益者守卫既得利益等。从同样角度考察新政、预备立宪失败原因的学者有侯宜杰、谢俊美、袁伟时、蒋德海、秦晖、萧功秦、马勇、崔志海、张鸣、李泽厚等。他们认为在新政、预备立宪进行的过程中，因出现统治者缺乏主动性和紧迫感、特权阶层对立宪进程的阻挠、统治者固执地紧握权力、政治参与爆炸、改革策略失误、特定人物突然死去的偶然因素等问题，导致预备立宪失败。

---

〔1〕　陈忠云：《超越不同形式政治制度的研究范式——制度的利益分析理论之魅力》，中国政法大学出版社 2016 年版，第 14 章参照。

研究戊戌变法失败原因的学者，主张维新派（包括光绪在内）改革策略失误、康有为不成熟政治行为导致变法失败[1]。但实际上，导致戊戌变法失败的最关键原因是慈禧在光绪二十四年四月二十七日对光绪未进行充分授权几个诏令。[2]如果光绪有足够的权力，上述各问题均可消除。光绪在实行戊戌变法的过程中，确实存在不周全，甚至失误的地方，但这些都不是不可修正的，如果光绪有足够的权力，可以弥补由于失误带来的问题。也有人责备改革工作缺乏顺序以及冒进、不够稳健等问题，但如果在充分授权的情况之下改革失败了，可以探讨这些问题与失败原因之间是否存在某种因果关系。然而，由于未进行充分授权，这些都变成次要的问题。其实，权力越大，改革者越自信，工作安排可能越周密，也更稳健。即使是处于混乱无序的状态，也可以重新进行改革工作有序化的设计。因为未得到充分授权，光绪缺少对付阻挠改革官员的手段而无法推进改革。当他欲突破阻力行使权力时（如罢免六堂官事件），慈禧就认为可能侵犯自己的利益而终止改革[3]。

在研究新政、预备立宪失败原因的学者中，侯宜杰认为清政府因为"缺乏主动性和紧迫感，刚愎自用……以致与立宪派的矛盾日益尖锐，终于导致立宪派绝情而去，走向政府的对立面。使政府丧失了预备立宪的社会和阶级基础"[4]。谢俊美认为，"清政府从未想把改革认真地进行下去，尤其是对新政的关键部分如责任内阁、议会的建立和召开，一再敷衍、拖延"，结果导

---

[1] 在与戊戌变法相关的研究中，还有一种是既得利益者守卫既得利益导致变法失败的观点。这种观点是正确的，但他们缺乏具体、系统性的论证，而只停留在断片思考的层次。

[2] 诏令的第3条是，"（直隶总督）王文韶著迅（即）来京陛见，直隶总督著荣禄暂行署理"（中国第一历史档案馆馆藏档案。光绪二十四年4月27日第3条，盒号1437，册号3，2017年1月24日查阅）。第4条是，"嗣后在廷臣工，仰蒙（慈禧）赏项，及补授文武一品暨满汉侍郎，均著于具摺后恭诣皇太后前谢恩。各省将军、都统、督抚、提督等官，亦一体具摺奏谢"（中国第一历史档案馆馆藏档案。光绪二十四年4月27日第4条，盒号1437，册号3，2017年1月24日查阅）。第3条是关于人事调整的决定，第4条是关于慈禧绝对控制人事大权的决定。

[3] 关于戊戌政变过程论的研究，由于关注导致戊戌政变直接原因是什么的问题，主要研究期间设定在变法的终局，特别关注戊戌政变起始时间的研究。这些内容与变法失败的原因有一定关联，但并非是戊戌变法失败原因研究的实质内容。而探讨戊戌变法失败的原因，涉及的范围更广，包括对导致发生政变原因的原因进行研究等。

[4] 侯宜杰："预备立宪失败的原因"，载《史学月刊》1991年第4期。该作者认为另外还有缺乏将改革事业进行到底的坚强领导核心、政府腐败透顶等原因。

致失败〔1〕。袁伟时认为清统治者是从三方面自己把自己打败，其中一个方面就是"政治制度改革当断不断"〔2〕。这些观点都有道理，在某种程度上也确实是这样，但也都较为概括、笼统、缺乏更深层次的分析，因为清末基本上属于个人决策，但上述学者都没有从决策者个人政治利益的角度观察清末政治制度改革失败的问题。

在关注预备立宪失败问题的学者中，还有马勇、张鸣、萧功秦、崔志海等人。马勇认为1911年5月清廷组成皇族内阁与出台铁路干线国有化政策是重大的策略失误，本来立宪政策是"踏准了世界历史的节奏，也取得了巨大成就，一个全新的宪政国家指日可待。可就在这个时候，一个皇族内阁，一个铁路干线国有化政策，将先前努力付之东流"〔3〕。显然，马勇认为慈禧所制定的各种政策是正确的，依赖这些正确的政策可以使中国成为"全新的宪政国家"。但是，马勇所认为的皇族内阁、铁路国有等错误决策，并不是载沣等人的独立决策，而是在《若干基本原则》《钦定宪法大纲》的决策规则之下的决策。事实上，清朝灭亡、预备立宪失败与皇族内阁、铁路国有等决策有关系，同样与慈禧在《若干基本原则》《钦定宪法大纲》中所规定的决策规则有关系。

张鸣等人也持慈禧决策是正确的观点。他认为是慈禧突然死去的偶然因素导致预备立宪失败，假如慈禧"晚死几年，大体上立宪就能办成了"〔4〕。他的意思是，新政在整体上是成功的，但因为慈禧死去，后来的继承者乱决策，

<hr/>

〔1〕　谢俊美："清末新政失败论议"，载《历史教学》1995年第11期。该作者认为清末政治制度改革失败还有其他几个原因，如改革缺乏强有力的领导、地方督抚以及各级官吏对改革进行阻挠、严重的财政困难等。

〔2〕　另两个方面是无力制止贪污、重蹈国有经济的死胡同。参照袁伟时：《帝国落日：晚清大变局》，江西人民出版社2003年版，第443-444页。

〔3〕　马勇："'宪法十九信条'出台始末"，载《财经》2013年第15期。

〔4〕　田志凌："张鸣：仓促革命断送了温和政改之路"，载《南方都市报》2011年3月24日，第RB16版。李泽厚亦持这种看法，他认为慈禧如果"早死十年就好了，戊戌变法可能成功；如果她晚死十年也好，就不会有辛亥革命了"。（"再议辛亥革命"，载http://book.ifeng.com/yeneizixun/detail_2012_11/26/19537794_0.shtml，访问日期：2016年6月9日）。其意思是，如果在戊戌变法之前慈禧死去，变法可能成功；如果在预备立宪时期慈禧能多活十年，立宪改革可能成功。但是杨天石的观点与他们相反。他认为辛亥革命是必要的，慈禧即使晚死10年改革未必就能成功，"她还是要维护君主专制制度的不可侵犯的权力"，最后还是一条死路（马国川：《告别皇帝的中国》，世界图书出版公司北京公司2011年版，第99页、第102页）。余英时也不赞同如果慈禧多活十年立宪改革可能成功的观点（马国川：《告别皇帝的中国》，世界图书出版公司北京公司2011年版，第167页）。

甚至搞出皇族内阁、铁路国有等名堂，犯了大错导致立宪没有办成。他判断，
"如果是让一个老成的政治家当权，未必会这么干"[1]。但如前所述，他们是
在遵循慈禧决策思路之下的决策。实际上，在皇帝制度之下，非理性决策问题
随处可见。从制度的利益分析理论角度看，不受有效制度制约的统治者，往往
一意孤行地追求主观上所认为的最大化利益，并根据此原则进行决策。戊戌变
法中的慈禧是这样的一个决策者，预备立宪中的慈禧同样也是这样的一个决策
者。正因于此，她出台了《若干基本原则》《钦定宪法大纲》等的决策规则。

在《钦定宪法大纲》与《九年预备立宪逐年推行筹备事宜谕（光绪三十
四年八月初一日）》颁布之后，各地的不满与反抗已经存在，并逐渐发展。
当然慈禧在这关口上死去，如果慈禧在世如何如何就纯粹变成假设。但从理
论上分析，慈禧即使多活几年，只要她固执于自身的利益，也将同样与后来
的决策者一样进行决策，同样将无法挽救这种危局。

萧功秦也从微观角度探讨清末新政失败原因。他把新政以 1905 年为界分
为两个阶段，之前为开明专制阶段，之后为立宪分权阶段。他认为民众过早
要求立宪分权、参与政治导致新政失败。"新政早期阶段可以称之为开明专制
主义时期"[2]，并且"对于当时的中国来说，1905 年以前的集权的开明专制
模式更为合适"[3]。然而，由于日本在对俄国战争中获得胜利，使中国人误
认为这是立宪国对非立宪国的胜利，导致在 1905 年，"中国人对日本立宪的
误读，对清廷构成一种强大压力，造成了从开明专制的集权模式向激进的立
宪分权模式的急剧转变。虽然，从长远来说，中国现代化的走向是政治民主，
但在现代化改革初期，这一分权立宪转变确实是过于超前了，由此而造成的
政治参与爆炸，恰恰是这场变革失败的重要原因"[4]。

在上述新政失败原因的判断中，萧功秦引用两个术语，一个是"政治参
与爆炸"，一个是"开明专制"，使他的观点变得学术而神秘，多数读者可能
难以看出其中的问题。鉴于此，需要花一些笔墨进行探讨。

---

〔1〕 张鸣：《重说中国近代史》，中国致公出版社 2011 年版，第 225 页。

〔2〕 萧功秦：《危机中的变革：清末政治中的激进与保守》，广东人民出版社 2011 年版，再版自
序第 2 页。

〔3〕 萧功秦：《危机中的变革：清末政治中的激进与保守》，广东人民出版社 2011 年版，再版自
序第 4 页。

〔4〕 萧功秦：《危机中的变革：清末政治中的激进与保守》，广东人民出版社 2011 年版，再版自
序第 2 页。

如上述，萧功秦认为因为民众超前的政治参与，造成"政治参与爆炸"，这是新政失败的直接原因。关于什么是"政治参与爆炸"，萧功秦认为，"'政治参与爆炸'是政治学中一个重要的术语，是指在短时间内大量的人涌入政治场所，每个人都向政府提出自己的要求，政府不可能在短时期内满足这些要求，于是引发了群体性的挫折感与不满情绪，最后形成革命"。他认为能够应用"政治参与爆炸"术语进行说明的具体例子是清末四川保路运动[1]。

萧功秦对"政治参与爆炸"术语的理解与应用存在一些问题。"政治参与爆炸"是亨廷顿在探讨政治参与以及革命问题时的一个术语。该学者在他的《变化社会中的政治秩序》以及《难以抉择——发展中国家的政治参与》的著作中都提及这些内容。他认为，"在政治上，革命的实质是政治意识的迅速扩展和新的集团迅速被动员起来投入政治。其速度之快，以致现存的政治制度无法融化他们。革命是政治参与的爆炸性极端事例"[2]。亨廷顿所指的革命主要是"伟大革命、大革命或社会革命"[3]。这种伟大革命包括法国大革命，以及古巴、朝鲜等国家的革命。特别是他提到革命后朝鲜的一些具体情况。他认为，"就政治而言，不管怎么看，朝鲜……在政治发展方面是先行了一步，并获得了韩国……望尘莫及的政治稳定。这不仅是指……金日成久在其位，而且是指制度性的稳定，也就是真正的政治稳定……不能简单地以朝鲜……的政治稳定就是其政治独裁的另一副面孔这样的遁词来搪塞"[4]。显然，亨廷顿认为某些国家在革命后的稳定，是制度性的稳定、是真正的政治稳定，甚至该国领导人长久在位也是其政治稳定的表现之一。毋庸讳言，亨廷顿在1968年前后撰写这些著作时，虽然世界各国政治还存在诸多的迷局，但他对专制权力问题的认识确实存在问题。

而萧功秦在20世纪90年代撰写他的著作时，世界的政治经济状况已经发生了巨大的变化，市场化、民主化导向已经是十分明确。如果萧功秦要运

---

〔1〕 参见袁训利："'思想者是幸福的'——著名学者萧功秦教授访谈录"，载《历史教学》2004年第11期。

〔2〕 [美] 塞缪尔·P. 亨廷顿：《变化社会中的政治秩序》，王冠华等译，上海人民出版社2008年版，第221页。

〔3〕 [美] 塞缪尔·P. 亨廷顿：《变化社会中的政治秩序》，王冠华等译，上海人民出版社2008年版，第220页。

〔4〕 [美] 塞缪尔·P. 亨廷顿：《变化社会中的政治秩序》，王冠华等译，上海人民出版社2008年版，第280-281页。

用"政治参与爆炸"的术语，最起码要对亨廷顿解释不足的问题进行补充。这种补足的工作是必要的，因为对评估、理解"政治参与爆炸"的含义及其使用场合、使用价值等是重要的。如果囫囵吞枣、不顾场合随意引用就可能错上加错。如他直接用"政治参与爆炸"术语对四川保路运动的问题进行分析，就陷入了不伦不类的窘境。因为亨廷顿对"政治参与爆炸"革命的理解是伟大的革命，而萧功秦则认为清廷开明专制可以引导中国走上光明大道，但这种革命导致它走向毁灭。更有甚者，萧功秦还认为与此相关的辛亥革命是 20 世纪中国灾难的开端[1]。他们两人对"政治参与爆炸"术语使用场合、使用价值的理解完全相反。当然，亨廷顿在前，萧功秦在后，该术语的知识产权在于亨廷顿。萧功秦要利用该术语，最低程度要对相关问题有个交代。这是一个极为重要的工作，因为涉及到对民众的反抗行为进行如何评价的问题。

比如在四川保路运动中，什么原因导致"在短时间内大量的人涌入政治场所，每个人都向政府提出自己的要求"？是掌权者胡作非为所导致，还是民众无理要求导致，他没有提及。四川保路运动实际上是弱者对胡作非为的强者的反抗。对胡作非为的强者进行反抗，任何时代都可能发生，两千多年前的陈胜、吴广，同样也是这样。而在清末川民要求取消以铁路国有的名义剥夺民众财产的政策，不是无理取闹而是正当的，并且当时政府也不是无法在短期内满足这些要求，而是在一天之内撤销原来的无理决定即可。如果强者的霸道做法稍稍收敛一些就可以解决问题，那么导致这种"政治参与爆炸"的责任在谁？实际上这是强者的问题，萧功秦却把它全部归罪于弱者。在皇帝制度之下，掌权者不受任何有效的刚性制度制约，胡作非为的行为一贯存在，民众反抗也一贯存在，为何这种反抗在萧功秦的笔下就变成导致新政改革失败的"政治参与爆炸"，为何民众承受巨大损失的同时还要承担新政改革失败的责任？

从事实来看，皇帝制度与社会动乱是一对双胞胎，实际上预备立宪在当时起了建立政治"泄洪区"的作用。发生四川保路运动而引发武昌事变，并最终导致预备立宪与清朝双双终结，主要原因是朝廷出台了皇族内阁以及干线铁路国有等政策。民众对这些政策的反抗，是中国历史上经常出现的对统治者的胡作非为进行反抗的延续，不是"政治参与爆炸"等术语可以概括的。如果发生

---

〔1〕 萧功秦："辛亥革命是二十世纪多灾多难时代的开端"，载《探索与争鸣》2011 年第 8 期。

暴动就与"政治参与爆炸"联系起来思考，那么中国历史上经常发生的暴动将如何解释？总而言之，萧功秦没有对当时的政治背景进行具体分析，笼统地用一句情绪化的"政治参与爆炸"来概括新政失败原因，把改革失败责任全部推卸到民众身上，其思路是混乱的，认识是片面的，可以断定"政治参与爆炸"是清末新政改革失败的原因的判断，不符合历史事实，不公正也不成立。

　　萧功秦对清末新政失败原因的解释，除了"政治参与爆炸"之外，还有一个词是"开明专制"。作者在运用该术语时，存在与运用"政治参与爆炸"一词非常相似的问题，也就是作者自己并未能够清晰地理解"开明专制"的含义。他认为，"对于当时的中国来说，1905 年以前（新政自 1901 年开始）的集权的开明专制模式更为合适"，也就是说，如果采用"开明专制"的策略可以引导清廷不走向失败。但他对该时期"开明专制"的定义是什么未作解释，只在另外的文章中提到"开明专制和民主政治、立宪政治最大的不同，就是皇帝的权威不受挑战。开明专制的权威是不受挑战的，否则就不是开明专制"[1]。与民主制度相比，开明专制是"皇帝的权威不受挑战"的判断或者是对的，但是野蛮专制同样也是"皇帝的权威不受挑战"。那么，萧功秦所指的开明专制，为何是开明专制而不是野蛮专制？他没有进行更进一步的解释。倒是梁启超在 1905 年所写的《开明专制论》中对开明专制与野蛮专制进行这样的区分，"法王路易第十四曰：'朕即国家也。'此语也，有代表野蛮专制之精神者也。普王腓力特列曰：'国王者，国家公仆之首长也。'此语也，则代表开明专制之精神者也。"[2]也就是说，如果是开明专制，最起码在为民执政或者政治宽松的问题上有所表示。

　　按照"国王者，国家公仆之首长也"是开明专制主要特征的观点，如果说慈禧在 1901 年至 1905 年实施新政期间在政治上有开明的迹象，最起码要在跪拜等方面有所改革。因为跪拜是奴仆与主人之间关系的象征，没有人会认为接受跪拜的人是国家公仆。并且这是民众强烈的要求[3]，也是最容易改

---

〔1〕　马国川：《告别皇帝的中国》，世界图书出版公司北京公司 2011 年版，第 115 页。

〔2〕　梁启超：《梁启超全集》（第 3 册），北京出版社 1999 年版，第 1456 页。

〔3〕　文梯在戊戌年 5 月 20 日提出《严参康有为折稿》。折稿有以下的内容："近来时务、知新等报所论，尊侠力，伸民权，兴党会，改制度，甚则欲去拜跪之礼仪，废满、汉之文字，平君臣之尊卑"（中国史学会主编：《戊戌变法》（第 2 册），神州国光社 1953 年版，第 485 页）。梁启超也说，"今日欲求变法，必自天子降尊始，不先变去拜跪之礼，上下仍习虚文，所以动为外国讪笑也"。中国史学会主编：《戊戌变法》（第 2 册），神州国光社 1953 年版，第 502 页。

革的部分。然而，新政是慈禧在八国联军进攻北京，仓皇出逃期间决定的[1]。当时，她逃出紫禁城，狼狈不堪，祷告哭喊"祖宗在天之灵保佑我"[2]。但叫天天不应，叫地地不灵，要保佑她只能靠她自己。这就是她决心实施新政的目的。新政主要有振兴国家、培养人才、改善经济等内容，但最大的意图是强军，使这支擅长于跪拜，却屡战屡败的慈禧军队能够担负起保卫慈禧的职责[3]。而在政治方面的跪拜、易服、剪发等的控制并没有放松。或者新政是她在仓皇出逃期间的决策，此时保住自己生命是第一要政，因此强化军备是第一选项，而没有时间、精力考虑废除跪拜制度，这也是可以理解的。但她在 1901 年 11 月又回到北京，这之后理应有充分的时间考虑这些问题，但她不但没有反省，反而在 1903 年提到"我也承认在有些地方，像海陆军和机器是外国的比我们强，要说到文明程度，我们中国就是第一等"[4]。还认为，"外国人固然也很好，有他们自己的规矩，可是在礼法（包括跪拜制度在内的祖宗之法）上讲起来，他们总不如我们……在我活着的时候，不愿意看见人家来变更它"[5]。此时她依然在宫里宫外到处接受人们的跪拜。可以断定在 1905 年之前的慈禧等人，并不具备"国王者，国家公仆之首长也"的开明专制者的特征，依然是野蛮专制者。萧功秦是在概念不清的情况之下误读了该问题。并且，萧功秦这种误读是起连锁反应的。在 1904 年的日俄战争中日方获胜，他认为当时中国民众错误以为日方获胜的原因是因为日本是立宪国，这种误读"对清廷构成一种强大压力，造成了从开明专制的集权模式向激进的立宪分权模式的急剧转变"，并造成"政治参与爆炸"[6]。其实，当时的中国人并没有误读。因为当时中国的政体并不是开明专制而依然是野蛮专制。民众与以往一样，理所当然继续要求政治改革。在日俄战争中日本获胜，中

---

〔1〕 慈禧在 1900 年 7 月逃出北京，1901 年 11 月回北京，新政在此期间决定实施。

〔2〕 [美] 德龄、容龄：《在太后身边的日子》，紫禁城出版社 2011 年版，第 112 页。

〔3〕 "著军机大臣、大学士、六部、九卿、出使各国大臣、各省督抚，各就现在情形，参酌中西政要（进行建言）……如何而国势始兴，如何而人才始出，如何而度支始裕，如何而武备始修，各举所知"（中国第一历史档案馆编：《光绪宣统两朝上谕档》（光绪二十六年），广西师范大学出版社 1996 年版，第 461 页）。

〔4〕 [美] 德龄、容龄：《在太后身边的日子》，紫禁城出版社 2011 年版，第 112 页。

〔5〕 [美] 德龄、容龄：《在太后身边的日子》，紫禁城出版社 2011 年版，第 109 页。

〔6〕 萧功秦：《危机中的变革：清末政治中的激进与保守》，广东人民出版社 2011 年版，再版自序第 2 页。

国民众与其说是受其影响而要求宪政改革，不如说是他们借助事件来推动本来就已经存在的政治改革意图。在这种情况之下，无须对日俄战争的胜负原因问题进行多精确的理解。所以，在日俄战争与中国改革相关的问题中，民众根本不存在误读的问题，倒是萧功秦在误读开明专制的基础上，又一次误读了日俄战争与中国改革之间的相关关系。[1]

事实上，萧功秦根本没有认为清末统治者是开明专制者。按照他的理解，清末统治者只是一群弱智、傻瓜，不堪"承担危难中的改革重任"，[2]如果是这样，他们如何承担起他所认为的开明专制政治改革的重任？萧功秦在对关键问题的理解上矛盾重重、错误连连。如果作者自己也未能清晰地理解"开明专制"（"政治参与爆炸"亦同）等术语的含义而随意引用，除了误导民众之外，没有其他的作用。

关于崔志海对新政、预备立宪失败原因的看法，他认为清末的这些新政本身具有颠覆清朝统治的内在动力，也就是其本身就具有革命性，实施这些新政等于自掘坟墓。[3]但从制度的利益分析理论角度看，这种看法是本末倒置。实际上，并不是因为新政具有革命性特征，统治者实施了新政就等于自掘坟墓，不实施新政就可以延续统治的问题，而是旧制度已经是千疮百孔自动走向衰亡，只不过"新政"这服药已经无法拯救它而已。从政治利益非均衡导向制度必定向政治利益均衡导向制度发展这个角度看，皇帝制度被淘汰是历史的必然，统治者长久维持该制度的愿望无论多么强烈，都是枉然。当

---

〔1〕　萧功秦说，一百年来没有人意识到这些误读的问题，"只有我意识到"（马国川：《告别皇帝的中国》，上海世界图书出版公司 2012 年版，第 115 页）。

〔2〕　萧功秦：《危机中的变革：清末政治中的激进与保守》，广东人民出版社 2011 年版，再版自序第 4 页。关于该问题，萧功秦还进行如下的说明：无论是"庚子事变后颇有真诚改革意愿的慈禧太后，或两宫驾崩后执掌王朝大权的摄政王载沣，都根本无力承担危难中的改革重任……（载沣）不但判断能力差，意志力薄弱，外交知识贫乏，智力平庸，而且还出生于一个神经质脆弱的家族……这位摄政王一紧张起来就会口吃"（萧功秦：《危机中的变革：清末政治中的激进与保守》，广东人民出版社 2011 年版，再版自序第 4 页）。而慈禧更"是一个极端缺乏自信的经常以泪洗面的脆弱老妇"，她往往动不动就"老泪纵横"（萧功秦：《危机中的变革：清末政治中的激进与保守》，广东人民出版社 2011 年版，第 108 页）。即使是光绪，其"精神状态"也是极其糟糕，他"个性的变态，使一些深知内情的人"非常担忧（萧功秦：《危机中的变革：清末政治中的激进与保守》，广东人民出版社 2011 年版，第 109 页）。

〔3〕　"清末新政没有挽救清朝统治，归根结底，是由于新政改革本身就具有革命性，具有颠覆清朝统治的内在动力……这是不以清朝统治者的意志为转移的历史必然规律"（崔志海："清末十年新政改革与清朝的覆灭"，载《社会科学辑刊》2013 年第 2 期）。

然，在当时，新政其实也有延缓其衰亡的可能，如果不是慈禧为追求其完美政治利益而出台《若干基本原则》以及《钦定宪法大纲》的决策规则，如果不是载沣等人紧紧跟进，根据《钦定宪法大纲》的决策规则进行决策而出台皇族内阁、铁路国有政策，政权在一个时期之内延续是可能的。也就是说，导致清朝突然间急速地被抛出政治舞台的最主要原因，是因为出台了这些极为自私的政策。对该问题，崔志海认为是因为政策失误而出台"皇族内阁、铁路国有等政策，加剧了清政府与立宪派的矛盾"所致。如果从制度的利益分析理论角度进行思考，这不是统治者政策失误的问题，因为如果是失误，就说明他们还可以有更为正确的选择，而实际上，对不受有效制度制约的统治者来说，追求主观上的最大化利益的相关手段是他们必然的选择，是他们追求完美政治利益的具体表现，慈禧、载沣等都如此追求。对他们来说，在问题出现之前，他们根本不认为这是错误的选择，而认为是最正确的选择。

可以对上述几位学者的研究问题进行简单的总结。张鸣、马勇认为慈禧的预备立宪的决策是正确的，但后来继承者出台了皇族内阁、铁路国有政策而导致预备立宪失败的观点，主要是基于当时资料的研究，但由于没有正确认识慈禧的《若干基本原则》和《钦定宪法大纲》中的决策规则的问题，以及该问题对出台皇族内阁、铁路国有政策的影响，导致出现不正确观点。这是误读资料或者漏读资料所致。萧功秦认为预备立宪的实施导致"政治参与爆炸"，这是预备立宪失败的原因，该看法主观性较大，明显较强地受到某种意识形态的影响。而崔志海认为新政本身具有革命性，实施这些新政等于自掘坟墓的观点，虽然是本末倒置，但是同样在缺少理论、缺少有效的研究方法的情况之下，要比前述学者的认识更为合理、更为接近事实。

从表面上看，萧功秦的观点与崔志海的某些观点很相近，他们都认为是预备立宪的实施不合时宜，导致清朝与预备立宪双双灭亡，但具体内容不同，萧功秦认为是民众的"政治参与爆炸"所导致，因此反对民众参与政治。而崔志海认为是政策自身革命性问题所导致。论证方法也不同，萧功秦的研究，实证内容少但激情洋溢、用语激烈，而崔志海主要是进行实证研究，相对实在一些。

（二）关于民初政治制度改革失败原因看法的问题

从微观角度考察民初政治制度改革失败原因的学者有袁伟时、萧功秦、许纪霖、章永乐、张永、马勇等，他们认为在民初政治制度改革的过程中，因存在权力斗争等问题导致失败。在对袁世凯称帝的原因进行探讨的文献中，相关的看法主要有两种，一是认为袁世凯主观上追求个人权力而走上称帝的道路；二是认为当时社会的客观需要迫使袁世凯走上称帝的道路。孙永兴、迟云飞、张永、章永乐等持前一种看法，祝曙光、母书鹏、张鸣、陆建德、杨天宏等人持后一种看法。

关于民初政治制度改革失败原因，有一种重要的观点是，他们认为在民初政治制度改革的过程中，因存在权力斗争等问题导致失败。他们或者认为同盟会（国民党）制定了《临时约法》，改总统制为内阁制，以掣肘袁世凯（袁伟时、马勇等），或者认为他们之间因权力斗争而忽视了制度建设（许纪霖等），或者认为因国民党、袁世凯等都要掌握实权导致1912年的"大妥协"结构破裂（章永乐等）。如果采用粗略、概括的语言进行描述，权力斗争导致民初政治制度改革失败基本正确。然而，这种粗略的描述是无法反映当时权力与制度之间的复杂关系，无法进行更深层次的研究。在清末民初新旧政治制度的转折点上，性质不同的权力有多种，控制权力的手段有多种，政治利益内涵不同的制度也有多种。并且追求何种权力与建设何种制度是联动的。学者们虽然强调权力斗争，但对权力的性质、控制权力的手段以及制度的内容等问题都没有加以说明。正是由于学者们停留于对权力斗争的粗略认识阶段，无法进行深入的研究，也无法对各方追求政治利益的行为进行公正地评价，只好对各方各打五十大板[1]。但各打五十大板的方法，无法明确主要责任所在，只能是一本糊涂账。实际上，由于权力是政治利益的核心内容之一，要获取更多的政治利益必定要获取权力，因此确实容易产生各种权力斗争。但如果要展开细密的研究，大有文章可做。民初的权力斗争最少体现在如下几个方面：追求何种政治理念、何种政治制度、何种政治权力[2]。旧势力追求不公正、不平等的政治理念，追求政治利益非均衡导向制度，追求专制独裁的权力。这种权力、制度将与皇帝制度一样，产生极为严重的制度性政治腐败的问题。而新势力追求公正、平等的政治理念，追求政治利益均衡导向制度，追求受制度制约的权力，如议会权力、三权分立等。这种权力、制度

---

〔1〕　而袁伟时更倾向于谴责同盟会、国民党。

〔2〕　这不涉及权力的魅力。在不同政治制度之下的社会，如民主社会与专制社会，因掌权者控制的资源量不同，其权力魅力当然也不同。且在清末民初，掌权者所控制的巨大资源量，使人人都知道权力的魅力，都被权力所吸引。

将极力摆脱制度性政治腐败的问题。也只有这种权力与制度，才可能摆脱制度性政治腐败的问题。在民初中国，袁世凯与同盟会（国民党）是这两个势力的代表。显然，一个简单、概括的"权力斗争"词语，是无法描述当时具体权力斗争的问题。如果没有弄清权力斗争的性质、手段，没有具体研究其来龙去脉，而对袁世凯、同盟会等各打五十大板，就无法确认政治制度发展的方向所在，以及破坏这种发展方向的行为者的主要责任所在，这对同盟会的绝大多数会员以及国会议员来说是不公正的，对如何吸取教训也是不利的。

还有一部分学者，在探讨民初改革失败原因的时候，没有从当时关键人物袁世凯追求自身政治利益的角度去发掘资料、寻找原因，而是从其他角度进行研究。在此举张鸣、章永乐、萧功秦等研究的例子进行说明。

其实，张鸣认识到民初政治改革无法进行的问题与袁世凯的作为关系重大[1]，但他没有从这个角度去深入挖掘袁世凯的追求无上权力的行为倾向与政治制度改革失败之间的关系，而是笔锋一转，转到传统政治文化[2]上来。张鸣认为客观存在的传统政治文化让袁世凯必须要称帝，因为"毕竟中国延续了两千多年的帝制，老百姓已经习惯了有一个皇帝……在我们这个伦理型的国度，强调的是天地君亲师和忠孝仁义，这些伦理结构其实都是围绕着君主来建构的，孝也是为了忠，一旦君主没了，那么这个重心就会动摇"，如果袁世凯不是皇帝，就无法树立自己的权威。[3]张鸣认为传统政治文化的存在，决定了袁世凯必须称帝，否则无法控制局面，也就是说以袁世凯称帝为标志的民初政治制度改革失败，是传统政治文化存在等原因造成的。这种判断有问题，如前所述[4]，政治文化传统并不是不存在，但与政治利益相比，是外围的，政治文化为政治利益服务，不存在可以先决决定政治行为者的政治利益追求方式以及政治制度形式的政治文化。这种政治文化不可能根深蒂固，

---

〔1〕 "唐绍仪当第一任国务总理的时候，曾想超越党派，好好办共和，但是办不了。袁世凯为了保护核心利益，比如在决定直隶都督的人选上，可以绕开与其政见不符的唐绍仪，直接任命……按照袁世凯的想法，他的总统就是按皇帝的方式当的，直隶都督对于袁世凯而言关系重大，这个他不能让步，即使是违规他也认了"（张鸣：《重说中国近代史》，中国致公出版社2011年，第252页）。

〔2〕 如前所述，有学者从宏观角度探讨清末民初政治制度改革失败原因，认为传统政治文化对人们的影响根深蒂固也是主要原因之一。张鸣实际上也是持有此类观点。但他在此的分析相对细致，可以再单列进行说明。

〔3〕 张鸣：《重说中国近代史》，中国致公出版社2011年，第244-245页。

〔4〕 从宏观视角进行探讨的《传统政治文化并非根深蒂固》一节。

而根植于每一个掌权者身上的政治利益，才是根深蒂固的。显然，张鸣没有理顺政治利益与政治文化的关系，无法认识到强者的个人政治利益在他进行决策时所起的重要作用。

当然，不排除一些人由于特殊的利益关系，向往皇帝制度。如谭人凤在1912年6月份，也就是在民国成立数个月之后，在北方依然看到"蓄辫发者满目皆是且间见有戴红缨帽者"[1]。但他们实际上是类似于鸦片中毒的特殊人群。世界之大无奇不有，不否定这类特殊人群的存在，但无须放大他们的作用。从理论上分析，追求自身政治利益的行为者才是社会政治发展的核心力量。否则，清末民初政治改革为何存在，就无法解释。这类特殊人群向往皇帝制度，其实也是追求其自身利益的一种表现。他们多数可能是皇帝制度时代的既得利益者。另外，人们对政治制度发展前途产生怀疑，处于一种无所适从的状态，也可能保留清朝发型。如二次革命发生时，"各省人民强半保存"清朝发型，这导致袁世凯颁布命令，强制剪发[2]。

章永乐的观点与张鸣的问题十分相似。实际上，他也意识到在民初政治制度转型期中，袁世凯等人手握重兵不会轻易放弃权力[3]，但他没有对袁世凯等人对权力的执着与政治制度改革失败之间关系的问题进行深入研究，反而强调与强者个人作用关系较少的世界政治环境问题。他认为民初的政治制度改革在当时恶劣的内外环境之下必败无疑，"放在世界历史中来看，在那样恶劣的内外条件下，共和政治出现挫折毫不奇怪。想想短命的17世纪英吉利共和国、法国大革命后的大动荡与频繁的政权更迭、拉丁美洲历史上不断向军事独裁演变的共和政治，1912-1913年的中国只会比这些革命中的国家和地区条件更薄弱，情况更复杂。如果1913年出现的是个皆大欢喜的结局，那才是真正的人间奇迹，政治学总结出来的很多权力的规律就要改写了"[4]。

〔1〕 石芳勤编：《谭人凤集》，湖南人民出版社1985年版，第53页。

郭葆昌也在1912年4月25日提及，"国体变更乡愚误会，人们认为'国无皇帝，即无王法'"［严昌洪主编：《辛亥革命史事长编》（第10册），武汉出版社2011年版，第19页]。

〔2〕 骆宝善、刘路生主编：《袁世凯全集》（第24卷），河南大学出版社2013年版，第145页。

〔3〕 "北洋有这么大的军事实力，为什么要交（权）呢？让袁世凯乖乖交权，这需要他具备多高的政治美德啊"。张晓波、周绍纲主编：《1913：革命的反革命》，中华书局2014年版，第11页。

〔4〕 张晓波、周绍纲主编：《1913：革命的反革命》，中华书局2014年版，第17页。

读者们对"政治学总结出来的很多权力的规律就要改写"这句话感到好奇，希望看到更为具体的解释，但作者却没有提供。

但是，这种观点缺乏说服力。如果几句笼统、概括的环境因素的判断就能够把袁世凯个人的责任推得一干二净，那么其他对相关问题进行认真、细致的研究就毫无意义。从 1912 年初的民国开局到 1913 年第一届国会议员选出为止，一路走来，虽有种种波折，但已经开始正式进入国会运营，有什么理由说民初的民主政治必败无疑？如果袁世凯兑现原先的在临时大总统任期结束之后退隐山林的承诺[1]，或者没有策划制造"宋教仁事件"，没有足够的理由证明民初民主政治必败。但是袁世凯反其道而行之，能够说明袁世凯的行为与改革失败毫无关系吗？环境复杂不能证明民初政治制度改革必败，1787 年的美国在同样严酷的环境之下制宪，最终成功。你可以说美国政治环境远胜于中国，但是作为利益人，美国人与中国人都是一样的。而环境都是利益人为追求自身的政治利益而创造的。即使世界其他地方的民主失败，也可以探讨其更细致的原因，如 17 世纪英吉利共和国为何失败？克伦威尔的责任是不可推卸的。当时英吉利名义上是共和国，克伦威尔带着"护国主"的桂冠，但实际上他的做派与国王毫无二致。在克伦威尔掌权时代，并不是没有选举，英国议会选举早已进行，清教徒教会为防止教会领导人胡作非为同样也进行选举。克伦威尔本人就是清教徒，他完全可以利用这些方法选举国家领导人。并且，当时的英国民众强烈要求采用选举的方式选择国家领导人。他们认为，"人民也有选举之权"[2]，"人民可用自由赠与的方式，将王权给予这人而不给予那人。……（并且这种王权）是有限制的。他们可能把王权赐给某一人，……（也可以根据情况）将赐出去的东西再收回来"[3]。但克伦威尔无视民众的要求，一上台就抓住权力不放，并在临死前还把权力交给自己的儿子，妄想与英国国王一样让国家在自己的世系中传承，这不是与袁世凯的做法差不多吗？所以，英王室能够重新夺回政权，还真是托了克伦威尔的

---

　　[1]　袁世凯在 1912 年 9 月 2 日致黎元洪电："俟临时满期，正式总统选出，我当与公同退山林，享国民之乐"[骆宝善、刘路生主编：《袁世凯全集》（第 20 卷），河南大学出版社 2013 年版，第 355 页]。又在 1912 年 9 月 5 日发表不加入党派的谈话："临时政府期限转瞬即满，正式大总统选定后，余得以卸此钜任，退隐山林，养此余年"[骆宝善、刘路生主编：《袁世凯全集》（第 20 卷），河南大学出版社 2013 年版，第 372 页]。当然，如果袁世凯愿意的话，可以成为资政、顾问，借助他的威望在发展民主制度方面发挥余热，那就更是天佑中国。
　　[2]　基督教历代名著集成：《不列颠宗教改革思潮》，中国基督教两会出版 2007 年版，第 435 页。
　　[3]　基督教历代名著集成：《不列颠宗教改革思潮》，中国基督教两会出版 2007 年版，第 434 页。

胡乱作为之福。法国同样，应当花更多的笔墨研究理想狂、杀人狂罗伯斯庇尔[1]、权力狂拿破仑等人的行为对稳定局面带来不利影响的问题。拉丁美洲墨西哥的政治失败问题可以引用古德诺的观点，"墨西哥总统爹亚士为军界领袖，独握政权……禁压人民，不使参与政事，及年将老迈……失其政柄……自爹亚士失败后，军队首长，纷纷构兵，国内骚然，至今未艾"[2]。显然，当时墨西哥政局混乱，与掌权者嗜权的问题密切相关。所以，应进行更为细致、具体的研究，才可能摸清、理顺当时问题的脉络。并且，世界各个地方的具体情况不同，虽然条条大道通罗马，政治利益非均衡导向制度必定向政治利益均衡导向制度发展，但没有千篇一律、完全相同的政治制度发展道路。如果把并非存在紧密关系的良好或者恶劣的世界政治环境，作为某具体国家政治制度改革失败原因的根据，只能让读者感到困惑。所以，即使世界中存在章永乐所提到的这样那样问题，也不能成为民初中国政治制度改革必定失败的理由。

还有，萧功秦的研究也存在与上述二位同样的问题。他其实也知道民初政治制度改革失败原因与强者欲望之间关系的问题，"由于袁世凯本人利令智昏地要当皇帝"[3]，由此展开的"帝制运动使自己丧失了合法性"[4]。萧功秦意识到袁世凯个人欲望所导致的问题，这种思考较为合理。但他没有展开深入研究，而是迅速地把话题转到辛亥革命"摧毁了已经走向了开明专制化的清王朝，却无法建立有效地整合社会的新体制"[5]等问题上。他认为如果没有"摧毁了已经走向了开明专制化的清王朝"，清朝就有可能带领中国走上光明大道，这种观点的根据不足。其实，如果清朝统治者愿意逐步地从君主、君主立宪、全民公决等一个阶梯一个阶梯的下，人们或许也可以接受。但问题是，就像当初慈禧也同意实施戊戌变法一样，她实施预备立宪，只是希望通过变革获取更稳定的利益。慈禧在生前所制定的《若干基本原则》以及

---

[1]　从理论上说，他绝不可能纯粹为了理想而反复杀人。他反复杀人的背后必有他个人的利益意图。只不过他善于进行语言表达，经常在台上用豪言壮语去煽动民众，给人一种理想家的假象，掩盖了他反复杀人背后的真正意图而已。

[2]　白蕉："袁世凯与中华民国"，载荣孟源、章伯锋主编：《近代稗海》（第3辑），四川人民出版社1985年版，第125页。

[3]　萧功秦："辛亥革命是二十世纪多灾多难时代的开端"，载《探索与争鸣》2011年第8期。

[4]　马国川：《告别皇帝的中国》，世界图书出版公司北京公司2011年版，第121页。

[5]　萧功秦："辛亥革命是二十世纪多灾多难时代的开端"，载《探索与争鸣》2011年第8期。

《钦定宪法大纲》，并没有改变皇帝制度的核心内容。因此，上述的渐进的阶梯式转化，实际上人们是难以期待的。而慈禧在 1908 年死去之后，皇族之间争权夺利愈加激烈，胡作非为的问题愈加严重〔1〕。正当此时，他们被推翻，继续作恶的机会被消灭。如果慈禧在世，在她还有一定号召力的时候，恐怕就不容易被推翻。所以，应当说，该时机最好、革命成本最低，这是最美妙的结果。

而为何"无法建立有效地整合社会的新体制"，萧功秦认为其症结不在于袁世凯而在于辛亥革命，袁世凯专制是辛亥革命的必然结果，也正幸亏他的专制，才拯救了当时的中国，否则中国将会"一天天烂下去"〔2〕。甚至萧功秦还断定辛亥革命是 20 世纪多灾多难时代的开端〔3〕，他列举三个理由支撑该论点：一是清朝被推翻并非是因为清朝专制所致，而是因为汉族排满所致。二是他认为除了孙中山等人，当时其他人没有民主要求。三是"临时约法"是"因人设法"的恶法，它导致袁世凯集权的瓦解。以下就这几个问题一一进行探讨、商榷。

首先，他认为"辛亥革命本质上就是一场在特殊有利条件下偶然成功的排满民族主义革命"〔4〕。这种观点略显粗糙。实际上，入关之时的清统治者曾经被部分汉人视为大救星〔5〕。但大清王朝在统治的过程中与以往的皇帝一样贪婪，并且通过凌迟、跪拜、打板子等手段，把弱者变为匍匐在自己脚下的"听话动物"。在皇帝制度之下，中国唯一一个顶天立地的男子汉就是皇帝，〔6〕在皇帝面前其他男子几乎都是断了脊梁趴在地上摇尾乞怜的哈巴狗。而在大大小小强权控制之下的普通中国人，更是遭受各种难以启齿的屈辱。

---

〔1〕 恽毓鼎在农历 1911 年 12 月 25 日的日记中写道："借中央集权之名，为网利营私之计，纪纲混浊，贿赂公行。有识痛心，咸知大祸之在眉睫矣……即无革命军，亦必有绝之者矣"（国家清史编辑委员会编：《恽毓鼎澄斋日记》(2)，浙江古籍出版社 2004 年版，第 577 页）。

〔2〕 马国川：《告别皇帝的中国》，世界图书出版公司北京公司 2011 年版，第 120 页。

〔3〕 萧功秦："辛亥革命是二十世纪多灾多难时代的开端"，载《探索与争鸣》2011 年第 8 期。他还说，"辛亥革命之后的悲剧，就是形成了中国的碎片化，延缓了中国的现代化进程。我的一个核心的观点就是，辛亥革命以后的每一步都是不可避免的"（马国川：《告别皇帝的中国》，世界图书出版公司北京公司 2011 年版，第 123 页）。

〔4〕 萧功秦："辛亥革命是二十世纪多灾多难时代的开端"，载《探索与争鸣》2011 年第 8 期。

〔5〕 唐甄认为，"自秦以来，凡为帝王者皆贼也"，但清廷例外，"大清有天下，仁矣"［(清) 唐甄：《潜书校译》，黄敦兵校译，岳麓书社 2011 年版，第 252 页］。当时的人们还不知道"嘉定三屠"等暴行。

〔6〕 尽管他们可能是懦夫（咸丰）、幼儿（宣统）。

当人们认识到曾经被期待的统治者原来也是一群"盗贼"的时候，必然要奋起反抗把他们推翻。所以孙中山强调"满人专制、国是日非"[1]，核心问题是反专制。确实，当时还有"驱逐鞑虏，恢复中华"的口号，但只是一种策略而已。他们要驱逐的只是与以往统治者一样作恶的清朝统治者而已，不是整个满族。在民国建立之后马上强调包括满族在内的各民族团结，可以证明该问题。萧功秦对该问题的研究，仅停留于表层认识。

其次，他还认为除了孙中山等人之外，其他人没有民主要求，"这种革命在各省可以看到革命者并没有民主诉求，国人并不是由于专制太深，所以要自由民主"[2]，但如前述，他曾提到1905年以后的"中国人对日本立宪的误读，对清廷构成一种强大压力，造成了从开明专制的集权模式向激进的立宪分权模式的急剧转变……由此而造成的政治参与爆炸"[3]。这"政治参与爆炸"难道不是指各省民众政治参与的要求吗？关于清末民众是否存在政治参与要求，如此重要的问题，萧功秦在其不同的文章中看法竟然完全相反，可知其论文的严密性程度如何。

再次，他认为"临时约法"是"因人设法"的恶法，它导致袁世凯集权的瓦解。他认为"在短短一二个月时间里，宋教仁一个人关在房间里设计了一套'临时约法'，用一种特殊的内阁制度来限制袁世凯……这种临时约法下的内阁制的特点是，总统基本上没有实权，实权掌握在内阁总理手里，这样就可以把袁世凯架空"[4]。但实际上，从1912年2月15日袁世凯成为临时大总统，到1914年5月1日公布正式约法《中华民国约法》为止的整个过程，袁世凯对权力都没有松手，更谈不上架空。袁世凯基本上完全控制政权，只不过不像后来那样完全独裁而已[5]。《临时约法》变更总统制为内阁制确

---

〔1〕　广东省社会科学院历史研究室等编：《孙中山全集》（第2卷），中华书局2011年版，第351页。

〔2〕　萧功秦："辛亥革命是二十世纪多灾多难时代的开端"，载《探索与争鸣》2011年第8期。

〔3〕　萧功秦：《危机中的变革：清末政治中的激进与保守》，广东人民出版社2011年版，再版自序第2页。

〔4〕　萧功秦："辛亥革命是二十世纪多灾多难时代的开端"，载《探索与争鸣》2011年第8期。

〔5〕　袁世凯在1913年7月17日《申斥欧阳武令》中提到，"共和国民，以人民为主体，而人民代表，以国会为机关。政治不善，国会有监督之责，政府不良，国会有弹劾之例。大总统由国会选举，与君主时代子孙帝王万世之业，迥不相同"［骆宝善、刘路生主编：《袁世凯全集》（第23卷），河南大学出版社2013年版，第165页］。

实是个不成熟之举，但更主要问题在于其取消之前《接收北方统治权办法》所规定的各省都督由该省人民公举的政策，改由临时大总统任命地方领导人。《临时约法》因为否定由省人民公举省都督的政策，导致袁世凯借机迅速地扭转了政治制度发展方向[1]。

可以看出，如果思路是错误的，那么判断越多，谬误也越多。其实，推翻清朝是当时政治制度发展的最佳选择。只要清朝统治者控制政权，跪拜就不会终止，民众的易服剪发就没有自由[2]，被严格控制的经济也不可能自由地发展，并且他们还将极力阻止政治制度向前发展、扭转政治制度的发展方向。

上述几位学者，都认识到袁世凯控制权力的核心问题，但为何没有继续深入研究，把它与改革失败的问题联系起来思考，而突然间转到其他方面（文化、环境等）进行研究，甚至在批判了袁世凯之后，又反过来为他辩护？这种思路缺乏条理性的原因在何处？笔者认为是缺少一种合适的理论。到目前为止，笔者所阅读的民初政治改革既存研究的文献中，居然没有看到一篇采用理论进行研究的文章。清末还有少数几篇采用新制度理论进行分析的文章作品，而民初的问题远比清末复杂，更需要有理论导向的研究，却没有一篇在理论之下进行研究的作品。没有理论，前后内容无法紧扣主题，其思路时不时就像失去控制随风飘走的断线风筝，以致就在眼前的事实也熟视无睹，就像前述几位学者的思路问题。

没有理论，即使有很合理的思路，也无法进行系统、具体地解释。笔者在阅读关于清末民初政治制度改革问题文献时，给我印象较深的是余英时的观点。他的观点与众不同，并且相对合理。他认为，"有人提倡'告别革命'，如果这革命是指'暴力革命'……我也赞成'告别革命'。但若指从下面民间发出群体抗争，要求合理变革，而不使用暴力，则我们反而应该赞同这种革命，否则大家都乖乖不动，不敢冒犯权威，造成混乱，那便是让不讲理的统治者永远主宰老百姓的命运了"[3]。这种观点是合理的，按照笔者的制度利益分析理论，如果强者胡作非为，利用权力持续地压迫弱者，弱者在除了

---

〔1〕 本书第 10 章、第 11 章亦对该问题进行讨论。

〔2〕 这些都是到了清朝即将被推翻，或者被推翻之后才终止。

〔3〕 马国川：《告别皇帝的中国》，世界图书出版公司北京公司 2011 年版，第 169 页。

暴力反抗以外别无选择的时候，暴力反抗当然也是一个选择项。也就是说，如果强者有恃无恐地胡作非为，被逼上梁山的农民的反抗行为是合理的。其实，弱者也是利益人，也是希望以最低的成本达到自己希望达到的目的，如果无须流血甚至付出生命就可以达到目的，他们也不会去白白流血。所以，是否暴力反抗、是否流血，并不决定于弱者，而是决定于强者。强者是否理智、是否看清大势，愿意坐到谈判桌上相互妥协，出让一部分让弱者感到一定满足的既得利益，这才是关键的问题。如果动不动就以谋反的罪名对反抗者进行残杀，那么除了暴力反抗之外，没有其他的手段。所以，在强者没有出让既得利益的前提之下提倡"告别革命"，是不合理的[1]。

余英时其他的一些观点也是较为合理的。如他认为"所谓普世价值，如人权，自由之类中国古已有之，只是没有西方所流行的这些名词罢了……民主其实人人心里都有、都向往的"，"不能说西方才是文明的主流，普世价值就是西方的，中国也有普世价值"[2]。笔者赞同这种思考，因为笔者在研究先秦民众要求对权力制约的问题时，也是得出这种结论[3]。但余英时由于没有理论，无法进行系统地解释，上述的思考只是几句断片的判断。这种思考在制度的利益分析理论中是如何解释？假设中西的政治领域行为者都是利益人，而作为利益人在追求政治利益方面是没有任何差异的。这是制度的利益分析理论的核心内容之一，也是推理的基础。在这种理论之下，不但强者是利益人，弱者也是利益人，弱者也追求自身正当的利益，在强者对他们进行利益侵害的时候，弱者不可能永久屈服，他们将追求公正平等政治理念，设计相应的政治制度，因为这种制度是他们维护自身利益的底线。这种追求没有地域上的差别。而余英时等人，因为没有理论，难以对该问题进行系统说明。

没有理论，即使有很合理的思路，往往也只能停留于断片的思考，甚至可能陷入迷途。如余英时还认为，"袁世凯当国，这个人自私，但也相当负责

---

〔1〕　与李厚泽一起探讨"告别革命"的刘再复认为，他们并不是完全否定革命（张弘、徐鹏远："刘再复：我和李泽厚的告别革命不是否定革命"，载凤凰文化，http://culture.ifeng.com/a/20151111/46204888_0.shtml，访问日期：2018年3月24日）。

〔2〕　马国川：《告别皇帝的中国》，世界图书出版公司北京公司2011年版，第171页。

〔3〕　陈忠云：《超越不同形式政治制度的研究范式——制度的利益分析理论之魅力》，中国政法大学出版社2016年版，第13章参照。

任"[1]。该观点相当矛盾，如果他自私，能够相当负责任吗？如果他相当负责任，能够置国家利益、人民利益于不顾而重新恢复皇帝制度吗？唯一能够解释的就是不但"这个人自私"，而且极不负责任，他鬼迷心窍、迷失方向，在已经跨入 20 世纪的中国，还希望像以往的皇帝那样欲千秋万代控制中国。如上所述，即使像余英时那样，虽然有较为合理的观点，但因为没有理论，也无法自圆其说。

在关于民初民主宪政失败原因的既存研究中，后一类是对袁世凯称帝的原因进行探讨，相关的看法主要有两种，其一认为是袁世凯主观上追求个人权力而走上称帝的道路；其二认为是当时社会的客观需要迫使袁世凯走上称帝的道路。认为是袁世凯称帝是他自身欲望所导致的观点，是较为合理的。但就与上述的余英时一样，没有理论，不可能进行较为系统、具体地分析。认为是当时社会的各种客观问题迫使袁称帝的观点也是有一定的道理，但与掌权者的欲望直接影响制度设计的问题相比，这是次要的。如果把更重要的问题抛开，而去研究相对次要的内容，无法达到研究的目的。如果在研究袁世凯本人的行为之后依然认为理由不充分，再探讨此方面的问题也不迟。跳过直接关系而去研究隔一层的间接问题，只能是隔靴搔痒、泛泛而谈。

另外，国外也存在一些对清末民初的政治制度改革失败原因进行思考的作品。如徐中约、卡梅伦、黎安友等人。但由于他们不是专门对失败原因进行研究，论证这些观点的具体理由都较为欠缺。

三、清末民初政治制度改革失败的决定性原因

与清末民初政治制度改革失败原因相关的既存研究，由于基本上都没有采用理论进行研究，多数学者的思路不清晰、论述的条理较为混乱，观点似是而非。对这些观点进行整理，是一项非常花时间、花精力的工作。但为了让读者能够对清末民初政治制度改革失败原因有一个较为清晰的认识，这些复杂的整理工作必不可少。可以认为，既存研究从宏观视角进行考察的制度移植水土不服、经济基础薄弱、传统政治文化的作用、民智不足等观点，基本上全部脱靶，从微观视角进行考察的"政治参与爆炸"、权力斗争等观点，也存在各种问题。

---

[1] 马国川：《告别皇帝的中国》，世界图书出版公司北京公司 2011 年版，第 168 页。

　　为了尽可能减少发生盲人摸象的问题，笔者利用制度的利益分析理论，对清末民初政治制度改革失败原因的问题进行研究。制度的利益分析理论是一种政治利益导向的分析。在政治领域，尽管人的政治行为千姿百态，但万变不离其宗，还是存在一根主导行为者追求政治利益的主线。实际上，清末民初政治制度改革的所有失败，都有其内在共通的原因。就是在国家私有或者在国家私有向国家民有转换的转折点上，如果没有有效制度制约最高掌权者，他们总是不择手段地把政治制度发展的方向往实现其个人政治利益最大化的道路上诱导，让它偏离正常发展的轨道。而强者实现其个人政治利益最大化，莫过于长久维持国家私有、或者把已经是民有国家重新再变为他个人所有。这种强者为追求其个人完美政治利益而扭转政治制度发展的方向的行为，才是清末民初政治制度改革失败的根本原因。

　　关于清末政治制度改革失败的决定性原因。清末有两场决定清廷命运的改革，一是戊戌变法，一是预备立宪。关于戊戌变法失败的原因，从制度的利益分析理论角度考察，可以认为导致戊戌变法失败的最关键原因，是戊戌年四月二十七日的慈禧对光绪未进行充分授权的几个诏令。当时即使是充分授权，戊戌变法也未必能够成功，但是未进行充分授权则必定失败。因为慈禧对光绪未进行充分授权，使光绪在推动戊戌变法时遇到官员们的强大阻力。而慈禧未进行充分授权的原因，在于她为追求完美的政治利益，以僵化的手段捍卫她的既得利益以及与这种既得利益相关的政治制度（祖宗之法）。

　　关于预备立宪失败的原因。现在学界有一种观点是，假如慈禧没有在1908年死去，清末宪政可能成功。其实，宪政的实际内容才是关键。如果名义上是宪政，实际内容依然不变，还是极端专制的皇帝制度，这种宪政成功的可能性很小。慈禧在生前所制定的《若干基本原则》以及《钦定宪法大纲》中的决策规则，恰恰是这样。预备立宪确实是在慈禧死后才彻底失败，但慈禧在世时，这些政策已经受到激烈的反抗。即使慈禧没有及时地死去，实施这种具体内容的宪政，能否成功本身也是个疑问。

　　这种疑问可以在慈禧死去之后，继承者继承慈禧的遗志而垮台的事实中得到某种程度的证实。在慈禧死去之后，继承者基本上延续了慈禧时代的政策，包括《若干基本原则》以及《钦定宪法大纲》，民众也延续原来的不满与反抗。甚至继承者按照《钦定宪法大纲》的决策规则进行决策，出台了皇族内阁、铁路国有等政策，民众的反抗也更加激烈。最终，后继者因重蹈慈禧完美利益追求的覆辙，彻底垮台。

关于民初政治制度改革失败的决定性原因。在特殊政治环境之下的强者，往往都是完美的政治利益追求者，他们不择手段地追求完美的政治利益。清朝皇帝是这样，袁世凯也是这样。袁世凯为追求个人完美的政治利益目标，强行扭转政治制度发展方向，恢复帝制以千秋万代控制中国，这是民初政治制度改革失败的决定性原因。

从事实看，清末民初的几次政治制度变革，没有一次不是掌权者主动推动变革走向失败。以出让既得利益为中心的利益格局调整，是政治制度改革成功的前提条件。戊戌变法，慈禧担心既得利益受损，主动终止改革；预备立宪，慈禧制定同样是利益一边倒的《钦定宪法大纲》以及《若干基本原则》，而载沣根据《钦定宪法大纲》中的决策规则，出台皇族内阁、铁路国有政策，主动推动预备立宪乃至朝廷走向末路；民初袁世凯主动终止民主制度改革并且称帝。从制度的利益分析理论角度看，从符合强者利益的政治利益非均衡导向制度，向符合弱者乃至整体利益的政治利益均衡导向制度发展，是历史的必然。之所以在制度发展的历史转折点上屡遭失败，与当时作为利益人的强者（慈禧、袁世凯等人）为追求自己的利益，强势阻止政治制度向前发展、扭转政治制度发展的大方向关系重大。

在关于清末民初政治制度改革失败原因的既存研究中，学者们所强调的各种观点林林总总、五花八门。但所有这些观点的重要性、正确性，与慈禧、袁世凯为了追求完美的政治利益而阻止政治制度向前发展、扭转政治制度发展大方向的问题相比，不可同日而语。因为政治制度发展的方向改变，才是当时政治制度改革失败的决定性原因。既然慈禧不但不愿意出让既得利益而且要通过改革获取更多、更稳定的政治利益，既然袁世凯要扭转政治制度发展方向，那么清末民初政治制度改革的成功将难如登天。

以上是对清末民初政治制度改革失败原因的概括说明，具体的论证将在本书后述的各章节中进行。

本书的整体结构依然还是按照制度利益分析理论的两种推理模式进行安排。利益人处于演绎推理的核心位置，正是因为强者是利益人，假如这个世界没有有效的制度制约强者追求利益的行为，那么他必定胡作非为。这些内容主要体现在第四章、第五章的康雍乾、嘉道咸同时期制度性政治腐败的问题上。假如弱者不是利益人，不追求自身利益，那么他将永远屈服。但正是因为弱者也是利益人，他们在利益反复受到损害的时候，必将奋起反抗，追求自由、平等、公正政治理念，兰设计与此相应的政治制度。但弱者的这种追求极为曲折，这主要体现在第六章、第七章的内容中。然而，政治制度是向前发展的，曲折阻挡不了它的发展方向。但是前进的每一步都是艰难的，这些内容主要体现在最后几章的清末民初政治制度改革失败的问题上。当然，正是因为强者、弱者都是利益人，所以政治利益非均衡导向制度本身就蕴含着无法克服的内在矛盾与利益冲突，前进的脚步无论如何曲折、艰难，政治利益非均衡导向制度都必将向政治利益均衡导向制度过渡。

从制度的利益分析理论视角进行研究，可以认为关于清末民初政治制度改革失败的原因的既存研究，从宏观视角列举的制度移植水土不服、传统政治文化根深蒂固、经济基础薄弱、民智不足等理由，都没有在制度变革中起决定性作用，与政治制度改革失败之间没有必然联系；从微观视角列举的"政治参与爆炸"、权力斗争等各种理由，虽然也是在资料基础上的一种实证研究，但有的是误读资料，有的即使在某种程度上是事实，也往往是属于缺乏系统性的断片思考。强者为追求其完美的政治利益，阻止政治制度向前发展、扭转政治制度发展的方向，这才是清末民初政治制度改革失败的根本原因。

第二部分　光绪朝之前的制度性政治
腐败问题

第四章

康雍乾时期制度性政治腐败问题研究

所谓政治腐败，是指掌权者利用权力不择手段地追求包括权力地位、物质财富、名誉等在内的政治利益。所谓制度性政治腐败，是指在某种特定的制度之下，掌权者控制资源，并不受任何有效的制度制约，处于这种制度环境之中的所有掌权者，必然利用手中权力谋取政治利益。在这种制度之下，从皇帝到基层、也就是从最高到最低的掌权者，在理论上都可以认定是贪污者，无权不贪。并且在制度性政治腐败之下，必定造成政治腐败泛化，全国人民既是政治腐败的受害者，也是其合作者。而更令人恐怖的是，在这种制度之下的国家没有未来，因为腐败的掌权者是国家的主人，趾高气扬，导致一代又一代的年轻人都向他们看齐，他们都是政治腐败的生力军、后备军，国家最终将因此走向末路，山河破碎、生灵涂炭。

清朝的皇帝制度，就是产生制度性政治腐败的政治制度。然而，清朝的康熙（1654—1722年）、雍正（1678—1735年）、乾隆（1711—1799年）时期被世人称为"盛世"，似乎很美好，令人向往。学者们纷纷研究盛世皇帝的伟大功绩，如蒋兆成、王日根的《康熙传》[1]，冯尔康的《雍正传》[2]，唐文基、罗庆泗的《乾隆传》[3]等，这些研究存在一些问题。他们主要研究"盛世"皇帝有效的治世手段，如他们如何反贪、肃贪等，而很少对皇帝制度本身存在的问题提出质疑。其实，官员在皇帝制度之下发生大面积贪污腐败，这是属于制度性政治腐败问题，根本问题在于制度本身，而反贪、肃贪只是皮毛，并且从长远看该手段没有任何效果。这些研究还有一个问题是，部分

---

〔1〕 蒋兆成、王日根：《康熙传》，人民出版社2011年版。

〔2〕 冯尔康：《雍正传》，人民出版社2014年版。

〔3〕 唐文基、罗庆泗：《乾隆传》，人民出版社1994年版。上述这些研究康雍乾时期是伟大盛世的作品，主要是在二十世纪八九十年代撰写的，但近年又重新出版。

应当参考的重要资料没有参考。在乾隆时代，来到中国的英国使团成员对当时的中国进行观察，并写下大量的观察资料。他们对当时中国掌权者骄横跋扈的行为以及民众悲惨生活进行描述的资料，如《巴罗中国行纪》的英文版《Travels in China》，早在19世纪初就已经出版。学术论文的写作，一个核心的问题是公正，假如预先设定某个时期是盛世，并因此一边倒地使用有利于证明该观点的资料，回避不利于证明该观点的资料，显然这种论文的公信力不足。

最近几年，中国国内翻译出版了英国使团这些观察资料。对长年沉浸于康雍乾盛世梦想之中的中国人来说，看到这些资料之后毫无疑问将感到极大的震撼。[1]但即使有这些资料，也没有能够改变他们一直所持有的康雍乾时期是盛世的思考，只是使他们陷入更为矛盾的状态，如在《饥饿的盛世》[2]等的作品中所体现的问题。或者该作品的作者在看到英国使团的观察资料之后陷入这样的矛盾：如果是盛世，为何还存在大量饥饿的民众？如果存在大量的饥饿民众，这个时代为何能够称之为盛世？作者非常矛盾，所以其作品的题目就叫作《饥饿的盛世》。但矛盾归矛盾，该作品的基调依然肯定康雍乾时期确实曾经存在过盛世。存在这种问题思考的绝不止一两个学者。所有认为存在康雍乾三朝盛世的人，都将遇到这个难题。只要没有摆脱盛世思考的窠臼，他们的认识就处于混沌的状态，就像使团成员巴罗对当时来到中国的西方宗教人士的不满：这些宗教人士一方面赞扬中国百姓的品德和礼貌，另一方面又列举大量伤风败俗之事；一方面夸奖中国文人的品德和学识，另一方面则指出他们的无知和谬误；一方面对中国的富饶和农业的发展感到高兴，另一方面又对成千上万人死于饥荒感到震惊[3]。巴罗认为这种不知所云的描述使人们无所适从、晕头转向。

显然，要更为深刻地认识该问题，只能从制度的角度进行考察。但从制度入手，如果没有一套合理的制度理论，也是颇为棘手。如杨光斌在2006年出版的著作中就利用制度理论解释雍正时代的治政问题。他构建了SSP理论，

---

〔1〕 最近笔者利用搜索引擎，发现互联网上相当多的人对康雍乾盛世进行质疑。
〔2〕 张宏杰：《饥饿的盛世：乾隆时代的得与失》，重庆出版社2016年版。
〔3〕 ［英］乔治·马戛尔尼、约翰·巴罗：《马戛尔尼使团使华观感》，何高济、何毓宁译，商务印书馆2013年版，第129页。

SSP 是制度结构—制度安排—制度绩效的缩写[1]。在这种理论之下，作者认为在雍正朝时期，雍正处决年羹尧之后，"官员犯赃行贿行为明显减少，好官、清官屡屡出现"[2]。这是一个非常重要的案例，因为它证明了皇帝制度具有自我净化的能力。但正因为重要，所以在这种制度之下自我净化的理论原理有必要向读者演示。也就是，如果这是在 SSP 理论之下的推断，最起码其理论推理的过程应当向读者展示，如果不能够展示，那么 SSP 理论介入的判断与不介入的判断，它们之间是否存在差异、差异是什么，也应当告诉读者。但似乎从著作中找不到与此相关的内容。其实，如果从制度的利益分析理论的角度看，雍正时代同样是皇帝制度，腐败的病灶还在。在制度性政治腐败的前提下，杀一两个贪官不可能有那么大的效果。如果杀贪官都有那么大的效果，那么乾隆杀王亶望、嘉庆杀和珅，而贪官却越来越多的问题就无法解释。更何况，年羹尧、隆科多的问题其实只是由权力斗争转化成反腐败斗争，属于选择性反腐败。

从笔者构建理论的经验来看，SSP 理论存在一些问题。如果单单看他的分析框架，就可以发现该理论缺少行为者这个关键要素。缺少行为者，无法从行为者与制度之间互动的角度进行描述。因为所有的制度问题，都是和行为者的行为联系在一起，都必须要考虑行为者与制度之间互动的问题，如果某种制度理论缺少行为者的要素，那么如何互动？这样的理论，在具体问题的分析中，必然无法起到导航或者启示作用。如果理论是火车头，具体问题的分析是火车厢，理论本身的缺陷将导致理论不起作用，这就等于前面的火车头与后面的车厢脱节，火车头无法拉着车厢一起跑。显然，在对具体问题分析中，制度理论如果是可有可无，那么这种理论是多余的。

上述诸研究在思路、观点上都存在一定的问题。之所以存在这些问题，笔者认为与他们缺少一种制度理论，或者缺少一种正确的制度理论有关。没有制度理论或者没有正确的制度理论，基本上不妨碍他们做一些描述性、叙事性的工作，但对某种是非问题进行判断的时候，缺少理论将束手无策，并且非常容易造成研究的方向性错误，而一旦进入方向性错误的死胡同，各种

---

〔1〕　杨光斌：《制度变迁与国家治理——中国政治发展研究》，人民出版社 2006 年版，第 21—37 页参照。

〔2〕　杨光斌：《制度变迁与国家治理——中国政治发展研究》，人民出版社 2006 年版，第 112 页参照。

错误的具体观点将接连不断出现，判断性的工作基本上无法展开。

笔者对清朝政治问题进行一系列的探讨，主要是为了研究清末民初政治制度改革失败原因何在的问题。在这一系列的研究中，遇到第一个问题是在皇帝制度之下是否存在康雍乾盛世。如果存在，存在的理由是什么，如果不存在，不存在的理由是什么。如果从制度的利益分析理论角度推理，可以认为康雍乾时期存在极为严重的制度性政治腐败问题，如果盛世的一个主要特征是民富国强，那么在这种制度性政治腐败之下，不可能存在盛世。其理由是，规定国家属于皇帝私产的皇帝制度，是一种不公正、极端自私的政治制度。这种制度最大特点是纵容最高统治者的政治野心，并且对上上下下掌权者滥用权力的问题无法形成有效制约。掌权者控制着资源，又不受有效的制度制约，他们必定以权谋私、贪赃枉法。在制度性政治腐败之下的民众，人格不断受到侮辱，财产不断受到侵夺，他们受尽苦难并奋起反抗。但皇帝为了维持自己的最大化利益，采用极端的手段维持皇帝制度，包括愚民术、凌迟等。显然，在权力胡作非为状态之下的国家与民众，不可能是民富国强，也就是在高度制度性政治腐败之下不可能存在盛世。但不少学者们坚持认为存在康雍乾三朝盛世，其源头何在？其实源头在于皇帝本人，存在盛世的主张只不过是他们的愚民术之一。〔1〕

上述的理论观点可以采用可信度较高的资料进行考证。考证按照下述的顺序展开：一是皇帝制度与制度性政治腐败问题；二是皇帝维持皇帝制度的策略；三是第三只眼看"盛世"的野蛮政治的问题；四是凌迟大帝的尧舜情结等。

一、皇帝制度与制度性政治腐败问题

利益一边倒的皇帝制度催生制度性政治腐败，包括：①皇帝制度体现皇帝的完美个人政治利益追求。②上上下下掌权者不受刚性制度制约而产生的政治腐败。③腐败权力压迫之下的反抗与群体性事件。④民众对皇位的觊觎。以下，将按照该顺序进行叙述。

（一）皇帝制度体现皇帝的完美个人政治利益追求

"皇帝制度也是一种制度，但对皇帝来说，皇帝制度并不是用来制约自

---

〔1〕 参照本章《皇帝维持皇帝制度的策略》中的"以狡济贪的愚民术"一节。

己追求利益的行为，而是巩固自己的既得利益、实现自己无止境利益要求的工具"[1]。在皇帝制度之下，皇帝往往具有完美个人政治利益追求行为倾向[2]。从理论上说，皇帝也是利益人，他的政治地位必定使他追求最大化利益。而独占国家并且让子子孙孙千秋万代继承，就是这种最大化利益的具体体现。

独占国家的同义词是富有四海。清朝所有的皇帝都为自己富有四海而自豪。康熙说，"朕尊为天子，富有四海"[3]。雍正说，"人主身为天子，富有四海"[4]，他还说，"朕为四海臣民之主。普天之下皆朕土，率土之滨皆朕臣"[5]。乾隆说，"盖贵为天子，富有四海"[6]，他还说，"我大清朝乾纲坐揽。朕临御至今十有四年，事无大小，何一不出自朕衷独断"[7]。

并且，皇帝在控制了国家的一切之后，还希望永久维持这种状态。康熙说，"帝王仰膺天眷、抚育群生……贻子孙臣民、亿万年无疆之祉"[8]。雍正说，"我国家亿万年长享昇平"[9]。乾隆说，"俾（使）我后世子孙臣庶，咸知满洲旧制……冀亿万世子孙、共享无疆之庥（庇荫）焉"[10]。乾隆五十年，发生日食天象，乾隆有某种不祥的预感，他祈天"绍（延续）我大清亿万年之宝命"[11]。在皇帝制度之下，权力最大者也是最大的贪渎者。世界上哪一个贪官比得上中国皇帝的"普天之下皆朕土、率土之滨皆朕臣"以及千秋万代控制中国的贪欲？皇帝的欲望以及他们建立相应的制度，是中国产生制度性政治腐败的根源之一。

如上所述，康雍乾等皇帝极为贪婪，欲望无止境。但这些皇帝如果要实

---

〔1〕　陈忠云：《超越不同形式政治制度的研究范式——制度的利益分析理论之魅力》，中国政法大学出版社 2016 年版，第 27 页。

〔2〕　所谓完美的个人利益追求是指欲占有包括权力地位、物质财富、名誉等在内的一切的政治利益，并且千秋万代维持这种占有的状态。

〔3〕　《清实录》（第 5 册）圣祖仁皇帝实录（二），中华书局 1985 年版，第 877 页。

〔4〕　《清实录》（第 8 册）世宗宪皇帝实录（二），中华书局 1985 年版，第 102 页。

〔5〕　《清实录》（第 7 册）世宗宪皇帝实录（一），中华书局 1985 年版，第 290 页。

〔6〕　《清实录》（第 21 册）高宗纯皇帝实录（一三），中华书局 1986 年版，第 411 页。

〔7〕　《清实录》（第 13 册）高宗纯皇帝实录（一三），中华书局 1986 年版，第 896 页。

〔8〕　《清实录》（第 4 册）圣祖仁皇帝实录（一），中华书局 1985 年版，第 877 页。

〔9〕　《清实录》（第 8 册）世宗宪皇帝实录（二），中华书局 1985 年版，第 174 页。

〔10〕　《清实录》（第 14 册）高宗纯皇帝实录（六），中华书局 1986 年版，第 381 页。

〔11〕　《清实录》（第 24 册）高宗纯皇帝实录（一六），中华书局 1986 年版，第 719 页。

现占有天下并维持皇帝制度亿万年的目标，一个关键的条件是其他人不能追求自己的利益，纯粹是皇帝实现皇帝目标的工具。只有具备这种条件，才有可能让皇帝达到亿万年控制中国的目的。但皇帝的这种政治野心对国家来说极为不幸，因为利益人不只是皇帝自己，官员与民众也都是利益人。皇帝欲亿万年控制中国的这种极端自私的目标，最终总是让国家山河破碎、遍地焦土。

（二）上上下下掌权者不受刚性制度制约而产生的政治腐败问题

皇帝制度不是制约皇帝行为的制度，而是纵容皇帝的无止境欲望的制度。在一般的情况之下，皇帝拥有一个庞大的家庭，有大量的配偶以及众多的龙嗣。皇帝根本不愁养不起这些配偶、龙嗣，因为皇帝制度规定国家就是他的私家财产。他们无论从国家索取多少财富都具有正当性与合法性。而全国那么多吃的、用的、住的、玩的等财富，他们也就一个家族，每个人也就一张肚皮，如何享受这些财富？他们有办法解决该问题。他们要享受全国最好的那部分财富，他们住的是位于中轴线的紫禁城，玩的是颐和园、圆明园。而一张肚皮也不影响他们的享受，他们要特供，要全国各地把最精、最美、最有机的食品呈献上来，如鲟鳇[1]等贡品。或许皇帝还有其他的各种隐秘的享受，但这些享受是明摆着的，其他人都看得见。

只要掌握最高权力，就可以占有国家，就可以得到这些享受，这是贪官们最好、最现实的榜样。榜样的力量是无穷的，所以，官员家中往往也是妻妾成群，也尽量住最好的、用最好的、吃最好的、玩最好的。但他们维持日常生活同样需要巨额费用。当然，从皇帝的角度看，国家不是这些官员的私产，他们从国家无偿地索取巨额财富不具有正当性与合法性，皇帝也没有义务为他们无偿提供巨额帮助。然而，猪向前拱、鸡往后刨，官员们都有办法获取财富，因为他们手中掌握着不受刚性制度制约的权力。作为利益人的皇帝根据自己的地位控制国家总资源，把国家私有化；作为利益人的各地方、各部门掌权者也根据自己的地位控制相关的资源，竭力把自己管辖的地方、部门私有化。掌权者控制着社会的各种资源，又不受有效的制度制约，他们多占、独占这些资源是再正常不过的事。在皇帝制度之下，没有有效的制度制约掌权者，理论上作为利益人的掌权者，从最高到最低都是贪渎者，大权

---

[1] "署吉林将军达桂奏：例进鲟鳇，未能足额，天旱采办不易，仍饬竭力采捕。得旨、仍著认真采捕不准藉词推诿"〔《清实录》（第59册）德宗景皇帝实录（八），中华书局1987年版，第452页〕。

大贪、小权小贪、无权不贪。

皇帝制度规定皇帝私有国家，这是最大的权力腐败。国家私有，导致皇帝必然公权私用，他天天思考如何消除反抗以长久维持政权，甚至包括反贪、抗灾[1]等这样的工作。因为他进行这样工作的最大目的，就是避免人民产生不满、奋起反抗而危及政权。在这种制度之下，虽然皇帝反复教导人们要大公无私、要"一意奉公"[2]、要"公而忘私"[3]，但上上下下、大大小小不受有效制度制约的掌权者，都知道皇帝的大公无私、一意奉公、公而忘私等豪言壮语背后的故事。前述的"朕尊为天子，富有四海"、"普天之下皆朕土，率土之滨皆朕臣"等，都是皇帝公开声明的。只不过最高指示千变万化、颠倒黑白却句句是真理，无人敢于公开反驳，甚至如果有人暗中写日记表示不满，一旦被发现，其个人、家族的命运也将是极为悲惨[4]。上梁不正下梁歪，官员们作为利益人必定追求自身利益，在皇帝制度之下，他们不受有效的制度制约，也必定陷入严重的政治腐败。如上述，所谓政治腐败是指利用权力不择手段地追求政治利益，而政治利益包括权力地位、物质财富、名誉等。以下按照权力地位、物质财富、名誉等，对康熙、雍正、乾隆的"盛世"时期的具体贪腐问题进行阐述，目的是让读者体会盛世康雍乾时期的腐败状况。《上谕档》等文献记述此类案例的资料太多，在此只能选录几例。但从理论上说，在制度性政治腐败的前提下，这种现象普遍存在，因此文献中没有记述的此类问题更是多如牛毛。

1. 康熙朝掌权者政治腐败问题之一瞥

无论对皇帝还是对官员来说，权力都是攫取经济利益、名誉利益的决定性因素。皇帝独占国家，地方官员多占地方资源，部门官员多占部门资源，上上下下、大大小小掌权者的政治行为基本一致。

---

〔1〕　如皇帝要独占救灾这种慈善。在某省发生灾荒时，皇帝拒绝富商自愿出资救济，他们认为皇帝自己搞慈善是比严刑峻法更有效的统治方法（［英］斯当东：《英使谒见乾隆纪实》，叶笃义译，群言出版社2014年版，第332页）。但一些地方政府似乎较为热心地鼓励商户等有钱人好善乐施，如万维翰在其著作《荒政琐言》所描述的地方政府奖励捐献的情形（李文海、夏明方主编：《中国荒政全书》第2辑第1卷，北京古籍出版社2004年版，第475-476页）。

〔2〕　《清实录》（第4册）圣祖仁皇帝实录（一），中华书局1985年版，第872页。

〔3〕　中国第一历史档案馆编：《乾隆朝上谕档》（第2册），档案出版社1991年版，第172页。

〔4〕　如下述的查嗣庭案。

（1）追求权力地位的政治腐败

在皇帝制度之下授官的权力在于上级。从理论上推理，这种授官制度必定产生以权谋私的政治腐败。因为它体现的是长官意志，而长官也是利益人，如果没有有效的制度制约他，他必定利用其权力谋私。皇帝、高官皆不例外。比如，康熙有不少的执政要一秉大公等豪言壮语，但是他随意取消原来较为公正的制度，说"今科乡场，曾令宗室考试。宗室朕素加恩，何患无官？嗣后停其考试"[1]。原来的考试制度是较为公正的，但他无视这些制度，规定宗室人员不用考试即可当官。甚至他还可以钦赐进士，连最起码的程序都不要。当时众人对此敢怒不敢言，他们只能在日记中记述自己的苦恼，如查嗣庭在日记中表示其对康熙的不满，认为康熙"钦赐进士为滥举"[2]。皇帝身先士卒、徇私舞弊，对特定人群敞开当官的大门，中央到地方的其他掌权者紧紧跟上，他们也基本如此，子女、亲友是其主要的选官、荐官的对象[3]。皇帝制度对上上下下掌权者本来就没有有效的制约功能，更何况皇帝身先士卒的示范作用？

还可以从欲得官者的钻营角度探讨该问题。人们也知道权力地位都是上层授予，要当官必然要走上层路线，跑官要官，贿赂得官。地方官员为获得更高权力，打通中央环节为继续高升铺路，每有机会就积极运作。"凡朝觐之期，每因仍陋习，借端科派。大小相循，私通交际"[4]。他们带着勒索到的民众钱财，到京城去"拉天线"，织"人情网"。这种跑部钱进的"私通交际"、相互勾结的背后原因是，官官之间相互通融、利益共享。关于该问题，康熙进行如下描述，"督抚无不与部院堂官营求结纳，分树门户……部院堂官

---

〔1〕《清实录》（第6册）圣祖仁皇帝实录（三），中华书局1985年版，第29页。

〔2〕《清实录》（第7册）世宗宪皇帝实录（一），中华书局1985年版，第731页。查嗣庭因为在日记中发了牢骚，导致其个人、家族命运悲惨，他被判凌迟处死，株连亲族，没收全部财产。但他在被凌迟之前已在监狱中受刑死去，只能进行"戮尸枭示"（上海书店出版社编：《清代文字狱档》，上海书店出版社2011年版，第989页）。

〔3〕康熙说，官员们所"保举人员、非系师友、即属亲戚，是皆汉人相沿恶习（难道作为贪官榜样的康熙也是汉人？）"〔《清实录》（第5册）圣祖仁皇帝实录（二），中华书局1985年版，第921页〕。还说，"督抚提镇等官皆各为其子弟夤缘保送者多。即部院大臣、亦多为其子弟互相援引"〔《清实录》（第6册）圣祖仁皇帝实录（三），中华书局1985年版，第527页〕。上述内容都是贪官榜样的康熙的最高指示，他对该问题了如指掌。在中国这种走后门为子女抢官夺位的做法有时还可以获得"虎父无犬子"的美称。

〔4〕《清实录》（第5册）圣祖仁皇帝实录（二），中华书局1985年版，第317页。

各援引亲戚、朋党营求，凡员缺未出之先，其人预定，及会推时，惟赞扬援引，而从公推拟者甚少"[1]。督抚是地方的省委书记，部院堂官是中央部委高官，他们相互勾结控制官缺资源，甚至走后门的人事在官位空出之前已经安排好。地方高官与中央高官之间互有所求、互不得罪、互惠互利，共享这些有限的资源。

在皇帝制度之下，由于权力不受有效的制度制约以及皇帝本人的示范作用，权力谋私无孔不入，所有的吏治措施都基本上无效。考核本来就是为了澄清吏治，但恰恰也变为官员谋私的一种手段。对地方官员进行考核，"以五等为优劣。数年以来，其弊尤甚。即如州县官，由府厅至督抚，经五六衙门考核。各上司岂尽不受贿赂、不徇情面、一凭公道、品隤（质）优劣者乎？若层层剥核，州县力不能堪，势必侵欺国帑，刻剥小民以贿嘱上官，希图越俸升转。相习成风，莫可挽回"。对军队官员进行考核的问题，"副将以下，莫不营谋优等。武官无钱粮可以侵邾，势必扣克穷兵粮饷"[2]。在制度性政治腐败的前提之下，任何消除贪腐的努力都可能为官员提供贪腐的机会，任何反腐败制度在实施的过程中，都可能使官员更进一步走向腐败。

（2）追求物质财富的政治腐败

上述是与人事腐败相关的问题。人事腐败是最大的腐败，这种腐败往往决定追求物质财富等其他形式的政治腐败。因为它决定某人获得权力地位的问题，而权力地位不但本身就是一种利益，而且更是追求其他利益的手段。

某人一旦掌握了权力，就掌握了一定资源的分配权力，就具备了以权谋私的条件。有了分配资源的权力，又没有有效的制度制约，利益人必定对资源进行多占甚至独占。他们或者将这些资源直接占为己有，或者将这些资源与别的掌权者进行交换，或者从民众手中夺取相关资源。康熙父亲顺治，就曾经哀叹贪官太多的问题，"上（顺治）幸内院、阅吏部大计疏、谓大学士范文程等曰：贪吏何其多也……文程奏曰：彼平居未仕时，亦知贪吏不可为。一登仕籍（权力在手），则见利智氏（昏）矣"[3]。在康熙朝，康熙哀叹，他已经尽最大努力进行反腐败，但毫无效果：朕"于监司守令之任，务加遴

---

〔1〕《清实录》（第5册）圣祖仁皇帝实录（二），中华书局1985年版，第403-404页。
〔2〕《清实录》（第4册）圣祖仁皇帝实录（一），中华书局1985年版，第208页。
〔3〕《清实录》（第3册）世祖章皇帝实录，中华书局1985年版，第566页。

选。乃龚黄[1]之绩未闻，而贪黩之风如故"[2]。经济腐败的症结，同样在于没有有效制度制约官员们的行为。

关于以权谋私的具体情形，康熙举了刑部的例子。他说刑部官员"听讼之时、两造是非……入官财物，奉差籍没官员，不能廉洁自持、据实册报，乃恣意侵盗、竟饱私囊、贪黩成风……此等弊端种种、难以枚举"[3]。皇帝制度覆盖了整个中国，这样的问题，岂止是单单发生在刑部？事实上所有的部门、所有的地方都是如此。正如康熙自己所说的"由朕躬不德……（导致）大臣不法，小臣不廉"。又说"今见（你们）所行，愈加贪黩，习以为常"[4]。

并且官官相护情况严重。他们或者"因系某大臣保举或因系某大臣门生故旧，彼此瞻徇情面并不题参"[5]，互相包庇。而监督官员的御史，或者因为"遇势要之人，纵知其贪秽，亦不肯纠参"[6]。偶尔也有一些揭发检举官员腐败的问题，但所揭发检举的对象，几乎都是已经下台或者已经死去的官员，而对现任官员，明知其胡作非为，却听之任之[7]。为何总是官官相护？从政治利益角度分析，主要有如下几个原因：①资源互通有无。由于在皇帝制度之下，控制资源仅仅是一小部分人，并且这些人往往分管各个部分的资源，而一个人的所需是多方面的，也就是他们对这些方面的资源都有需求。这种需求决定了他们要互通有无，也就是说，他们几乎都是一窝参与分赃的硕鼠。②都是贪官，不祖护对方，自己也得不到对方的祖护。也有一些官员揭露其他官员腐败的案例，但他们几乎都受到对方反击（后述）。

（3）雍正对康熙治政的评价

在皇帝制度之下，皇帝、官员不受有效制度制约，任何时代权力都是极端腐败，包括康熙"盛世"。虽然康熙反复强调"严饬所司、重惩贪酷"[8]，

---

〔1〕 指汉代循吏龚遂与黄霸。
〔2〕《清实录》（第4册）圣祖仁皇帝实录（一），中华书局1985年版，第1020页。
〔3〕《清实录》（第5册）圣祖仁皇帝实录（二），中华书局1985年版，第101页。
〔4〕《清实录》（第4册）圣祖仁皇帝实录（一），中华书局1985年版，第1050-1051页。
〔5〕《清实录》（第6册）圣祖仁皇帝实录（二），中华书局1985年版，第643页。
〔6〕《清实录》（第4册）圣祖仁皇帝实录（一），中华书局1985年版，第1130页。
〔7〕 "纠参非已经革职、即物故之员。其见任贪恶害民者，反不行纠参。甚至已经发觉之事，又为朦混完结"［《清实录》（第4册）圣祖仁皇帝实录（一），中华书局1985年版，第364页］。
〔8〕《清实录》（第5册）圣祖仁皇帝实录（二），中华书局1985年版，第316页。

但如前所述，官员之所以胡作非为，与皇帝制度有关系，与康熙本人的榜样示范作用也有关系。在这种情况之下，他的治贪效果可想而知。雍正如此评价康熙盛世的贪腐问题："朕在藩邸四十余年，凡臣下之结党怀奸、夤缘（走后门）请托、欺罔蒙蔽、阳奉阴违、假公济私、面从背非、种种恶劣之习，皆朕所深知灼见"[1]。雍正也指出其父在经济方面治政无能的问题，康熙时代的官员"将侵盗贪墨视为固然，数十年来日积月累，亏空婪赃之案不可胜数"[2]。还可以从雍正在雍正元年正月初一对总督、巡抚、布政司、知州、知县等发布的《上谕十一道》，看出康熙时代的政治腐败问题。《上谕十一道》提及总督的问题，总督"以逢迎意指为能，以沽名市誉为贤，甚至暗通贿赂、私受请托、不肖官吏、滥列荐章……今之居官者，钓誉以为名、肥家以为实，而云名实兼收"[3]。总督级别的官员们边贪污腐败，边可以"名实兼收"。《上谕十一道》提到巡抚（省长）级别的官员贪污腐败问题："藩库钱粮亏空，近来或多至数十万。盖因巡抚之赀（资）用，皆取给于藩司，或以柔和交好，互相侵那，或先钩致藩司短长，继以威制勒索，分肥入己……属员缺出、委署虽由两司详请，其实巡抚操其权，下属钻营嘱托，以缺之美恶，定酬贿之重轻"[4]。巡抚级别的官员掌握下级官员的人事大权，买官卖官，并掏空国库。《上谕十一道》也提到布政司（副省长）贪污腐败问题："当服官之初，廉洁自守。渐登高位，顿改初心。更有矫饰虚声、潜纳贿赂、陋俗相沿，谓之名实兼收，其罔上行私为尤甚。孔子谓事君勿欺，宁不闻乎"[5]。布政司级别的官员同样边贪污纳贿，边"名实兼收"，雍正提到这些人，似乎口气更为严厉。《上谕十一道》还提到知州、知县贪污腐败问题：他们"或罔念民瘼、恣意贪婪，或朘削肥家，或滥刑逞虐，或借刻以为清，

---

〔1〕 中国第一历史档案馆编：《雍正朝汉文谕旨汇编》（第6册），广西师范大学出版社1999年版，第340页。

〔2〕《清实录》（第8册）世宗宪皇帝实录（二），中华书局1985年版，第224页。

〔3〕 中国第一历史档案馆编：《雍正朝汉文谕旨汇编》（第1册），广西师范大学出版社1999年版，第1页。总督权力巨大，"地控两省，权兼文武"（同出处）。

〔4〕 中国第一历史档案馆编：《雍正朝汉文谕旨汇编》（第1册），广西师范大学出版社1999年版，第2-3页。

〔5〕 中国第一历史档案馆编：《雍正朝汉文谕旨汇编》（第1册），广西师范大学出版社1999年版，第6页。

或恃才而多事，或谄媚上司以贪位，或任纵胥吏以扰民，或徇私逞欲"〔1〕。知州、知县级别的官员，上媚上司丑态百出，下克民众凶狠毒辣。

刚刚登基的雍正，在《上谕十一道》中，对各个层级的官员贪污腐败进行揭露，而这些问题几乎都发生在康熙年间。作为康熙儿子的雍正，不会无缘无故地污蔑康熙治政的"伟大功绩"。在康熙驾崩之后，雍正接任皇帝，康熙朝遗留下来的制度性政治腐败的烂摊子使他毫无办法，只能不了了之，"朕深悉此弊（侵挪亏空），本应即行彻底清查，重加惩治。但念已成积习，姑从宽典"〔2〕。

2. 雍正朝掌权者政治腐败问题之一瞥

尽管雍正认识到康熙时期极为严重的政治腐败问题，并欲扭转这种局面，但由于都是处于皇帝制度的制度性政治腐败之下，他的治政同样陷入严重政治腐败的泥沼而无法自拔。

（1）追求权力地位的政治腐败

从民众的角度看，皇帝制度是一种分赃制度。康熙可以不经考试程序任意提拔宗室人员、钦赐进士，雍正同样如此，他超越程序对各色人员，敞开仕途的后门，特别是对军功人员的子孙进行提拔。他对八旗文武官员放话，"谕八旗文武官员人等：我国家念尔等祖父皆属从龙旧臣，著有勋绩。故加恩后裔，量才授官"〔3〕。不但原来的军功人员，后来的高级官员的子孙也得到特殊的优待，"大学士、尚书、侍郎、都御史、副都御史各大员，有子孙在京闱，及本省乡试，未经中式（科考落第者），年二十以上者，著各举文理通顺、可以取中者一人……（并）赐举人，准一体会试（由礼部主持的国家考试）"〔4〕。还对因举报思想叛逆者而被清统治者认定保护清廷有功的人员，加以特殊提拔。如卢伯蕃、陈锡、吴奇徽、戴雯等人，因检举揭发连州知州朱振基私供吕留良牌位，而被"赏作举人，送部一体会试"〔5〕。写诗赞美当

〔1〕 中国第一历史档案馆编：《雍正朝汉文谕旨汇编》（第1册），广西师范大学出版社1999年版，第11页。
〔2〕《清实录》（第7册）世宗宪皇帝实录（一），中华书局1985年版，第57页。
〔3〕 中国第一历史档案馆编：《雍正朝汉文谕旨汇编》（第1册），广西师范大学出版社1999年版，第63页。
〔4〕 中国第一历史档案馆编：《雍正朝汉文谕旨汇编》（第2册），广西师范大学出版社1999年版，第42页。
〔5〕《清实录》（第8册）世宗宪皇帝实录（二），中华书局1985年版，第196页。

朝皇帝也可以加以提拔，如顾成天[1]。雍正下令"赐江南下第举人顾成天进士，一体殿试"[2]。顾成天虽然考试失败，但奉承拍马功夫了得，因为写了几首拍马诗偶然被雍正发现，便仕途通顺封为进士。雍正对巩固他的统治有贡献的告密者、奉承者等，都照顾有加。实际上，这些都属于公权私用。

上行下效，教育系统的官员也如此，他们利用教育系统的资源进行贪污腐败。雍正指责他们，"向来学政（负责教育系统的官员）恣行贪劣，以国家兴贤造士之途，视为射利营私之地"[3]。学子们也知道这一套，他们甚至在进行殿试的时候走后门，"向有拟送策联、钻营甲第等弊"[4]，学子们通过走后门，希望能够授予自己更高的名次，如状元、榜眼等。显然，康熙、雍正在教育系统的所作所为，是这些人的榜样。

权力地位的政治资源如果被上级所控制，那么所有希望能够升迁的人，都必须要在得到上司的赏识之下才能达到目的。各级官员都明白这一点，为了追求自己的前途，他们唯一能做的事就是讨好上司。或者对皇帝奉承拍马，或者百般巴结上司。雍正在对大学士、九卿、翰詹科道等高级官员训话时，斥责他们为了求官、升迁，"昏夜乞怜，上书投札，满纸称功颂德之语……廉耻荡然、至于此极也"[5]。但巴结皇帝的机会甚少，更多的官员是巴结上司。知州、知县丢下工作，借故出差，到省城去拜见、巴结巡抚、布政司等。雍正也因此指责他们"不应无故赴省谒见上司，擅离职守。是以律例定有处分，朕复屡加训饬，通行严禁。但闻近岁以来，此习尚未尽除"[6]。在制度性政治腐败的前提下，该问题屡禁不止。

雍正在指责求官者行为的同时也指责授官者，"大臣不能去营求请托之私，则标准不立。而百僚士庶相习成风，更无所底止矣……以私情致书嘱托，

〔1〕　顾成天"为诸生。值圣祖南巡，献《燕京赋》。中举人。尝以诗质蔡嵩。雍正间，籍蔡嵩家，得其诗，中有《咏皇城草》诗，疑其讥讽，索全集以进，有《挽圣祖诗》六章，世宗览之堕泪，遂赐进士，授编修"。载飞鸿堂印谱初集，http://baijiahao.baidu.com/s？id＝1595927188124909924&wfr＝spider&for＝pc，访问日期：2018 年 5 月 17 日。

〔2〕　《清实录》（第 8 册）世宗宪皇帝实录（二），中华书局 1985 年版，第 233 页。

〔3〕　《清实录》（第 7 册）世宗宪皇帝实录（一），中华书局 1985 年版，第 879 页。

〔4〕　《清实录》（第 7 册）世宗宪皇帝实录（一），中华书局 1985 年版，第 223 页。

〔5〕　中国第一历史档案馆编：《雍正朝汉文谕旨汇编》（第 6 册），广西师范大学出版社 1999 年版，第 349 页。

〔6〕　中国第一历史档案馆编：《雍正朝汉文谕旨汇编》（第 8 册），广西师范大学出版社 1999 年版，第 322 页。

必致进退人才不得其实，听断狱讼不得其平，种种倚仗势力颠倒是非，夤缘
奔竞之事皆由此起"[1]。显然，该问题同样是制度性腐败的一种表现，不是
作为贪腐榜样的雍正的一两句话所能够解决的。

（2）追求物质财富的政治腐败

雍正时代的官员追求物质财富的政治腐败的手段，也是各种各样。无论
八旗官员还是非八旗官员，以权谋私、贪污腐败是他们共有的行为特征。在
政治地位上得到特殊照顾的八旗人员，在推荐、出任外地官员时，也要受到
当地官员的勒索。此事也引起雍正的关注，他说，"凡旗员为外吏者，每为该
旗都统、参领等官所制。自司道以至州县，于将选之时必勒索重贿，方肯出
结咨部。及得缺后，复遣人往其任所，或称平日受恩勒令酬报，或称家有婚
丧等事缓急求助，或以旧日私事要挟。至五旗诸王、不体恤门下人等，分外
勒取或纵门下管事人员肆意贪求。种种勒索不可枚举"[2]。八旗人员在希望
获得任官的推荐时，要受到作为推荐人的当地官员的勒索，甚至到外地任官
之后，当地官员还派员跟踪而至、再行勒索。这些饱受勒索的八旗人员，一
旦上任，贪污腐败也是肆无忌惮，他们"不以忠君体国为心，不以旷职殃民
为惧，潜通贿赂，恣意苞苴（送礼），惟期囊橐之充，尽丧廉隅之守"[3]。
官场风气败坏，一塌糊涂。

在制度的利益分析理论的脉络中，无论是八旗官员还是非八旗官员，都
属于利益人，他们无法抵御物质利益的诱惑，都会利用各种机会谋私。由于
清朝派出大量八旗人员到各地当官，各地八旗、非八旗官员混杂，但他们在
贪污腐败的问题上行为一致。如他们上下勾结贪污火耗[4]以及以火耗为名横
征暴敛的问题，雍正认为，州县在收取火耗时，"加派横徵，侵蚀国帑，亏空
之数、不下数百余万。原其所由，州县徵收火耗、分送上司。各上司日用之
资皆取给于州县，以致耗羡之外，种种馈送名色繁多。故州县有所藉口而肆

---

〔1〕 中国第一历史档案馆编：《雍正朝汉文谕旨汇编》（第6册），广西师范大学出版社1999年
版，第339页。

〔2〕 中国第一历史档案馆编：《雍正朝汉文谕旨汇编》（第6册），广西师范大学出版社1999年
版，第65页。

〔3〕 中国第一历史档案馆编：《雍正朝汉文谕旨汇编》（第1册），广西师范大学出版社1999年
版，第63页。

〔4〕 火耗（耗羡）是指官员在征税时以耗损为由，多征税银。官员往往借机加派横徵，占为己
有。

其贪婪，上司有所瞻徇而不肯参奏"[1]。又如上下勾结贪污落地税[2]问题。雍正说，"各处地方官征收落地税银，交公者甚少，所有赢余皆入私橐……广西梧州一年收税银四五万两不等，止解正项银一万一千八百两。浔州一年收税银二万两，止解正项银四千六百两……即如从前各处税课，经地方官征收有于解额之外多数倍者。既无一定之章程，则多寡可以任意。其弊不可胜言。属员既已贪取，上司必致苛求。官员既已营私，胥役必至横索"[3]。并且"猪向前拱鸡往后刨、各有各的门道"，军队官员也有其创收的好方法，其中一种办法是虚报相关兵员人数，冒名领赏。雍正告诉我们这样一件事，"雍正六年六月内，南澳镇巡海哨船，遭风飘烂……其实在淹没者，系把总一员、兵丁十四名，被淹而幸获生全者兵丁九名。其余兵丁三十七名并未上船随行。乃冒开姓名，希图领赏……甚至有冷战船暗地毁损，希图朦混邀赏者"[4]。

在皇帝制度的制度性政治腐败之下，上上下下的掌权者必然以权谋私。并且在该制度之下，资源占有的特殊性使这些官员总是官官相护。"凡内外文武官员，无论平素识与不识，一登仕籍必信息相通，互相袒护"[5]。一旦进入特定阶层，就进入了特定的利益共同体，他们之间可以进行资源共享。他们自动地展开深度合作，互相包庇只是互相合作的一种表现。这种合作甚至可以以伤害检举者的生命来达到维护贪官污吏利益的目的，"昨闻有老秀才，呈告曾逢圣当日居官劣款。而张适（官员，官官相护者）将此秀才严刑毙命，谎称在监病故"[6]。

当然，在皇帝制度之下，官员与官员之间行为的最佳选项也是相互合作，也就是官官相护，官官之间资源共享。由于官员不受有效的制度制约，在理论上作为利益人的掌权者是无官不贪。也曾发生过某官员揭发对方腐败一类

---

［1］中国第一历史档案馆编：《雍正朝汉文谕旨汇编》（第 1 册），广西师范大学出版社 1999 年版，第 84 页。

［2］对集市交易物品进行征税，称落地税。

［3］中国第一历史档案馆编：《雍正朝汉文谕旨汇编》（第 2 册），广西师范大学出版社 1999 年版，第 55 页。

［4］中国第一历史档案馆编：《雍正朝汉文谕旨汇编》（第 8 册），广西师范大学出版社 1999 年版，第 115 页。

［5］中国第一历史档案馆编：《雍正朝汉文谕旨汇编》（第 6 册），广西师范大学出版社 1999 年版，第 277 页。

［6］中国第一历史档案馆编：《雍正朝汉文谕旨汇编》（第 1 册），广西师范大学出版社 1999 年版，第 303 页。

的事件,一旦揭发对方,就引起对方的反揭发。雍正说,"朕见近来官员等,彼此互揭之案甚多。如上官揭报属员,而属员随即列款揭告上官。知县揭报教官,而教官随即列款揭报知县"[1]。如,"汀漳道刘灿,揭报漳州府知府耿国祚、龙溪令魏彪,仓库相近,彼此那移。(而)耿国祚详揭刘灿纵容家人书役等索诈银两。互相揭告"[2]。某官员如果揭发对方,将立刻遭到对方的反揭发。此时,皇帝如果认真追究,就可能越闹越大,动摇自己的统治基础,所以,皇帝对官员的贪腐行为,很多时候如果睁一只眼闭一只眼,可能更符合自己的利益。

(3)免追赃款以及乾隆对雍正治政的评价

雍正也有一些对付贪污问题的方法,如"耗羡归公"及"养廉银"制度等。但在皇帝制度之下办法再多都无法对官员进行有效的行为制约。实际上,雍正对官员贪腐的问题也是无可奈何的。如前述在康熙驾崩之后,雍正认为官员贪腐"已成积习,(只能)姑从宽典"[3]。"姑从宽典"的办法并不只针对康熙时期的贪官,也适用于雍正自己治下的贪官。雍正八年,他对贪腐官员追赃问题进行分期处理的办法,是他先斥责官员们"将侵盗贪墨视为固然,数十年来日积月累,亏空婪赃之案不可胜数"。然后,话锋一转,"今观各省吏治,虽未必能彻底澄清,而公然贪赃犯法及侵盗钱粮者,亦觉甚少。是众人悛改之象,与朕期望之意相符……亦可遂朕可宥之初心矣。今欲大沛恩膏,将远年承追之项酌量豁免。著将各直省官员名下应追赃银,及侵欺、那移、流抵、分赔、代赔等项银两,事在雍正三年以前、已经发觉者,该部查出将各案情由明白开注,候朕酌其情罪,降旨免追。其自雍正四年正月以后各员犯罪之案,乃朕屡经训谕而不悛改者,不准宽免"[4]。而对八旗官员更加优待,两年多之后的雍正十年,雍正又下旨,"将雍正三年以后、九年以前,八旗官员人等应追银两……候朕酌量分别,加恩宽免"[5]。对贪腐官员追赃问

---

[1] 中国第一历史档案馆编:《雍正朝汉文谕旨汇编》(第4册),广西师范大学出版社1999年版,第264页。

[2] 《清实录》(第7册)世宗宪皇帝实录(一),中华书局1985年版,第900页。

[3] 《清实录》(第7册)世宗宪皇帝实录(一),中华书局1985年版,第57页。

[4] 中国第一历史档案馆编:《雍正朝汉文谕旨汇编》(第2册),广西师范大学出版社1999年版,第60页。现在一些学者提出的对贪腐官员追赃问题进行分期处理,其灵感是否从此而来?

[5] 中国第一历史档案馆编:《雍正朝汉文谕旨汇编》(第8册),广西师范大学出版社1999年版,第248页。

题进行分期处理，雍正认为在"众人悛改之象"，"遂朕宽宥之初心"的基础上进行决定，但如后所述，其实是与雍正欲成为尧舜而制造假象的问题密切相关。

现存的雍正时代官员的贪腐资料，比康熙、乾隆时代要少。如前述，雍正认为这是贪官污吏们痛改前非、重新做人的原因，甚至有人还认为"雍正一朝无官不清"。但从制度的利益分析理论角度看，这类观点很荒唐。其实，雍正时代同样是皇帝制度，权力同样不受刚性制度制约，群狼虎视眈眈，出台一些防腐措施，不可能有多大的效果。雍正驾崩的时候留下一个烂摊子，这种事实可以从乾隆的言论中得到确认。乾隆在登基之后这样评价雍正治政的问题，雍正时代的官员"或以苛察为才能，或受蒙蔽而不觉，以致累民之事往往而有也。即如催征钱粮而差票之累，数倍于正额。拘讯讼狱而株连之累，数倍于本犯。抽分关税而落地、守口、给票、照票，民之受累，数倍于富商巨贾。至于查拏（拿）赌博、黄铜以及私宰、私盐之类，胥役营兵，因缘为奸。佐贰杂职，横肆贪酷。一案而化为数案，一人而波及数人。如此等者不可枚举。以此扰累吾民，无怪乎民多不得自安其生业"[1]。这就是刚刚登基的乾隆对雍正"盛世"政治腐败问题的看法，"一案而化为数案，一人而波及数人"，窝案一窝连一窝，触目惊心。认为雍正朝官员清廉的作者们，或许无意中漏看了这些资料。但漏读、误读这些关键的资料，就无法透过雍正朝清明政治假象看其背后的问题，无法合乎逻辑地理顺其背后制度性政治腐败问题，也无法提升你们辛辛苦苦撰写出来作品的质量。其实，乾隆对自己父亲也是百般庇护，但是问题发展到无法掩饰，他也不得不指出其存在的治世问题。而这种评价才具有权威性。

---

［1］《清实录》（第9册）高宗纯皇帝实录（一），中华书局1985年版，第338页。然而，乾隆六年，乾隆赞美其父亲："我皇考整饬风俗登清吏治，十有余年始得丕变（大有转变）。今不数年间，而即有荡检踰闲（行为放荡）之事……使我皇考旋乾转坤之苦衷，由此而废弛。言念及此，朕实为之寒心"（中国第一历史档案馆编：《乾隆朝上谕档》（第1册），档案出版社1991年版，第706页）。乾隆这句话的意思是，我父亲通过十余年的努力，才好不容易做到澄清吏治。但他死后才五六年，你们贪污腐败又故态复萌，使我父亲十余年的努力付诸东流。在乾隆二十二年，乾隆又说："外吏营私贪黩，皇考整饬以来，久已肃清。乃不意年来如杨灏、恒文等案，屡经发觉"（中国第一历史档案馆编：《乾隆朝上谕档》（第3册），档案出版社1991年版，第110页）。这句话的意思是，地方官员，也被我神通广大的父亲从贪官污吏整饬成廉洁自私的官员。但是他死了之后，你们地方官员又开始贪污腐败了。对比乾隆元年、乾隆六年、乾隆二十二年乾隆的言论，哪一个是真实的，哪一个是掩饰的，读者自有判断。显然，在皇帝制度之下，乾隆无术控制贪官污吏，只好在语言上变魔术。

乾隆刚刚接班就遇上这样的问题，说明了什么？说明在雍正时期，贪官抓的少，并不是因为贪官很少。其实，与其说是雍正控制官员的法术有效，不如说是其搞表面文章所致。雍正时期的贪腐案件相对少，主要有如下几个原因：一是时间短，执政年数只有康熙、乾隆的五分之一左右。二是因为在十三年的执政时间之内，接连发生年羹尧案（雍正三年至四年）、隆科多案（雍正三年至六年）、允禩案（雍正三年至四年）、曾静案（雍正六年至八年〔1〕）等，这些都是与权力争夺相关的大案，都是比抓贪官更为紧迫的巩固权力的问题。这些大案一案连着一案，占了十三年间的大部分时间，使雍正根本没有时间去认真抓贪官。三是雍正有强烈的成为圣王尧舜的欲望，有意放贪官一马。这可以从其免追贪官赃款的决策，以及他"遂朕宽宥之初心"的表态中看出。这些行为本身就证明他不可能去认真对待贪官污吏的问题。特别是，他欲通过搞拾金不昧的表面文章制造盛世形象〔2〕，让自己成为尧舜。显然，如后述，关于如何才能够成为尧舜，他与其儿子乾隆的思路不同，乾隆是要通过抓捕大量的贪官来积累成为尧舜的资本，而对雍正来说，接连不断的政治斗争等于在其成为尧舜的道路上设置障碍，他必须闯出另外一条成为尧舜的道路，他要证明自己是善于治世的。但如果贪官与以往一样多，如何证明自己善于治世？所以避免揭露、抓捕的贪官太多，其实是他成为尧舜的一种策略。

3. 乾隆朝掌权者政治腐败问题之一瞥

与雍正一样，刚接班的乾隆也对前一代治贪问题大发牢骚，并且也反复强调治贪，但是在皇帝制度的制度性政治腐败之下，最大的贪渎者就是皇帝自己，上梁不正下梁歪，各级的贪官污吏依然横行霸道，腐败盛行。

（1）追求权力地位的政治腐败

人事腐败是最大的腐败。在皇帝制度之下，无论对皇帝还是对官员来说，权力都是攫取其他经济利益、名誉利益的决定性因素。官员其实与皇帝一样，也极力谋求权力世袭，但皇帝子孙世袭权力是明文规定，并且一分钱都不需要。而官员无此条件，但他们可以创造条件，如可以通过捐纳制度，曲线达到权力世袭的目的。当然，捐纳需要一定的成本，但他们"视库帑为己资……

---

〔1〕 雍正八年雍正颁发他自己所编纂的《大义觉迷录》。可以认为该事件到此暂告一段落。

〔2〕 雍正说："数年以来，各省民人屡有拾金不取之事。朕以人心风俗、渐有归于醇厚之机，深为慰悦"（中国第一历史档案馆编：《雍正朝汉文谕旨汇编》（第8册），广西师范大学出版社1999年版，第37页）。甚至当时他派曾静作为风俗使者，到处去宣传雍正治世的丰功伟绩。

（如）刘樵侵蚀多至累万，而伊子亘携资捐纳"〔1〕。刘樵利用权力贪污腐败，为子女铺平走上掌握权力的道路。在制度性政治腐败之下，掌握权力为贪污，贪污的目的之一又是为了继续掌握权力，这种恶性循环一代传一代。除了贪污是为了子女掌权的一种手段之外，他们在保荐人才的时候，也多是保荐自己的亲属、朋友。"向来荐剡（推荐）多属夤缘（走后门）……陈树萱奏保盐大使陈树芳，系伊族弟。又保优贡生陈长镇，询之亦系伊同族"〔2〕。

并且人们也知道权力地位都是上层授予。他们走上层路线，跑官要官，指缺求官，贿赂得官。权力的魅力，使他们不择手段地挤入掌权者集团，并希望继续得到升迁。他们讨好上司的手段基本相似，户部右侍郎赵殿最上奏，"今臣奉命查勘直隶河东等处河道，所过地方，知府、牧令每于数十里外迎送。旷废职守莫此为甚。嗣后凡上司钦差所过地方，止许佐贰杂职、于城门外驿亭迎送。其正印各员，非有公事传询，不得轻率出城。至教官率领文武生员迎送道左，亦启奔竞之风"〔3〕。当时，中央副部长级（右侍郎）的官员出外巡察的时候，地方的市长、县长纷纷到数十里外迎接、送别，大批学生在教师的率领之下去热烈欢迎、欢送。官员也不放过任何讨好上司的机会，四川布政使（副省长）吴士端奏称，"上司之子侄、亲戚往来任所，经过所部境内，拜谒地方官，张扬声势。地方官有意趋承，甚至馈送宴会"〔4〕。甚至"太和县知县郭世谊，将重价所买之妾转送幕友史纬义"，而幕友史纬义是该知县的上司、知府史鲁璠的族叔〔5〕。政治资源都被上司所控制，人们要获得相关利益必须通过上司。他们或者直接讨好上级领导，或者在无法直接讨好上司的时候，通过讨好上司的亲戚、友人而曲线达到目的。

人们不但知道权力地位都是上层授予，并且也知道即使是科举考试，录取不录取也是由上层决定，因此也必须要走上层路线。学子们在考前、考后都奋力钻营。乾隆说，"近日士子趋向不端。每遇考试，辄百计钻营，夤缘关节。其舞弊伎俩，愈出愈巧。而考官等听受请托，暧昧营私，甘心败法，无

〔1〕《清实录》（第13册）高宗纯皇帝实录（五），中华书局1986年版，第815页。
〔2〕《清实录》（第9册）高宗纯皇帝实录（一），中华书局1985年版，第213页。
〔3〕《清实录》（第9册）高宗纯皇帝实录（一），中华书局1985年版，第879页。
〔4〕《清实录》（第17册）高宗纯皇帝实录（九），中华书局1986年版，第68页。
〔5〕 中国第一历史档案馆编：《乾隆朝上谕档》（第5册），档案出版社1991年版，第703页。

所不至"[1]。考生们在被录取为进士之后也进行钻营，"向来新科进士于殿试之前，有呈送颂联之陋习。近来此风又觉渐炽，夫士子进身之始，即从事于请托奔竞"[2]。新科进士参加殿试，这是决定谁是状元、榜眼等名次的考试，新进士们竭尽全力让自己排上高名次，甚至成为状元。对该问题，虽然乾隆要相关部门"通行晓谕，严加禁止。倘有违旨……一体从重治罪"[3]。但这种拉关系、走后门与制度性政治腐败问题关系重大，不是一个禁令就可以阻止的。

此类的问题还包括评优保荐、指缺求官等。以前官场也有评选优秀县委书记（知县）、市委书记（知府）之类的评优保荐等活动。一旦被评上，就可能进入升官的快车道，官员们纷纷通过与评委拉上关系而达到目的。知府马权为"保举卓异（评优），曾有送给（阿尔泰[4]）松石朝珠，及皮张各件"[5]。关于指缺求官问题，据原任河州州判、后任甘肃靖远县知县麦桓招供，他"于乾隆三十八年在河州州判任内，因靖远县缺出，嘱托省城素识之翟二楠、转求兰州府蒋全迪钻营王亶望，指缺求补。司府各许银四千两……指缺求官，公行贿赂"[6]。在麦桓、翟二楠、蒋全迪、王亶望四个人物中，麦桓是有求者，甘肃省高官王亶望是被求者，但麦桓并不认识王亶望。他通过翟二楠、蒋全迪，七弯八拐地找到有任命权的王亶望，终于遂其所愿，从河州州判升为靖远县知县。

（2）追求物质财富的政治腐败

权力地位是政治利益的核心，有权就容易获得财富、名誉等其他政治利益。

台湾是一个四季常春、资源富饶的地方，到这样的地方去掌权、去控制

---

[1] 中国第一历史档案馆编：《乾隆朝上谕档》（第14册），档案出版社1991年版，第220页。

[2] 中国第一历史档案馆编：《乾隆朝上谕档》（第1册），档案出版社1991年版，第370页。

[3] 中国第一历史档案馆编：《乾隆朝上谕档》（第1册），档案出版社1991年版，第371页。

[4] 阿尔泰是乾隆朝高官。任四川巡抚时，百般巴结乾隆，据说他用养廉银采集楠木运到京城一事，令乾隆高兴。但后来被贬官入罪，罪状中提到该事，却成为他欺君之罪的罪证。这是掌权者翻手为云覆手为雨的又一证据。"上责其（阿尔泰）倚老负恩，始终不肯以国事为念，命逮问。阿尔泰初至四川，上以天坛立灯竿，下四川求楠木。阿尔泰附运木材以进，言出养廉采献。既乃私语人，谓他日且以此负累。语闻上，上心慊（很满意）之。至是，诏罪状阿尔泰，犹及此事，斥为昧良饰诈。川东道托隆入见，发阿尔泰赃私，下继任总督富勒浑严鞫（严厉审问）。三十八年，狱具，拟斩，上命赐自尽"[（清）赵尔巽等撰：《清史稿》（第36册），中华书局1977年版，第10877～10878页]。

[5] 《清实录》（第20册）高宗纯皇帝实录（一二），中华书局1986年版，第348页。

[6] 中国第一历史档案馆编：《乾隆朝上谕档》（第10册），档案出版社1991年版，第774页。

资源，可以进行化公为私的项目就很多。所以，这种地方的官职是肥缺，总是惹得上上下下的官员垂涎三尺。官员们的贪婪让乾隆很不高兴，他说"督抚遇有台湾道府厅县缺出，又以该处地土丰饶，不问属员才具能胜任与否，每用其私人，率请调补，俾得侵渔肥橐（中饱私囊）。所调各员……到任后利其津益，贪黩无厌"〔1〕。

当时公共建设经常搞工程承包，但弊端甚多。乾隆说，"朕访闻得各省营缮修筑之类，其中弊端甚多，难以悉数。或胥役侵渔，或土棍包揽。或昏庸之吏，限于不知，或不肖之员，从中染指。且有夫头扣克之弊，处处皆然。即如挑浚河道一事，民夫例得银八分者，则公然扣除二分。应做工一丈者，则暗中增加二尺。或分就工程，厈夫一千名者，实在止有八九百人"〔2〕。在皇帝制度之下，无论何处，此类问题都存在。

当时不但搞工程承包，甚至也搞官位承包，这同样弊端甚多。山东巡抚明兴上奏乾隆，说山东省地方官员在谋取官位的时候，"积习相沿，竟有原装原卸之说。只望得缺到手，无论亏短盈千累万，一力担承。及至接印任事，以盈余为本分应得之财，不知餍足"〔3〕。就像改革开放之后的农村联产承包制度，交足国家、集体的，剩下就都是自己的。交给国家、集体的是定额，剩下多少是浮动额，多勒索民众自己就多得，少勒索民众自己就少得。因此他们向民众索取的动力是巨大的。

乾隆在执政初期就揭露雍正时代官员极端严重的贪污腐败问题，包括一窝连一窝的窝案。但乾隆时代窝案也比比皆是。部门窝案，荆关官员姜邵湘"管理荆关税务，肆志贪饕、横征重耗、侵蚀昌销、饱填欲壑。荆关税课每年虽正余银三万余两，而实在约可征五六万两。除去应用公费，每年侵蚀亦几及一半。该关凡遇缴银之日，系四六扣存。如征银一千，止将六百缴官，其四百两俱为管关员役侵肥"〔4〕。另外如甘肃省以王亶望为首的"捏灾冒赈、侵吞监粮"地方政府窝案，"自乾隆三十九年以后，通省（甘肃全省）各官，联为一气，朋分公帑……各州县亦视侵冒官项为故常，竟无一人洁己奉公"〔5〕。

----

〔1〕 中国第一历史档案馆编：《乾隆朝上谕档》（第14册），档案出版社1991年版，第110页。

〔2〕 中国第一历史档案馆编：《乾隆朝上谕档》（第1册），档案出版社1991年版，第367页。

〔3〕 《清实录》（第23册）高宗纯皇帝实录（一五），中华书局1986年版，第650页。

〔4〕 《清实录》（第10册）高宗纯皇帝实录（二），中华书局1985年版，第1169页。

〔5〕 《清实录》（第23册）高宗纯皇帝实录（一五），中华书局1986年版，第256页。

在雍正时期，雍正可能要通过掩饰贪腐问题来追求他的尧舜事业，所以后人对雍正时代贪官的大概人数以及贪官的具体贪腐手段皆不甚了解。但乾隆可能要通过查办贪腐来追求他的尧舜事业，所以，我们可以获得乾隆时代官员形形色色贪腐手段的信息。云南运铜委员周棌"身为职官，行同贼盗，捏报沉溺铜觔（铜筋），盗卖至于累万"[1]。"滇省委员永北府知事张彦珩，来粤买兑盐觔（亦称盐斤，指盐）起运。于上年八月、本年三月，连报遭风漂没。至五月内，又于百色城捏饰被烧。当即查验，并无盐斤被烧踪迹。随盘诘船户，据供烧系空船，盐斤已同运官沿途卖去"[2]。在皇帝制度之下，监守自盗是常见的，但是其无奇不有的手段令人大开眼界。

贪官们贪污得手，就开始躲避追查、转移财产，但当时可能还没有国外存款的做法，他们只能把财产藏到他们认为最隐秘的地方。高官钱度遣家丁王寿等八人运回大量赃银被查获。同时被查获的还有钱度的"亲笔家信，有趁王寿回南，寄归二数，好为收贮，或做地窖，或做夹壁，善为筹画，以作永久之计等语"[3]。要把钱藏到地窖、夹壁，藏到他们认为最隐蔽的地方。

乾隆朝的官官相护问题同样严重。乾隆认为"官官相护通同一气，牢不可破"[4]，各省皆如此[5]。

4. 康雍乾时期贪腐的普遍性

从制度的利益分析理论角度进行分析，在制度性腐败的前提之下，作为利益人的官员，如果他手握资源，又不受有效的制度制约，他必定是一个贪腐分子，少有例外。任何地方、任何时代都如此，包括所谓康雍乾的"盛世时期"。这里用一些概括的文字对该时期贪腐的普遍性问题进行说明。康熙训斥刑部官员"入官财物，奉差籍没官员不能廉洁自持、据实册报，乃恣意侵盗，竟饱私囊、贪黩成风……此等弊端种种难以枚举"[6]。雍正时代亦如此，"佐贰杂职，横肆贪酷。一案而化为数案，一人而波及数人。如此等者不可枚

---

〔1〕《清实录》（第13册）高宗纯皇帝实录（五），中华书局1986年版，第1132页。

〔2〕中国第一历史档案馆编：《乾隆朝上谕档》（第2册），档案出版社1991年版，第567页。

〔3〕中国第一历史档案馆编：《乾隆朝上谕档》（第7册），档案出版社1991年版，第12页。

〔4〕《清实录》（第24册）高宗纯皇帝实录（一六），中华书局1986年版，第994页。

〔5〕乾隆说："外省吏治弊坏，皆由督抚不能正已率属，专以上下和同，联为一气，以行其朦蔽欺诈之伎俩。各省皆所不免"［中国第一历史档案馆编：《乾隆朝上谕档》（第4册），档案出版社1991年版，第809页〕。

〔6〕《清实录》（第5册）圣祖仁皇帝实录（二），中华书局1985年版，第101页。

举"[1]。该时代的年羹尧、隆科多等，都是因为权力斗争的原因被抓捕，捕后一查就都是贪污犯。乾隆更是对贪腐普遍性的问题感到吃惊，他说"近来侵贪之员，比比皆是"[2]。从他所说的"近来"，可以看出他其实还想掩饰普遍性的问题，但实际上乾隆对该问题感到绝望，"山西一省巡抚藩臬，朋比作奸，毫无顾忌。吏治之坏，至于此极。朕将何以信人、何以用人"[3]。

上述所举的问题只不过是冰山一角。在特定的政治制度之下，贪腐是难治的顽症，与罗马教会反腐败一样，反了一千余年，也无法解决教会权力腐败的问题[4]。这是制度性政治腐败的问题，由于都是利益人，在类似的政治制度之下存在类似的行为。并且，官员们"收受节礼陋规，互相容隐，弊难究诘"[5]，此类的"一切干营舞弊之事，愈出愈巧，无所不至"[6]。在这种制度性政治腐败的环境之下，大大小小的掌权者都进化出更加投机取巧的大脑，其反侦察能力出神入化。

与皇帝权力相关的问题，皇帝极为敏感，因此官员们也小心翼翼[7]。但在经济方面，贪官污吏多如牛毛是在皇帝制度之下的制度性政治腐败必然表

---

〔1〕《清实录》（第9册）高宗纯皇帝实录（一三），中华书局1986年版，第338页。

〔2〕《清实录》（第12册）高宗纯皇帝实录（一三），中华书局1986年版，第760页。

〔3〕中国第一历史档案馆编：《乾隆朝上谕档》（第3册），档案出版社1991年版，第110页。乾隆有很多此类的哀叹，再举数例如下。乾隆说，官员贪污腐败之严重，"使朕竟无一可信之大臣"［中国第一历史档案馆编：《乾隆朝上谕档》（第5册），档案出版社1991年版，第57页］。又说，"吏治废弛，（贪污腐败的）积习牢不可破"［中国第一历史档案馆编：《乾隆朝上谕档》（第5册），档案出版社1991年版，第970页］。还说，官员"视侵冒官项为故常，竟无一洁己奉公、庸中佼佼者"［中国第一历史档案馆编：《乾隆朝上谕档》（第10册），档案出版社1991年版，第707页］。其余恕不一一列举。

〔4〕陈忠云：《超越不同形式政治制度的研究范式——制度的利益分析理论之魅力》，中国政法大学出版社2016年版，第11章参照。

〔5〕《清实录》（第9册）高宗纯皇帝实录（一三），中华书局1986年版，第290页。也可算是他们进化出更加投机取巧的大脑的一个佐证。

〔6〕中国第一历史档案馆编：《乾隆朝上谕档》（第14册），档案出版社1991年版，第212页。

〔7〕如，乾隆二十六年，发生"迹类疯狂"江西人李雍和潜递呈词案。当时护理江西巡抚印务（代理巡抚）汤聘，将自己在处理该案时的心情以及行为表现，都写在奏折中，"据称该犯逆词内第一条怨天，第二条怨孔子，第三条指斥乘舆（皇帝）……第三条上干君父，直称尔、汝，悖逆已极。臣不禁发指，通身汗下……臣伏思君父至尊，果有一字一句稍涉干犯，为臣子者莫不痛心疾首，顷刻难安"［上海书店出版社编：《清代文字狱档》（增订本），上海书店出版社2011年版，第491-492页］。该案直接涉及皇帝权力的问题，弄不好就祸及汤聘自身，他感到恐怖，因此"通身汗下"。他反复强烈要求要将疯人李雍和凌迟处死并枭示，以撇清与自身的关系。

现。皇帝要获取最大化利益，就必须要维持皇帝制度，而该制度无法对掌权者的行为进行有效制约，是滋生腐败的温床。也就是说，在这种制度之下产生的腐败与制度问题密切相关，是属于制度性腐败。制度性腐败的根源在于皇帝制度，在于皇帝欲千秋万代控制国家的欲望。在该制度之下的每一个官员，只要在某种程度上掌控着资源，那么在理论上他们都是贪官污吏。即使是清水衙门，与一般民众相比也有拉关系走后门的优越条件。在制度性政治腐败的前提之下，几乎任何官员，不查都是父母官，一查都是贪污犯。因为普遍发生政治腐败的现象，反腐败反无可反，所有的反贪制度都无法解决制度性政治腐败的问题。在腐败的政治制度之下，依靠腐败的皇帝、腐败的官员打击腐败，效果可想而知。所以，当统治者主张反腐斗争"从一个胜利走向另一个胜利"的时候，并不意味着该制度具有自我净化的能力，而是意味着该制度正在步步走向衰落、走向毁灭。

（三）权力压迫之下的反抗与群体性事件

如上所述，制度性政治腐败的主要特征是，在特定制度之下，不受有效制度制约的掌权者在控制资源时，必定以权谋私。在这种制度之下，皇帝控制一切，普天之下莫非王土、率土之滨莫非王臣。在人身依附的问题上，高级官员依附于皇帝，下级官员依附于上级官员。下级官员为了得到升迁，必须要讨好上级官员，而巴结上司最有效的物品就是钱财。同时官员们也追求自己的生活享受。这些都需要向民众勒索。但按照制度的利益分析理论，强者、弱者都是利益人，作为利益人的强者不择手段追求利益、损害民众的利益，作为利益人的弱者将必定感到不满、奋起反抗。

1. 权力对民众的压迫

如上所述，在皇帝制度之下，掌权者胡作非为的问题极为严重，他们的贪腐很多都是以牺牲民众的利益为代价。康熙十八年，康熙说"民生困苦已极，大臣长吏之家，日益富饶。民间情形虽未昭著，近因家无衣食、将子女入京贱鬻者不可胜数，非其明验乎。此皆地方官吏谄媚上官、苛派百姓，总督、巡抚、司道又转而馈送在京大臣。以天生有限之物力、民间易尽之脂膏，尽归贪吏私橐"[1]。他也提及基层干部勒索百姓的问题，"街道衙门蠹役诈索害民，又闻提督步兵衙门、五城司坊、街道巡捕营等衙门各官，不能洁己

---

〔1〕《清实录》（第4册）圣祖仁皇帝实录（一），中华书局1985年版，第1052页。

奉公恪遵法纪，纵容衙役朘削小民。或沿袭陋规、科敛行户，或借端挟诈、官役分肥，肆意横行"[1]。并且这些贪婪的官员往往以酷济贪，如太原知府赵凤诏，为了向民众索取更多，"专用酷刑、以济贪壑"[2]。康熙所提到的官员贪酷问题，可以从同时期民众的言论中得到印证。唐甄（1630-1704 年）在其著作中提到，"虐取者谁乎？天下之大害莫如贪……民之毒于贪吏者，无所逃于天地之间！是以数十年以来，富室空虚，中产沦亡，穷民无所为赖，妻去其夫，子离其父，常叹其生之不犬马若也"[3]。这些问题的存在，使民众处于极端贫困的状态[4]。这些资料所揭示的事实相互印证，可以确认康熙时代权力对民众压迫的严重性。

雍正"盛世"也是如此。"大城县知县李先枝贪婪成性，罔念民瘼。将地亩人丁，于额征之外加派私收，苦累小民"[5]。并且权力泛化，相关部门的一般工作人员也都利用自己的职业，以职谋私。"数省督抚藩臬，不能约束书吏者。其胥役人等狐假虎威，无恶不作，而督抚衙门为尤甚。其名有内外班之分，内班总管案件，外班传递信息。朋比作奸、种种吓诈、饱其贪壑。则改重为轻，拂其所欲……其中百弊丛生。舞文弄法之处，不可悉数"[6]。乾隆在评价雍正治政问题时说，由于贪官污吏太多，导致"民多不得自安其生业"[7]。

乾隆"盛世"同样如此。"直省州县衙门，经承之外，必有贴写。正役之外，每多白役。聚此数十辈无赖之徒，假托公务，横肆贪饕。其为小民扰累，何可胜言。故有讼狱尚未审结，而耗财于若辈之手，两造（原告、被告）已经

---

[1]《清实录》（第 4 册）圣祖仁皇帝实录（一），中华书局 1985 年版，第 1134 页。

[2]《清实录》（第 6 册）圣祖仁皇帝实录（二），中华书局 1986 年版，第 176 页。

[3]（清）唐甄：《潜书校释》，黄敦兵校释，岳麓书社 2011 年版，第 145 页。

[4] 并且民众处于极端贫困的状态是持续的，随着时间的推移也得不到改善，"清兴五十余年矣，四海之内日益困穷，农空、工空、市空、仕空，谷贱而艰于食，布帛贱而艰于衣，舟转市集而货折赀，居官者去官而无以为家，是四空也。金钱，所以通有无也，中产之家，尝旬月不觌一金、不见缗钱，无以通之，故农民冻馁，百货皆死，丰年如凶"[（清）唐甄：《潜书校释》，黄敦兵译，岳麓书社 2011 年版，第 154 页]。乾隆后来也回忆说："康熙年间，朕在冲龄时，即闻乳保（乳母、保姆）等有物价昂贵，度日艰难之语"[《清实录》（第 26 册）高宗纯皇帝实录（一三），中华书局 1986 年版，第 383 页]。

[5]《清实录》（第 7 册）世宗宪皇帝实录（一），中华书局 1985 年版，第 913 页。

[6]《清实录》（第 8 册）世宗宪皇帝实录（二），中华书局 1985 年版，第 230 页。

[7]《清实录》（第 9 册）高宗纯皇帝实录（一三），中华书局 1985 年版，第 338 页。

坐困者矣。额粮尚未收纳，而浮费于催征，中饱于蠹胥，已什去二三矣"[1]。该问题的普遍性，可以从当时民众的亲身体验中得到证实。艾家鉴参加乾隆四十五年的湖北省乡试，在试卷中他写了如下的内容，"无良书役不无蒙蔽之奸，惯图一已私欲，屡剥群黎膏髓。遇民讼不能秉公办理，惟索粪金多寡，阁论事体曲直；临官断未尔据实辄行，但视壑欲盈歉，颠倒案件是非"[2]。皇帝制度使所有的掌权者以及相关人员都不受有效的制度制约，上上下下皆贪酷。

　　2. 反抗与群体性事件

　　由于民众也是利益人，他们的利益在反复受到权贵的侵害时，必定奋起反抗。反抗的方式多种多样，其中一种是编造歌谣，"吴中民情素属浇漓浮动，性喜编造歌谣"[3]。还有一种方法是派发传单。当时，提督李勋上奏折给乾隆，提到新宁县民刘周祐等、控告书役舞弊，经府发县锁禁，致街民散帖罢布问题。刘周祐等欲通过法律渠道控告舞弊的官员，反而被抓捕。官府官官相护的做法引起民众的强烈不满，他们派发传单进行抗议。但乾隆看到此奏折后，十分愤怒，认为"此等投散匿名揭帖，纠众罢市，实属莠民刁悍之尤，为从来所仅见。非按律重惩，何以靖人心而肃法纪"[4]。乾隆无视缘由，认为民众反抗是"莠民刁悍之尤"，要进行严惩[5]。在贪官与人民的选择中，乾隆坚决地站在贪官一边。乾隆与官员的胡作非为，必然引起更大的反抗。

　　所以当时更常见的是暴力抗官。乾隆说，"顺治、康熙年间，督抚等犹沿明季陋习，于抗官拒捕之案，每多暗为消弭，归于不办"[6]。虽然被"暗为

---

〔1〕　中国第一历史档案馆编：《乾隆朝上谕档》（第1册），档案出版社1991年版，第83页。

〔2〕　上海书店出版社编：《清代文字狱案》，上海书店出版社2011年版，第282页。

〔3〕　《清实录》（第13册）高宗纯皇帝实录（一三），中华书局1986年版，第161页。

〔4〕　中国第一历史档案馆编：《乾隆朝上谕档》（第4册），档案出版社1991年版，第482页。

〔5〕　这种反抗是不间断地频繁发生。如在乾隆四十四年，乾隆向官员通报："谕曰：直隶井陉县劣生梁进文等，哄诱村人、敛钱聚众、抗官殴差一案，现经尚书公福隆安等覆审定拟，分别斩决枭示矣。今日郝硕奏查审江西乐安县有丐妇二十余人，击鼓闹堂。并有奸民董员仔、元九仔等二百余人，拥至县堂、掷石伤官、打毁衙署一案。前日国泰亦奏有，审办山东恩县聚众抗官之左都、马现等一案，俱将首犯立时正法，余俱分别斩决监候，均交三法司核拟速奏，不稍宽贷。一月之中，聚众抗官之案竟有三起"〔《清实录》（第22册）高宗纯皇帝实录（一三），中华书局1986年版，第499页〕。

〔6〕　《清实录》（第22册）高宗纯皇帝实录（一三），中华书局1986年版，第500页。

消弭"相当一部分，但还是可以查到康熙朝存在各种抗官事件[1]。而在乾隆朝，则存在大量的此类资料。乾隆十二年，乾隆说："福建则有罗日光抗租拒捕之案，山东则有张怀敬聚众殴差之案，江南则有王育英号召罢市之案。广东则有韦秀贞拒捕伤人之案。而莫甚于山西安邑、万泉，聚众抗官、守门索犯之肆为猖獗也。夫以普免钱粮，而民不以为恩。加赈厚恤，而民不生其感。偶或地方有司，办理稍不如意，取呼群咆哮，挟制官长……百姓目无官长，竟若官长去留，可操之其手"[2]。乾隆十三年，乾隆又强调相关的问题，"山西有万泉安邑之案。及河南、安徽、福建等省，或抢赈闹官，或邪匪勾结，往往聚众抗违，逞凶滋事……刁民缘此挟制官长，不但不知敬畏，一若地方官之去留，可操之由己"[3]。在两份资料中，乾隆都提及民众反抗问题的严重性的同时，还提及一个令人关注的事件，就是百姓要决定地方官员去留。其实，民众决定地方长官的去留，这正是政治制度发展的方向，乾隆十三年也就是公元 1748 年，西方在此时已经形成一种要求民主化的潮流。从制度的利益分析理论角度看，无论东方西方，弱者都是利益人，人同此心心同此理，在强者胡作非为的前提之下，弱者必定奋起反抗，他们追求公正、平等、自由等政治理念，设计相应的政治制度。我们从这些资料中，同样可以看出这种端倪。

（四）让所有人觊觎的皇位

皇帝制度规定国家千秋万代属于皇帝私有。但如果国家可以私有，那么人人对国家都有需求，都想占有国家。也正因为占有国家的巨大利益魅力，使人人变成希望成为皇帝的政治野心家，包括皇室成员。但国家巨大的价值，无论何人都无法付出相应的代价从市场中去获取，并且皇帝从来也不会把国家这个传家宝放到市场去出售。要想获得国家，只能通过暴力、阴谋诡计等手段。所以，个人或者集团私自占有国家，实际上是鼓励人们采用各种手段劫夺国家。在康雍乾三朝，该问题同样也是极为严重。在康熙朝，发生了包括雍亲王（雍正）在内的"九子夺嫡"事件。在成功登基之后，雍正则对这些野心家兄弟们一个一个进行清算，允禩、允禟等人都死得很悲惨。

---

[1]　蒋兆成、王日根：《康熙传》，人民出版社 2011 年版，第 319 页。
[2]　中国第一历史档案馆编：《乾隆朝上谕档》（第 2 册），档案出版社 1991 年版，第 179 页。
[3]　《清实录》（第 13 册）高宗纯皇帝实录（一三），中华书局 1986 年版，第 152 页。

民众也是利益人[1]。在鼓励政治野心的皇帝制度之下，觊觎皇位的大有人在。康熙时代的朱永祚"附从一念和尚，擅称大明天德年号"[2]，台湾朱一贵"冒称明朝后人，为首倡乱"[3]。乾隆朝魏王氏"假以开堂吃斋为名，其实广为招匪，潜藏逆志"[4]。何亚四"用锡块刻山河二字熨于（手上）……（并要）祭旗举事"[5]。蔡荣祖打造兵器准备建立"大宁国"[6]。农付摇、莫英、刘德辉等人"造劄（札）授官，图为不轨"[7]。上述这些人无一例外地被凌迟，但在皇帝制度之下贪官污吏遍地，并且国家私有使人人都是政治野心家，民众在对抗贪官污吏、寻找出路的过程中，强化了这种政治野心，很多人因为对抗贪官污吏，而发展为夺取国家的行动。因此，这种政治野心家是杀不完的（参照《挑战皇权者凌迟》一节）。

二、皇帝维持皇帝制度的策略

如上所述，在皇帝制度的制度性政治腐败之下，一方面是贪官污吏的剥夺导致民众反抗，另一方面是皇帝地位的巨大魅力，使人人都变成政治野心家。而贪官污吏越剥夺民众，民众的生活就越低下，皇帝的神仙般的生活对他们来说就越有魅力，就越想劫夺国家。这是政治利益一边倒皇帝制度的肌体之内所内含的恶性循环。但皇帝要千秋万代维持皇帝制度，必须控制官员及民众。

（一）控制官员的策略

皇帝制度使皇帝的最大化政治利益追求的欲望得到满足，但也给他带来两大忧患：一是官员贪污的普遍性以及贪污腐败可能引起民众造反的问题。二是不断出现挑战皇帝权威，甚至欲篡夺皇帝政权的人。

---

〔1〕 当时的学者唐甄认为，"人皆曰'我轻富贵，我安贫贱'，皆自欺也，即非自欺，不必其不动也。蔬食之士，不慕鼎肉，不能闻馨而不动于嗜；徒步之士，不慕高车，不能见乘而不感于劳。故夫不慕富贵者则有之矣，见富贵而不动者，吾未之见也……布与段同暖，菜与肉同饱，暖必段，为人也；饱必肉，从嗜也"〔（清）唐甄：《潜书校释》，黄敦兵校译，岳麓书社2011年版，第78页〕。
〔2〕《清实录》（第6册）圣祖仁皇帝实录（二），中华书局1985年版，第362页。
〔3〕《清实录》（第6册）圣祖仁皇帝实录（二），中华书局1985年版，第874页。
〔4〕《清实录》（第12册）高宗纯皇帝实录（一三），中华书局1986年版，第602页。
〔5〕《清实录》（第14册）高宗纯皇帝实录（六），中华书局1986年版，第581页。
〔6〕《清实录》（第14册）高宗纯皇帝实录（六），中华书局1986年版，第691页。
〔7〕《清实录》（第18册）高宗纯皇帝实录（一三），中华书局1986年版，第413页。

　　皇帝的两大忧患都根植于皇帝制度本身。但皇帝强大的欲望，使他不可能对皇帝制度进行改革，他只能灵活处理与这两大忧患相关的问题。皇帝为了长久维持自身的利益，固然希望所有官员不要贪腐，要全心全意为皇帝服务。但在皇帝制度之下，对皇帝没有任何刚性的制度进行制约，同样对官员也是如此。皇帝要求手握资源的官员不贪腐，这基本上是不可能的。如前所述，皇帝对该问题毫无办法。而对皇帝来说，还存在比反腐败更为紧迫的任务，也就是反篡夺权力，后者才是皇帝要全力以赴加以防止的问题。正如顺治朝宁完我在弹劾陈名夏时称，"臣痛思人臣贪酷犯科、国家癣疥之疾，不足忧也。惟怀奸结党，阴谋潜移，祸关宗社，患莫大焉"〔1〕。

　　在新老皇帝权力交替当中，如果存在复数皇子争夺皇位问题，对靠近权力中心的高官们来说，是极其麻烦的事，因为他们必须选边站队。一旦站错队就可能掉脑袋，但即使站对了也未必就有好下场。或者他们自认为新皇帝能够登基，他功劳莫大，忽略了在新皇帝面前应当摆出的哈巴狗姿态。这种在有意无意中被忽略的问题，极可能被认为是在挑战皇帝权力，而使他成为新皇帝树立威望时的牺牲品。年羹尧、隆科多就是这样的牺牲品，只不过皇帝在对他们进行打击时，往往顺便进行反腐败。这种选择性反腐给最高统治者的好处是一石二鸟，既可以名正言顺地消灭权力挑战者，又可以听到民众的赞美声音〔2〕，树立最高统治者的绝对权威。如雍正反年羹尧：大逆之罪五，欺罔之罪九，僭越之罪十六，狂悖之罪十三，贪黩之罪十八等共九十二条大罪〔3〕。又如雍正反隆科多："大不敬之罪五，欺罔之罪四，紊乱朝政之罪三，奸党之罪六，不法之罪七，贪婪之罪十六"〔4〕。这些都是因为年羹尧、隆科多欺君擅权的问题，但在清算权力挑战者的时候，也顺便进行反腐败，这是清朝反腐败的一个典型特征。而之前的康熙反鳌拜也是如此，"鳌拜欺朕专权、恣意妄为，文武各官尽出伊门下……今乃贪聚贿赂、奸党日甚，上违君父重托、下则残害生民。种种恶迹难以枚

----

〔1〕《清实录》（第 3 册）世祖章皇帝实录，中华书局 1985 年版，第 642-643 页。

〔2〕底层民众对贪官污吏是痛恨的，如前述的与唐甄、艾家鉴相关的资料。

〔3〕《清实录》（第 7 册）世宗宪皇帝实录（一），中华书局 1985 年版，第 568-571 页。

〔4〕《清实录》（第 7 册）世宗宪皇帝实录（一），中华书局 1985 年版，第 947 页。

举"〔1〕。鳌拜的罪状包括"贪聚贿赂",但最主要的是因为他欺君擅权,他在康熙面前对一些人随意怒叱喝骂,施威震众〔2〕、指桑骂槐,因此康熙再三指责他欺负"朕躬"。

皇帝要打击的权力竞争对手,每一个都是贪腐者,也可以从另外一个角度说明贪腐普遍性,以及不被抓捕的贪官有多少的问题。显然,皇帝并非不知道贪腐普遍性的问题,而只是思考是否打击、如何打击他们。皇帝为巩固权力,如何拿捏很关键,抓谁、怎么抓,有很大的艺术性。如果很认真地对付贪腐分子,全部把他们清除,行政系统就崩塌。但是围绕着维持政权、巩固政权这个中心,采用选择性反腐手段清除权力竞争对手,对皇帝来说是一种最佳策略。康熙抓捕鳌拜,雍正抓捕年羹尧、隆科多,以及后来的嘉庆抓和珅,几乎都是这种模式。

(二) 控制民众的策略

统治者的政治利益追求过于完美。不但要独占国家,而且要亿万年维持这种私占状态。这种强大的欲望建立在损害民众利益的基础之上,因此必定遭到民众的反抗。他们便按"制治未乱、保邦未危"〔3〕等的原则制定维持方案,采用各种办法彻底控制民众。其手段包括以狡济贪的愚民术、以酷济贪的凌迟政治。

1. 以狡济贪的愚民术

实施愚民术的目的是为了禁锢人们的思想,以千秋万代维持自己的统治。其具体手段繁多,本文着重介绍关于信息方面的内容,一是对已经存在的各种信息,皇帝按照巩固政权、操纵民众的需要决定拦阻什么信息、提供什么信息;二是制造、传播虚假的信息等。

一是对已经存在的各种信息,皇帝按照巩固政权、操纵民众的需要决定拦阻什么信息、提供什么信息。在康雍乾时期,大量的书籍成为禁书〔4〕。在乾隆朝,乾隆为编撰《四库全书》向全国进行征书时下令,"明季末,造野史者甚多……必有抵触本朝之语。正当及此一番查办,尽行销毁,杜遏邪言,

---

〔1〕 《清实录》(第4册) 圣祖仁皇帝实录 (一),中华书局1985年版,第396页。
〔2〕 《清实录》(第4册) 圣祖仁皇帝实录 (一),中华书局1985年版,第396页。
〔3〕 《清实录》(第6册) 圣祖仁皇帝实录 (二),中华书局1985年版,第536页。
〔4〕 参照王彬主编:《清代禁书总述》,中国书店1999年版。

以正人心而厚风俗"[1]。他要官员们对一切不利于清朝的书籍尽数烧毁。因为屡屡发生文字狱的问题,民众极为惊恐,他们自动对自己的藏书,不论是否是禁书,全部焚毁[2]。对焚毁之余而被征集上来的书籍的处理,乾隆鼓励负责编辑《四库全书》的官员进行大胆删减,"谬于是非,大义在所必删",并且要"务须详慎决择,使群言悉归雅正"[3]。按照强者的目的塑造国家的历史,以天使的形象掩盖他们无比凶残的罪恶历史。这样做的目的是为了重新进行思想布局以永远维持统治。编辑《四库全书》的目的就是如此,乾隆说"予蒐四库之书,非徒博右文之名,盖如张子所云,'为天地立心,为生民立道,为往圣继绝学,为万世开太平'"[4]。他明确告诉人们他是为了千秋万代控制中国而进行思想布局。历朝历代如此,新与旧的统治者皆如此。显然,乾隆在深思熟虑之后,决定对什么信息加以拦阻、什么信息进行提供,并在此基础上实施禁书、删书、编书等政策。

皇帝按照巩固政权的需要向民众提供特定的信息,还包括以孝劝忠、树立典型榜样等,他们教导民众孝与忠。康熙反复强调孝治,他说,"朕惟帝王抚有四海,必首隆孝治,以端教化之源"[5]。强调孝治的目的当然是劝忠,因为"忠孝皆出一理"[6]。雍正同样强调忠孝,他认为要使人人知道"彝伦天则之为重,忠孝廉节之宜敦"[7]。乾隆说得更为直白,他承认之所以反复强调孝治,是因为"自古求忠臣必于孝子之门,未有不能尽孝而能尽忠者"[8]。他们还树立典型榜样引导人们的行为。统治者深知榜样的力量,认为通过榜样可以引导大批官员、民众。如康熙二十年,康熙亲自把官员于成龙树立为毫不利己专门利人的学习好榜样,赞扬他是"清官第一"[9],并"亲制诗一

---

〔1〕《清实录》(第 20 册) 高宗纯皇帝实录 (一三),中华书局 1986 年版,第 1084 页。

〔2〕参照谢国桢:《明末清初的学风》,上海书店出版社 2006 年版,第 43 页;张杰:"《四库全书》与文字狱",载《清史研究》1997 年第 1 期。

〔3〕中国第一历史档案馆编:《乾隆朝上谕档》(第 8 册),档案出版社 1991 年版,第 91 页。

〔4〕中国第一历史档案馆编:《纂修四库全书档案》(下册),上海古籍出版社 1997 年版,第 2721 页。

〔5〕《清实录》(第 4 册) 圣祖仁皇帝实录 (一),中华书局 1985 年版,第 246 页。

〔6〕《清实录》(第 5 册) 圣祖仁皇帝实录 (二),中华书局 1985 年版,第 13 页。

〔7〕《清实录》(第 7 册) 世宗宪皇帝实录 (一),中华书局 1985 年版,第 100 页。

〔8〕《清实录》(第 9 册) 高宗纯皇帝实录 (一三),中华书局 1985 年版,第 572 页。

〔9〕《清实录》(第 4 册) 圣祖仁皇帝实录 (一),中华书局 1985 年版,第 1189 页。

章、嘉其廉能"[1]。雍正二年，雍正建造了纪念开国功臣的纪念堂昭忠寺，雍正八年又建造纪念忠君臣子的纪念堂贤良祠等。在春秋的天高云淡、开花结果时节，举行大型纪念活动，组织人们参观学习，交流忠君的经验[2]。通过这些榜样的引导，达到朵朵葵花向太阳、人民心向圣皇帝的目的。

二是制造、传播虚假的信息。统治者通过提供虚假的信息对人们的思想与行为进行控制。他们强调皇帝与众不同的身世与能力，制造皇帝英明伟大的形象，为树立其威权奠定基础。如在顺治的神功圣德碑中有如下内容，"皇考（顺治）未诞之先，太皇太后尝有红光绕身。女侍惊以为火，近则不见，众皆大异之。又梦异人授一子曰，此统一天下之主也。次日皇考诞生，宫内红光照耀，香气弥漫经久不散。皇考生而神灵，英异非常。六龄读书，不假师资，一目数行俱下"[3]，不愧是一个神人。他们强调清朝的军队是战无不胜的爱民之师，在顺治的神功圣德碑中还有如下内容，"是时流寇肆逆、明祚已终。国亡君殉、万姓无归。爰整六师、一战而破百万之强寇……靖寇救民、王师南下……治本爱民，出师则严纪律、毋敢杀掠百姓"[4]。如果只看他们所写的这些资料，清朝皇帝当之无愧是中国人民的大救星。但这是胜利者单方面伪造的历史，从制度的利益分析理论角度看可信度不高。实际上，中国历史上每一个朝代的统治者，在暴力夺取政权的过程中都极为残暴，清朝统治者不可能例外。清军在占领扬州的过程中，"杀声逼至，刀环响处，怆呼乱

---

〔1〕《清实录》（第4册）圣祖仁皇帝实录（一），中华书局1985年版，第1191页。

根据利益人假设，利益人包括于成龙在内的所有政治领域行为者。在制度性政治腐败、官员普遍以权谋私的情况之下，突然出现一两个人被认为是拒绝贪腐的人，只能认为他具有过人的心机，并具有更高的追逐政治利益目标以及更多的机遇与手段。如康熙问于成龙，"闻尔昔在黄州，土寇啸聚（民众起义），尔往招之，即时投顺解散。何以致之？于成龙奏曰：此皆藉皇上威德，臣有何能"〔《清实录》（第4册）圣祖仁皇帝实录（一），中华书局1985年版，第1189页〕。为守卫皇帝制度冲锋陷阵，并把一切归功于皇帝，这就是于成龙为达到其目标的过人心机。后来康熙听说于并不廉洁，"闻（于成龙）居官不及前，变更素行。至病故后，始知其居官廉洁"〔《清实录》（第5册）圣祖仁皇帝实录（二），中华书局1985年版，第206页〕。康熙说"至病故后，始知其居官廉洁"，主要是指于成龙死后没有留下遗产。据说于成龙病故后的遗产，只有"惟笥中绨袍一袭、床头盐豉数器而已"〔（清）赵尔巽等撰：《清史稿》（第33册），中华书局1977年版，第10086页〕，穷比乞丐。但实际上，于成龙是高级官员，工资不低，为何要过这种乞丐般的生活？钱都藏到何处去了？清朝官员高明的转移财产、伪装等手段，不亚于当代，能够根据其穷比乞丐的表面现象，断定他是清官吗？

〔2〕《清实录》（第8册）世宗宪皇帝实录（二），中华书局1985年版，第286—287页。

〔3〕《清实录》（第4册）圣祖仁皇帝实录（一），中华书局1985年版，第345页。

〔4〕《清实录》（第4册）圣祖仁皇帝实录（一），中华书局1985年版，第345页。

起，齐声乞命者或数十人或百余人。遇一卒至，南人不论多寡，皆垂首匍匐，引颈受刃，无一敢逃者。至于纷纷子女，百口交啼，哀鸣动地，更无论矣。日向午，杀掠愈甚，积尸愈多，耳所难闻，目不忍睹"[1]，这是《扬州十日记》中所记述的内容。《扬州十日记》的作者王秀楚是该事件的亲历者、幸存者。从制度的利益分析理论的脉络看，这些资料毫无疑问是事实。国家私有导致在夺取国家的过程中，没有任何规则制约人们的行为，争夺者为了达到目的，任何残暴的手段都可能存在，因为即使国家成为焦土、民众被灭绝，对胜利者来说，也是巨大的利益。但是他们一旦夺取了政权之后，就往往开始对自己进行乔装打扮，把滥杀无辜的恶魔般军队说成是爱民之师。

制造、传播虚假的信息，还包括统治者通过音乐演唱、舞蹈表演等娱乐宣传的方法，形象化地把皇帝塑造或传播正能量的救世主。关于这方面内容，乾隆五十八年（公元1793年）来到中国的英国使团成员为我们提供了第一手资料。清朝皇帝的生日总是国家最盛大的节日，乾隆五十八年八月十三日（公元1793年9月17日）是乾隆82岁的寿辰，这前后许多细节化的庆贺节目安排的寓意值得玩味。生日三天前，乾隆接见从全世界不远万里来到中国给他拜寿的各国使臣。那一天早晨，东方红太阳升，太阳刚刚升起来的时候，乾隆就与太阳一起来到人间[2]。这时，一队侍卫走在前面，"一路高声赞美皇帝的圣德与功业"[3]。生日当天早晨，官员、使节等众人被带到一处宫殿，开始了拜寿仪式。"在奏乐的同时，一排太监用缓慢严肃的声调朗诵赞美皇帝的圣德的诗歌"[4]，在音乐的背景之下，太监们[5]用特殊优雅的声音歌颂红太阳乾隆。全体祝寿人员听从指挥人员指挥，朝着某个方向三跪九叩，举行了拜寿大礼[6]，他们五体投地地崇拜伟大的领袖、英明的舵手。而作为接

---

〔1〕　中国历史研究社编：《扬州十日记》，上海书店出版社1982年版，第236页。

〔2〕　"太阳刚刚出来，从远处传来音乐声和人的呐喊声，说明皇帝快要驾到了。不久之后，皇帝从一个周围有树耸立的高山背后，好似一个神圣森严的丛林中出来"（［英］斯当东：《英使谒见乾隆纪实》，叶笃义译，群言出版社2014年版，第409页）。

〔3〕　［英］斯当东：《英使谒见乾隆纪实》，叶笃义译，群言出版社2014年版，第409页。

〔4〕　［英］斯当东：《英使谒见乾隆纪实》，叶笃义译，群言出版社2014年版，第424页。

〔5〕　太监是个特殊的人群，他们依附于权贵，精通于拍马屁术，不但肉躯被皇帝残忍地阉割，而且思想也被残忍地阉割。笔者极为同情他们，但又怒其不争，你可以站着饿死，但不能自愿地让皇帝阉割你的肉躯与思想。

〔6〕　［英］斯当东：《英使谒见乾隆纪实》，叶笃义译，群言出版社2014年版，第424页。

受众人三跪九叩大礼的乾隆本人，"则如天神一样，自始至终没有露面"〔1〕。为何不露面？或者担心安保措施不严密，一支飞镖可能迎面而来？或者为了显示其神出鬼没统治人民的艺术，此时这位"天神"正隐藏在天空的某一朵云彩中？但之后有一个给他壮胆的节目，他又露面了。在生日庆典的第一天，乾隆举行盛大的阅兵式，声势浩大足以让所有敌人闻风丧胆，"参加的有八万名军人，一万二千名官员"〔2〕。军人参演的规模，据说可比拟当代任何一个国家的大型阅兵式。这是皇帝向可能暗藏飞镖民众的一种示威，他警告，我是战无不胜的，任何人敢于挑战皇权都将是螳臂挡车、粉身碎骨。

在生日庆典的各种安排中，还包括大型音乐演唱、歌舞表演专场，在歌声、舞蹈中赞颂乾隆伟大、光荣的英雄事迹。音乐演唱歌词的大意是，"众民俯伏在地，向伟大（领袖）乾隆跪拜，伟大（领袖）乾隆（万寿无疆）"〔3〕。在进行舞蹈表演时，舞台上有几百个服装统一的表演者，"表演者身上一律穿着橄榄色制服，载歌载舞，随时更换队形并借助不同颜色的灯笼做出中国字来歌颂皇帝圣德"〔4〕。通过一系列的宣传活动，对皇帝进行政治包装，宣示其尊严和伟大。其实，统治者此类的政治包装术，在三千多年前的中国就已经非常发达〔5〕，三千年后乾隆再搞这些愚民术，只能证明他走回头路，并预示着中国人民将面临着重重灾难。即使乾隆与太监们热衷于这种小聪明的把戏，也没有让人看好他的统治，英国使团特使马戛尔尼（1737-1806年）在仔细观察当时中国的掌权者胡作非为问题以及人民的痛苦生活之后说，"在我本人去世之前天朝已经崩溃并不意外"〔6〕。而马戛尔尼是在1806年过世的。

制造、传播虚假信息又包括制造、传播康雍乾时期是盛世的谣言，并且是皇帝本人亲自出马进行制造、传播。雍正说，"况我朝奉天承运，大一统太

〔1〕［英］斯当东：《英使谒见乾隆纪实》，叶笃义译，群言出版社2014年版，第424页。
〔2〕［英］斯当东：《英使谒见乾隆纪实》，叶笃义译，群言出版社2014年版，第426页。
〔3〕［英］乔治·马戛尔尼、约翰·巴罗：《马戛尔尼使团使华观感》，何高济、何毓宁译，商务印书馆2013年版，第228页。括号中的"万寿无疆"等是笔者加上的。在特定场合，臣民见到皇帝时往往三呼万岁，而在庆贺皇帝生日时理应有"万寿无疆"一词。
〔4〕［英］斯当东：《英使谒见乾隆纪实》，叶笃义译，群言出版社2014年版，第427页。
〔5〕陈忠云：《超越不同形式政治制度的研究范式——制度的利益分析理论之魅力》，中国政法大学出版社2016年版，第4章参照。
〔6〕［英］乔治·马戛尔尼、约翰·巴罗：《马戛尔尼使团使华观感》，何高济、何毓宁译，商务印书馆2013年版，第27页。

平盛世"〔1〕。乾隆在惩罚盗贼之后，告诉民众要"互相诫勉，毋致再蹈刑章。共为盛世良民，岂非美事"〔2〕。如前述，在制度的利益分析理论之下，皇帝制度将产生制度性政治腐败的问题，不可能存在所谓的盛世。雍正的对盛世的认识是与大一统联系在一起，但大一统本身并不能成为盛世的标志，如果像秦始皇那样把国家占为己有的大一统，反而是"属于他的地盘越大，越多的民众陷入苦海"〔3〕，清朝不例外。而存在大量盗贼的国家，说明民众生活极为贫困，更不能称之为盛世。即使在长期战争结束之后处于一种相对和平状态，在某种程度上经济可以发展，人口可以增加，但不能说就因此步入盛世时代，因为人们依然没有摆脱皇帝制度。在这种制度之下，皇帝把国家占为己有，官员们无官不贪，又为了便于贪腐，他们以酷济贪，控制民众的手段极端恐怖，人民生活极端贫困、痛苦，天灾人祸导致哀鸿遍野，这能称为盛世吗？但统治者下圣旨说这就是盛世，是莺歌燕舞的盛世。而学者们探讨这段政治历史的时候，往往直接把皇帝们的圣旨作为重大的研究课题，他们在研究中所有的问题意识，就是如何证明这种盛世观点的伟大性、正确性。并皓首穷经地去寻找各种资料、采用各种研究方法进行论证。总而言之，不少学者为论证英明领袖的正确判断，发挥了超乎寻常的想象力，并因此衍生了大量学术，或者通俗的作品。

2. 惨绝人寰的凌迟政治

清朝第一贪污犯和珅贪污了大量财产，但毕竟是有限量。而皇帝千秋万代私占国家的欲望如果说也是一种贪，这是无限的量。独占国家，这本身就是制度性政治腐败的根源之一，独占的利益越大，统治者就越想不择手段地维持这种独占的状态，因此建立了凌迟制度。《大清律例》规定："凡谋反及大逆，共谋者不分首从，皆凌迟处死。祖父、父、子孙、兄弟及同居之人，不分异姓及伯叔兄弟之子，不限籍之同异，男年十六以上，不论笃疾、废疾，皆斩。男十五以下及母女、妻妾、姐妹、若子之妻妾，给付功臣之家为奴，财产入官"〔4〕。所谓的凌迟就是活体割肉，千刀万剐，被凌迟者"被迫眼看

---

〔1〕 《清实录》（第 8 册）世宗宪皇帝实录（二），中华书局 1985 年版，第 150 页。

〔2〕 中国第一历史档案馆编：《乾隆朝上谕档》（第 14 册），档案出版社 1991 年版，第 962 页。

〔3〕 陈忠云：《超越不同形式政治制度的研究范式——制度的利益分析理论之魅力》，中国政法大学出版社 2016 年版，第 117 页。

〔4〕 田涛、邓秦点校：《大清律例》，法律出版社 1999 年版，第 365 页。

着自己被肢解"[1]、被迫眼看着自己的躯体变成一片一片的碎肉。并且为了让被凌迟者处于清醒的状态来承受这种痛苦，十刀一歇一吆喝。皇帝指责官员以酷济贪，但贪官以酷济贪的榜样是谁一目了然。凌迟的对象主要有如下几种人，挑战皇权者、殴打父母致死者、说三道四者。

挑战皇权者凌迟。直接挑战皇帝权力的人，被视为大逆不道。"凡谋反及大逆，共谋者不分首从，皆凌迟处死"。在康熙十二年（公元1673年），与发生"三藩之乱"相关的众多将领被凌迟，后来白莲教的朱复业等人亦以谋反罪加以凌迟。雍正朝聚众伤官的谢录正以及前述的乾隆时代何亚四、农付摇、魏王氏等均被凌迟。

殴打父母致死者凌迟。殴打母亲致死的彭泽县民吴华国，被凌迟处死，在场的兄弟吴思民、吴英奇、吴山岳、吴湖杰等人皆被斩决[2]。统治者将殴打父母致死者凌迟，不是为了维持父母的权威，而是为了维护皇帝的权威，他们强调以孝劝忠、"求忠臣于孝子之门"。

说三道四者凌迟。清代文字狱问题极为严重，如康熙朝的戴名世案、雍正朝的查嗣庭案等。与清代文字狱相关的作品汗牛充栋，在此不再做具体阐述。但选择乾隆时代的两个疯人因说三道四而被凌迟的案例，对当时政治是如何疯狂的问题进行说明。一例是丁文彬案。成为皇帝就可以私占国家，巨大的利益使人人都想成为皇帝。不但一般人想，连精神不正常的人也想，或者一些正常人因为想成为皇帝而中邪变成精神不正常，其中一人是丁文彬。乾隆十八年（公元1753年），三十八岁的丁文彬撰写了《文武记》《洪范春秋》等著作，但他想成为天子想疯了，在自己的著作中把"丁子曰"挖补为"天子、帝王曰"等一些疯言疯语的内容，结果被定为谋反谋大逆罪[3]。他在监狱中反复受到严刑拷打之后，处于濒临死亡的状态。乾隆得到他濒临死亡的消息之后，下令要赶在他死亡之前予以凌迟[4]。在乾隆看来，不但拉起

---

〔1〕 ［意］利玛窦、［比］金尼阁：《利玛窦中国札记》，向高济、王遵仲、李申译，广西师范大学出版社2001年版，第309页。

〔2〕 中国第一历史档案馆编：《乾隆朝上谕档》（第4册），档案出版社1991年版，第19页。

〔3〕 上海书店出版社编：《清代文字狱档》，上海书店出版社2011年版，第11页。

〔4〕 乾隆命令："此等大逆之犯，岂可使其逃于显戮。法司即速行办理，约计部文到东省时，亦必须旬余。著传谕杨应琚，酌看该犯现在光景，若尚可等待部文，则候部文正法。如恐不及待，即照所拟、先行凌迟示众。勿任瘐毙狱中，致奸慝罔知惩戒也"［《清实录》（第14册）高宗纯皇帝实录（六），中华书局1986年版，第733页]。

武装争夺皇位的人要凌迟，精神病人发病时的胡乱行为如果涉及皇位的内容，也是属于十恶不赦之罪，也要进行凌迟。另一例是王作梁案。乾隆四十年（公元 1775 年），粗通文墨的南昌人王作梁因疯病而写了几封信，内容不知所云，但在信封的背面写上"坤治元年"[1]的年号。在乾隆看来，该疯人有改朝换代的打算。被抓捕审讯之后，江西巡抚海成虽也确认他"疯邪无疑"，但乾隆下令将他凌迟[2]。将疯人凌迟，可以认为这是史上最邪恶、最疯狂的时代之一。而此时的英国，议会已经获得至高无上的权力，美国也马上进入国家独立时代，制宪之幕即将开启。

其实，因为这些愚民术与凌迟等极端手段的存在，就可以对该制度的问题进行逆向思考。如果是真正的盛世，民众很支持这种制度，任何狡猾与残暴的手段都没有必要存在。如果除了欺骗与暴力之外，没有其他能够有效地和平维持国家的手段，那么可以从某个侧面证明其只是一个邪恶、黑暗的社会。所以，如果将盛世简单地定义为民富国强，那么存在高度的制度性政治腐败问题的康雍乾时期，不可能是盛世，甚至与此相距十万八千里。

三、第三只眼看"盛世"的野蛮政治

为了证明制度的利益分析理论推理分析的正确性，也为了让读者加深对康雍乾时期不可能是盛世的认识，再从另一角度列举事实进行说明。如前述，在乾隆五十八年（公元 1793 年），英国为了与中国贸易商讨，借助给乾隆拜寿的机会，派出使团来到中国。使团成员对当时中国社会的政治情况、经济情况等进行细致观察，留下了大量资料。已经翻译出版的主要有《马戛尔尼使团使华观感》《英使谒见乾隆纪实》等[3]，这些资料是观察当时政治问题的又一个窗口，可以从掌权者与非掌权者的两个角度进行阐述。

在掌权者方面，首先要提到的是皇帝。这些外国人对相关信息十分灵通，

---

〔1〕　中国第一历史档案馆编：《乾隆朝上谕档》（第 7 册），档案出版社 1991 年版，第 85 页。

〔2〕　《清实录》（第 21 册）高宗纯皇帝实录（一三），中华书局 1986 年版，第 153 页。这是一种典型的反人类罪，将来必定会有一种说法。

〔3〕　［英］乔治·马戛尔尼、约翰·巴罗：《马戛尔尼使团使华观感》，何高济、何毓宁译，商务印书馆 2013 年版；［英］斯当东：《英使谒见乾隆纪实》，叶笃义译，群言出版社 2014 年版。

他们认为，"在中国，皇帝的权益是摆在第一位的"[1]。"中国政治制度上没有代议性质的机构来帮助限制或者监督皇权……（他们）尽量消费金钱来追求享受，他们吸去国家的主要收入"[2]。口口声声为国家谋前途、为人民谋幸福[3]的乾隆大帝，却耗费人民巨额的血税，为他个人开生日庆典，并且利用生日庆典的机会，享受自己处于世界巅峰的曼妙感觉，让世界人民派代表来，在他脚下三跪九叩。当然，皇帝也给跪在他脚下的外国人以丰厚的奖赏作为回报。这是皇帝享受外国人三跪九叩的代价，不过这种代价都转嫁到民众的头上。而皇帝经常要从北京去承德度假，为了让他们旅途舒适、愉快，专门修建一条二百多公里的宽敞御道。这条御道属于皇帝专享，平时也需要民众不断地去保养[4]。乾隆此次的生日庆典也是在承德召开。这些消息灵通的外国人甚至知道，紫禁城、中南海等"小天地，不知道耗费了多少万人的劳力，最后用来供一人的享乐"[5]。

因为包括皇帝在内的掌权者为所欲为、胡作非为的问题，导致民众经常性地奋起反抗。因此，外国使团人员还想了解皇帝是如何控制民众的问题，他们了解到皇帝控制民众的手段极为残暴，或者凌迟，对活人进行千刀万剐；或者大卸八块，对活人进行两次的四裂肢解；或者绞死，受刑者被九次吊起又放下，九次收紧绞索又松开[6]。由于这些极端残暴的刑罚，统治者得以能够对民众进行"完全控制，而且按照他的思维塑造百姓的形象"[7]。但这些皇帝却不敢公开在民众面前露面，或许因为他们"意识到自己犯下暴行，或

---

〔1〕 ［英］斯当东：《英使谒见乾隆纪实》，叶笃义译，群言出版社 2014 年版，第 547 页。马戛尔尼也说"在中国，皇帝的利益始终是头等大事，违反他的旨令，任何人的财产都是不安全的。例如犯罪，财产必定被没收"（［英］乔治·马戛尔尼、约翰·巴罗：《马戛尔尼使团使华观感》，何高济、何毓宁译，商务印书馆 2013 年版，第 31 页）。

〔2〕 ［英］斯当东：《英使谒见乾隆纪实》，叶笃义译，群言出版社 2014 年版，第 364 页。

〔3〕 清朝皇帝有很多此类的言论，其中经常可以看到的"惠元元"一词，就是其中之一。

〔4〕 与御道平行的还有一条大路，是专供跟随皇帝的大官们使用的官道。特使等使团成员被允许走这条官道。其他所有人都不允许利用皇帝、大官专享的道路，只能在这两条大道以外，各自寻找自己的田间小路（［英］斯当东：《英使谒见乾隆纪实》，叶笃义译，群言出版社 2014 年版，第 436 页）。

〔5〕 ［英］斯当东：《英使谒见乾隆纪实》，叶笃义译，群言出版社 2014 年版，第 448 页。

〔6〕 ［英］乔治·马戛尔尼、约翰·巴罗：《马戛尔尼使团使华观感》，何高济、何毓宁译，商务印书馆 2013 年版，第 29-30 页。

〔7〕 ［英］乔治·马戛尔尼、约翰·巴罗：《马戛尔尼使团使华观感》，何高济、何毓宁译，商务印书馆 2013 年版，第 333 页。

者因实施暴政……（担心有人）突然暗中刺杀他。总而言之，中国皇帝极少公开露面、仅保留崇高身影的做法，看来是建立在极不相同的一种自我保护策略上"[1]。显然，对暴君来说，这种策略是高明的。

在掌权者方面，其次要提到的是官员问题。由于皇帝控制着国家的一切，他们总是追求完美的个人利益。而官员们总是想方设法让皇帝感到完美，一切围绕着这种目标安排工作。官员告诉使团成员，"所有礼物都集中安放在大殿的一边"，这样"皇帝就可以从御座一望无垠，就没有两边回头的麻烦了"[2]。他们要为皇帝提供最完美的服务，并且是一步到位，避免让皇帝承受"两边回头的麻烦"。因为皇帝如果不满意，灾难可能随时降临到这些人的头上[3]。

皇帝可以在任何时候责难官员，但是官员也可以在任何时候责难人民。所以，官员们对上是一副哈巴狗的嘴脸，坚决地、超额地完成上级交给的任务，但他们对民众则是一副凶神恶煞的嘴脸，不管人民的死活，并使用残暴的手段控制他们。"在中国旅行期间，我们难得一天看不到打板子"[4]。因为英国使团要走海路到天津，船长需要向导，在舟山停泊时，舟山长官命令士兵抓人，他们随机抓了一群百姓。这些"极可怜的人，他们被押进大堂，跪下诉说他们的经历……（又抓了两个人，他们）跪着乞求放掉他们。他们的哀求没有效果"[5]。这些"可怜人的眼泪和哀求只有使他（舟山长官）更加得意"[6]。在弱者面前，这些官员越蛮横、越霸道，自我感觉越伟大、越权威。在场的外国人看到这一幕幕悲哀的情景，他们为"可怜的"中国人抱不平，认为"长官的专横态度说明其政府无公道、仁义可言，更谈不

〔1〕　[英]乔治·马戛尔尼、约翰·巴罗：《马戛尔尼使团使华观感》，何高济、何毓宁译，商务印书馆2013年版，第334页。

〔2〕　[英]斯当东：《英使谒见乾隆纪实》，叶笃义译，群言出版社2014年版，第456页。

〔3〕　本书第8章《戊戌变法失败原因的研究》中《慈禧未进行充分授权的原因》一节参照。其中有这样的一句话："慈禧的眼睛就是遥控器，其他人都是为她服务的'机器人'，这些'机器人'必须为慈禧提供最周到的服务"。

〔4〕　[英]乔治·马戛尔尼、约翰·马戛尔尼、巴罗：《马戛尔尼使团使华观感》，何高济、何毓宁译，商务印书馆2013年版，第344页。

〔5〕　[英]乔治·马戛尔尼、约翰·巴罗：《马戛尔尼使团使华观感》，何高济、何毓宁译，商务印书馆2013年版，第146页。

〔6〕　[英]乔治·马戛尔尼、约翰·巴罗：《马戛尔尼使团使华观感》，何高济、何毓宁译，商务印书馆2013年版，第147页。

到对百姓应有的保护。除专制政府外，任何国家都不允许（如此）违法和强暴"[1]。

外国使团也知道中国官场极为腐败的问题。打官司的人往往向法官赠送厚礼，据乔人杰[2]说，"赠礼和收礼是他们的礼节，而且成为惯例不需担心出问题。（乔）倾向于赞成中国的风俗，不在意由此必然产生的恶果……（这些）法官戴上双重面具，哪怕收了贿赂，照样宣称本人廉洁"[3]。官场上还存在层层控制的问题。"政府各级部门都是一套下级绝对服从上级的体制。从第一品到第九品的政府官，都以父权为基础按己意当场对人施以杖刑"[4]。"一名官员趴在地上，等待比他只高一级的官员下令打板子……（其目的是）真正做到下级完全服从上级，结果自然是人人都具有奴性"[5]。

在非掌权者方面，可以从民众在权力压迫下的惨状看问题，包括直接遭受官员欺压、极端贫困、人性麻木等。

一是直接遭受官员欺压。"中国完全被鞭子和板子统治"[6]。"在这种制度下，（百姓）人人都沦为奴隶。只要最小官一点头，人人都得挨竹板，而且挨了打还得被迫亲吻打他的板子，跪下感谢暴君纠正他的过失……（这种控

---

〔1〕［英］乔治·马戛尔尼、约翰·巴罗：《马戛尔尼使团使华观感》，何高济、何毓宁译，商务印书馆2013年版，第147页。

〔2〕朝廷派遣陪同使团的官员。

〔3〕［英］乔治·马戛尔尼、约翰·巴罗：《马戛尔尼使团使华观感》，何高济、何毓宁译，商务印书馆2013年版，第28—29页。作者还说，"另一个有更多条件理解情况的人，毫不迟疑向我透露，众所皆知，在他们法庭上金钱万能，钱多的总是有理。而及时送礼行贿在其他各部也奏效……拒绝接受被诉讼人认为是明显的敌对表示。东方人的这个恶习带有普遍性，我以为，这是他们腐败和衰亡的主要原因"（［英］乔治·马戛尔尼、约翰·巴罗：《马戛尔尼使团使华观感》，何高济、何毓宁译，商务印书馆2013年版，第29页）。朝鲜李朝使臣回国报告乾隆朝官员腐败的情形："大抵为官长者，廉耻都丧，货利是趋。知县厚馈知府，知府善事权要，上下相蒙，曲加庇护。故恣行不法之事"（吴晗辑：《朝鲜李朝实录中的中国史料》第11册，中华书局1980年版，第4810页）。

〔4〕［英］乔治·马戛尔尼、约翰·巴罗：《马戛尔尼使团使华观感》，何高济、何毓宁译，商务印书馆2013年版，第343页。

〔5〕［英］乔治·马戛尔尼、约翰·巴罗：《马戛尔尼使团使华观感》，何高济、何毓宁译，商务印书馆2013年版，第344页。

〔6〕［英］乔治·马戛尔尼、约翰·巴罗：《马戛尔尼使团使华观感》，何高济、何毓宁译，商务印书馆2013年版，第349页。打板子，"在欧洲人看来是一件非常耻辱的事"（［英］斯当东：《英使谒见乾隆纪实》，叶笃义译，群言出版社2014年版，第544页）。

制法术足以）抹杀、消除人性的一切尊严"〔1〕。并且，官员除了可以在百姓的屁股上施加"板刑"之外，也可以随时随意采用暴力手段驱赶民众参加义务劳动，"每遇逆风或逆流需要曳船前进，一些人就被征用去拉纤……（半夜里）官员派士兵到附近村子去，突然抓捕居民，强迫他们从床上起来去拉纤。每天晚上总有几个可怜人只因打算逃跑，或者申诉年老多病乞免，遭到士兵的鞭笞。看见这些人的悲惨处境，真令人心痛。好些半光着身子的人，看上去缺乏营养，疲劳衰弱不堪。但随船拉纤绝非轻活，有时他们必须趟过泥泞地，有时要游过港湾，接着就赤身暴露在烈日下。一名士兵或小监督官手拿粗重的鞭子一直驱赶、毫不留情地鞭打他们，好像他们是一群马"〔2〕。

百姓憎恨官吏，他们害怕"官吏任意处罚、迫害和凌辱他们"〔3〕。所以，"中国老百姓外表非常拘谨，这是他们长期处在铁的政权统治之下自然产生出来的"，他们见了官就手足无措〔4〕。虐待民众，同样是制度性政治腐败的一种表现。并且，"在中国，穷而无告的人处在官吏的淫威之下，他们没有任何诉苦申冤的机会"〔5〕。

二是极端贫困。人们对乾隆朝魏来朋所描述卖儿卖女的《鬻子行》一首诗很熟悉，该诗所描述的在所谓盛世之下骨肉分离的一幕，催人泪下。而同样是乾隆朝的赵翼，记述了这样的一个场景，极为贫苦的 13 个穷人抱团御寒，但"岂知久饿气各微，那有余温起空腹。天明过者赫然骇，都作僵尸尚一簇……掩埋方悲无敝帷，有人又剥尸上衣"〔6〕，尽管他们抱团御寒，却依然被冻死。但在他们饥饿、冻死之后，却又有人把他们的衣服剥去，这是乾隆盛世的又一幕悲惨的情景。实际上，使团成员在北上北京的过程中，一路上看过来，也同样是民众衣不蔽体、满目疮痍。他们所看到的一切都是"贫

---

〔1〕　[英] 乔治·马戛尔尼、约翰·巴罗：《马戛尔尼使团使华观感》，何高济、何毓宁译，商务印书馆 2013 年版，第 216 页。到清末，官员随意惩罚民众依然被认为是理所当然。"官打民不羞，父打子不羞"（中国人民政治协商会议全国委员会文史资料研究委员会编：《晚清宫廷生活见闻》，文史资料出版社 1982 年版，第 248 页）。

〔2〕　[英] 乔治·马戛尔尼、约翰·巴罗：《马戛尔尼使团使华观感》，何高济、何毓宁译，商务印书馆 2013 年版，第 207 页。

〔3〕　[英] 乔治·马戛尔尼、约翰·巴罗：《马戛尔尼使团使华观感》，何高济、何毓宁译，商务印书馆 2013 年版，第 11 页。

〔4〕　[英] 斯当东：《英使谒见乾隆纪实》，叶笃义译，群言出版社 2014 年版，第 291 页

〔5〕　[英] 斯当东：《英使谒见乾隆纪实》，叶笃义译，群言出版社 2014 年版，第 542 页

〔6〕　(清) 赵翼：《赵翼诗选》，胡忆肖选注，中州古籍出版社 1985 年版，第 134 页。

穷破旧"，这使"使团所有成员都感到自己心里的期望破灭"〔1〕。但是，让外国使团感到极为吃惊的是，皇帝与官员出手却极为豪奢。使团在途中，地方官员某次送了20头小牛、100头猪、100只羊、1000只鸡以及大量其他的食物给他们。但"有些猪和家禽已经在路上碰撞而死"，所以英国人把这些死猪、死鸡从船上扔下了大海，岸上看热闹的中国人一见，争先恐后跳下海，"马上把它们捞起来，洗干净后腌在盐里"〔2〕。民众极为贫困，皇帝、官员却依然剥夺属于他们的财产做自己的人情。

关于极端贫困的原因，皇帝反复强调是因为人口增加的缘故所致〔3〕。但这只是他们转移视线、推卸责任的一种策略。其实，统治者为实现他们长久统治而对人们的行为进行强力控制，才是导致民众陷入极端贫困的主要原因。该问题可以从防止人群聚集、严格限制劳动范围、阻止中西经济贸易、官员随意勒索等角度稍加分析。

首先，为了确保皇帝的最大化利益，必须防止人群聚集。开发矿产可能导致人群聚集。因此在康熙年间皇帝拒绝官员开发矿产的要求〔4〕，雍正更认为，开发矿产"人聚众多，为害甚钜。从来矿徒，率皆五方匪类，乌合于深山穷谷之中，逐此末利。今聚之甚易，将来散之甚难也"。他认为这些聚集到深山老林中开发矿产的，几乎都是亡命之徒，一旦他们武装起义，攻城略地或者上山打游击，朝廷就难以对付。他还认为，虽然说开发矿产有一定的利益可图，但"有一利，必有一害。要当权其利与害之轻重大小而行

---

〔1〕 ［英］乔治·马戛尔尼、约翰·巴罗：《马戛尔尼使团使华观感》，何高济、何毓宁译，商务印书馆2013年版，第154页。
〔2〕 ［英］乔治·马戛尔尼、约翰·巴罗：《马戛尔尼使团使华观感》，何高济、何毓宁译，商务印书馆2013年版，第152页。
〔3〕 "国家承平日久，生齿日繁。在京八旗及各省人民，滋生繁衍而地不加广，此民用所以难充"［《清实录》（第9册）高宗纯皇帝实录（一三），中华书局1985年版，第195页］。"国家承平日久，生齿日繁，物产只有此数，而日用日渐加增。康熙年间，朕在冲龄时，即闻乳保（乳母、保姆）等有物价昂贵，度日艰难之语。今又七十余年，户口滋生，较前奚啻（何止）倍蓰（数倍）。是当时一人衣食之需，今且供一二十人之用。欲使家给人足，比户丰盈，其势断有所不能。若如经生迂腐之见，拘执古制，均其田亩，限其服制，必致贫者未富，而富者先贫。扰累纷纷，适以酿乱"［《清实录》（第26册）高宗纯皇帝实录（一三），中华书局1986年版，第383页］。
〔4〕 "上谕大学士等曰，前原任四川巡抚能泰、曾具摺奏请开矿。后又奏称江中有银，派官监视捞取，以为兵饷。朕以此二事俱不可行"［《清实录》（第6册）圣祖仁皇帝实录（二），中华书局1985年版，第494页］。

之"〔1〕。为了保证他们对皇帝不造成威胁,皇帝宁可放弃这些利益,阻止民众聚集。皇帝为自身利益,阻止他们开发矿产,这导致大量民众失业,陷入极端贫困的状态。

其次,为了确保皇帝的最大化利益,必须严格限制人们的劳动范围。雍正说,"朕观四民之业,士之外农为最贵。凡士、工、商、贾,皆赖食于农。以故农为天下之本务,而工、贾皆其末也。今若于器用服玩、争尚华巧,必将多用工匠。市肆中多一工作之人,则田亩中少一耕稼之人。且愚民见工匠之利多于力田,必群趋而为工"〔2〕。自古以来的中国统治者,为维持统治,往往采用鼓励农民耕种,取缔商业、手工业等的"上农除末"政策。雍正基本上延续该政策。他认为要阻止民众从事商业、手工业等的劳动,把他们控制在农地里,这样的一盘散沙化农民,既能够提供粮食,又失去聚集造反的条件,对皇帝维持长久的统治最有利。但这种做法将同样造成大量民众失业。

再次,为了确保皇帝的最大化利益,必须阻止中西经济贸易,以防止公正平等的西方政治理念进入中国,给皇帝的统治造成威胁。统治者自古以来所奉行的"上农除末"政策,导致中国人民无法发挥智慧进行创造,生活水平、技术水平极为低下。在乾隆时代,来到中国的英国使团,发现多数中国人的生活还处于远古时代,他们的房子不但原始、破烂不堪,而且没有家具,"没有办公桌、衣柜、吊灯、镜子",也"没有抽水马桶"〔3〕。而作为交通工具的马车,其制作水平还停留在数千年前的先秦时代,这种马车是把车身安在四个笨拙的轮子上,没有弹簧,五匹马拉着〔4〕。在考古挖掘中,人们就可以发现在数千年前的先秦时代就已经有这种马车。而乾隆的御用马车,可以认为是凝结当时中国最高水平的马车制作技术,但这种御用的"二轮马车,式样笨重,又无弹簧座位……同英国赠送(给乾隆)的舒适、轻便、华丽的

〔1〕《清实录》(第7册)世宗宪皇帝实录(一),中华书局1985年版,第830页。

〔2〕《清实录》(第7册)世宗宪皇帝实录(一),中华书局1985年版,第867页。

〔3〕[英]乔治·马戛尔尼、约翰·巴罗《马戛尔尼使团使华观感》,何高济、何毓宁译,商务印书馆2013年版,第8-9页。

〔4〕[英]乔治·马戛尔尼、约翰·巴罗《马戛尔尼使团使华观感》,何高济、何毓宁译,商务印书馆2013年版,第10页。

马车比较起来，上下悬殊简直无法比拟"[1]。所以他们认为"中国人的民族感情总无法否认和抵抗舒服方便的实际感觉。如同钟表和布匹一样，将来马车也将在中国是一大宗商品"[2]。当时的人们都认为，即使乾隆是天下蠢字第一号人物，也不会睁着眼睛说瞎话，否认这种巨大的差距。但对中国人来说极为不幸的是，当时我们国家的英明领袖、伟大的舵手，恰恰是无视差距的这号人，他拒绝与技术先进的国家扩大相互间的贸易往来，"天朝物产丰盈无所不有，原不藉外夷货物以通有无"[3]。乾隆并不按照在商言商的原则、通过平等商业贸易提高国内技术水平以及民众的生活水平，而是无视人民利益，搞政治挂帅、领袖的利益高于一切的荒唐把戏，这种做法使清廷迅速走向末路。他认为中英之间的贸易不是双赢经济贸易，而是一种在皇恩浩荡之下的恩赐，并且他以世界人民的大救星自居，高高在上，盛气凌人，"特因天朝所产茶叶、瓷器、丝绵，为西洋各国及尔国必需之物，是以加恩体恤，（让你们）在嚜（澳）门开设洋行，俾得日用有资、并沾余润……天朝加惠远人、抚育四夷之道，且天朝统驭万国，一视同仁"[4]。显然，个人政治野心压倒一切的思考，使乾隆变成一头蠢驴，他的行为变得不可理喻。决策者以国家利益、人民利益为中心，采用灵活的手段发展经济，这是福音；反之，以个人利益为中心，采用僵化死板、不可理喻的手段实现其个人政治野心，这是国家的不幸、人民的不幸。

虽然乾隆想成为世界人民的大救星，但似乎还存在某种危机感。他在给松筠（陪同使团的中国高官）的敕谕中说了这样的一些心里话：拒绝了英使的自由贸易等要求，"这并不意味着我认为这些要求不当，而是通过这些要求将要产生一些新的事物和情况，在我这样高龄的人应当慎重考虑而不应当骤然允许"[5]。乾隆提到，"通过这些要求将要产生一些新的事物和情况"。什么情况？该情况理应是之前（1789 年）法国发生的民众要求自由、平等的民主革命。在乾隆拒绝使团的贸易要求之后，使团成员并不死心，他们想多在北京停留几天，看看是否还有挽救的机会。当时一个对中国朝廷情况非常熟

---

〔1〕 ［英］斯当东：《英使谒见乾隆纪实》，叶笃义译，群言出版社 2014 年版，第 457 页。
〔2〕 ［英］斯当东：《英使谒见乾隆纪实》，叶笃义译，群言出版社 2014 年版，第 457 页。
〔3〕 《清实录》（第 27 册）高宗纯皇帝实录（一三），中华书局 1986 年版，第 185 页。
〔4〕 《清实录》（第 27 册）高宗纯皇帝实录（一三），中华书局 1986 年版，第 185 页。
〔5〕 ［英］斯当东：《英使谒见乾隆纪实》，叶笃义译，群言出版社 2014 年版，第 503 页。

悉的特使友人告诉特使，"使节团越早来，效果越大。法国的动乱促使中国官方加紧提防。假如特使携带礼物在法国国内未发生暴乱以前来，遭遇到的困难要比现在少得多"〔1〕。该特使友人认为因为法国已经发生民主革命，使乾隆极为警惕，即使在北京继续活动，也不可能有成果，他建议特使不如回国。关于法国革命对中国的影响，当时英国使团成员还这么认为，"法国人提倡的关于民主原则和他们的《人权宣言》等文献被译成梵文在印度流传，（但没有）煽动作用。中国人性情好动，有进取心，这种学说假如传到中国，那就不同了"〔2〕。显然，乾隆拒绝与外国之间的平等商业贸易，是因为他认为还存在比国家利益、人民利益更为重要、更为迫切的个人长久统治利益需要操心。

最后，官员随意勒索问题也很严重。自古以来，中国最高掌权者享有对其他人进行生杀予夺的权力。而一般的掌权者也可以对非掌权者随意进行惩罚，他们对人们生活的方方面面进行严密地控制，"如果有人靠做生意，或搞生产发了财，他只能私下享受。他不敢住进大宅，穿好衣裳，以免邻居发现他比别人富有，向当地官员举报，官员控以奢侈罪名，轻易将他绳之以法，没收他的财产"〔3〕。这种制度性政治腐败的环境击碎人们创造财富的希望，严重阻碍社会经济的发展。所以，使团成员认为，"按本性说，人是聚财的动物，但聚敛的努力，要看法律对他享有财富提供的保护和安全而定。在中国，有关财富的法律不能给予足够的保护，因此国内的创造才能极少用于最需要最缺乏的地方。确实，在那里富者的人都知道政府官员会以合法方式向他勒索财物"〔4〕。因为掌权者为所欲为的问题，使民众的"创造才能极少用于最需要最缺乏的地方"，这是民众无法提升技术水平、生活水平的关键原因之一。

总而言之，统治者认为人口多是造成贫困主要原因的主张不成立。统治者对人们的行为进行强力控制，才是导致民众陷入极端贫困的最主要原因。皇帝为达到亿万年统治的目的，给自由劳动设置障碍，不允许人们开发矿产，

〔1〕［英］斯当东：《英使谒见乾隆纪实》，叶笃义译，群言出版社2014年版，第463页。
〔2〕［英］斯当东：《英使谒见乾隆纪实》，叶笃义译，群言出版社2014年版，第445页。
〔3〕［英］乔治·马戛尔尼、约翰·巴罗：《马戛尔尼使团使华观感》，何高济、何毓宁译，商务印书馆2013年版，第348页。
〔4〕［英］乔治·马戛尔尼、约翰·巴罗：《马戛尔尼使团使华观感》，何高济、何毓宁译，商务印书馆2013年版，第215页。

不允许人们自由从事商业、手工业活动，人们因此根本无法提升技术水平、生活水平。当技术先进的西方国家要求进行平等经济贸易，皇帝又因同样的目的对他们的要求进行拒绝，因而失去了绝佳的促进国内经济、技术发展的机会，以致一百多年后的慈禧，所使用的依然不是抽水马桶，还需要专人伺候。而骄横跋扈的官员则可以以各种理由剥夺民众劳动所得，造成个人无法创造财富、社会无法积累财富，民众无论如何节俭勤劳，只要无法与权力拉上关系，那么他们的生活将永远贫困潦倒，永远没有翻身之日。

清朝皇帝按照自己千秋万代的利益进行布局，塑造民众的保皇人格，调整保皇的经济格局，对民众进行全方位控制等，使中国民众必定处于极端贫困的状态，这种贫困状态与国家人口多寡关系不大。实际上，与康雍乾时期做法有异曲同工之妙的，是中国的人民公社、文革时代。乾隆时代的人口三亿多，而人民公社、文革时代的人口六、七亿，那么造成人民公社、文革时代民众生活极端贫困的主要原因是否是因为人口太多了？不是的。实际上，同样是对人们行为进行强力控制，才导致民众陷入极端贫困。在对外贸易方面，采用闭关锁国的自力更生政策；在农业方面，由于实行财产集体所有、农民集体劳动等制度，使农民变成一个失去劳动自由的无产者。特别是当时"斗私批修"，"宁要社会主义的草、不要资本主义的苗"的意识形态统治农村，副业不能搞、家畜不能养，动不动就以犯投机倒把罪对农民进行抓捕、拷打、判刑，把农民们彻底捆绑在农地里。几十年过去了，人们依然对这种恐怖的割资产阶级尾巴运动记忆犹新。当然，对他们来说，即使人民吃社会主义的草，也不妨碍雍正、乾隆顿顿吃社会主义的满汉全席。进行简单的推理，如果该时期不可能是盛世，那么某些手段类似的康雍乾时期，除了皇帝自吹自擂的盛世之外，还有其他何种事实能够证明其是盛世？

三是人性麻木。对生命践踏的人性麻木，有一个过程。雍正说，"朕在藩邸时，奉圣祖仁皇帝谕旨审理事件。初见夹讯，竟至战栗悲涕。迨经数次办理之后，便视为寻常。人情熟习熏染之为害如此"[1]。雍正说，他最初看到对受刑者施加肉刑，于心不忍，浑身颤抖悲泣，但多看几次之后就麻木了。康雍乾时代经常对人进行凌迟，并且凌迟是在大庭广众、众目睽睽之下进行。那个时代看过凌迟的人们，他们如何还能够珍视生命？这是一个在变态权力

---

[1]《清实录》（第8册）世宗宪皇帝实录（二），中华书局1985年版，第829页。

之下的变态社会。人们弃婴、杀婴，"在京城一地每年就有近9000弃婴……我曾经看见过一个死婴的尸体，身上没有系葫芦，漂流在珠江的船只当中。人们对此熟视无睹，仿佛那只是一条狗的尸体。而事实上如果真的是一条狗的话，也许更能吸引他们的注意"[1]。甚至在有人落水的时候，人们也不去救助落水者，反而去捞取落水者的帽子[2]。看到如此"盛世"，不知读者将做何感想？

英国使团成员针对他们所观察到的上述事实进行评论，他们认为掌权者"是百姓的最大压迫者，百姓投诉无门"[3]。实际上，奴隶"也不能被侮辱。听任别人摆布，没有申诉的资格，这是人类的耻辱，以致不幸沦为奴隶的人再不知廉耻为何物。这种环境产生无数的弊端……中国商人一有机会就弄虚作假，因为据说靠诚信做不了买卖。中国农民只要能不被发现就偷盗行窃"[4]。作者认为上述这些问题应当从制度的层面进行理解，"这类缺失似亦由政治制度造成，不是人民的本性和品质"[5]。笔者赞同该看法，并且这种看法可以得到制度的利益分析理论的有力支持。当时的政治制度是皇帝制度，这种制度鼓励皇帝亿万年控制国家的野心，并且在这种制度之下，将产生严重的制度性政治腐败问题。虽然皇帝、官员等掌权者极为贪婪、残暴，但他们又往往以"大公无私"、"父母官"等言论欺骗民众。在贪官污吏的榜样示范之下，制度性政治腐败席卷全国，全国极为贫困的民众不择手段追求利益也是可以预想的。掌权者的欺骗以及为所欲为的问题在社会上起了极为恶劣的示范作用。

总而言之，通过上述的事实展示，可以认为在康雍乾时期，皇帝自吹自擂的盛世是一种恬不知耻的愚民术。在这种所谓的"盛世"之下，统治者通过行为控制、精神控制，对民众的行为进行彻底弱化，使社会完全失去活力。

---

〔1〕　[英]乔治·马戛尔尼、约翰·巴罗：《马戛尔尼使团使华观感》，何高济、何毓宁译，商务印书馆2013年版，第211页。

〔2〕　[英]斯当东：《英使谒见乾隆纪实》，叶笃义译，群言出版社2014年版，第488页。

〔3〕　[英]乔治·马戛尔尼、约翰·巴罗：《马戛尔尼使团使华观感》，何高济、何毓宁译，商务印书馆2013年版，第348页。

〔4〕　[英]乔治·马戛尔尼、约翰·巴罗：《马戛尔尼使团使华观感》，何高济、何毓宁译，商务印书馆2013年版，第216页。

〔5〕　[英]乔治·马戛尔尼、约翰·巴罗：《马戛尔尼使团使华观感》，何高济、何毓宁译，商务印书馆2013年版，第218页。

其实，包括康雍乾三朝在内，无论哪个时代，无论哪个地方，没有人愿意动不动就要跪在掌权者的脚下，没有人愿意让人无缘无故地扒下裤子、在屁股上打板子，没有人愿意在胡作非为的权力之下永远过牛马不如的生活，更没有人愿意因为对政治问题说三道四的几句话，就要承受杀头、凌迟刑罚的痛苦。你不愿意，但有人强迫你，这是什么世道？是所谓的盛世吗？

四、凌迟大帝的尧舜情结

更为贪婪的是，凌迟大帝都具有尧舜情结，什么利益都想占有。其实，在皇帝制度之下大大小小的掌权者，由于不受有效的制度制约，往往有完美的个人政治利益追求，包括追求名誉。官员如此，皇帝也如此。

如前所述，官员们对权力地位、物质财富的追求，极为强烈。争取不朽的好名声，同样也是多数贪官的追求。他们往往采取各种手段进行伪装，说一套做一套。在康熙朝，贪官们往往声称自己极为廉洁，如以酷济贪的贪官、太原知府赵凤诏说，自己"一文不取，取钱无异妇人失节"，又吹捧贪官、其上司山西巡抚噶礼"为第一清官"[1]。也有官员当众自称清官，背后却纵容亲属等接受贿赂[2]。这些自称清官的官员们，其实获取名誉利益的手段多种多样，他们"分内不取而巧取别项，或本地不取而取偿他省"[3]，他们为了响应皇帝要大公无私的号召，放弃本来可以合法地获得的"分内"利益，希望以清朝第一清官的形象得到皇帝青睐、提拔，然而他们却在背地里强取豪夺。甚至山西巡抚温保"居官甚劣，苛虐百姓至于已极。前乃自奏其居官甚善，万民颂美，欲为树碑。由今观之，沿途众庶，无不愿食其肉、而怨黩之者"[4]。贪官们残暴贪婪，民众对他们极为仇恨，甚至要"食其肉"，他们却竟然厚颜无耻地声称自己是为人民鞠躬尽瘁、死而后已的父母官，甚至声称人民对他们感恩戴德、要为他们树立功德碑。贪官们获取权力、财富的手段出神入化，获取名誉的技术同样炉火纯青。并且几乎所有的官员都是带病提拔，康熙指责他们"有为司官笔帖式（低级文书官员）时，所行贪婪，至

---

[1]《清实录》（第6册）圣祖仁皇帝实录（二），中华书局1986年版，第630页。

[2]"纵妻子奴仆暗受贿赂"（《清实录》（第6册）圣祖仁皇帝实录（二），中华书局1986年版，第643页）。

[3]《清实录》（第6册）圣祖仁皇帝实录（二），中华书局1985年版，第178页。

[4]《清实录》（第5册）圣祖仁皇帝实录（二），中华书局1985年版，第961页。

于大位，伪称清廉者"〔1〕，他们在职位较低的时候贪婪腐败，但被带病提拔到高位之后，就自称自己一贯廉洁自律。"更有督抚所欲扶持之人，每岁暗中助银，教彼掠取清名，不踰二三年，殖行荐举。似此互相粉饰、钓誉沽名"〔2〕。由于荐优保举需要有较为廉洁的好名声，因此高官资助他要提拔的亲信、亲属，并告诉他们在荐优保举之前要谨慎，接着高官通过自己荐优保举的权力让这些人坐上升职的直升机〔3〕。

在乾隆朝，贪官严瑞龙自诩自己"以廉隅自励"〔4〕，但乾隆谴责他是说一套做一套、是演员型贪官。乾隆对这类人似乎是深恶痛绝，其指责他们，"灵台县知县武粤生到任三年，并无善政，强令百姓制造衣伞〔5〕，以致远近沸腾，声名狼藉……近闻各省督抚，有未经去任，而德政碑早已建竖立辕门者。此不过属员强令百姓欶资勒石。借此为献媚逢迎之具……贪鄙不职，即使穿碑林立，百姓将指而唾骂之"〔6〕。在皇帝制度之下，上上下下掌权者都存在言行不一致、表里不一致的问题。他们口头上豪言壮语，但是"考其行事、与言迥别"〔7〕。

皇帝并不例外。虽然他们总是指责官员边贪腐、边争取不朽名声，但他们自己更是如此。与前述的贪官自称廉洁一样，康雍乾皇帝即使控制社会的手段极为残暴，却依然存在尧舜情结，可知其获得完美政治利益愿望之强烈。康熙二十五年（公元1686年），康熙强调自己效仿尧舜，"临下以简，御众以宽。唐虞盛时，从欲风动，其效章章如是。朕尝心慕隆古，力行教化"〔8〕。康熙五十二年（公元1713年），他对自己进行自我鉴定，"朕御极五十余年、朝乾夕惕。上念祖宗遗绪之重，下念臣民仰望之殷……毫无私心"〔9〕。康熙

〔1〕《清实录》（第5册）圣祖仁皇帝实录（二），中华书局1985年版，第404页。
〔2〕《清实录》（第6册）圣祖仁皇帝实录（二），中华书局1985年版，第178页。
〔3〕康熙对大贪官山西巡抚噶礼说，你如果"居官若好、朕即超擢（快速提拔）"〔《清实录》（第5册）圣祖仁皇帝实录（二），中华书局1985年版，第1053页〕。
〔4〕《清实录》（第14册）高宗纯皇帝实录（六），中华书局1986年版，第36页。
〔5〕万民衣伞，是民众表示对该官员拥戴感激的意思。与功德碑相似。
〔6〕《清实录》（第24册）高宗纯皇帝实录（一六），中华书局1986年版，第372页。
〔7〕《清实录》（第6册）圣祖仁皇帝实录（二），中华书局1985年版，第178页。康熙还指责官员，"乃大臣等、每自谓清正无私、粉饰空言。至其所行、往往营私作弊"〔《清实录》（第4册）圣祖仁皇帝实录（一），中华书局1985年版，第1136页〕。
〔8〕《清实录》（第5册）圣祖仁皇帝实录（二），中华书局1985年版，第341页。
〔9〕《清实录》（第6册）圣祖仁皇帝实录（二），中华书局1985年版，第504页。

五十六年（公元 1717 年），他认为自己可能将不久于人世，先对自己历史地位进行定位评价。这一年十一月的一天，他召集诸皇子以及在京的主要官员，召开对自己的评功大会。内容精彩，多录一些。他说，"朕已老矣，在位久矣，未卜后人之议论如何……数十年来，殚心竭力，有如一日。此岂仅劳苦二字所能该（概）括耶？前代帝王，或享年不永，史论概以为侈然自放，耽于酒色所致。此皆书生好为讥评……朕为前代帝王剖白，盖由天下事繁不胜劳惫之所致也……臣下可仕则仕，可止则止，年老致政而归，抱子弄孙，犹得优游自适。为君者勤劬（辛苦劳累）一生，了无休息……平生未尝妄杀一人，平定三藩扫清漠北，皆出一心运筹。户部帑金，非用师赈饥，未敢妄费，谓此皆小民脂膏故也。所有巡狩行宫，不施采缋（彩色的装饰），每处所费不过一二万金，较之河工岁费三百余万，尚不及百分之一……近日多病，心神恍惚，身体虚惫，动转非人扶掖步履难行。当年立心以天下为己任、许死而后已之志，今朕躬抱病、怔忡健忘，故深惧颠倒是非，万几错乱。心为天下尽其血、神为四海散其形……每览老臣奏疏乞休未尝不为流涕，尔等有退休之时，朕何地可休息耶……此谕已备十年，若有遗诏，无非此言披肝露胆、馨尽五内，朕言不再"[1]。对其讲稿的内容稍加梳理，主要有如下几个内容：①当皇帝太辛苦，之所以我康熙之前的许多皇帝寿命很短，不是因为放纵酒色、荒淫无度所致，而是因为过劳死。②我康熙节俭。③臣下来去自由、悠然自得，还可以退休、享受天伦之乐，而我康熙不但享受不到这些福利，而且身患重病却只能坚守皇帝的岗位。因为"宗庙社稷，天下黎元，皆系朕躬"[2]，没有我就没有中国[3]。现在虽然我康熙已经衰老走不动了，并且心神不宁、

---

[1] 《清实录》（第 6 册）圣祖仁皇帝实录（二），中华书局 1985 年版，第 695-697 页。

[2] 《清实录》（第 6 册）圣祖仁皇帝实录（二），中华书局 1985 年版，第 346 页。

[3] 统治者往往隐藏自己极为卑劣、自私的一面，把自己包装成救世主。20 世纪前期的毛泽东，也曾经对国民党"没有国民党就没有中国"的主张极为愤怒，在 1943 年、1944 年他强烈谴责国民党的该愚民术："最近国民党出了一本书，是蒋介石著的，名叫《中国之命运》。他在这本书中说没有国民党就没有中国，不知他是从哪里考证出来的。各位有看过历史书和小说的，《三国志》《水浒传》《封神榜》《红楼梦》上都没有国民党，还不是照样有中国"[中共中央文献研究室编：《毛泽东文集》（第 3 卷），人民出版社 1996 年版，第 57 页]。毛泽东认为这种政治主张的背后是他们怀有极为卑劣、自私的政治目的，"一切大好河山，都由国民党包办，不要人民干与。可是国民党先生们啊，这些大好河山，并不是你们的，它是中国人民生于斯、长于斯、聚族处于斯的可爱的家乡"[中共中央文献研究室编：《毛泽东文集》（第 3 卷），人民出版社 1996 年版，第 201 页]。

记忆模糊[1]，但历史使命使我不能退下来。④我康熙不滥杀人，"平生未尝妄杀一人"。

康熙的演说，似乎是在控诉不人道的皇帝终身制制度，又似乎充满为国为民的自我牺牲精神，悲壮而苍凉。康熙或者认为，通过这次对自己历史地位进行定位的演说，后人必定认为他与唐太宗一样，是尧舜、是圣贤、是千古一帝。但与唐太宗相比，他在消灭对他不利资料方面的功夫还不够，唐太宗功夫做得较为到位，可以蒙骗更多的人，但康熙骗人的功夫太拙劣，蒙骗不了多少人。上述数点，第一点就让读者去琢磨，从第二点开始，对其问题稍加探讨。

首先，关于节俭的问题。圆明园等三山五园，是在康熙手中开建，建造这些"巡狩行宫"本身就耗费巨额的民膏民脂。但他没有对某个柴火间，或者储物间进行雕龙画凤，然后他就自我表扬说，我康熙从来没有利用民脂民膏来满足个人的享受，虽然我建造了很多的"巡狩行宫"，但都"不施采缋"。我这种体恤人民的行为，是情为民所系、利为民所谋的行为，是"心为天下尽其血、神为四海散其形"的行为。

其次，我康熙身患重病却只能坚守皇帝的岗位，因为中国没有我领导就不行。其实，这个国家是否需要"非人扶掖步履难行""怔忡健忘"的老态龙钟、头脑不灵的国家最高领导人？如果已经是如此状态的康熙，却依然在领导全国人民，那么是因为没有康熙，中国人民只能永远在黑暗中徘徊，还是康熙为维持其自身利益，垂死挣扎也继续占有皇帝宝座？无论是从理论，还是从事实看，都是后者，都是康熙为他在有生之年继续占有皇帝宝座而垂死挣扎，因为这个宝座给他个人带来太大的利益。人民从来不需要昏庸健忘的国家领导人。不但人民不需要他，康熙的儿子们也都巴不得他早死。该事实可以从下述康熙的言论中进行确认：允礽（康熙次子、皇储）"每夜逼近布城（康熙所住的帐篷），裂缝窃视……朕不卜今日被鸩（饮毒酒而亡）、明日遇害，昼夜戒慎不宁"[2]。每个晚上，当更深夜静的时候，康熙都发现允礽在跟踪他，偷偷掀开帐篷的布帘观察他。康熙因此受到惊吓，心惊肉跳。他无法预测自己是今天被毒死、还是明天被杀死。康熙虽然严密防备，允礽却依

---

[1]　如前述，"非人扶掖步履难行""怔忡健忘"。
[2]　《清实录》（第6册）圣祖仁皇帝实录（二），中华书局1985年版，第336页。

然如此，"近复有逼近幄城，裂缝窥伺，中怀叵测之状。凡此举动，类为鬼物所凭，狂易成疾"〔1〕。康熙认为允礽已经是失去理智，被恶鬼附身而变成精神病人。甚至康熙公开告诉高官们，允礽患有明显的精神病症状，"近观允礽行事，与人大有不同。昼多沉睡，夜半方食，饮酒数十巨觥不醉……居处失常，语言颠倒，竟类狂易之疾"〔2〕。康熙确认皇太子允礽不但患上精神病，而且变成酒囊饭袋。

允禩（康熙第八子）同样巴不得他早死。康熙说，允禩"望遂其初念，与乱臣贼子等结成党羽，密行险奸，谓朕年已老迈、岁月无多，及至不讳"〔3〕。他们之间同样是相互恨之入骨，"允禩因不得立为皇太子，恨朕切骨。伊之党羽，亦皆如此"，他"藐视朕躬，朕因愤怒，心悸几危。允禩系辛者库（旗人中的一族）贱妇所生，自幼心高阴险"〔4〕。康熙因此担忧，"朕恐后日，必有行同狗彘之阿哥、仰赖其（允禩）恩、为之兴兵构难，逼朕逊位而立允禩者"〔5〕。康熙认为儿子们可能发动宫廷政变，推翻他的统治而让允禩登基。他无奈地自嘲，假设如此，他将含笑而死〔6〕。与前述的在评功会上虚假的豪言壮语完全不同，康熙上述的言论百分之百真实。康熙父子之间如此粗鲁，并相互仇恨，这是怪异、病态的一家人。确实，康熙在提到精神病人允礽时，还提到爱新觉罗家族中的精神病人不止一人的问题，"自太祖太宗以来，宗室中患疯疾者不止一人。英郡王〔7〕临阵甚勇，效力甚著，但疯疾一发即便妄行。大阿哥允禔（康熙长子）、公景熙，亦皆有疯疾"〔8〕。实际上，康熙本人也存在该问题，他发现允礽跟踪他、窥探他，不认为允礽或许是钟情于他的某个妃子，而就认为这是要杀害他；他发现允禩跟一些人关系较好，不认

---

〔1〕《清实录》（第6册）圣祖仁皇帝实录（二），中华书局1985年版，第342页。
〔2〕《清实录》（第6册）圣祖仁皇帝实录（二），中华书局1985年版，第339页。
〔3〕《清实录》（第6册）圣祖仁皇帝实录（二），中华书局1985年版，第572页。
〔4〕《清实录》（第6册）圣祖仁皇帝实录（二），中华书局1985年版，第572页。康熙反复提及允禩出身低贱的问题，"允禩乃缧绁（囚禁）罪人，其母又系贱族"［《清实录》（第6册）圣祖仁皇帝实录（二），中华书局1986年版，第359页］。康熙如此看不起自己亲儿子的出身，难道不是他的种？康熙这种行为本身就极为怪异，让人无法理解。
〔5〕《清实录》（第6册）圣祖仁皇帝实录（二），中华书局1985年版，第572页。
〔6〕"若果如此、朕惟有含笑而殁已耳"［《清实录》（第6册）圣祖仁皇帝实录（二），中华书局1985年版，第572页］。
〔7〕爱新觉罗·阿济格。清太祖努尔哈赤第十二子。
〔8〕《清实录》（第6册）圣祖仁皇帝实录（二），中华书局1985年版，第712页。

为他们是因为情投意合的缘故，而就认为他们是在密谋推翻他。他认为儿子们肯定是要杀害他、推翻他，因此感到惊恐万状，"昼夜戒慎不宁"。显然这是精神病中"被迫害妄想症"的一种明显症状。如此的一家人，居然不到精神病院进行住院治疗而逍遥在外，边在红墙之内日夜上演这种宫廷大戏，边"日理万机"地领导着数亿的中国人。中国人欣赏康熙，是否是因为不知道这些事实？如果知道这些事实，你对中国人接受精神病人的统治，是该感到自豪，还是该感到悲哀？

康熙家族的这种精神病症状，是因为家族遗传还是因为权力斗争压力大所致，无法细究、无须细究。但它包含着人们必须要进行认真思考的政治问题：①生命的载体其实只不过是一个脆弱的肉躯，它无法摆脱生老病死。家族遗传或者权力斗争压力大，可能致使他患上精神病。而人民都被蒙在鼓里，任由该精神病集团、家族长期领导着中国人民。②再聪明的人，其实他的智力也同样是极为有限，一个人决策极为容易犯错，更何况像康熙等那样已经出现某种病状的人。所以，不但老态龙钟、头脑不灵的人不能履行国家领导人的责任，国家与人民的命运亦不能由一个人掌握。一个人越长久掌握权力，权力斗争问题往往越严重。同时掌权者可能掌权的时间越长，身边的佞臣长久获取利益的期望值就越高，他们就越顺从，奉承拍马也越肉麻。这些问题非常容易导致掌权者或者因为权力斗争压力大，或者因为被奉承拍马而神魂颠倒，并因此失去理智。③特别是皇帝在患病之后呈现一种癫狂的状态，具有强烈的情绪传染作用。身边的臣子们被传染后，情绪也将呈现出一种癫狂的状态；全国人民被传染后，情绪亦容易呈现出一种癫狂的状态。而这种癫狂的病源就是皇帝。

最后，关于康熙不滥杀人、他"平生未尝妄杀一人"的问题。笔者认为上述康熙表功的内容胡说八道，是因为与事实完全不符，包括所谓的"平生未尝妄杀一人"。如果说，他"平生未尝妄杀一人"是事实，这也仅限于爱新觉罗家族，而对爱新觉罗家族以外的人，则是滥砍滥杀。如上述的允礽问题，允礽本人胡作非为，康熙并不杀允礽，却下令将允礽身边的"索额图之子格尔芬、阿尔吉善，暨二格、苏尔特、哈什太、萨尔邦阿，俱立行正法"[1]。康熙对自己的儿子无可奈何，却迁怒于儿子的左膀右臂，把他们杀掉。

---

[1]《清实录》（第6册）圣祖仁皇帝实录（二），中华书局1985年版，第337页。

　　康熙与允禔之间的矛盾，亦可说明该问题。相面人张明德卷入允礽、允禔等皇族间的权力斗争。康熙在抓住他之后，交代刑部人员说，只追究张明德一个人刑事责任即可，爱新觉罗家族无须追究[1]。刑部等在审讯、量刑后建议将张明德斩立决[2]。但康熙推翻该量刑建议，以"张明德于皇太子未废之前，谋欲行刺，势将渐及朕躬"为理由，判定张明德"情罪极大，不止于斩，当凌迟处死。著凌迟处死行刑之时、可令事内干连诸人、往视之"[3]。这就是自称"平生未尝妄杀一人"康熙的所作所为。他对自己的儿子们无可奈何，却把没有血缘关系的人作为靶标，将在家庭中权力斗争的怨气都集中到他们的身上，并以最残暴的手段发泄其愤怒。他无法控制皇子们，但人民却被他紧紧控制。显然，其最有力的控制术之一，就是凌迟。

　　关于康熙在上述评功会中"平生未尝妄杀一人"的自吹自擂，还有一些细节值得推敲。该评功会是在康熙五十六年（公元1717年）召开，"此谕已备十年"，也就是该演说稿在十年前的康熙四十六年（公元1707年）就已经写好，而康熙对这些人进行滥杀滥砍以及罪不至凌迟而被凌迟的时间是康熙四十七年（公元1708年）、康熙四十八年（公元1709年），康熙说一套做一套的行为一目了然。

　　因为卷入皇室权斗而焦头烂额的雍正，在成为皇帝之后也垂涎欲滴地要成为尧舜。他说，张廷玉"时时以尧舜期朕，朕亦以皋夔期之"[4]。但因他与允禔、允瑭等兄弟之间发生争权内斗，在民间名声很臭[5]。他正愁着如何才能吃到尧舜这只天鹅肉时，上天却送给他一个意外惊喜，在雍正六年（公

---

　　[1] "谕刑部。尚书巢可托、都察院左都御史穆和伦等：直郡王昨拏相面之人张明德，交与尔等。闻彼曾为允禔看相，又散帖招聚人众，其情节朕知之甚明。此案甚大，干连多人，尔等慎毋滋蔓，但坐张明德一人审结可也"［《清实录》（第6册）圣祖仁皇帝实录（二），中华书局1985年版，第343页］。

　　[2]《清实录》（第6册）圣祖仁皇帝实录（二），中华书局1985年版，第344页。

　　[3]《清实录》（第6册）圣祖仁皇帝实录（二），中华书局1985年版，第346页。对于这一类的案件，清朝官场的一贯作风是，刑部按照刑罚中最严厉条款建议用刑，然后启奏皇帝进行定夺，皇帝往往减轻其罚以显示仁慈。但是此处恰恰相反，刑部"斩立决"的用刑建议，反而较轻，而康熙随意定刑的"凌迟处死"，反而最重，也就是按照刑部量刑、张明德罪不至凌迟而被康熙凌迟。

　　[4]《清实录》（第8册）世宗宪皇帝实录（二），中华书局1985年版，第686页。

　　[5]　民间传雍正是一个无恶不作的皇上，"圣祖皇帝原传十四阿哥允禵天下，皇上将'十'字改为'于'字。又云：圣祖皇帝在畅春园病重，皇上就进一碗人参汤，不知何如，圣祖皇帝就崩了驾。皇上就登了位。随将允禵调回囚禁。太后要见允禵，皇上大怒，太后于铁柱上撞死。皇上又把和妃及其他妃嫔，都留于宫中等语"［（清）雍正编纂：《大义觉迷录》，张万钧、薛予生编译，中国城市出版社1999年版，第276页］。

元 1728 年）发生了曾静、张熙（投书时称张倬）投书案件，该案件给了他臭鱼翻身的机会。他的心腹田文镜获悉发生曾静案件之后，向他上奏折时表示自己对曾静的愤慨，"大逆不道如曾静等者，悖理逆天，造言侮圣，肆为诬谤之词，极其悖逆之语，狼嗥犬吠实何异？是即寸磔以谢天下，犹不足以洩神人之愤快……（臣）切齿痛心，眦裂发指，恨弗食其肉而寝其皮"。而雍正却安慰他，并向他透露要好好利用这难得的机会，"既遇此种怪物，不得不有一番出奇料理，倾耳以听可也"[1]。在日本语中，料理是菜肴的意思。不管雍正说"出奇料理"这句话是什么意思，但他后来处理该案时，事实上就好像是他对"怪物"进行宰杀、洗净，再加上各种调味料进行烹煮、煎炒，利用"怪物"的肉躯、人格做一盘美味佳肴的"出奇料理"。

雍正称曾静为"怪物"，毫无疑问对他是极为鄙视的。但是他要利用被他鄙视的人达到他巩固政权，进而成为尧舜的目的。这场阴谋按照雍正的如意算盘展开。因为曾静犯的是谋反诼大逆的凌迟死罪，在被押送到北京之后，他万般惊恐，"四肢整顿不起，惶恐战栗，手指颤震，点画并不成字"[2]。但雍正并没有马上凌迟他，而是先好好地把玩他一番。在陕西总督岳钟琪向雍正密奏抓捕张倬之后进行刑讯逼供，但张倬"宁死不说""视死如归"[3]，对他进行威逼利诱、使用酷刑等都毫无效果等问题[4]。雍正在朱批回复中，提到张倬"既有是胆为此事，必是一忘命闵不畏死之徒"[5]，要岳钟琪对他动之以情晓之以理地进行诱导，让他坦白。或者雍正担心如果与张熙一样对曾静也采用酷刑，如意算盘可能打不下去，就设计了另一种方案进行对付。他让手下给曾静松绑，让他吃好的，住好的，也没有让他遭受酷刑[6]。然后让

〔1〕　（清）鄂尔泰等编：《雍正朱批谕旨》（第 6 册），北京图书馆出版社 2008 年版，第 236 页。

〔2〕　（清）雍正编纂：《大义觉迷录》，张万钧、薛予生编译，中国城市出版社 1999 年版，第 241 页。

〔3〕　上海书店出版社编：《清代文字狱档》，上海书店出版社 2011 年版，第 534 页。

〔4〕　"加以严刑既无惧色，即百计诱之而仍坚不可破"（上海书店出版社编：《清代文字狱档》，上海书店出版社 2011 年版，第 535 页）。

〔5〕　上海书店出版社编：《清代文字狱档》，上海书店出版社 2011 年版，第 536 页。

〔6〕　曾静自述，"到京即超禁释囚，被以广厦，给以丰食，叠赐厚衣，暑悯其热，寒恤其冻。沛几多殊恩厚泽于千古仁惠之主，常法所不到之处。及至谳狱讯供，则又刑措不用，纯以至诚至德，感乎默化"〔（清）雍正编纂：《大义觉迷录》，张万钧、薛予生编译，中国城市出版社 1999 年版，第 371 页〕。

他坦白。没有受到残酷对待的曾静非常感动，他骂自己是"禽兽"[1]，吹捧雍正具备尧舜的君王品质、孔子的师道精神，是值得人人由衷的景仰和爱戴[2]。并向雍正保证，他愿意成为宣讲团的宣传员，到全国任何地方去宣传雍正的尧舜圣德，"只愿插翅遍飞宇内，凡人力所能到、足迹所可及，逢人逢地，宣扬圣德同天之大"[3]。曾静愿现身说法宣传雍正是再世的尧舜。在雍正把曾静所写的肉麻吹捧雍正的《归仁说》一文编入《大义觉迷录》时，还附上曾静写作《归仁说》目的的说明，"此身若在，愿现身说法，化导愚顽。倘不能生，则留此一篇，或使凶恶之徒，亦可消其悖逆之念"[4]。对曾静来说，躲避随时可能降临到头上的凌迟极刑，讨好雍正是唯一可行的自救方法。但对雍正来说，曾静这是自动地进入了他设计"出奇料理"的圈套。后来雍正赦免了他的凌迟刑罚，派他去巡游演说、宣传雍正是再世的尧舜。雍正对曾静利用的目的是为了巩固统治、消除社会各种传言对他不利的影响，显然他达到了目的，他通过对曾静进行煎炒烹炸，成功地制作了一盘"出奇料理"。

乾隆在登基之后马上将曾静、张熙凌迟，这是过河拆桥的做法。但他也公开声称自己要努力成为尧舜，"朕之为君，固不逮尧舜，诸臣亦远逊皋夔稷契……但我君臣，又岂可因不能为尧舜皋夔稷契，遂不加勉乎"[5]。乾隆皇帝还希望像他祖父康熙那样，通过感人的豪言壮语把自己塑造成为国家、为人民鞠躬尽瘁的伟大帝王。如前述，虽然他花费巨额人民血税为他个人搞生日庆典，却悄悄地告诉英国使团特使说，"我平时处理庶政，没有空闲，只在今天这种重大庆典才出来玩玩"[6]。

---

〔1〕（清）雍正编纂：《大义觉迷录》，张万钧、薛予生编译，中国城市出版社1999年版，第344页。

〔2〕"皇上以尧舜之君道，复备孔子之师道……心悦诚服之戴，沛然矣"。（清）雍正编纂：《大义觉迷录》，张万钧、薛予生编译，中国城市出版社1999年版，第380页。

〔3〕（清）雍正编纂：《大义觉迷录》，张万钧、薛予生编译，中国城市出版社1999年版，第267页。

〔4〕（清）雍正编纂：《大义觉迷录》，张万钧、薛予生编译，中国城市出版社1999年版，第344页。

〔5〕中国第一历史档案馆编：《乾隆朝上谕档》（第1册），档案出版社1991年版，第753页。

〔6〕〔英〕斯当东：《英使谒见乾隆纪实》，叶笃义译，群言出版社2014年版，第429页。据说他写的打油诗有四万多首，几乎是全唐诗的总和。而全唐诗是两百多年的一整个朝代、几千诗人合起来所写的诗。他一个人顶上一个朝代几千人写的诗的总和。如此一算，他是因为"处理庶政、没有空闲"时间吗？显然，他正业是打油诗作家，而皇帝只不过是副业。

如上所述，盛世三代皇帝都想成为尧舜。他们的儿子们也心照不宣，百般掩盖他们的失政问题以遂其所愿。查嗣庭在日记中记述康熙在执政过程中胡作非为问题，雍正等人竟然认为他是吃天朝的饭、砸天朝的锅，判他凌迟处死〔1〕。乾隆登基之后，明知其父亲雍正的政策荒谬，却把所有的责任推卸给推行雍正政策的得力官员，典型的案例是农地开垦案。如前述，康熙、雍正对人群聚集的问题极为恐惧，因此阻止他们开发矿产。但农地不足使大量民众处于失业状态，因此雍正设想了解决该问题的既不脱离农地又可以生存的两全办法，就是展开开荒运动。他认为，"惟开垦一事，于百姓最有裨益"〔2〕，甚至他还想通过开荒运动掀起上山下乡运动，转移北京的无产业人口，"开垦田亩甚多，将京城无产业兵丁移驻于彼，殊为有益"〔3〕。在开荒运动中，最积极的是他的哼哈二将田文镜、王士俊，这两个人都任职于河南。在推行雍正的开荒运动政策时，他们最积极，而迫害农民的问题也最为严重。在雍正驾崩之后，一些官员开始大胆地揭露该问题。当时户部尚书史贻直上奏折称，河南民众"秉性淳朴，勤于力穑，自来无寸土不耕，其不耕者大都斥卤沙碛之区耳。臣闻河南各属广行开垦，一邑之中有报开数顷，十数顷至数十顷者，积算无虑数千百顷。臣始闻而骇、继而疑、终而灼……安得荒芜田亩数千百顷之多……细加访闻始知，所谓开垦者并非实有可耕之地，不过督臣（田文镜、王士俊）授意地方官欲其多报开垦。于是，各属迎合上司，指称某处隙地若干，某处旷土若干，造册申报。上司据其册籍，按其数目，报多者超迁议叙（提拔奖励），报少者严批申饬（严厉批评），或别寻事故挂之弹章。地方官畏其权势，冀得欢心，讵恤日后官民受累，以致报垦者纷纷。其实所报之地，非河滩沙砾之区，即山岗碻（石牵）〔4〕之处，皆自古不毛之地，非人力所能施。甚至坟茔之侧，亦指为膴膴（肥沃）之周原，村落之墟尽可作昀昀（日照充足）之南亩……河堤所在，当留余步，古人所谓不与水争利者，此也。一旦开以阡陌，垦以犁锄，于河防亦所未便"〔5〕。从资料中可知，当

---

〔1〕 因为查嗣庭已在监狱中受刑死去，只能由凌迟改成"戮尸枭示"（上海书店出版社编：《清代文字狱档》，上海书店出版社 2011 年版，第 987–989 页）。

〔2〕 《清实录》（第 7 册）世宗宪皇帝实录（一），中华书局 1985 年版，第 137 页。

〔3〕 《清实录》（第 7 册）世宗宪皇帝实录（一），中华书局 1985 年版，第 156 页。

〔4〕 括号内二字合一。

〔5〕 中国第一历史档案馆编：《雍正朝汉文朱批奏折汇编》（第 31 册），江苏古籍出版社 1991 年版，第 556 页。

时掌权者"好大喜功，罔计后患"[1]，在他们层层施压、压力转嫁之下，地方基层官员为讨好上司大放卫星，虚报、谎报开垦面积的浮夸风问题极为严重。甚至他们动员大量人力、物力围河造田，破坏生态，一场洪水，前功尽弃。他们为守卫其个人利益，一方面阻止民众创造社会财富，一方面进行拍脑瓜决策，导致天怨人怒。

乾隆认为防止官逼民反的问题是紧急的，雍正刚死，他就着手处理该问题。他严厉谴责雍正最得力助手田文镜、王士俊，并对他们进行清算，"河南地方自田文镜为巡抚总督以来，苛刻搜求，以严厉相尚。而属员又复承其意指，剥削成风，豫民重受其困……（王士俊接任后）借垦地之虚名，而成累民之实害"[2]。雍正是开荒运动倡导者，田文镜和王士俊只是推行雍正拍脑瓜决策的干将，他们两人为了让雍正高兴，"田文镜匿报灾荒于前，王士俊浮报垦田于后"[3]。但追究责任只追究到干将一级，刑不上大夫、责不追皇帝，他们对开荒运动倡导者的责任一字不提。

王士俊被免职之后，由工部侍郎傅德转任河南巡抚。傅德到河南任职后发现王士俊罗织罪名、迫害农民的问题极为严重，民怨沸腾的情况远超于想象，乾隆便将王士俊撤职[4]。王士俊虽被撤职，但依然留任四川巡抚。后因他在上奏折中，提到目前翻雍正的案、否定雍正政策是一种时髦做法这句话，激怒了乾隆。因为翻案等于承认雍正执政错误，这可能让雍正成为尧舜的夙愿泡汤。乾隆驳斥说，我父亲雍正一贯正确，我从来都是遵循他一贯正确的政策，"凡用人行政、兢兢以皇考诚民育物之心为心，以皇考执两用中之政为政"[5]。一贯正确的我父亲，不存在需要进行翻案的错误政策，尧任命鲧负责治水，但是舜杀了治水失败的鲧，难道这也叫舜翻了

〔1〕 中国第一历史档案馆编：《雍正朝文朱批奏折汇编》（第31册），江苏古籍出版社1991年版，第556页。

〔2〕《清实录》（第9册）高宗纯皇帝实录（一三），中华书局1985年版，第282页。

〔3〕《清实录》（第9册）高宗纯皇帝实录（一三），中华书局1985年版，第289页。

〔4〕 他们追究王士俊在任上勾结其他官员，罗织罪名迫害对王士俊胡作非为进行反抗的王作孚、周心传等人的问题。"吏部议前任河东总督王士俊，审拟已革武生王作孚及周心传闹堂一案。承审各官，隐匿真情，罗织无辜，请将王士俊革职。得旨。王士俊著革职，仍留署四川巡抚之任"〔《清实录》（第9册）高宗纯皇帝实录（一三），中华书局1985年版，第502页〕。

〔5〕《清实录》（第9册）高宗纯皇帝实录（一三），中华书局1985年版，第541页。

尧的案[1]？乾隆还百般为雍正辩护，大意如下：我祖父康熙、父亲雍正在要求你们全心全意为人民服务的方面，和我对你们的要求是完全一致的。你们的工作开展得好，是因为我父亲的英明领导、他的教导能够得到贯彻；你们的工作开展得不好，是因为你们背叛我父亲、他的教导没有充分得到贯彻。你们这些贪官污吏[2]利用我父亲赋予你们的权力胡作非为，把农村搞得一塌糊涂，所以现在才需要进行纠正。这种纠正不是翻我父亲案的问题，而是惩罚你们这些贪官污吏背叛我父亲的行为。你们胡作非为，责任只能由你们自己承担，丝毫无损于我父亲雍正作为伟大领袖的崇高地位[3]。就这几句话，乾隆把制度性政治腐败的问题、雍正的拍脑瓜决策等责任推得一干二净。

　　在制度性政治腐败之下，最高掌权者责、权、利不对应，他们有权力、有利益而无责任，他们为了实现其永远控制中国的个人利益最大化理想，利用其权力为所欲为，却不想承担为所欲为所导致失败的责任。并且，这样的社会没有公正、没有正义，只要他掌握实权，即使他为推卸责任而胡说八道，也同样是一言九鼎。甚至他把丧事当成喜事，说这不是失败而是从胜利走向胜利，人们也只能认为这是无比英明的判断。"中国政治制度上没有代议性质的机构来帮助限制或者监督皇权"[4]，由于没有对皇帝使用权力进行监督、弹劾的制度，任何对皇帝滥用权力持有异议的人，都没有法律可以保护他，他必定落在皇帝的手中，任由皇帝以谋反谋大逆罪对他进行凌迟。虽然设有监督权力的御史，但这些御史连官员都不敢监督[5]，何谈皇帝？而军机

---

〔1〕"昔尧因四岳之言而用鲧。鲧治水九载，绩用勿成，至舜而后殛鲧于羽山。当日用鲧者、尧也。诛鲧者、舜也，岂得谓舜翻尧之案乎"〔《清实录》（第9册）高宗纯皇帝实录（一三），中华书局1985年版，第541页〕。

〔2〕贪官污吏指滥用权力谋取政治利益，该政治利益包括政治地位、物质财富、名誉等。

〔3〕"盖皇祖皇考与朕之心、原无丝毫间别。如果内外大小臣工，俱能仰体，使政治清平，民生安乐，可以垂之永久而无弊，又何必更有因时制宜之举"〔《清实录》（第9册）高宗纯皇帝实录（一三），中华书局1985年版，第541页〕。他还说，"王士俊垦田一事、市兴利之美名、而行剥民之虐改。中外共愤、人人切齿。设使此案败露于皇考之时、岂能稍为宽宥乎"〔《清实录》（第9册）高宗纯皇帝实录（一三），中华书局1985年版，第542页〕。其意是，你们在农村胡作非为，却捏造农村形势一片大好等说辞来蒙蔽我父亲，如果他知道你利用开展开荒运动的机会迫害农民、破坏农村的安定团结，他能够饶恕你吗？

〔4〕[英]斯当东：《英使谒见乾隆纪实》，叶笃义译，群言出版社2014年版，第364页。

〔5〕"遇势要之人，纵知其贪秽，亦不肯纠参"〔《清实录》（第4册）圣祖仁皇帝实录（一），中华书局1985年，第1130页〕。

处成员如和珅等人，几乎也都是贪官污吏，他们不但监督不了皇帝，反而是皇帝贪腐的合伙人。由于皇帝等人"尽量消费金钱来追求享受，他们吸去国家的主要收入"[1]，如果还不够，这些贪腐合伙人就为皇帝出谋献策，如乾隆、和珅设立的议罪银制度[2]。

值得一提的是，在不受有效制度制约之下，皇帝往往除了要完全控制中国、要永葆江山千秋万代永不变色、要成为国内尧舜等之外，还想成为世界人民的伟大领袖，让全世界人民都沐浴在中国皇帝的浩荡皇恩之下。乾隆五十八年（公元 1793 年），乾隆与当时来到中国的英国使团之间的关系引人注目。在北上进京的过程中，一路上享受乾隆浩荡皇恩的英国使团，在商量如何向乾隆拜寿时竟然不同意向乾隆行三跪九叩大礼。这让乾隆很懊恼，他说，"以各处藩封，到天朝进贡觐光者，不特陪臣俱行三跪九叩首之礼，即国王亲自来朝亦同此礼"[3]。乾隆认为，即使是你们国家的国王来到天朝，也要按照天朝法律向我三跪九叩，你们是你们国王派遣的，难道不按照天朝法律办事？他命令臣下一定要让使团成员行三跪九叩大礼。但尽管中国官员百般威逼利诱，使团成员依然坚决拒绝。中国官员毫无办法，就问特使如果不愿意三跪九叩，那么准备以什么礼节谒见乾隆，特使说他谒见英王陛下是行单腿下跪的礼节，他也准备以同样礼节见中国皇帝[4]。由于乾隆最终同意采用单腿下跪的表敬方式[5]，所以在他接受外国使团拜见的过程中，倒也没有什么不愉快的事情发生。但乾隆对此事依然耿耿于怀，在拜寿仪式结束之后，他再次下令，由于此次英国"使臣等前来热河，于礼节多未谙悉，朕心深为不惬……此等无知外夷，亦不值加以优礼。（他们回国时）至沿途经过程站，所有营汛墩台务须修理完整，兵弁一律严肃，以壮观瞻而昭威重"[6]，用武力对他们进行威吓威吓。

即使是皇帝，想越出国界成为世界人民的伟大领袖，难度也是相当大，因为不是在国内。在国内，全国一盘棋，他可以不择手段地贯彻自己的要求，

---

〔1〕　［英］斯当东：《英使谒见乾隆纪实》，叶笃义译，群言出版社 2014 年版，第 364 页。

〔2〕　官员犯错可以花钱免罪，类似于罗马教会的免罪符。

〔3〕　《清实录》（第 27 册）高宗纯皇帝实录（一三），中华书局 1986 年版，第 147 页。

〔4〕　［英］斯当东：《英使谒见乾隆纪实》，叶笃义译，群言出版社 2014 年版，第 402 页。

〔5〕　［英］斯当东：《英使谒见乾隆纪实》，叶笃义译，群言出版社 2014 年版，第 404 页。

〔6〕　《清实录》（第 27 册）高宗纯皇帝实录（一三），中华书局 1986 年版，第 170–171 页。

如愚民术、凌迟等。但对外国人来说，愚民术与凌迟等作为贯彻皇帝意志的手段，对他们是鞭长莫及。在国内，民众由于处于皇帝专政的铁拳之下，向皇帝三跪九叩实际上包含着饶命的哀求，因为不这样，灾难可能随时降临到他们的头上，皇帝享受他们的三跪九叩无须任何经济成本。而外国人基本上没有这种恐惧，要他们三跪九叩，其实就像是一种交换的游戏，行一次三跪九叩大礼给多少钱？当然，中国边境的一些小国，除了他们希望得到这些好处之外，他们还得像大象脚边的一只小兔子一样，必须小心翼翼，尽量满足乾隆的要求。但如果远离中国，并且也不是小国，就必定存在更为复杂的问题。由于这些外国人也都是利益人，他们也存在各种盘算，而且这种三跪九叩大礼，在很多时候不是单单用金钱可以衡量交换，还包含着个人荣誉、国家荣誉等的复杂因素。尽管乾隆明白"手中没有一把米、叫鸡鸡不来"的道理而采用"一把米"策略，往往最终反而是"偷鸡不成蚀把米"。比如，这次接见英国使团，乾隆就认为花了很多银子，但结果很失败，让他很不愉快。各种显在与潜在的因素使皇帝实施计划的结果变得不可预测，如果乾隆按照全国一盘棋的国内统治方式的思维，去进行成为世界人民伟大领袖的努力，更多的将是失败与失望。但为所欲为的权力使皇帝不进行这种思考，他们"为追求自己的利益最大化而走极端，绑架全国民众以实现其个人的目的"[1]。而在皇帝看来只不过是区区的"一把米"，实际上往往是一笔巨额的财富。毫无疑问，皇帝动不动就浪费民众血税去实现其个人的伟大政治理想，是名副其实的最大贪官。

　　然而，更为糟糕的是，同一个坑不止让乾隆掉入一次，由于没有吸取教训，他想成为世界人民伟大领袖的热情依然不减。一年多之后的乾隆六十年一月（公元 1795 年 1 月），他写了"致荷兰国王"的敕谕："朕视吾土及藩邦为一家，其君王及百姓均为吾子民……朕赞赏使者从四方来体验，称颂吾之贤良治理"[2]。当时的荷兰是世界的航海和贸易强国，乾隆热情洋溢，要把

---

　　〔1〕　陈忠云：《超越不同形式政治制度的研究范式——制度的利益分析理论之魅力》，中国政法大学出版社 2016 年版，第 152 页。

　　〔2〕　[英]乔治·马戛尔尼、约翰·巴罗：《马戛尔尼使团使华观感》，何高济、何毓宁译，商务印书馆 2013 年版，第 119 页。

自己的治国经验传授给他们，让他们臣服、心甘情愿地成为乾隆的子民[1]。乾隆提到的"称颂吾之贤良治理"，在什么地方显示出他的"贤良治理"？旁观者清、当局者迷。实际上，一年多前来到中国的英国使团成员看到中国官员极端腐败、民众生活极端痛苦，他们认为这是乾隆极端自私、没有建设一个好制度所导致的结果。由于同时期的英国真正掌握实权的人是由选票决定，这些掌权者不可能按照个人利益至上的原则一路上高歌猛进去追求个人的利益，而必须要顾及人民的利益。乾隆则不这样，他把自己打扮成"天神"，控制一切权力并且骑在人民头上作威作福。所以英国使团成员认为乾隆是吃里扒外的权棍，作为国家领导人是不合格的。

但是，从英国使团离开中国，到乾隆写了"致荷兰国王"的敕谕这一年多时间里，政治制度没有任何改变。如果制度不变，这依然是一个制度性政治腐败极为严重的国家，何来"贤良治理"？他的"贤良治理"的标准是什么？是不是依然还是以全国民众完全屈服、彻底跪拜在掌权者的脚下作为治国成功的标准？乾隆在这种扭曲的治国思维基础上，要传授什么经验给西方国家？是不是要输出制度性政治腐败经验，把该问题扩散到全球？是不是要让全世界人民接受清朝的"普天之下莫非王土，率土之滨莫非王臣""天地君亲师"等的政治理念？是不是要把控制民众的打屁股，甚至凌迟等的治国经验推广到全世界？已经走向民主管理、把权力关进笼子[2]的西方国家的人民，能否接受这种把本国人民治理成"道路以目"的所谓治国经验？但乾隆勇敢无畏，迎难而上，反向布局，其守护个人利益的胆量、勇气也真是可歌可泣。当然，乾隆可能宣称，他的目的无他，只是为了让全世界人民和中国人民一道共享他的浩荡皇恩。但要知道西方人也都是和乾隆一样的利益人，乾隆怪异的、极端自私的政治理念，打屁股、凌迟、要求三跪九叩等的统治手段，民众的物质上、精神上极端贫困等的问题，人们都看在眼里、记在心里，他们能够接受这种"浩荡皇恩"？所以，类似于"共享浩荡皇恩"的蠢话只能是乾隆自己骗自己，骗不了他人。并且，乾隆一边热情洋溢地要把自己治国经验传授给全世界，一边却强烈地畏惧正在被统治的中国人民利益觉

---

〔1〕 据说荷兰使团成员确实也曾经向乾隆三跪九叩（［英］乔治·马戛尔尼、约翰·巴罗：《马戛尔尼使团使华观感》，何高济、何毓宁译，商务印书馆2013年版，第117页）。

〔2〕 英国在1688年发生清教徒革命，1689年制定《权利法案》，规定最高权力属于议会。美国在1787年制定《美国宪法》。

醒。他利用凌迟、愚民术等手段对民众进行控制，反复向民众灌输"天地君亲师"等的政治理念，以及皇家万世一系的政治理想，用符合他个人利益的政治理念来改造人民的思想、武装人民的头脑，这些做法更让人对国家的将来失去希望。而信息灵通的外国人，不可能不知道皇帝这些愚蠢、卑劣的做法。

如前所述，制度性政治腐败，是指在特定制度环境之下的所有掌权者，由于其权力不受有效制约，必然利用权力谋取政治利益，包括权力地位、物质财富、名誉等。形成这种问题的根源在于规定最高统治者个人可以私占国家的皇帝制度。在这种制度之下，皇帝个人的政治理念以及他们所设计的政治制度往往体现他们的个人政治野心。普天之下莫非王土、率土之滨莫非王臣等就是其政治理念，他们所设计的皇帝制度就是极力将这种政治理念具体化、制度化。而帝王们对其个人改治利益的追求并不是到此为止，笔者在研究王莽的问题时也曾提到，"多数帝王的欲望是无止境的，他们当了皇帝还想成仙。他们一旦登上权力顶峰，一览众山小，再也找不到真实的、可以继续向上攀爬的目标。要再上一层楼，往往容易陷入虚无缥缈的幻想之中，或者要成为长生不老的神仙，或者要超越历史上最有名的人物以名垂青史……而此时，他手中的权力可以让他随意支配各种社会资源，为他追逐梦想提供支持，也没有任何人可以制约他的行为"[1]。他们一旦成为皇帝，巩固了权力之后就不满足于皇帝的地位，而要更进一步地成为尧舜或者成为世界人民的伟大领袖。并且为此不惜成本，因为获得该利益是其个人的，而成本则由全国人民承担。在掌权者不受有效制度制约的国家中，掌权者的个人利益永远凌驾于国家利益、人民利益之上。这种传统政治文化阴魂不散、绵延数千年。

总而言之，在制度性政治腐败之下，强者为所欲为，根本不存在"盛世"的制度基础。而雍正、乾隆制造、传播康雍乾三朝盛世的谣言，实际上同样是强者为所欲为的结果。由于他们控制着宣传机器，可以随心所欲地自我宣传：一边是持有占有中国亿万年的欲望，一边说自己毫无私心；一边采用凌迟手段控制民众，一边说自己是为人民谋幸福；一边造成民众在胡作非为的权力之下当牛做马、生活极端贫困，一边强调自己善于治政、竭力争取让自

---

[1]　陈忠云：《超越不同形式政治制度的研究范式——制度的利益分析理论之魅力》，中国政法大学出版社 2016 年版，第 162 页。

己成为尧舜；一边维持高度腐败的皇帝制度、造成国内灾难连连，一边努力让自己成为世界人民的伟大领袖。皇帝随心所欲，一切工作围绕着自己个人利益展开，并构成日常政治运行的主旋律。如前所述，康雍乾三朝皇帝制度问题重大，从愚民术与凌迟等卑劣的控制民众的手段就可以进行逆向推论。好制度无须这些卑劣的手段，而坚守坏制度则无法产生高尚的政治人物，包括所谓的尧舜，或者世界人民的伟大领袖。在皇帝制度之下，皇帝为了巩固政权，总是利用政治包装术对自己进行梳妆打扮，并按照皇帝本人的欲望来塑造人民人格，把维护皇帝亿万年统治作为国家的政治理想反复灌输给弱者，以取得他们认同。但由于弱者也是利益人，他们不可能无法看穿这些政治包装术，他们不可能愿意一直承受政治的压迫、官员的侮辱。皇帝独占国家，又将维护其个人利益的政治理想强加于民众，其本身就是邪恶行为，民众受此压迫却无可奈何。他们被迫用自己的劳动所得，供养欺压自己的官员、供养镇压自己的暴力机关。

第五章 ▶▶▶
嘉道咸同时期制度性政治腐败问题研究

　　如果说盛世的最低条件是民富国强，那么号称盛世的康雍乾时代，因为存在严重的制度性政治腐败导致贪官污吏的普遍存在。并且民众被彻底控制、他们的精神与物质的生活都陷入极端贫困的状态。显然，该时代远远达不到盛世的最低条件。这种政治状况，不但与"盛世"名不符实，甚至只能称之为"末世"，所以，在乾隆五十八年（公元1793年）来到中国的英国使团特使马戛尔尼（1737–1806年）说，"在我本人在去世之前天朝已经崩溃并不意外"[1]。马戛尔尼是在1806年过世的。

　　清朝是在1912年彻底垮台。它比马戛尔尼的预测延长了一个世纪，但对民众来说这是生不如死的一个世纪，这种生不如死的生活导致民不畏死。乾隆的儿子嘉庆说，"刑至于凌迟，无可再加，而民不畏者，不识尊卑，不知利害也"[2]。尽管统治者采用凌迟的手段对反抗者进行镇压，但民众并没有被吓倒，甚至他们"直至俯首就戮之时，嬉笑自若，尚云转生贵官"[3]。人们视死如归，使嘉庆感到震惊，"曾不畏死，虽严刑峻法，视为泛常"[4]，他哀叹连连，"为君难，至朕尤难"[5]，甚至哀号，"朕遇斯时，大不幸也"[6]。在太平天国运动期间，咸丰同样哀鸣，"予蒙天恩、承考命，临御天下，六年于兹。四海无一日安静，万姓罹兵燹之灾。返躬自问，天恩未报，祖考之恩

---

　　〔1〕　[英]乔治·马戛尔尼、约翰·巴罗：《马戛尔尼使团使华观感》，何高济、何毓宁译，商务印书馆2013年版，第27页。

　　〔2〕　《清实录》（第31册）仁宗睿皇帝实录（四），中华书局1986年版，第840页。

　　〔3〕　《清实录》（第31册）仁宗睿皇帝实录（四），中华书局1986年版，第1053页。

　　〔4〕　《清实录》（第31册）仁宗睿皇帝实录（四），中华书局1986年版，第841页。

　　〔5〕　《清实录》（第31册）仁宗睿皇帝实录（四），中华书局1986年版，第759页。

　　〔6〕　《清实录》（第31册）仁宗睿皇帝实录（四），中华书局1986年版，第841页。

未报……兴念及此，真堪一痛哭也"〔1〕。

尽管如此，皇帝的欲望依旧、皇帝制度依旧、制度性政治腐败问题依旧、官员胡作非为的问题依旧、民众反抗的问题依旧、愚民术与凌迟等控制的手段依旧。因此，依然可以采用制度的利益分析理论对嘉道咸同〔2〕时期的政治问题进行分析。从理论上推理，规定皇帝私有国家的皇帝制度是一种不公正、极端自私的政治制度，这种政治制度存在，本身就意味着存在大量的贪官污吏以及大量的利益受损害者，也就意味着必定引起民众的觊觎与反抗，随时可能发生社会动乱。而皇帝为了长久维持自己的最大化利益，将采用相应的手段维持皇帝制度，包括愚民术、凌迟等手段。

上述的理论观点同样可以采用可信度较高的资料进行考证。考证按照下述的顺序展开。首先考察皇帝制度与制度性政治腐败的问题，其次考察皇帝维持皇帝制度的策略。

一、皇帝制度与制度性政治腐败问题

制度性政治腐败问题，包括皇帝的完美个人政治利益追求，上上下下掌权者不受刚性制度制约而产生政治腐败，以及民众对权力的反抗等问题。

（一）皇帝的完美个人政治利益追求

导致产生制度性政治腐败的"皇帝制度"这个社会病灶还在，弱者反抗必然不会停止。但皇帝不会认真思考皇帝制度的问题，而只会绞尽脑汁地维持既得利益。尽管他们训斥官员，"缘私心太重，以致吏治不肃也"〔3〕。但他们自己私心更重，欲亿万年控制中国。嘉庆希望"永保天命以巩固我大清亿万年丕丕基（帝业）"〔4〕。道光同样希望"我国家景祚延长，绳绳继继遵兹令典〔5〕，接续拟增，亿万斯年"〔6〕。咸丰也如此，"我国家景祚延鸿，亿

〔1〕《清实录》（第43册）文宗显皇帝实录（四），中华书局1986年版，第10-11页。

〔2〕嘉庆1796年-1820年在位，道光1821年-1850年在位，咸丰1850年-1861年在位，同治1862年-1874年在位，慈禧自1861年开始垂帘听政。

〔3〕《清实录》（第31册）仁宗睿皇帝实录（四），中华书局1986年版，第758页。

〔4〕《清实录》（第29册）仁宗睿皇帝实录（二），中华书局1986年版，第713页。

〔5〕指皇子皇孙及近支宗室命名典册。

〔6〕中国第一历史档案馆编：《嘉庆道光两朝上谕档》（道光六年），广西师范大学出版社2000年版，第383页。

万年继继承承"〔1〕。同治生命短暂享年十九岁，据说在生前经常逛"红灯区"，但他在胸怀无比伟大的政治理想方面并不逊色于其祖宗，他希望他的祖宗能够让子孙们享受"亿万世无疆之麻（庇荫）"〔2〕。清朝皇帝的欲望无止境，但皇帝的这种政治野心能否实现，要看官员是否完全服从、民众是否完全屈服。事实上，官员不可能完全服从、民众不可能完全屈服。

（二）上上下下掌权者不受刚性制度制约而产生的政治腐败问题

皇帝建立、维持利益一边倒的皇帝制度，把国家占为私有。由于人人都是利益人，人人都将追求主观上认为是较大的利益，官员们的思考与皇帝一样也希望获得自己的利益，这些官员在没有有效的制度制约之下，必定在自己权力所及的范围内利用权力谋私。嘉庆斥责官员说，"大不法必小不廉，至定不易之理"〔3〕，确实上行下效是"至定不易之理"，只是不仅是高官的问题，而应当溯源到皇帝本人。皇帝为了满足其个人欲望，建立并维持控制一切的皇帝制度，从理论上说，由于人人都是利益人，皇帝本人的欲望就是其他官员的榜样。并且皇帝制度无法有效地约束皇帝以及官员的行为，只要官员们也控制着特定的资源，那么他们就存在贪腐行为，事实也是如此。以下利用可信度较高的资料对嘉庆、道光、咸丰、同治时代的政治腐败问题进行探讨〔4〕。

1. 嘉庆朝掌权者政治腐败问题之一瞥

追求权力地位的政治腐败。由于成为官员的渠道主要是上级任命，要获得权力，就先要得到皇帝或者上司的赏识。因此欲得官者蝇营狗苟，竭力讨好皇帝、上司。他们抓住各种机会欲与皇帝攀上关系，并乞求皇帝赐予一官半职，"望恩幸泽者……纷纷具摺呈递，累牍连篇，不过首列颂扬虚语，后述干乞私情"〔5〕。他们还为了能够得到上司的推荐，利用各种机会讨好中央和

〔1〕《清实录》（第43册）文宗显皇帝实录（四），中华书局1986年版，第524页。

〔2〕《清实录》（第49册）穆宗毅皇帝实录（五），中华书局1986年版，第426页。

〔3〕《清实录》（第28册）仁宗睿皇帝实录（一），中华书局1986年版，第916页。

〔4〕由于这些内容与康熙、雍正、乾隆时期的问题极为相似，如果读者认识到这种制度之下必然发生这种问题，可以简略地一读而过。笔者也尽量简略地介绍。

〔5〕中国第一历史档案馆编：《嘉庆道光两朝上谕档》（嘉庆四年），广西师范大学出版社2000年版，第439页。这句话的背景如下："本年联亲政之始，即下诏求言……数月以来，候补捐纳微员、以及平民，俱有自具封章，于军机处及部院大臣前投递者……（然而）望恩幸泽者，遂视此为干进之阶，纷纷具摺呈递，累牍连篇。不过首列颂扬虚语，后述干乞私情……况三年以来，军务纷繁，教匪肆扰，从未有一人情愿投营效力。此时军务就绪　大功指日可成，遂纷纷乞请投营（参军镀金）"。

地方的高官，"不独钦差大员过境，伊等极其承奉，即遇本省上司及邻省督抚司道经过，该员等皆不惮远涉，纷纷迎送……地方应办事务延拦贻误，不知凡几"[1]。而上司也主要提拔能够迎合自己的人，"六部堂官所拔识之司员，大率以迎合己意者……积习相沿，狂澜难返"[2]。上级官员还根据自己控制官缺油水多少的"缺分之肥瘠"，而随意调遣官员。如嘉庆说，"各省督抚，于州县缺分，往往计其肥瘠，辗转调署……上司爱憎所属为人择缺者居多"[3]。甚至买卖官缺，"大不法，小不廉……大缺一万，中缺八千"[4]。

与康雍乾时代一样，举行科举考试之时，考生纷纷钻营，考前考后皆如此。考之前"豫先拜谒交通关节"[5]。考之后"向素识之大员分送诗片，冀图暗中关照"[6]，学子们希望能够通过走后门得到特殊照顾。

追求物质财富的政治腐败。如上所述，欲得官者跑官要官，贿赂得官。他们不择手段地追求权力地位，一旦得官获得权力，就获得了资源分配权，就可以"倚官致富"[7]。官员上任伊始，就开始以权谋私，"各揣乎肥瘠，及相率抵任矣，守令之心思不在民也，必先问一岁之陋规若何，属员之馈遗若何，钱粮税务之赢余若何……不幸一岁而守令数易，而部内之属员、辖下之富商大贾，以迄小民，已重困矣"[8]。官员以权谋私，衙门的办事人员则以职谋私。刚刚亲政的嘉庆似乎也认识到此问题的广泛性与严重性，"内外衙门书吏，积惯舞毙（弊）最为恶习。外省各官，遇有题升、调补……并刑名案件，每向部中书吏贿嘱。书吏乘机舞毙（弊），设法撞骗，是其常技。至运京饷铜颜料各项解员，尤受其累，自投文以至批回，稍不满欲，多方勒掯，任

---

〔1〕 中国第一历史档案馆编：《嘉庆道光两朝上谕档》（嘉庆五年），广西师范大学出版社2000年版，第37页。

〔2〕 中国第一历史档案馆编：《嘉庆道光两朝上谕档》（嘉庆五年），广西师范大学出版社2000年版，第501页。

〔3〕 中国第一历史档案馆编：《嘉庆道光两朝上谕档》（嘉庆五年），广西师范大学出版社2000年版，第276页。

〔4〕 中国第一历史档案馆编：《嘉庆道光两朝上谕档》（嘉庆五年），广西师范大学出版社2000年版，第105-106页。

〔5〕 《清实录》（第30册）仁宗睿皇帝实录（三），中华书局1986年版，第990页。

〔6〕 《清实录》（第32册）仁宗睿皇帝实录（五），中华书局1986年版，第871页。

〔7〕 《清实录》（第28册）仁宗睿皇帝实录（一），中华书局1986年版，第358页。另有"倚官妄为"、"倚官娄索"等词。

〔8〕 洪亮吉：《卷施阁集》，文海出版社1980年版，第123页。

意需索，动至累百盈千，名曰部费，公然敛派。即督抚亦往往明知故纵。至外省督抚藩臬以及州县各衙门，凡应办事件，亦不能不经书吏之手，藉端滋毙（弊）"[1]。但他束手无策。

只要是有利可图的地方，就必有权贵插手其中，包括工程项目。在特殊政治制度之下，任何地方、任何时代都如此。一方面偷工减料建豆腐渣工程，另一方面准备各种贵重物品，贿赂上级官员[2]。贿赂的款额，实际上也是属于工程成本的一部分。这种猫鼠一家问题的存在，往往导致各项工程"愈修愈坏"[3]。

2. 道光朝官员政治腐败问题之一瞥

追求权力地位的政治腐败。道光朝同样，成为官员的主要渠道是上司提拔，因此对官员来说讨好上司是一种有效地获得升迁的手段。知县等官员到地方任职之后，就到省城谒见上司，"甚至无故在省逗留，夤缘请托，无所不至"[4]。他们平时也"托故进省，为营求升调之计。如史梦蛟任忻州时，一年之中在署不过三四月，其余八九月常住省城。林树云任保德州，亦复如是"[5]。这种拜码头行为的好处之一是，不但容易获得荐优保举，得到升迁，而且官员在贪污腐败被检举等问题出现的时候，也有上司为他包庇[6]。这种拜码头的行为在当时普遍存在。

在进行科举考试时，各个层级的考生们也竭力与上层官员攀上关系，以获得特别关照。某地乡试（举人考试），考前"士子夤缘干谒（考官），拜为

[1]　《清实录》（第28册）仁宗睿皇帝实录（一），中华书局1986年版，第714页。

[2]　嘉庆向内阁官员通报："谕内阁、御史蒋云宽，条陈河工积习一摺……如该御史所奏、麻料掺杂沙土，秸垛外实中空……该御史奏称、工所玩好充牣，甚至元狐紫貂、熊掌鹿尾、无物不有。河员等，随意购置，为钻营馈送之资。亦系从前陋习"（中国第一历史档案馆编：《嘉庆道光两朝上谕档》（嘉庆二十四年），广西师范大学出版社2000年版，第580-581页）。

[3]　中国第一历史档案馆编：《嘉庆道光两朝上谕档》（嘉庆十六年），广西师范大学出版社2000年版，第637页。

[4]　中国第一历史档案馆编：《嘉庆道光两朝上谕档》（道光八年），广西师范大学出版社2000年版，第378页。

[5]　中国第一历史档案馆编：《嘉天道光两朝上谕档》（道光十六年），广西师范大学出版社2000年版，第255页。

[6]　道光谕旨："外省积习。属员一经升调，即拜认师生……（下级官员）节寿厚其馈送，（上级官员）迁调藉作报酬，遇有赃私败露及审案错谬、仓库亏空等事，碍于情面不加参劾，甚至赃款代为掩饰，案件听其抽换，亏短代为弥缝"[中国第一历史档案馆编：《嘉庆道光两朝上谕档》（道光十二年），广西师范大学出版社2000年版，第461页]。

师生，私通关节，并贿嘱礼房，勾通内帘收掌书吏，豫传红号，竟将某卷直送某房，以便呈荐。且该书吏等当未揭晓之先，辄窥探消息，寄信出闱，私相传播。似此积弊相沿"〔1〕。这种问题积弊相沿，长久存在。

追求物质财富的政治腐败。贪官污吏不择手段进行勒索，"湖南候补通判署攸县知县叶起鹏，到任后即以生日为名，派令城乡保正代为散帖，横索绅民寿礼。敛费至数千余两之多……该员又复亲自下乡，以催征钱粮为词，随带书役多人，按户索钱，谓之过山礼。复纵令夫役勒索钱文，谓之草鞋钱。稍不遂欲，即遭销拏（锁拿）"〔2〕。谋私的名目多种多样，过山礼、草鞋钱等用词贴切，让权力胡作非为的理由变得很充分。一个七品官的这种聪明度，如果能够用在制约权力的制度设计上，何尝不能出现一种好制度？

没有有效的制度制约掌权者，他们竭尽其能进行谋私。地方官吏有各种相沿已久的谋私手段，其中包含传纸、坐差。所谓传纸，指诉讼的相关人只要愿意出钱，可以不用排队先处理。所谓坐差，指派某办事员固定参加办理某案。办事员如果出了"数千、至一二十千"的一大笔钱，就可以得到该差〔3〕。羊毛出在羊身上，办事员就对案件的相关人进行百般讹诈勒索，不但要收回成本，而且要获得尽可能多的盈余。不但是地方官员如此，中央部委的官员、办事人员同样如此，"刑部现审之书吏陈鸿，辄敢寄信外省，任意索诈。此外未经破案者，尚不知凡几"〔4〕。甚至官匪一家，"各衙门捕役，类多与贼通气。窝贼之家，按月供给捕役钱文，名为月钱。而门丁、典史及刑书差役，又暗与捕役分肥，以致贼有所恃，肆行无忌"〔5〕。

---

〔1〕　中国第一历史档案馆编：《嘉庆道光两朝上谕档》（道光十三年），广西师范大学出版社2000年版，第629页。

〔2〕《清实录》（第36册）宣宗成皇帝实录（四），中华书局1986年版，第873-874页。

〔3〕"传纸之弊，民间遇有控诉，不候放告日期，辄出使费，将呈纸豫行传入，其使费视案情轻重为多寡……至坐差之弊，遇有催查事件或传集案证，胥役等出资打点、指名求派。其费自数千、至一二十千不等。票差时，本官即坐派该役。无论久暂，不复更易他人。该役等惟利是图，遇案则冀其不结，以包庇捺搁为把持之术。即寻常催查，势必多方讹索，以盈其欲壑"〔中国第一历史档案馆编：《嘉庆道光两朝上谕档》（道光十二年），广西师范大学出版社2000年版，第227-228页〕。

〔4〕《清实录》（第40册）文宗显皇帝实录（一），中华书局1986年版，第224页。

〔5〕　中国第一历史档案馆编：《嘉庆道光两朝上谕档》（道光十五年），广西师范大学出版社2000年版，第274页。

3. 咸丰朝官员政治腐败问题之一瞥

追求权力地位的政治腐败。咸丰朝官员追求权力地位的政治腐败问题亦与前朝一致。官员们从"进身之始即百计营求，豫为保举地步……日日奔走仆仆……昏夜乞怜"[1]。他们"恃势营求保举，谋署优缺"[2]。同样，在追求物质财富的政治腐败方面与前朝也是大同小异。以权谋私有各种方式、各种惯例（所谓陋规）。"四川一省，自总督以及监司大员，率皆通同一气，收受苞苴（贿赂）。大吏以捐款为名，复陋规之实。司道以朘削所得，为结纳之资。试思府州县以取之于民者，应司道之求，司道又以索之于府州县者，饱督抚之欲，似此营私肥己，不顾廉隅，无怪属员之藉逞刁风，公务之日就废弛，甚至钻谋贿嘱，朋比为奸"[3]。

官员还根据自己个人的条件，寻找更多的搜刮理由。有个名字叫明绪的人，官位是臬司（负有监察地方官员之责的按察使），但他除了自己的"三节两寿外，又添母寿二次，所收各属，竟有二十余处，每次不下数千金。属员……畏其谗间，故不敢不竭力致送"[4]。顺天府属大城县知县陈鸾"到任之始即请地方商民富户至署饮酒，索借钱财。本年闰三月间，为其妾作寿，复向盐当商人派令出银若干两，以为寿礼。于词讼案件，并不细心推鞫（审问），惟恣意滥刑，欲藉立威，意存需索。如遇稍为殷实之户有词到官，即罚令出钱，托名充公，实饱私囊。稍不如意，押责随加。生监衿耆，亦难幸免，以致民怨沸腾"[5]。

官员的家属、手下也借权借势冢取、贪污腐败。"湖南善化县知县易学超贪婪不法，上年劝捐办赈，捏称赔累，勒令各铺户再行捐银，以肥私囊。其门丁张福、蠹役王洲等，逐案诈赃。开设钱店之吴姓因案逃走，该县即将其店中所存银钱金器带归衙署，将店改易名号，自行开设……平江县知县张宗

〔1〕中国第一历史档案馆编：《咸丰同治两朝上谕档》（咸丰九年），广西师范大学出版社1998年版，第703页。

〔2〕中国第一历史档案馆编：《咸丰同治两朝上谕档》（咸丰十年），广西师范大学出版社1998年版，第417页。

〔3〕中国第一历史档案馆编：《咸丰同治两朝上谕档》（咸丰四年），广西师范大学出版社1998年版，第336页。

〔4〕张集馨：《道咸宦海见闻录》，中华书局1981年版，第225-226页。

〔5〕中国第一历史档案馆编：《咸丰同治两朝上谕档》（咸丰十年），广西师范大学出版社1998年版，第313页。

世遇案索费，私设非刑。其所索之费，系其父及其胞兄亲收。前年因事赴乡，被民人纠众殴打，狼狈归署，不敢上禀"〔1〕。甚至官盗一家，"迁安县盗贼充斥，知县于志瀛庇差豢盗，声名狼藉。民间有于大强盗之称。捕役赵鸣冈等……恃有于志瀛袒护，愈行无忌。门丁李大收取窝盗月规，每月东钱数百串。署内所用鸦片烟，皆由诸贼供给。因此，聚盗日多，民间劫案累累。或旋挐（拿）旋放，或屡控不挐（拿）"〔2〕。

贪官污吏之多，让咸丰无可奈何，他斥责说，"如此无耻之辈、昏夜乞怜之徒，在内即无立身之品，一旦滥膺荐牍，焉望其奉公守法？不过到省后，先计其缺分之肥瘠，量一岁之所入，为奉承老师上官地步。不数年，病呈又入告矣。满载而归，徒饱私囊，为子孙置产之资"〔3〕。即使咸丰大骂这些官员无耻，但他也不得不承认他们很多是能够成功地达到目的的。而他们的胡作非为更让他束手无策，"现在山东省被灾之区甚广……佐杂胥吏，从中染指……著崇恩（山东巡抚）严饬道府州县等，详细履勘，核实散放，不准假手吏胥，致滋弊窦"〔4〕。这句话的意思是，在紧急救灾时不能让这些贪官污吏插手。养兵千日用在一时，在紧急的情况之下不让他们做事，民众养着这些官吏有何价值？不但救灾如此，在办理征粮等其他的事项，也要"遴选公正绅耆妥为经理，不准假手胥吏，致滋弊端"〔5〕。民众养着这些毫无用处的贪官污吏，并且皇帝对他们束手无策，由此你可以知道这是什么政治制度。

4. 同治朝官员政治腐败问题之一瞥

同治朝的贪污腐败同样是不胜枚举，考虑到已经列举康熙朝、雍正朝、乾隆朝、嘉庆朝、道光朝、咸丰朝等大量的事实，在此简略叙述。

追求权力地位的政治腐败与以往的情况一样，官员们讨好上司是达到升迁

〔1〕 中国第一历史档案馆编：《咸丰同治两朝上谕档》（咸丰元年），广西师范大学出版社1998年版，第211页。
〔2〕 中国第一历史档案馆编：《咸丰同治两朝上谕档》（咸丰元年），广西师范大学出版社1998年版，第524页。于志瀛后被革职。
〔3〕《清实录》（第44册）文宗显皇帝实录（五），中华书局1986年版，第436-437页。
〔4〕 中国第一历史档案馆编：《咸丰同治两朝上谕档》（咸丰五年），广西师范大学出版社1998年版，第427页。
〔5〕《清实录》（第43册）文宗显皇帝实录（四），中华书局1986年版，第1210页。

目的的最佳途径。"私拜师生最为仕途恶习。其风开于都下，而盛行于外省。地方官钻营上司，诡遇求合"〔1〕。这种制度诱导着人们的特定利益行为取向，"贵州候补道鲁经芳钻刺夤缘，蒙混保举；候补同知马彦谄谀逢迎"〔2〕。各种歪门邪道层出不穷。

追求物质财富的政治腐败。掌权者利用权力胡作非为的问题严重。大大小小官员相互勾结，"大吏知情故纵，上下分肥，以致层层剥削，民不聊生……甚至刑狱滥施，胥役门丁，百端浚虐。属在小民，无从呼吁"〔3〕。而知州容恬滥用酷刑勒索民众，"他于民人白鼎之妻自缢一案，酷刑索贿至三千两之多。又藉转运募勇，侵冒饷项一万余串"〔4〕。甚至官贼一家，个案牵出贪腐窝案，交河县李清龄等"被抢之案，犯无一获。该县有充当库书之胡鸣岐等，充当户书之刘允慧等，壮班张明德等，久惯窝贼分肥……该县知县置若罔闻，形同聋瞆"〔5〕。

5. 嘉道咸同时期贪腐的普遍性

由于上一章介绍康雍乾时期的问题时，也是按照皇帝制度与制度性政治腐败问题、皇帝维持皇帝制度的策略等的顺序进行写作，想必读者已经认识到在制度性政治腐败的前提之下，掌权者的政治腐败行为很多都是相似的，并且任何反腐败措施都无效的这个真理。强势的皇帝，为了能够亿万年控制中国，应当说在主观上他也有意愿反腐败，但这不是由他个人意志所能够决定的，而是由制度决定的，在制度性政治腐败的前提之下，反腐败最终将是在反复折腾之后，不了了之。

可以利用制度的利益分析理论对制度性政治腐败问题进行分析。在政治领域，行为者都是利益人，在特定的政治制度之下，他们利用权力谋私的方式其实是大同小异，康雍乾、嘉道咸同，甚至后来的光绪、宣统等时代都如

---

〔1〕《清实录》（第45册）穆宗毅皇帝实录（一），中华书局1986年版，第221页。

〔2〕 中国第一历史档案馆编：《咸丰同治两朝上谕档》（同治二年），广西师范大学出版社1998年版，第218页。

〔3〕 中国第一历史档案馆编：《咸丰同治两朝上谕档》（咸丰十一年），广西师范大学出版社1998年版，第467页。

〔4〕 中国第一历史档案馆编：《咸丰同治两朝上谕档》（同治九年），广西师范大学出版社1998年版，第409页。

〔5〕 中国第一历史档案馆编：《咸丰同治两朝上谕档》（咸丰十一年），广西师范大学出版社1993年版，第523页。

此。在皇帝制度之下，每一个皇帝都是欲望无限，欲永远私占国家。上梁不正下梁歪，皇帝的行为就是官员学习的榜样。只要权力控制资源，掌权者又不受有效制度制约，贪官污吏必定是数不胜数。理论上这些官员人人都是贪官污吏。当时官方资料中的不知凡几、比比皆是、不可枚举、不胜枚举等，也足以说明这种现象的普遍性[1]。并且贪官污吏的各种谋取利益的新法术是不断发展的。清代学者洪亮吉（1746-1809年）通过观察，认为"究之州县，亦恃督、抚、藩、臬、道、府之威势以取于民，上司得其半，州县之入己者亦半。初行尚有畏忌，至一年二年，则成为旧例，牢不可破矣"[2]。在皇帝制度之下，强者可以为所欲为，他们在争取获得更多利益的思路之下，出台各种新做法，而这些新做法又不断地成为旧积习而相沿。

与权力贪腐问题同时存在的，是以酷济贪问题的存在。由于地方官员主要以民众作为索取对象，在索取的过程中，手段往往极为残暴。嘉庆朝官员将农民打得遍体鳞伤，"不忍寓目，询系因逼令增租不从，即横加敲扑（施加酷刑）。以酷济贪"[3]。在道光朝，道光皇帝也在上谕中提及"各省吏目典史署内捕役，拏锁乡民，设立差馆土地祠二处地方，以为拘押之所。纵差勒索，棰楚不堪"。同上谕还在列举"以酷济贪"的各种事实之后说，"其未经发觉者，更不知凡几"[4]。同治朝亦如此。"民闲稍有不遵，即刀割其鼻，用绳穿孔，鱼贯游街示儆……任性妄为，不可枚举"[5]。如上所述，此类问题同样也是"未经发觉者，更不知凡几"，"不可枚举"等。

而官员之间官官相护使以酷济贪的问题变得更为严重。在同治朝，有人告发贵州遵义县知县邓尔巽"在任办理捐输，私置站笼班卡，将举人许姓等

---

〔1〕 贪污腐败"未经发觉者，不知凡几。"［中国第一历史档案馆编：《嘉庆道光两朝上谕档》（道光十五年），广西师范大学出版社2000年版，第285页］。贪污腐败"未经破案者，尚不知凡几［《清实录》（第40册）宣宗成皇帝实录（四），中华书局1986年版，第224页］。"近来各省违例徇私，滥保劣员者，比比皆是"［中国第一历史档案馆编：《咸丰同治两朝上谕档》（咸丰十一年），广西师范大学出版社1998年版，第524页］。"侵吞肥己者，竟至比比皆是"［《清实录》（第45册）穆宗毅皇帝实录（一），中华书局1986年版，第1294页］。

〔2〕 （清）赵尔巽等撰：《清史稿》第37册，中华书局1977年版，第11314页。

〔3〕 《清实录》（第32册）仁宗睿皇帝实录（五），中华书局1986年版，第152页。

〔4〕 中国第一历史档案馆编：《嘉庆道光两朝上谕档》（道光十六年），广西师范大学出版社2000年版，第220页。

〔5〕 中国第一历史档案馆编：《咸丰同治两朝上谕档》（同治元年），广西师范大学出版社1998年版，第415页。

锁押，杖责销户。张姓等上站笼后用热水淋头身，死（了）不准领尸，致令伊母自缢……数年之久，监毙不可胜计"[1]。但即使这是一桩有目共睹的事实，居然有官员为他辩护说"并无私置站笼班卡等事"[2]。而复查时却发现他存在更多的胡作非为事实，"邓尔异于署理遵义府绥阳县时，勒偪民捐。不输者以香炙背，并添班卡勒捐。设立木站笼，制人死命。河南沈邱县知县丁士选之父，家不中赀（不富裕）。因勒捐不遂，一家五人均毙囹圄。调任遵义县知县后，将生员文新元勒捐押入站笼，令其倾家以赎"[3]。这些事实，无论从哪一个角度，都证明了如果没有效制度制约、权力必将胡作非为的本文理论推理的正确性。

（三）民众对权力的反抗

面对残暴的掌权者，绝大多数人是沉默的羔羊，"永清县三百余人，控知县王锡琦加征苛派等情……永清原告三百余人，因其阴属治中锁押，不敢到案者居多"[4]。但一些人则不畏强暴，进行各种的反抗。这种反抗可以分成非暴力反抗与暴力反抗两部分。

非暴力反抗，如编歌谣、起绰号、京控[5]等。在编造歌谣方面，新城县知县席伊炳等地方各官"因贪纵虐民"而被民众编造各款歌词[6]。"四川涪州知州杨上容，赋性贪酷，惟利是营。勒索盐店规礼，锁押店商冉复旦、向炜，索勒赃银至一万六千两之多。该处士民编刻歌谣，到处张贴"[7]。在起绰号方面，前述的知县于志瀛，在"民间有于大强盗之称"。还有京控，在地方控告，往往遭遇官官相护，控诉无门。他们因此赴京控告，到京访民日益

---

〔1〕　中国第一历史档案馆编：《咸丰同治两朝上谕档》（同治三年），广西师范大学出版社 1998年版，第 110 页。

〔2〕　《清实录》（第 47 册）穆宗毅皇帝实录（三），中华书局 1986 年版，第 178 页。

〔3〕　中国第一历史档案馆编：《咸丰同治两朝上谕档》（同治六年），广西师范大学出版社 1998年版，第 258 页。

〔4〕　中国第一历史档案馆编：《咸丰同治两朝上谕档》（咸丰十一年），广西师范大学出版社 1998年版，第 576 页。

〔5〕　"凡审级，直省以州县正印官为初审。不服，控府、控道、控司、控院，越诉者笞。其有冤抑赴（京城）都察院、通政司或步军统领衙门呈诉者，名曰京控"。（清）赵尔巽等撰：《清史稿》第15 册，中华书局 1977 年，第 4211 页。

〔6〕　中国第一历史档案馆编：《嘉庆道光两朝上谕档》（道光十五年），广西师范大学出版社 2000年版，第 502 页。

〔7〕　中国第一历史档案馆编：《嘉庆道光两朝上谕档》（道光十六年），广西师范大学出版社 2000年版，第 238 页。

增多。并且，这些京控访民，在地方吃尽贪官的苦头，到北京连京官也不信任，称要见到皇帝之后才申诉[1]。

当代的京控，往往乘高铁快速到达目的地。但是，当时交通不便到达北京极为困难，大量的受冤者中只出现若干赴京告者。即使赴京控告也无法得到申冤，因此"百姓亦习知上控必不能自直，是以往往至于激变"[2]。

民众控告无门，并且非暴力的反抗方法也往往无效[3]，唯一的一条路就是暴力反抗。在嘉庆朝，"张正谟、聂杰人等，在襄阳宜城一带纠众焚掠，自此辗转蔓延，扰及河南、陕省。而四川徐添德、王三槐等，亦相继而起……当其起事之初，首逆等皆以官逼民反为词，互相煽惑"[4]。嘉庆也不得不承认官逼民反这一事实，"平心之论，即从前教匪之事，亦由官逼民反也"[5]。在道光朝，铜山县知县陈稷田，外出时"突被多人以命案及浮收等词，拦舆指控……（并）被掷石伤面"[6]。更有"潮州府知府刘浔，素有贪酷之名。前在广州府任时，有民人放火焚烧府署之案。撤任后无人租与房屋。嗣经调任潮州，该处百姓不令进城"[7]。在咸丰朝，"江苏青浦县，夏间因催收缓

---

[1]　当时的皇帝嘉庆因此动怒说，"小民来京控告者，动称必须面见朕躬始行申诉，堂廉之分甚远。似此罔识尊卑，其情尤为可恶。并著刑部严定科条，即所控得实，亦治以妄越之罪，傥审系虚诬，再加重治罪"。嘉庆要制定严厉刑律惩治这些口称"必须面见朕躬始行申诉"的访民。《清实录》（第32册）仁宗睿皇帝实录（五），中华书局1986年版，第716页。

[2]　"千万人中，或有不甘冤抑，赴京控告者"，但赴京控告者的"千百中有一二得直者乎"[（清）赵尔巽等撰：《清史稿》第37册，中华书局1977年版，第11314页]。

[3]　如前述的新城县知县席伊炳被人编造歌词一事。道光反而要严惩编造歌词的人，说"究出编造之人，严行惩办。如实不能指出，即将黄简思（呈递歌词者）照诬告律坐罪。断不可徇庇姑容，任其狡展"。《清实录》（第37册）宣宗成皇帝实录（五），中华书局1977年版，第228—229页。道光要严厉惩罚黄简思，但他早已被抓捕，并遭受酷刑死在监狱。而四川涪州知州杨上容被人编造歌词一事，官员"查明杨上容并无肆求盐规、及藉案需索情事"。道光因此认为杨上容被诬陷，极为愤怒，"至此项歌谣、编自何人。既经讯明杨上容并无其事，是有心倾陷，情同鬼蜮，最为风俗人心之害，不可不严行拏究。著鄂山留心体访，饬拏务获，按律惩办，以肃吏治而戢刁风"[中国第一历史档案馆编：《嘉庆道光两朝上谕档》（道光十六年），广西师范大学出版社2000年版，第359页]。他要坚决、彻底追究编造歌谣的人。实际上，从制度的利益分析理论角度看，在制度性腐败之下，个个掌权者不可能廉洁。民众不可能诬陷杨上容，只是调查的官员因为官官相护而为他洗白而已。

[4]　《清实录》（第29册）仁宗睿皇帝实录（二），中华书局1986年版，第34页。

[5]　《清实录》（第29册）仁宗睿皇帝实录（二），中华书局1986年版，第564页。

[6]　中国第一历史档案馆编：《嘉庆道光两朝上谕档》（道光元年），广西师范大学出版社2000年版，第212页。

[7]　中国第一历史档案馆编：《嘉庆道光两朝上谕档》（道光二十八年），广西师范大学出版社2000年版，第47页。

征银两。乡民聚众，将署知县余龙光咬伤耳鼻"〔1〕。"山东蓬莱县知县刘扬廷……严刑逼征钱粮，几激民变。三月间乡民聚众二三千人，将该员坐轿挤碎"〔2〕。咸丰承认，正是因为官员们以酷济贪、胡作非为，"激成事变，遂有聚众戕官之案，不得不发兵剿捕。而各州县反藉词于抗粮滋事，以掩其浮勒之咎。究其起衅根由，皆此不肖官吏贪婪所致"〔3〕。在同治朝，如前所述，因为官员残酷榨取并随意对民众进行"刀割其鼻，用绳穿孔，鱼贯游街"。这种暴行导致民众奋起反抗，他们"磔杀委员，抢毁厘局"〔4〕。

在皇帝制度之下，没有有效的制度制约作为利益人的官员，他们必定利用手中的权力进行谋私。他们为了得到更多的利益，必然采用各种手段对民众进行榨取。掌权者这种恶行，在特定的环境之下，将反复出现。所以，当时太平天国运动的洪秀全、杨秀清等人的造反理由之一是"贪官污吏，布满天下，使剥民脂膏……官以贿得，刑以钱免，富儿当权，豪杰绝望"〔5〕。

（四）民众对皇位的觊觎

掌权者以酷济贪、胡作非为的问题导致民不聊生。另一方面，皇帝却控制着国家的一切资源，还要亿万年维持这种状态。官员的压迫使民众反抗，而皇帝的贪婪使民众除了采用暴力推翻他们之外，别无他策。特别是，民众也是利益人，皇帝的贪婪成为他们的榜样，他们极容易产生对国家最高位置的觊觎。因此，官逼民反很容易转化为夺取国家政权的斗争。嘉道咸同时代发生了诸多的觊觎皇位事件〔6〕。而对统治者来说，冲击力最大的是林清事件

〔1〕《清实录》（第40册）文宗显皇帝实录（一），中华书局1986年版，第1033页。

〔2〕中国第一历史档案馆编：《咸丰同治两朝上谕档》（咸丰三年），广西师范大学出版社1998年版，第247页。

〔3〕中国第一历史档案馆编：《咸丰同治两朝上谕档》（咸丰三年），广西师范大学出版社1998年版，第310页。

〔4〕中国第一历史档案馆编：《咸丰同治两朝上谕档》（同治元年），广西师范大学出版社1998年版，第415页。

〔5〕太平天国历史博物馆编：《太平天国文书汇编》，中华书局1979年版，第105页。

〔6〕如，"王瑞忠捏称弥勒佛转世，煽惑乡愚……该犯辄自称瑞忠法中皇，写入旗内，号召众人"〔中国第一历史档案馆编：《嘉庆道光两朝上谕档》（嘉庆九年），广西师范大学出版社2000年版，第130页〕。"逆匪胡秉耀买得残书一本，内有阵图及悖逆俚语。即向逆伙邱忝泽、杨易、卢胜辉，夸称解得书内阵图，如得有为首起事之人，便可图取富贵。杨易随以朱毛俚可以假托前明后裔。朱毛俚闻邀，自任不疑。"〔中国第一历史档案馆编：《嘉庆道光两朝上谕档》（嘉庆十九年），广西师范大学出版社2000年版，第775页〕。

与太平天国事件。嘉庆朝发生了林清事件。《上谕档·林清事档》记述,"林清僭号天皇,冯克善僭号地皇,李文成僭号人皇"〔1〕,并且他们的队伍攻入了紫禁城。守城的禁军用石块、砖头等进行反击〔2〕。而太平天国事件,从金田武装暴动的酝酿到南京被清军攻破,横跨了道光、咸丰、同治三个朝代。他们都是对清统治者的反抗,同时目的很明确,就是他们也要成为皇帝。而洪秀全还真正控制了清朝的半壁江山,以南京为都城,"真命天子"当了十余年。

二、皇帝维持皇帝制度的策略

嘉道咸同时期的皇帝控制臣民的手段,基本上与康雍乾时期皇帝的控制臣民手段一致。在控制官员方面,由于官员贪腐问题太普遍,反无可反,只能采用选择性反腐手段。在控制民众方面还是采用愚民术与凌迟等手段。

(一) 控制官员的策略

皇帝控制官员的策略,主要有选择性反腐败,以及通过跪拜礼仪对官员的行为进行控制等。

嘉道咸同时期的皇帝,与康雍乾时期的皇帝一样,也知道贪官污吏遍地,各地官逼民反的问题严重。但皇帝本身的强大欲望以及皇帝制度根本无法控制官员的行为等问题,导致皇帝只能采用选择性反腐败的策略。嘉庆对和珅的打击,基本上与康熙对鳌拜、雍正对年羹尧、隆科多等进行选择性反腐一样,也是围绕着维持政权、巩固政权这个中心,采用选择性反腐手段对权力的挑战者进行打击。和珅的罪状列举几项如下,"上年正月,皇考在圆明园召见和珅,伊竟骑马直进左门,过正大光明殿至寿山口。无父无君,莫此为甚,其大罪二。又因腿疾,乘坐椅轿台入大内,肩舆出入神武门,众目共睹,毫无忌惮,其大罪三……军机处记名人员,和珅任意彻去,种种专擅,不可枚举,其大罪十二……家内银两及衣服等件,数逾千万,其大罪十七。且有夹

---

〔1〕 笔者曾到中国第一历史档案馆查阅《上谕档·林清事档》资料,工作人员说该资料确实存在,不过暂不对外公开。因此在此只能引用互动百科的资料《天理教起义》(载 http://www.baike.com/wiki/%E6%9E%97%E6%B8%85%E6%9D%8E%E6%96%87%E6%88%90%E8%B5%B7%E4%B9%89,访问日期:2017年6月29日)。

〔2〕 嘉庆上谕:"九重皋应,何等尊严。八旗守卫,何等雄壮。岂有数十逆贼哄然直进,官兵空手遮拦,立被杀害。皆由经年累月,不修军器,弓无弦、矢无镞、刀枪钝敝、火药潮湿。日前击贼,皆用瓦砾,言之可羞"。《清实录》(第31册)仁宗睿皇帝实录(四),中华书局1986年版,第759页。

墙藏金二万六千余两，私库藏金六千余两，地窖内并有埋茂银两百余万，其大罪十八"[1]。在其罪状中，既有"无父无君""专擅"等与权力相关的问题，也有与贪污腐败相关的问题。

在1793年，和珅是接待英国使团的主要负责人，英国使团成员通过面对面接触以及其他渠道，得以了解和珅的情况。他们对和珅的基本判断是，一是他个人有能力；二是他在朝廷有势力，并且在权势方面当时是风头无两。首先是他个人有能力。在代表团与他直接的接触中，和珅"体现出一位有经验的廷臣的礼貌和上等教养"[2]，他"态度和蔼可亲，对问题的认识尖锐深刻，不愧是一个成熟的政治家。他的飞跃提升，固然是由于皇帝的特别提拔，这种情况在许多帝国是相同的，但他同时也要得到当朝有实力的统治阶层的一致赞许才能长期保得住这个崇高的职位"[3]。其次是和珅在朝廷有势力，具有压倒任何太子党的权势。1793年乾隆在承德结束生日庆典之后回到北京时，使团成员看到，一路上"和中堂紧随着皇帝御驾后面。当皇帝停下轿子差人慰问特使，几个官员跳过沟去走到和中堂轿前下跪致敬。可注意的是，除了和中堂之外，没有其他大臣和皇室宗亲等跟随皇帝，足见和中堂地位之特殊"[4]。使团成员还了解到，许多中国人私下里称和珅为"二皇帝"[5]。这种压倒任何太子党的权势，"引起皇族中以及一些忠君的人的不安。其中一人过于积极，竟奏请皇帝速立太子，杜绝将来纠纷，以策万全"，但乾隆杀了他[6]。

和珅的这种能力，以及这种风头无两的权势，毫无疑问让新当权者忌惮。皇族对他的戒备，早在嘉庆登基之前就已经开始。所以，尽管当时"侵贪之员比比皆是"[7]、多如牛毛，但嘉庆首先揪出和珅进行杀鸡儆猴，原因并不单纯。在消灭潜在权力挑战者的同时，顺便进行反腐败，这也是嘉庆反腐败的特征之一。

---

〔1〕　中国第一历史档案馆编：《嘉庆道光两朝上谕档》（嘉庆四年），广西师范大学出版社2000年版，第25-26页。

〔2〕　［英］斯当东：《英使谒见乾隆纪实》，叶笃义译，群言出版社2014年版，第419页。

〔3〕　［英］斯当东：《英使谒见乾隆纪实》，叶笃义译，群言出版社2014年版，第406页。

〔4〕　［英］斯当东：《英使谒见乾隆纪实》，叶笃义译，群言出版社2014年版，第457页。

〔5〕　［英］斯当东：《英使谒见乾隆纪实》，叶笃义译，群言出版社2014年版，第417页。

〔6〕　［英］斯当东：《英使谒见乾隆纪实》，叶笃义译，群言出版社2014年版，第406页。

〔7〕　《清实录》（第12册）高宗纯皇帝实录（一三），中华书局1986年版，第760页。

再者是通过跪拜礼仪对官员的行为进行控制。在统治者看来，跪拜是彻底臣服的象征，因此清统治者为对官员进行控制，极为重视跪拜礼仪，跪拜程序极为严格。"礼部尚书汪守和趋跪越次"〔1〕，"礼部堂司各官，带领朝鲜琉球两国使臣跪领赐酒，将先后班次错误"〔2〕，"刑部侍郎承芳跪拜错误，且行一叩之礼"〔3〕等，他们在跪拜的顺序等问题上出了差错，都要进行相应处理。并且，皇帝还命"管理新旧营房都统副都统（军队高干），遇朕出入，俱应按门跪接"〔4〕。

(二) 控制民众的策略

嘉道咸同时期的皇帝对民众进行控制的手段，基本上与康雍乾时期皇帝的对民众进行控制的手段一致，包括愚民术、凌迟等。

在愚民术方面，主要有阻止民众获得新信息的措施等。嘉庆在上谕中提及，西洋人在中国"内地刊刻书籍，私与民人传习，向来本定有例禁。今奉行日久，未免懈弛。其中一二好事之徒，创其异说，妄思传播。而愚民无知，往往易为所惑，不可不申明旧例，以杜歧趋。嗣后著管理西洋堂务大臣留心稽察。如有西洋人私刊书籍，即行查出销毁，并随时谕知在京之西洋人等，务当安分学艺，不得与内地民人往来交结。仍著提督衙门、五城、顺天府，将坊肆私刊书籍一体查销"〔5〕。当时欧美已经掀起民主制度改革热潮，民主制度信息已经传播到中国，统治者通过禁止西洋人私刊书籍、阻止西洋人与中国人接触等方法，达到对中国人进行思想控制的目的。而道光时代亦如此，"摻获（搜获）不经夷书，著即对众销毁，以免传播"〔6〕。

嘉道咸同时期的皇帝与康雍乾时期的皇帝一样，实施惨绝人寰的凌迟政治。在皇帝制度之下，人人都是希望独占国家的政治野心家。在位的皇帝也是野心家，他们欲让自己的子孙亿万世独占国家，担心在野的野心家取代他。他们为了维护自己的既得利益，总是对挑战自己利益的人，以十恶不赦的大

〔1〕 中国第一历史档案馆编：《嘉庆道光两朝上谕档》（道光十二年），广西师范大学出版社2000年版，第278页。

〔2〕 《清实录》（第36册）宣宗成皇帝实录（四），中华书局1986年版，第423页。

〔3〕 《清实录》（第42册）文宗显皇帝实录（三），中华书局1986年版，第171页。

〔4〕 《清实录》（第37册）宣宗成皇帝实录（五），中华书局1986年版，第499页。

〔5〕 《清实录》（第29册）仁宗睿皇帝实录（二），中华书局1986年版，第945页。

〔6〕 《清实录》（第38册）宣宗成皇帝实录（六），中华书局1986年版，第306页。

逆之罪加以凌迟。对活人进行千刀万剐的凌迟刑罚是皇帝维护自身利益的最残暴、最无耻、最卑劣的手段，皇帝宁愿让自己变得畜生不如[1]，也要采用这种手段维持他的既得利益。这种手段也确实让他减少了不知道多少权力竞争者。然而获取国家的利益巨大，总有人冒着被凌迟的危险跃跃欲试。嘉庆十八年，发生天理教首领林清党人与紫禁城太监等里应外合攻入紫禁城事件，林清以及太监刘得财、刘金等全部遭凌迟处死。凌迟处死太监时，"传齐该处在配各太监，环视行刑，以儆凶恶"[2]。

　　除了直接挑战皇帝权力的被凌迟之外，官逼民反，对贪官污吏进行暴力反抗的民众，也被大规模凌迟。嘉庆五年，杨文泰、陈大鹏等"纠众滋事"，清兵将抓获的一百三十八名相关人员，全部进行"凌迟正法枭示"[3]。同在嘉庆五年，发生了白莲教首领刘之协造反事件，刘之协本人被凌迟。除了他之外，与他相关的"各股贼首先后就诛者，如张正谟、聂杰人、覃加耀、林之华、齐王氏、姚之富、王三槐、冷添禄、罗其清、高均德、龚建、卜三聘、王登廷、张汉潮、冉添元、陈士奉、杨开甲、庞洪胜等。（他们）无不身受极刑，全家被戮"[4]。道光朝则发生"曹顺等率众进城，戕官焚署"案。该案相关者"赵法玉、杨潮法，并审定供词之李廷标等八十二名，先后凌迟、斩决、戮尸，传首枭示"[5]。

　　在嘉庆朝，不少不孝者亦被凌迟。"四川省具题崇宁县民黄万煃，盗开伊母尸棺，剥取衣服"[6]，而被凌迟处死。勇顺"刃伤伊母、并及伊婶"[7]，亦被凌迟处死。"吕祥因贫起意，先后发掘伊高祖之祖吕承科、高祖之父吕九

〔1〕　陈忠云：《超越不同形式政治制度的研究范式——制度的利益分析理论之魅力》，中国政法大学出版社 2016 年版，第 198 页。
〔2〕　《清实录》（第 31 册）仁宗睿皇帝实录（四），中华书局 1986 年版，第 727 页。
〔3〕　中国第一历史档案馆编：《嘉庆道光两朝上谕档》（嘉庆五年），广西师范大学出版社 2000年版，第 345 页。
〔4〕　《清实录》（第 28 册）仁宗睿皇帝实录（一），中华书局 1986 年版，第 950 页。
〔5〕　中国第一历史档案馆编：《嘉庆道光两朝上谕档》（道光十五年），广西师范大学出版社 2000年版，第 174~175 页。
〔6〕　中国第一历史档案馆编：《嘉庆道光两朝上谕档》（嘉庆六年），广西师范大学出版社 2000年版，第 449 页。
〔7〕　中国第一历史档案馆编：《嘉庆道光两朝上谕档》（嘉庆十二年），广西师范大学出版社 2000年版，第 301 页。

思、并伊高祖之弟吕犹龙坟冢，开棺盗取金银器物"[1]，亦被凌迟处死[2]。

因贫困而掘墓获取衣衫、因贫困造成家庭不睦而吵架误伤等，相关犯案者都被凌迟。人们困惑，为何采用极端的手段惩罚这种罪犯？主要是有这项规定，"向来误伤亲命之案、均应照定例问拟凌迟"[3]。为何有这项规定？"我朝列祖列宗皆以孝治天下，列圣徽号，必以孝称。诚以孝为百行之首……人人亲亲长长而天下平，化理之原，莫重于此也"[4]。每家每户都"亲亲长长"，天下就太平无事。特别是他们认为"古来求忠臣必于孝子之门"[5]。按照皇帝的理解，如果某人是孝子，那么他必定是忠臣；如果某人不是孝子，那么他就必定不是忠臣。为了让社会出现更多的忠臣，就必须要坚决剔除不孝之子。并且对这种案犯，要采用极端残暴的手段进行惩罚，以确保能够出现更多的忠臣。其实，人尊敬自己的父母是本能。导致家庭不睦，往往是因为极端贫困的原因。统治者应当思考的问题是，如何改善制度，如何减少贪官污吏，而不是对这种罪犯加以凌迟。

皇帝所使用的凌迟刑罚，还具有榜样的效应，上行下效，官员以及其他人也模仿使用。地方官员抓捕受害者，并随意"动刑严讯，辄用竹片刮两（月曲）（月秋）。此种刑法，惟审讯叛逆案内罪应凌迟处死之犯间一用之"[6]。也就是说，官员在审讯时采用一种类似于凌迟的"刮两（月曲）（月秋）"刑罚进行逼供，[7]显然，皇帝的残暴行为就是官员的榜样。甚至其他人也这样。在嘉庆年间，河南滑县知县强克捷抓捕了欲准备造反的李文成，并进行"严刑拷讯"。[8]这引起了李文成一帮人的报复，他们杀进县城，抓住了知县

---

〔1〕《清实录》（第31册）仁宗睿皇帝实录（四），中华书局1986年版，第93页。

〔2〕赵小幅"伤毙瞽（盲）母，并先经抓伤伊父"，亦被凌迟处死。《清实录》（第31册）仁宗睿皇帝实录（四），中华书局1986年版，第698页。

〔3〕中国第一历史档案馆编：《嘉庆道光两朝上谕档》（嘉庆二十四年），广西师范大学出版社2000年版，第244页。

〔4〕《清实录》（第32册）仁宗睿皇帝实录（五），中华书局1986年版，第456页。

〔5〕中国第一历史档案馆编：《嘉庆道光两朝上谕档》（嘉庆七年），广西师范大学出版社2000年版，第421页。

〔6〕中国第一历史档案馆编：《嘉庆道光两朝上谕档》（嘉庆五年），广西师范大学出版社2000年版，第173页。（月曲）、（月秋）：括号内二字合一。

〔7〕受过这种刑罚的人，往往就在监狱中死去。

〔8〕中国第一历史档案馆编：《嘉庆道光两朝上谕档》（嘉庆二十一年），广西师范大学出版社2000年版，第291页。

的部分家人。其中"强克捷长媳徐氏，抗节不辱，挺身骂贼，致被活钉脔割（凌迟）"。[1]强克捷的长媳徐氏被复仇的人们凌迟杀死。

而横跨了道光、咸丰、同治三个朝代，并夺取清朝半壁江山的太平天国运动，让清统治者极为震撼，同时也对参加者大规模进行凌迟。除了石达开、洪天贵福等被凌迟之外，对战场上的俘虏，也大规模进行凌迟[2]。

在皇帝制度之下，几乎所有的皇帝都是欲千秋万代占有一切、控制一切的完美的个人政治利益追求者，包括康熙、雍正、乾隆、嘉庆、道光、咸丰、同治等。该制度又使上上下下的掌权者不受刚性制度制约，而产生严重的以民众利益为牺牲的权力谋私现象。并且由于国家私有，除了皇帝容易为所欲为胡作非为的同时，还容易发生他人对皇位的觊觎等问题。这些制度性政治腐败的问题存在本身，使社会处于极不稳定的状态。为了维持皇帝制度，他们使用各种手段控制民众，包括以狡济贪的愚民术以及惨绝人寰的凌迟刑罚。

其实，如果个人、家族、集团可以私占国家，那么无论何种时代都将无法控制权力滥用的问题。没有被有效地制度所控制的人的欲望，是社会动乱的根源。皇帝制度不但没有解决这个问题，更由于皇帝制度鼓励皇帝的欲望，反而加深了这个问题。皇帝完美的个人政治利益追求，使他在一般的情况下不可能去思考如何改善这种制度，达到与人民共享政治利益目的，而是去思考如何迫使民众彻底屈服，满足其亿万年占有全中国的欲望。清朝皇帝这种一脉相承的欲望，恰恰就是清末政治制度改革失败的最关键原因。

---

〔1〕　中国第一历史档案馆编：《嘉庆道光两朝上谕档》（嘉庆十九年），广西师范大学出版社2000年版，第350页。

〔2〕　曾国藩等人的奏折：清军对捷获太平军"一百三十四名，概予凌迟，以泄民愤"。《清实录》（第42册）文宗显皇帝实录（三），中华书局1986年版，第584页。

第三部分　清朝民众追求公正平等政治制度的曲折历程

前述的第四、第五章，笔者在制度的利益分析理论导航之下，对皇帝制度的制度性腐败问题进行了研究。在制度性政治腐败之下，强者必定为所欲为、胡作非为，损害民众的利益。民众尽管处在残酷刑罚的威吓之下，但他们依然进行反抗，并沿着原来争取自身利益的道路，不断地追求公正平等政治理念，探索相应的制度。以下，按照清朝之前民众追求公正平等政治理念、清朝民众追求公正平等政治理念及制度设计、西方权力制约的信息传入中国等的顺序，进行论述。

一、清朝之前民众追求公正平等政治理念

清朝之前民众对公正平等政治理念追求以及相应的制度设计，可以追溯到先秦时代。该时代的王权制度、等级制度等，是政治利益向强者一边倒的制度。在这种制度之下，大大小小掌权者由于不受有效的制度制约，往往压迫弱者、损害弱者的利益。作为利益人的弱者，他们必将产生不满并奋起反抗。他们追求公正、平等、法治的政治理念，并设计制约权力的政治制度。这种公正平等的政治理念追求与制度设计，是作为利益人的弱者追求自己应有的权利、追求自己正当政治利益的必然结果[1]。但弱者的这种制度设计在当时就因为得不到统治者的配合而无法顺利进行，后来更由于秦始皇等人控

---

〔1〕 即使是西周或者东周初期，豪强对民众的压迫同样也会遭到反抗，部分民众采用指桑骂槐、含沙射影的方式表达他们的不满。如《硕鼠》，"硕鼠硕鼠，无食我黍！三岁贯汝，莫我肯顾。逝将去汝，适彼乐土"（程俊英译注：《诗经译注》，上海古籍出版社 2004 年版，第 166 页）。该诗还表达了他们欲寻找适合于自己生存的国土，追求适合于自己生存的政治制度的要求。进入春秋战国时代，可以发现更多的与民众追求公正平等的政治理念以及相关制度设计的资料。

制了全国，导致中断〔1〕。

在秦始皇、刘邦的皇帝制度取代王权制度之后，统治者从行动上、思想上对民众进行更为彻底地控制，如连坐制、以孝劝忠等。但是只要存在政治利益完全向强者倾斜的皇帝制度，弱者追求公正平等的政治理念就必然存在。在统治者对民众进行强力控制的时候，弱者追求公正平等的声音就弱小，当统治者控制民众的力量减弱的时候，就又有人为追求公正平等的政治理念而高声呐喊。这种现象从先秦到清末一直存在。秦末陈胜质疑"王侯将相宁有种乎"〔2〕，东汉末的太平道主张"人无贵无贱，皆天所生"〔3〕。晚唐的无能子主张人生而平等，认为人是"同生天地，交炁（同'气'字）而已，无所异也"〔4〕。他责难强者"强分贵贱尊卑以激其争"〔5〕是罪过。宋代人钟相说，"法分贵贱贫富，非善法也。我行法，当等贵贱，均贫富"〔6〕。明晚期，李贽（1527-1602年）说，"致一之理，庶人非下，侯王非高，……曷尝有所谓高下贵贱者哉"〔7〕。吴承恩（约1500-1583年）在《西游记》中借孙悟空之口说，"常言道：'皇帝轮流做，明年到我家'"。〔8〕这里的常言道是指人人皆知的意思。

春秋战国数百年，民众对公正平等政治理念的追求以及相关的制度设计，虽然与同时代的古希腊雅典相比，较为分散，但整理之后还是可以看出存在较为深厚的相关知识积累。而秦汉至明末近两千年，相关认识几无发展，并且严重退化。这种对比，可知秦汉以后统治者对弱者控制的力度。由于强者

---

〔1〕 关于这方面的内容，参照拙作《超越不同形式政治制度的研究范式——制度的利益分析理论之魅力》，中国政法大学出版社 2016 年版，第 13 章。

〔2〕 原文是"且壮士不死即已，死即举大名耳，王侯将相宁有种乎？"〔（西汉）司马迁：《史记》，中华书局 1999 年版，第 1569 页〕。

〔3〕 王明编：《太平经合校》（下），中华书局 1979 年版，第 576 页。

〔4〕 王明校注：《无能子校注》，中华书局 2015 年版，第 1 页。

〔5〕 王明校注：《无能子校注》，中华书局 2015 年版，第 3 页。

〔6〕 鼎州武陵县人钟相"善为诞谩，自号老爷……语其徒则曰 '法分贵贱、贫富，非善法也。我行法，当等贵贱、均贫富'。持此语以劝小民。故环数百里间，小民无知者翕然从之。备粮谒相，旁午于道，谓之拜爷。如是者凡二十余年。相缘此，家资巨万。中间累曾败露，有司受赇（贿），不能尽法绳治"〔（南宋）徐梦莘撰：《三朝北盟会编》（卷137），明 湖东精舍抄本 原件收藏 北京图书馆 原件书号 083〕。

〔7〕 （明）李贽：《老子解》、《李贽全集注》（第 14 册），社会科学文献出版社 2010 年版，第 61 页。

〔8〕 （明）吴承恩：《西游记》，岳麓书社 2006 年版，第 52 页。

对弱者长期进行思想愚化、行为控制，民众无法从前人的思想积淀中吸收营养，以形成系统化理论知识，并在此基础上强化自己的利益主张，只能根据自己在现实生活中对不平等、不公正政治事实的体验，发出个体化、碎片化要求平等、公正的主张。从这里也可以看出，在严酷政治环境之下人们对公正、平等政治理念的执着追求。如果存在丰富的关于公正、平等政治理念知识的积淀，如果不是欲长久私占国家的权贵们的强力阻挠，笔者认为就像先秦中国人具备在经济领域发明度量衡、构建程序化经济制度的能力一样[1]，完全具备在政治领域开发、构建程序化民主政治制度的能力。建立程序化的公正平等政治制度与建立程序化的市场制度相似，都是基于行为者为追求自身的经济利益或者政治利益而无师自通。这也可从处于边境地区、不受汉朝皇帝严密控制的乌桓族群（今内蒙古赤峰附近）中，存在近似于政治利益均衡导向的制度形式中看出[2]。

二、清朝民众的公正平等政治理念追求

关于清朝民众的公正平等政治理念追求，可分为明末清初清朝政权稳定之前民众的政治追求以及清朝政权稳定之后民众的政治追求两个阶段进行阐述。

（一）明末清初民众的政治追求

明末清初黄宗羲（1610－1695 年）、唐甄（1630－1704 年）等人，他们的思想是在明末清初改朝换代的历史转折点上出现。在这个转折点上，旧的统治者忙逃窜，新的统治者忙夺权，对民众的行为、思想控制松弛。在统治者对民众控制放松的时候，弱者揭露旧制度的不合理性，要求重新设计制度对权力进行制约的思想就出现。他们痛斥皇帝暴力夺取国家、独占国家等行为。唐甄说，"杀人者众手，实天子为之大手……暴骨未收，哭声未绝，目眦未干，于是乃服衮冕，乘法驾，坐前殿，受朝贺，高宫室，广苑囿，以贵其妻

---

〔1〕　陈忠云：《超越不同形式政治制度的研究范式——制度的利益分析理论之魅力》，中国政法大学出版社 2016 年版，第 254 页。

〔2〕　当时的文献记载，在乌桓的族群中，"有勇健能理决斗讼者，推为大人，无世业相继。邑落各有小帅，数百千落自为一部。大人有所召呼，时刻木为信，虽无文字，而部众不敢违犯。氏姓无常，以大人健者名字为姓。大人以下，各自畜牧营产，不相徭役"［（南朝宋）范晔撰：《后汉书》，中华书局 1999 年版，第 2015 页］。

妾，以肥其子孙"〔1〕。黄宗羲说，皇帝控制天下"以为天下利害之权皆出于我，我以天下之利尽归于己，以天下之害尽归于人……视天下为莫大之产业，传之子孙，受享无穷"〔2〕。他们道出了强者暴力夺取国家、独占一切政治利益的问题。

强者通过暴力夺取国家，建立不公正、不平等的皇帝制度，在其权力所及范围之内，掌握了对任何人进行生杀予夺的权力，并对自己进行神化。这使所有接近皇帝的臣子都只能卑躬屈膝，"人君之尊，如在天上，与帝同体。公卿大臣罕得进见，变色失容，不敢仰视，跪拜应对"〔3〕。官员们通过依附皇帝从中获得利益，甚至为讨好统治者而颠倒黑白、混淆是非，"三代以下，天下之是非一出于朝廷。天子荣之，则群趋以为是；天子辱之，则群擿以为非"〔4〕。强权之下，拍马屁者的丑态尽出。并且总有一部分文人为虎作伥、为强者的为所欲为提供理论支持，造成社会向更加不合理的方向发展，"圣人定尊卑之分……（所以）为上易骄，为下易谀，君日益尊，臣日益卑，是以人君之贱视其臣民，如犬马虫蚁之不类于我，贤人退，治道远矣"〔5〕。

当然，皇帝制定皇帝制度，主要是为了使他个人能够控制一切，但这是一种制度系统，所有的官员都处于这种制度系统之下，他们也与皇帝一样不受有效的制度制约而胡作非为。所以唐甄认为，"天下难治，人皆以为民难治也，不知难治者非民也，官也"〔6〕。官员们依附皇帝，迫害民众，他们自认为"臣为君而设者也；君分吾以天下而后治之，君授吾以人民而后牧之"，他们"视天下人民为人君囊中之私物"〔7〕。在古代中国，由于权力不受有效的制度制约，包括现实生活中的包公、海瑞等人，只要是控制一方资源的掌权者，在理论上都可以认定是贪腐分子，或者是因为这些演员型官员的演技高明而被列为清官〔8〕。因为这些利益人控制资源，又不受有效的制度制约，你无法举出他们不贪腐的理由。这其实是属于制度性腐败的问题，皇帝本人最

---

〔1〕（清）唐甄：《潜书校释》，黄敦兵校译，岳麓书社2011年版，第253页。
〔2〕（明）黄宗羲：《明夷待访录》，段志强译注，中华书局2013年版，第8页。
〔3〕（清）唐甄：《潜书校释》，黄敦兵校译，岳麓书社2011年版，第94页。
〔4〕（明）黄宗羲：《明夷待访录》，段志强译注，中华书局2011年版，第39页。
〔5〕（清）唐甄：《潜书校释》，黄敦兵校译，岳麓书社2011年版，第94页。
〔6〕（清）唐甄：《潜书校释》，黄敦兵校译，岳麓书社2011年版，第205页。
〔7〕（明）黄宗羲：《明夷待访录》，段志强译注，中华书局2011年版，第16页。
〔8〕如第4章所述，清朝这类演技高明的官员很多，宋朝、明朝理应不例外。

贪，他利用权力谋私，制定了独占天下的制度，为了能够完全控制这个私有国家，他必须雇佣帮手，这些帮手也都享有一定的权力，并且也与皇帝一样不受有效制度制约。在这种情况之下，官员必然与皇帝私有国家一样，在可能的情况下将竭力把自己所管辖的部门或者地域的资源私有化，因此利用权力进行谋私的贪腐行为必定严重。皇帝对此普遍性的问题心知肚明，但毫无办法，只能在大多数的时候睁一只眼闭一只眼，必要的时候进行选择性反腐，或者根据需要把一部分贪官包装成清官，并把他们树立为其他官员的学习榜样。他们不可能触动自己的既得利益而在制度方面进行变革，但为了更顺利地统治，只能在这些方面搞一些愚民的把戏。

弱者也是利益人，他们在皇帝制度之下，屡受利益侵害，必定感到不满甚至奋起反抗。他们认为"天下之大害者，君而已矣……天下之人怨恶其君，视之如寇，名之为独夫"[1]，唐甄更认为，"凡为帝王者皆贼也"[2]。他们认为这种制度不合理，因此追求公正平等的政治理念，向往公正平等的社会。唐甄认为人生而平等，皇帝也是人，没有理由骑在民众的头上作威作福，"太山之高，非金玉丹青也，皆土也；江海之大，非甘露醴泉也，皆水也；天子之尊，非天帝大神也，皆人也"[3]。他认识到因为不平等所造成的社会问题，认为这个世界如果平等，可以减少很多纠纷，而如果不平等，高高在上者必定侵害地位低下者的利益，这个社会必定是不安定，甚至发生大动乱，"天地之道故平，平则万物各得其所。及其不平也，此厚则彼薄，此乐则彼忧，为高台者必有洿池，为安乘者必有茧足……提衡者权重于物则坠，负担者前重于后则倾，不平故也……不平以倾天下也！"[4]。

当时还存在与上述公正平等政治理念相关的制度设计。黄宗羲的制度设计，首先是强调皇帝、官员降尊。"太学祭酒（相当于大学校长），推择当世大儒，其重与宰相等，或宰相退处为之。每朔日（农历每月初一），天子临幸太学，宰相、六卿、谏议皆从之。祭酒（校长）南面讲学，天子亦就弟子之

---

〔1〕（明）黄宗羲：《明夷待访录》，段志强译注，中华书局2011年版，第8—9页。

〔2〕（清）唐甄：《潜书校释》，黄敦兵校译，岳麓书社2011年版，第252页。但他还认为，"大清有天下，仁矣"。或者唐甄并不知道当时的"扬州十日""嘉定三屠"等事件。后来的事实也证明，清朝不但不仁慈，反而是史上最残暴的朝之一。这也从另外一个侧面反映，假如没有有效的制度制约，所有的帝王都不可能是一个好东西。尽管他们在刚刚掌权的时候，人们曾经对他寄托希望。

〔3〕（清）唐甄：《潜书校释》，黄敦兵校译，岳麓书社2011年版，第94页。

〔4〕（清）唐甄：《潜书校释》，黄敦兵校译，岳麓书社2011年版，第132页。

列。政有缺失，祭酒直言无讳"[1]。也就是说，农历每月初一皇帝要以学生的身份到校听课，校长不但无需向皇帝三跪九叩，而且可以直接指摘皇帝在施政中存在的问题。不但最高层级的掌权者如此，地方官员也一样，"学官讲学，郡县官就弟子列，北面再拜"[2]。其次是，国家大事付诸公议。"学校，所以养士也。然古之圣王，其意不仅此也，必使治天下之具皆出于学校"[3]。因此，"天子之所是未必是，天子之所非未必非，天子亦遂不敢自为非是而公其非是于学校"[4]。可以不重视皇帝的赞成或者反对的意见，但必须重视经过学校成员周密商议之后的意见。

同时期的英国，也存在类似的思考。但他们无论是在政治理念方面，还是在政治制度设计方面，都比中国更进一步。在政治理念方面，他们已经存在一整套较为完整的公正、平等、自由学说[5]。弥尔顿（1608-1674年）在其《论出版自由》的文章中，针对教会、议会设立出版许可制，牵制人们的学术自由、出版自由方面进行强烈的抗议[6]。与此相比，同时期的中国则远不如他们，如黄宗羲对出版问题有如下的认识，"时人文集，古文非有师法，语录非有心得，奏议无裨实用，序事无补史学者，不许传刻。其时文、小说、词曲、应酬代笔，已刻者皆追板烧之"[7]。他这是为皇帝如何控制民众的思想而出谋献策。

同时期的英国民众认为国王的权力必须要由人民授予，"人民也有选举之权"[8]，"人民可用自由赠与的方式，将王权给与这人而不给与那人。……（并且这种王权）是有限制的。他们可能把王权赐给某一人，……（也可以根据情况）将赐出去的东西再收回来"[9]。由人民决定国王去留的主张是对国王绝对权力的否定。而同时期的中国学者不但没有这种思考，反而为皇帝谋

---

[1]（明）黄宗羲：《明夷待访录》，段志强译注，中华书局 2011 年版，第 46 页。

[2]（明）黄宗羲：《明夷待访录》，段志强译注，中华书局 2011 年版，第 47 页。

[3]（明）黄宗羲：《明夷待访录》，段志强译注，中华书局 2011 年版，第 37 页。

[4]（明）黄宗羲：《明夷待访录》，段志强译注，中华书局 2011 年版，第 37 页。

[5] 陈忠云：《超越不同形式政治制度的研究范式——制度的利益分析理论之魅力》，中国政法大学出版社 2016 年版，第 16 章参照。

[6]［英］弥尔顿：《论出版自由》，吴之椿译，商务印书馆 1958 年版，第 58 页。

[7]（明）黄宗羲：《明夷待访录》，段志强译注，中华书局 2011 年版，第 52 页。

[8] 基督教历代名著集成：《不列颠宗教改革思潮》，中国基督教两会 2007 年版，第 435 页。

[9] 基督教历代名著集成：《不列颠宗教改革思潮》，中国基督教两会 2007 年版，第 434 页。

划如何能够千秋万代控制中国，如黄宗羲认为，"天子之子年至十五，则与大臣之子就学于太学，使知民之情伪，且使之稍习于劳苦。毋得闭置宫中，其所闻见不出宦官宫妾之外，妄自崇大也"〔1〕。唐甄亦如此，如在《潜书·太子》中所论述的内容。

部分学者认为黄宗羲是启蒙思想家，这种说法可能把黄宗羲之前的人们政治利益追求的思想一笔抹杀。黄宗羲、唐甄等人在当时确实是比较突出的学者，但他们的思想十分复杂，过分拔高则可能言过其实。从制度的利益分析理论角度看，由于政治领域的行为者都是利益人，在不公正不平等的政治制度之下，作为利益人的弱者通过追求自由、平等、公正政治理念，设计公正平等政治制度，来获得政治利益的行为，是无须启蒙的。如果一定要指出真正的启蒙者是谁，那就是极端自私的统治者。虽然他们极力阻止人们的思想觉醒，但他们反复压迫民众的行为，让他们成为人民求利益、求解放的启蒙者。

（二）清朝政权稳定之后民众的政治追求

虽然黄宗羲等人的思考远不如同时代的英国人，他们不了解人民的政治地位，不了解国家权力的源泉在何处，没有主权在民的意识，因此在理顺政治结构的问题上不可能有更为合理的思考，但按照制度的利益分析理论进行理解，只要存在较为自由的思想环境，就必定将逐步积累相关知识并形成系统化认识。假以时日，民众将逐渐进行自我修正，并在公正、平等的理念之下逐步建立起程序化民主政治制度框架。然而，在清朝夺取政权并趋于稳定之后，又采用残暴刑罚阻止人们对公正平等理念的追求，延迟人们的政治利益觉醒。

清朝统治者知道民众对公正平等的普遍追求，一方面把自己打扮成公正的代表，强调其至公至正，另一方面，强化对民众公正平等追求的控制。

在统治者把自己打扮成公正代表方面，康熙主张自己公正，"朕临莅天下五十余年，遍谙诸事。于满洲、蒙古、汉军、汉人，毫无异视，一以公正处之"〔2〕。雍正宣称，朕"训谕诸臣，日不下数千百言，悉出于至公至正之心"〔3〕。乾隆自诩，"朕之用人行政大公至正，不设成见"〔4〕。嘉庆则要求

〔1〕　（明）黄宗羲：《明夷待访录》，段志强译注，中华书局2011年版，第46页。

〔2〕　《清实录》（第6册）圣祖仁皇帝实录（二），中华书局1985年版，第489页。

〔3〕　中国第一历史档案馆编：《雍正朝汉文谕旨汇编》（第6册），广西师范大学出版社1999年版，第353页。

〔4〕　中国第一历史档案馆编：《乾隆朝上谕档》（第2册），档案出版社1991年版，第521页。

办案要"当一秉至公……不可稍有偏畸，务令人心各得其平"〔1〕。道光也说，"朕行政用人，一秉大公至正"〔2〕。在论及省部级干部作风的问题时，他说，"巡抚膺一省重任，必应公正无私，为官民表率"〔3〕。

虽然清朝皇帝极力主张自己公正，但亚里士多德认为，公正与平等之意相近，"政治上的善即是公正，也就是全体公民的共同利益。人人都把公正看作某种平等"〔4〕。没有平等，就没有公正。而清朝皇帝强调尊卑、制定跪拜礼仪制度，显然，这是不平等的政治制度。在不平等制度之下，不可能存在一般意义上的公正。所以，尽管统治者一再强调自己公正，但是臣下并不相信。因此雍正要人们不要揣摩，"朕临下御众悉本至诚，尔内外诸臣亦当体朕之心，务实存诚，秉公持正，去私心揣度之陋习"〔5〕。而乾隆甚至对人们的怀疑感到愤怒，"朕于政务权衡一秉公正，乃诸臣总不知善体朕意，而惟工揣摩。究之揣摩终归纰缪，是可笑、亦可悯也"〔6〕。其实，其所谓的公正本身就是一种欺骗，臣下能不揣摩吗？查嗣庭写日记，认为康熙提拔不经过考试的进士是不公正的滥举〔7〕，竟然被雍正等人判处凌迟，而乾隆故意把雍正发动的开荒运动的所有责任都推卸给田文镜、王士俊。他们在关键问题上如此偏袒，还能够用什么事实来表明他们是公正的？所以来访的外国人也知道该问题，"皇帝作为其子民之父，虽然表示公道，希望大家明白他对鞑靼人和中国人一视同仁，但鞑靼人也好，中国人也好，都不被这番话欺骗"〔8〕。可以断定，没有公正的制度环境，皇帝的一切决断都可能包含巩固利益向自己一边倒的政权的利益盘算，不可能秉公办事。

---

〔1〕《清实录》（第32册）仁宗睿皇帝实录（五），中华书局1986年版，第435页。

〔2〕中国第一历史档案馆编：《嘉庆道光两朝上谕档》（道光七年），广西师范大学出版社2000年版，第154页。

〔3〕《清实录》（第36册）宣宗成皇帝实录（四），中华书局1986年版，第145页。

〔4〕［古希腊］亚里士多德：《亚里士多德选集政治学卷》，颜一编，中国人民大学出版社1999年版，第100页。

〔5〕中国第一历史档案馆编：《雍正朝汉文谕旨汇编》（第6册），广西师范大学出版社1999年版，第360页。

〔6〕中国第一历史档案馆编：《乾隆朝上谕档》（第2册），档案出版社1991年版，第484页。

〔7〕"以钦赐进士为滥举"（中国第一历史档案馆编：《雍正朝汉文谕旨汇编》（第6册），广西师范大学出版社1999年版，第336页）。

〔8〕［英］乔治·马戛尔尼、约翰·巴罗：《马戛尔尼使团使华观感》，何高济、何毓宁译，商务印书馆2013年版，第11页。

　　统治者把自己打扮成公正代表的同时，却对民众对公正平等追求的行为进行残暴镇压。人们知道皇帝制度是不公正的，他们认为所谓的"忠孝廉节"，其实是胡说八道[1]。他们对忠孝等愚民术提出质疑，并不断进行反抗。但皇帝控制社会的一切，任何反抗皇权的人都将面临被凌迟的刑罚，他们只能在暗中对皇帝不公正行为表示不满。如上述，查嗣庭在日记中，对不经过考试而被康熙提拔为进士的不公正做法表示强烈不满。而陆生楠也探讨在不公正的皇帝制度之下皇帝胡作非为的问题，他认为皇帝"愈尊权愈重，则身愈危祸愈烈。盖可以生人杀人、赏人罚人"，可以为所欲为，但下场可能也是很惨烈[2]。然而，清廷每一个皇帝的下场都不悲惨，倒是这些说三道四者的结局都很悲惨，查嗣庭被戮尸、株连亲族，陆生楠被杀头[3]。

　　查嗣庭、陆生楠等都曾是官员。而实际上一般民众也如此。民众无法承受掌权者的反复压迫，他们奋起反抗，并追求公正的政治利益分配方法。第四章也提到，乾隆在乾隆十二年（公元1747年）时说，"福建则有罗日光抗租拒捕之案，山东则有张怀敬衆众殴差之案，江南则有王育英号召罢市之案，广东则有韦秀贞拒捕伤人之案，而莫甚于山西安邑、万泉聚众抗官……百姓目无官长，竟若官长去留，可操之其手"[4]。次年又强调，"民众不但不知敬畏，一若地方官之去留，可操之由己"[5]。两份资料都提及百姓激烈反抗以及他们要决定地方官员去留的问题。乾隆十三年（公元1748年），西方民众在此时已经形成一种要求民主化的潮流。从制度的利益分析理论角度看，无论东方西方，弱者都是利益人，人心一致，在强者胡作非为的前提之下，弱者必定奋起反抗，他们追求公正、平等、自由等政治理念，设计相应的政治制度。我们从这些资料中，同样可以看出这种端倪，它明确地展现了中国民众追求更公正、更合理政治制度的行为倾向。

---

〔1〕　"忠孝廉节，斥为腐谈"［《清实录》（第31册）仁宗睿皇帝实录（四），中华书局1986年版，第843页］。
　　〔2〕　《清实录》（第8册）世宗宪皇帝实录（二），中华书局1985年版，第101页。
　　〔3〕　"上并下九卿、翰詹、科道议罪，寻议济世诋讪怨望，怙恶不悛，生柟（楠）愤懑猖狂，悖逆恣肆，皆於军前正法。上密谕锡保诛生柟，缚济世使视，生柟既就刑，宣旨释之"［(清)赵尔巽等撰：《清史稿》（第34册），中华书局1977年版，第10329页］。当时，陆生楠、谢济世两人一同被押上刑场，他们砍了陆生楠的头之后，宣布释放谢济世。
　　〔4〕　中国第一历史档案馆编：《乾隆朝上谕档》（第2册），档案出版社1991年版，第179页。
　　〔5〕　《清实录》（第13册）高宗纯皇帝实录（一三），中华书局1986年版，第152页。

其实，在制度的利益分析理论中，弱者也是利益人，他们也善于追求自身的利益。他们在受到强者凌辱、欺骗的时候，必然将追求公正、平等的政治理念。无论何处，都没有人天生就愿意跪在他人的脚下，愿意动不动就要光着屁股接受板刑。所以，在1793年英国使团成员的观察中，在英国的外交贸易使团来到中国时，他们看到中国人的贫穷以及写在脸上的悲戚，就知道他们的心里有多压抑、多痛苦。英国人看到中国人的遭遇，他们感到极为同情，并且对胡作非为掌权者感到愤慨。他们认为，"中国老百姓身家性命的安全操在官吏们的手中，对于这种命运，他们是不甘心的。官吏随时易发脾气就可以对他们施以任何体罚。农民们想到此，假如他们不垂头丧气，他们就会引起不可抑止的复仇心理"[1]。他们还认为，"法国人提倡的关于民主原则和他们的《人权宣言》等学说假如传到中国，那就"可能直接推动中国民主前进[2]。中国皇帝也知道，神圣人权与"平等的观念假如传至中国，在下等社会，尤其是青年人当中一定得到信仰，因此极力预防它介绍过来"[3]。之所以"在中国的政治、伦理和历史的文献中找不到任何自由色彩的理论，（是因为皇帝）他们认为这种理论最后一定导致犯上作乱"[4]。其实，如前所述，只要在政治利益完全向强者倾斜的皇帝制度之下，大大小小掌权者损害弱者的利益，那么作为利益人的弱者必将产生不满并奋起反抗。所以，尽管皇帝强力进行控制，"制治未乱、保邦未危"[5]，清除与这些理论相关的文献，努力将这些思想消灭在萌芽期，但中国国内追求公正平等的政治理念的思想也是在不断地出现。

清朝统治者虽然使用极端残酷的手段进行控制，依然无法使民众屈服，统治者也因此感到困惑、恐惧。嘉庆在经历了林清的攻入紫禁城事件之后说，"闯上之念，非一朝一夕之故，其所由来者渐矣。罪至于谋叛，刑至于凌迟，无可再加。而民不畏者，不识尊卑，不知利害也"[6]。从嘉庆"不识尊卑，不知利害"的哀叹中也可知当时民众不畏凌迟、百折不挠地追求公正平等政治理念的信念。

---

〔1〕　［英］斯当东：《英使谒见乾隆纪实》，叶笃义译，群言出版社2014年版，第446页。
〔2〕　［英］斯当东：《英使谒见乾隆纪实》，叶笃义译，群言出版社2014年版，第446页。
〔3〕　［英］斯当东：《英使谒见乾隆纪实》，叶笃义译，群言出版社2014年版，第447页。
〔4〕　［英］斯当东：《英使谒见乾隆纪实》，叶笃义译，群言出版社2014年版，第446页。
〔5〕　《清实录》（第6册）圣祖仁皇帝实录（二），中华书局1985年版，第536页。
〔6〕　《清实录》（第31册）仁宗睿皇帝实录（四），中华书局1986年版，第840页。

三、西方权力制约制度的信息传入中国

无论是东方还是西方，政治领域的行为者都是利益人，在强者的压迫之下，弱者必然追求公正平等的政治理念并设计相应的政治制度。与中国相比，欧美国家在此制度建设方面先行一步。康熙年间中国正发生牵连甚广的文字狱案之时[1]，英国刚刚发生过民主革命，并通过制定《权利法案》，形成议会权力至上的原则（1689 年）。乾隆四十五年（公元 1780 年）、乾隆四十六年（1781 年），乾隆正在对说三道四的石卓槐、焦禄进行凌迟的时候[2]，美国正准备拉开民主制宪（1787 年）的序幕。而在嘉庆时期，尽管朝廷百般阻止，但与上述欧美政治制度相关的信息，通过用汉文写作的作品逐渐在中国传播开来[3]。

西方人士在进入中国之后，将本国的情况介绍给中国民众[4]。1838 年，裨治文在《美理哥合省国志略》的著作中介绍美国政治运作情况，"京都内有一统领为主，副统领为佐。正、副统领，亦由各人选择……（统领）例以四年为一任，期满另选……副统领亦由民选举，亦四年一任"[5]，统领就任时，"必誓曰：我必先循例正身，然后尽力治民，断不徇私也"[6]。他们遵循法

〔1〕　如康熙二年（公元 1662 年）的庄廷鑨案、康熙二十年（公元 1681 年）的朱方旦案、康熙五十年（公元 1711 年）的戴名世《南山集》案等。参照王彬主编：《清代禁书总述》，中国书店 1999 年版，第 36-37 页。

〔2〕　乾隆怀疑石卓槐、焦禄对清朝不满。因为石卓槐写了"大道日以没，谁与相维持"一句话、焦禄在自己所写的帖子中，"不大仁"三个字之上写有"清朝"两个字。乾隆捕风捉影，对他们进行凌迟（上海书店出版社：《清代文字狱档》，上海书店出版社 2011 年版，第 268 页、第 448 页）。另外，乾隆对得疯病的病人也进行凌迟，如对丁文彬等。

〔3〕　关于这方面的既存研究已经不少。如，李秀清："清朝帝制与美国总统制的思想碰撞——以裨治文和《中国丛报》为研究视角"，载《法商研究》2011 年第 5 期等。

〔4〕　但当时的统治者不允许他们出书。在公元 1805 年（嘉庆十年），嘉庆说，西洋人在中国"刊刻书籍、私自流传……愚民无知，往往易为所惑……著管理西洋堂务大臣留心稽察，如有西洋人私刊书籍，即行查出销毁"[《清实录》（第 29 册）仁宗睿皇帝实录（二），中华书局 1986 年版，第 945 页]。而在更早的乾隆五年（公元 1740 年），就有官员向乾隆上奏折称，天主教私刊"书籍传播，愚民见有如许恩荣势必群相崇奉，尤恐易于滋邪教，亦借此书影射……应令缴销"。乾隆同意查禁。《清实录》（第 10 册）高宗纯皇帝实录（一三），中华书局 1986 年版，第 698 页。

〔5〕　裨治文："美理哥合省国志略"，刘路生点校，第 53-53 页。载 http://www.doc88.com/p-2438172872752.html，访问日期：2018 年 7 月 9 日。

〔6〕　裨治文："美理哥合省国志略"，刘路生点校，第 56 页。载 http://www.doc88.com/p-243872872752.html，访问日期：2018 年 7 月 9 日。

律至上原则，"国人宜以律例为重，不徒以统领为尊"〔1〕，"所有条例，统领必从，亦必示人恪遵。如在例外，统领亦断不为之，无异于庶民焉"〔2〕。裨治文在其著作中，对美国最高领导人的产生方式、任期、职责以及权力监督等问题进行了介绍。同时强调权力的层层监督，地方领导人也必须通过选举才能够掌握权力，"本省之官，由本省之民选择公举"〔3〕。"省内总制、巡抚，各皆以二年为一任。二年后，又复选"〔4〕。美国人通过严密、有效的制度安排，制约中央与地方的权力，阻止大大小小的掌权者以权谋私。

另外，还有《东西洋考每月统记传》《遐迩贯珍》等杂志亦介绍关于欧美政治制度的信息。1838 年 7 月《东西洋考每月统记传》杂志刊登《北亚默利加办国政之会》一文，介绍被制约的美国总统的权力，总统"为三军、诸师船之大元帅，宥罪、宽贷、固执律例矣。力能虽大，不可害无辜者。事权在握，为所得为，惟责任尤重。议会可告且定其罪矣。代办国政之位，必对民述政，而不可瞒也……倘得众则得国，失众则失国……（总统）所说之话，所办之事，十耳所听，十手所指，难逃民之鉴矣。由是观之，其民摄总政，且操权焉"〔5〕。总统权力虽大，但要依法行政，并且要接受民众的严格监督。不允许像专制国家那样，国家属于个人所有、家族所有并进行密室操作。《遐迩贯珍》于 1854 年刊登《花旗国政治制度》一文，亦同样介绍对包括美国总统在内的各种权力进行制约情况〔6〕。而在 1875 年，《万国公报》刊登《译民主国与各国章程及公议堂解》一文，阐述欧美人民主权的问题，"治国之权属之于民，仍必出之于民，而究为民间所设也。推原其故，缘均是人也……治国之法，亦当出之于民，非一人所得自主矣，然必分众民之权，汇而集之

---

〔1〕 裨治文："美理哥合省国志略"，刘路生点校，第 56 页。载 http://www.doc88.com/p-24381 72872752.html，访问日期：2018 年 7 月 9 日。

〔2〕 裨治文："美理哥合省国志略"，刘路生点校，第 57 页。载 http://www.doc88.com/p-24381 72872752.html，访问日期：2018 年 7 月 9 日。

〔3〕 裨治文："美理哥合省国志略"，刘路生点校，第 53 页。载 http://www.doc88.com/p-24381 72872752.html，访问日期：2018 年 7 月 9 日。

〔4〕 裨治文："美理哥合省国志略"，刘路生点校，第 18 页。载 http://www.doc88.com/p-24381 72872752.html，访问日期：2018 年 7 月 9 日。

〔5〕 爱汉者等编：《东西洋考每月统记传》，黄时鉴整理，中华书局 1997 年，第 389 页。

〔6〕 松浦章、内田庆市、沈国威编著：《遐迩贯珍—附解题·索引》，上海辞书出版社 2005 年版，第 666 页。

于一人以为一国之君，此即公举国王之义所由起也，而辅佐之官亦同此义矣"〔1〕。该文对权力制约手段的三权分立等亦有阐述。

当时，与西方政治制度相比，中国的权力不受有效制度制约的问题暴露无遗。欧美人进入中国，对比本国与中国的情形之后，认为"中国之主出于一氏，世世承袭。美国之主出于众民，贤贤继统"〔2〕。他们还认为，"美国民权之大，甲于天下，自合众国之国、各邦之邦主……以及各地方官，无一非人民所公举。……且人民可以议国政之优劣，可以论官长之贤否，所以政即民政，权即民权，国主即民主……至于中国，自宰相而下，至各处地方官，无一非皇帝简派，升降黜陟，亦一听皇帝之意旨。而人民议国政之优劣，论官长之贤否者，以叛乱论。即有不平亦敢怒而不敢言"〔3〕。另有作者认为，"中国之君，其权最重，操生杀黜陟之柄，主荣辱富贵之阶……生杀予夺，颠倒悖谬，而人心不服，酿成祸变，此其故，实由一人私其权，不与臣下公其权"〔4〕。

欧美对权力进行制约的政治制度，让当时通过各种渠道获知的中国人大开眼界。1844 年梁廷枏在广东出版发行了《海国四说》，其中有一些与美国总统相关的内容，"统领限年而易……既不能据而不退，又不能举以自代。其举其退，一公之民"〔5〕。徐继畬在《瀛寰志略》中提及，"米利坚（即美利坚）合众国之为国，幅员万里，不设王侯之号，不循世及之规，公器付之公论，创古今未有之局，一何奇也"〔6〕。魏源在《海国图志》中提到，美国"公举一大酋总摄之，匪惟不世及，且不四载即受代，一变古今官家之局，而人心翕然，可不谓公乎！议事听讼，选官举贤，皆自下始，众可可之，众否否之，众好好之，众恶恶之，三占从二，舍独徇同，即在下预议之人，亦先由公举，可不谓周乎！"〔7〕这些学者处于压政之下，他们对美国政治制度无限

〔1〕　李天纲编校：《万国公报文选》，三西书局 2012 年版，第 389 页。
〔2〕　美国教士李佳白："中美政治异同考"，载林乐知主编：《万国公报》第 34 册（卷 169），华文书局股份有限公司 1968 年版，第 21539 页。
〔3〕　美国教士李佳白："中美政治异同考"，载林乐知主编：《万国公报》第 34 册（卷 169），华文书局股份有限公司 1968 年版，第 21541 页。
〔4〕　［德］花之安：《自西徂东》，上海书店出版社 2002 年版，第 85 页。
〔5〕　（清）梁廷楠：《海国四说》，中华书局 1993 年版，第 50 页。
〔6〕　（清）徐继畬：《瀛寰志略》，上海书店出版社 2001 年版，第 291 页。
〔7〕　（清）魏源：《海国图志》（卷 59）、《魏源全集》（6），岳麓社 2011 年版，第 1619 页。

向往之情洋溢于纸上。

民主制度可以分为民主理念与制度设计，没有民主理念就没有民主的制度设计。而民主理念，在政治利益非均衡导向制度之下必定存在，无论何处。从制度的利益分析理论角度看，古今中外，只要弱者是在政治利益向强者一边倒的制度之下承受各种压迫，他们都将追求公正平等的政治理念，并设计相应的政治制度。中国人不例外，从先秦到清末，他们都如此追求。也就是中国民众对公正平等的政治理念以及相应的政治制度的追求也是极为强烈的。只不过由于强者通过狡猾的愚民术以及残暴的凌迟等镇压手段，有效地拦阻民众的这种追求，使中国民众即使到了清末也无法形成像西方那样系统化、程序化的民主政治制度。确实，西方在权力制约、权力监督方面经验丰富。在清末与此相关的西方民主政治制度的信息传入中国，对中国影响巨大。但从制度的利益分析理论角度看，世界上的任何地方，只要存在政治利益非均衡导向制度，与此相对立的政治利益均衡导向制度就在酝酿之中。而如前所述，从先秦到清末，中国人对公正平等的政治理念追求，以及进行相关的政治制度建设的摸索并没有中断或者消失。因此，人们学习西方的程序化民主制度，只能认为是一种经验借鉴，而不是制度移植。如果认为是制度移植，那就否定了千百年来中国人民的追求，这不符合历史的事实。

第七章

太平天国洪秀全政治诈术的研究

　　清朝民众追求公正平等自由的道路极为曲折，既有统治者的强力控制、残暴镇压，又有骗子以公正平等为幌子，引诱他们上当受骗。发生在十九世纪中叶的太平天国运动，就是这样的一种骗子政权。运动的领导人洪秀全（1814~1864年）等人在初期酝酿夺权的时候，打出建设公正、平等以及建设和平社会的旗号[1]，对民众进行各种美妙的政治承诺以吸引他们加入拜上帝会。但事实上，他们要让民众成为他们武装夺取政权的炮灰，只不过在这个过程中他们偷梁换柱，采用政治诈术把信者完全蒙在鼓里。

　　目前，太平天国政权的残暴性与制度性政治腐败问题，是人们津津乐道之事。[2]但他们感到困惑的是，如何解释洪秀全当初美妙政治承诺的问题？建都天京之后，洪秀全彻底背弃原来的政治平等的承诺而制定严格的等级制度，但为何又推出了主张经济绝对平等的《天朝田亩制度》呢？

　　关于前一个问题，一个代表性的见解是，"洪秀全作为一位决心为民众创建绝对平等、人人富有的'天国'美好社会的政治领袖，不经意间就演变为独裁专制的帝王，如此180度的逆转，归根结底是理想主义和政治宗教

---

　　[1]　天上有天国，地上有天国，天上、地上同是神父天国，勿误认单指天上天国。（清）洪秀全："钦定前遗诏圣书批解"，载刘东主编：《近代名人文库精萃：洪秀全 洪仁玕》，太白文艺出版社2012年版，第159页。

　　[2]　有一批文章揭露了太平天国的真相。徐焰："从太平天国的腐败谈起"，载《百年潮》2000年第12期；潘旭澜："还洪秀全的历史真面目"，载《探索与争鸣》2004年第9期；潘旭澜："还原洪秀全的历史真面目"，载 http://cul.qq.com/a/20130607/023506.html，访问日期：2016年9月5日；以及腾讯网在2014年推出的关于太平天国运动的系列反思专题："如此体制：天国王爷贪如狼、多如狗"，载 http://view.news.qq.com/original/legacyintouch/d105.html，访问日期：2014年3月7日；"如此恶果：7000余万人死于天国之乱"，载 http://view.news.qq.com/original/legacyintouch/d106.html，访问日期：2014年3月10日；"太平天国：以道愚民、以术杀人"，载 http://view.news.qq.com/original/legacyintouch/d107.html，访问日期：2014年3月11日；等等。

使然"〔1〕。这种解释就是建立在洪秀全的花言巧语之上，认为洪秀全是一个
理想主义者，"为民众创建绝对平等、人人富有的'天国'美好社会"是他
的目标。这种对洪秀全进行崇高的人格与目标的定位，使相关的学者对洪秀
全在改变政治地位之后深陷腐败的问题感到不解，只能用一些"迅速异化"
"不经意间演变"等较为虚幻、神秘的词语进行推断说明〔2〕。这种模糊的、
神秘兮兮的解释使喜欢在清晰的逻辑推理之下追根究底的读者们很失望。
关于后一个问题，〔3〕学者们主要是利用当时的各种不平等的事实，对《天朝田
亩制度》规定的所谓平等的内容进行直接地反驳〔4〕，这些观点虽十分深刻，
但由于没有合适的理论作为分析的基础，无法认识到洪秀全在出台《天朝田
亩制度》背后所隐藏的政治欺诈行为。

上述的难题，可以利用制度的利益分析理论进行分析。根据该理论，政
治领域的行为者必须是追求政治利益的利益人，否则他参与政治就没有意义，
包括太平天国的相关行为者。虽然洪秀全指责别人自私〔5〕，但不等于他不是

---

〔1〕 李喜所："洪秀全拜上帝：'师夷长技'以'称帝'——兼析政治宗教的独裁本质"，载《广东社会科学》2012年第3期。

〔2〕 出现这种情况的学者不止一个，研究洪秀全社会理想的学者大多都陷入这种困境。如，方志钦："帝王之志 救世之心——论洪秀全的反清动机"，载《广东社会科学》1987年第2期；肖堂炎："略论洪秀全理想社会的矛盾性"，载《重庆师院学报哲社版》1993年第3期；章启辉："洪秀全社会理想述评"，载《湖南大学学报》1997年第1期；彭国兴："洪秀全的封建情结及其恶果"，载《西安电子科技大学学报（社会科学版）》2002年第1期；等。还有学者认为，"太平天国的理想，起码前期不能说不真诚，但实践的结果却不能不与自己的理想恰相反对。按照一种人工设计的社会模式来建构社会是危险的，设计得越细，危险性越大——《天朝田亩制度》明文规定每户只能养五只母鸡、两头母猪。在人类历史上，如此大规模的乌托邦实验确实罕见，或许，这便是太平天国更深远的意义所在"。雷颐："'天国'悲剧"，载http://www.eeo.com.cn/2014/0729/264185.shtml，访问日期：2016年10月31日。

〔3〕 受特定政治环境影响而形成的观点，如罗尔纲认为《天朝田亩制度》"是一个进步的农民革命纲领"[罗尔纲：《罗尔纲全集》（第13卷），社会科学文献出版社2011年版，第15页]等观点的问题，本文暂不探讨。

〔4〕 潘旭澜认为"一些专家说《天朝田亩制度》是平均主义，其实根本没有什么平均。天王占有天下一切自不必说，'功勋等臣'世世代代坐享'天禄'，连两司马都把持25户的物质分配权力，怎能平均？在实际生活中，各方面的等级差异十分明显，连各级官员可以吃多少肉都有明确规定，何平均之有？"实际上，"《天朝田亩制度》不是什么'伟大的反封建纲领'，而是要将'后来归从'的农民改造成战时打仗、平时'耕田奉上'的奴隶和工具，将农村改造成兵、农、教合一的社会。"（潘旭澜："再论'天朝田亩制度'与'资政新篇'"，载《探索与争鸣》2005年第4期）。

〔5〕《原道醒世训》："世道乖漓，人心浇薄，所爱所憎，一出于私"[中国史学会主编：《太平天国》（第1册），神州国光社1952年版，第91—92页]。

利益人。不但洪秀全自己是利益人，甚至他在制定控制他人的策略时，有意无意中同样把他人也假设为利益人，并且在这个假设的基础上制定政策，如论功行赏，"上天堂"（小天堂、大天堂）等的利益诱导策略。

根据制度的利益分析理论进行推理，由于皇帝制度规定皇帝可以私自占有国家，那么受私占国家的巨大利益诱惑，人人都将是政治野心家，任何个人只要条件具备，他必然也希望成为皇帝占有国家。洪秀全不例外，在条件具备的时候他将采用各种手段占有国家，成为"真命天子"，这就是他的行动目标。如果这种目标才是他的真正目标，那么可以认为洪秀全要建设公正、平等以及和平社会的承诺，就不可能是洪秀全行动的真正目的。因为"真命天子"的政治制度与政治平等的制度是完全不同的两种制度，洪秀全不可能同时去建设两种制度性质完全不同的社会。由此可以断定，他所谓的欲建设政治公正平等的社会，并非是一种在诚信态度之下的承诺。由于实现占有国家的目标的手段有千百种，其中一种是宣传策略，他可以打着追求公正平等政治理念的旗号追求至高无上的权力。可以认为他的各种美妙的政治承诺，只不过是他为达到其个人目的的一种宣传策略而已。

还是根据制度的利益分析理论进行推理，作为利益人的洪秀全，他出台《天朝田亩制度》的背后意图很不高尚。《天朝田亩制度》强调绝对经济平等，也就是他从原先政治平等的承诺变成后来实施经济绝对平等的政策。这是一种偷梁换柱的政治欺诈行为，他实施经济绝对平等的政策，并非是兑现原先的政治平等的承诺，而是通过建立绝对经济平等的制度以彻底控制民众，达到千秋万代维持其"真命天子"的不平等政治制度的目的。

上述对洪秀全追求政治利益策略的理论推理，可以利用当时的资料进行考证。资料考证按照洪秀全虚假的政治承诺、出台《天朝田亩制度》背后的诡异谋略、骗局中其他骗术的后遗症等的顺序展开。

一、洪秀全政治承诺的骗局

其实，当初洪秀全美妙的政治承诺，只不过是实现其真正政治目标的一种手段而已。他的建设公正平等社会的政治承诺是虚假的，而成为独占国家的"真命天子"才是他真正的政治目标。

（一）虚假的政治承诺

洪秀全在 1843 年放弃科举考试，1844 年四处传道，"1845—1846 年，秀全留在家中，仍执行教鞭为业，在此期间，……（写了）百正歌、原道救世歌、原道醒世训、原道觉世训、改邪归正等"[1]。他在《原道觉世训》中表达了类似于人人生而平等的观点，如"天下总一家，凡间皆兄弟。何也？……（因为人的灵魂）皆禀皇上帝一元之气以生以出，所谓一本散为万殊，万殊总归一本"[2]。在《原道醒世训》中他表达了类似于追求公正、平等与和平的观点，如"天下多男人，尽是兄弟之辈，天下多女子，尽是姊妹之群，何得存此疆彼界之私，何可起尔吞我并之念……几何乖离浇薄之世，其不一旦变而为公平正直之世也。几何陵夺斗杀之世，其不一旦变而为强不犯弱，众不暴寡，智不诈愚，勇不苦怯之世也……天生天养和为贵，各自相安享太平"[3]。在《原道救世歌》中他对私占国家、控制一切政治利益的君王进行谴责："开辟真神惟上帝，无分贵贱拜宜虔。天父上帝人人共，天下一家自古传……天人一气理无二，何得君王私自专"[4]。洪秀全这些言论的核心观点之一是主张政治平等，大致可以进行如下理解：他认为正是因为人人生而平等，所以这个世界的公理是公正、平等、和平，而对不遵守这种公理、独占国家政治利益的君王，必须予以强烈的谴责。

上述的内容皆可视为洪秀全的建设政治公正平等社会的承诺。如何理解这些承诺？如前述，部分学者认为这是洪秀全的追求目标。这种观点不正确。实际上，这种承诺是虚假的，他真正的政治目标是成为独占国家的真命天子。

（二）真正的政治目标

国家私有的皇帝制度，使人人都是政治野心家，人人希望成为皇帝，占有全中国。年轻的洪秀全也是如此，他梦寐以求能够成为真命天子。但是，在不具备条件的时候，他成为天子只是一种梦想，而在现有的政治制度之下参加科举考试获得功名，融入这种制度之中成为上等人，是一种较为现实的做法。他希望在皇帝制度之下通过有限的流动渠道，从底层向高层流动。但他"15、6岁参加考试，（虽然）长居10名以内"[5]，却屡屡名落孙山，无法取得功名。在1837年考试失败之后，他感到通过这种路径改变原来低下社

〔1〕 中国史学会主编：《太平天国》（第6册），神州国光社1952年版，第853页。
〔2〕 中国史学会主编：《太平天国》（第1册），神州国光社1952年版，第92-93页。
〔3〕 中国史学会主编：《太平天国》（第1册），神州国光社1952年版，第91-92页。
〔4〕 中国史学会主编：《太平天国》（第1册），神州国光社1952年版，第87-88页。
〔5〕 中国史学会主编：《太平天国》（第2册），神州国光社1952年版，第689页。

会政治地位的希望落空，从而产生一种逆反心理，激发其燃起获得整个国家的欲望之火。他考试之后病倒，病中呓语也是与获得国家的欲望有关："我是太平天子，天下钱粮归我食，天下百姓归我管"〔1〕。这前后还写了《金鸟诗》等多首诗。《金鸟诗》的内容如下："鸟向飞兮必如我，我今为王事事可；身照金鸟灾尽消，龙虎将军都辅佐"〔2〕。他的诗，还有如下的内容："五百年临真日出，那（哪）般爝火敢争光？"〔3〕"手握乾坤杀伐权，斩邪留正解民悬"〔4〕；"君王万岁谁人见？万岁君王只钓龙"〔5〕；等等。上述这些言论都表明了他欲夺取政权成为天子的志向。

虽然洪秀全满怀夺取国家政权的豪情壮志，但他并没有放弃科举考试。然而，1843 年又一次考试失败，使他对通过科举考试获取功名彻底绝望。他抛下"自己来开科取士"的一句豪言〔6〕，欲把获得国家的图谋付诸实施。1844 年，他开始传道〔7〕，上述各种美妙的政治承诺都是在此之后作出的。在传道中他经常显示其"超凡"的能力，众人"见我主能驱鬼逐怪，无不叹为天下奇人，故闻风信从，且能令哑者开口，疯瘫怪疾，信而即愈，尤足令人来归"〔8〕。显然，所谓洪秀全的"超凡"能力，其实也只是一种骗术。在这个过程中，洪秀全成为天子的欲望依然强烈，他甚至公开自称朕、自称真命天子，在象州破坏寺庙时他"以大竹搞此妖魔，骂曰：'朕是真命天子，尔识得朕么？'"〔9〕。而洪仁玕（1822–1864 年）（洪秀全的族弟）也希望洪秀

〔1〕 中国史学会主编：《太平天国》（第 2 册），神州国光社 1952 年版，第 848 页。

〔2〕 中国史学会主编：《太平天国》（第 6 册），神州国光社 1952 年版，第 843 页。

〔3〕 原本加注解释此诗首句云：纪元前三世纪有孟子者，曾说：五百年必有王者兴。由明代创业之朱洪武至今，正约五百年。[中国史学会主编：《太平天国》（第 6 册），神州国光社 1952 年版，第 854 页]。

〔4〕 中国史学会主编：《太平天国》（第 6 册），神州国光社 1952 年版，第 843 页。

〔5〕 中国史学会主编：《太平天国》（第 2 册），神州国光社 1952 年版，第 516 页。

〔6〕 "据民间流传的口碑资料，洪秀全愤激地说过，'不考清朝试，不穿清朝服，要自己来开科取士'"[广西师范学院历史系《金田起义》编写组：《金田起义》，广西人民出版社 1975 年版，第 23 页]。

〔7〕 "（洪秀全）年三十二，岁在甲辰（1844 年），二月十五日，主（洪秀全）同南王冯云山、冯瑞嵩、冯瑞珍出游天下，将此情教导世人"[中国史学会主编：《太平天国》（第 2 册），神州国光社 1952 年版，第 643 页]。

〔8〕 中国史学会主编：《太平天国》（第 2 册），神州国光社 1952 年版，第 850 页。

〔9〕 中国史学会主编：《太平天国》（第 2 册），神州国光社 1952 年版，第 648 页。

全早日成为天子,他染病见天,启奏主曰:"兄三十八岁方登天子位也"[1]。

洪秀全在 1837 年、1843 年多次明确表示要成为"真命天子",在 1844 年以后的传道、动员民众参加拜上帝会时,虽然进行建设政治公正平等社会的承诺,但也反复强调自己是"朕"、是"真命天子"。他正是抱着欲成为"真命天子"的目的去创建拜上帝会,并甜言蜜语地动员民众参加,向民众承诺建设政治公正平等的社会。如果认为这些承诺就是洪秀全的追求目标,则是错误。在理论上,政治领域的行为者从来就是追求自身的政治利益以及对自己有利政治制度的利益人,而"真命天子"的政治制度与政治平等的制度是完全不同的两种制度,作为利益人的强者,如果不受有效的制度制约,不可能大公无私地放弃对自己最有利的"真命天子"政治制度,而选择对强者不利的公正平等政治制度。事实上也是这样,洪秀全获取国家权力成为天子的欲望,随着拜上帝会组织的壮大愈来愈强烈,至迟在 1848 年 11 月之前,洪秀全就准备采取行动当上最高领导人[2]。这前后,洪秀全的表亲黄玉绣、黄盛通、黄为政等人恳求天父,请准许洪秀全早正大位[3]。1850 年年初洪秀全急不可待地穿上皇帝的黄袍[4],1851 年年初金田暴动数个月之后,洪秀全就在永安登基正大位[5],并封立幼王洪天贵福[6]。

上述通过时序构成的数据链,足以证明占有国家成为最高统治者从来就是洪秀全的目标[7]。由于他早就想成为"真命天子",可以断定他所谓的欲建设政治公正平等的社会,并非是一种在诚信态度之下的承诺。

---

〔1〕 中国史学会主编:《太平天国》(第 2 册),神州国光社 1952 年版,第 645 页。

〔2〕 在戊申年(1848 年)十一月中旬洪秀全就要称皇帝,但萧朝贵要他"尔称王,不得称帝。天父才是帝也。"王庆成编注:《天父天兄圣旨——新发现的太平天国珍贵史料》,辽宁人民出版社 1986 年版,第 10 页。

〔3〕 王庆成编注:《天父天兄圣旨——新发现的太平天国珍贵史料》,辽宁人民出版社 1986 年版,第 12 页。

〔4〕 在庚戌年(1850 年)二月二十三日,萧朝贵说:"秀全,尔穿起黄袍么?"秀全答:"然也"。王庆成编注:《天父天兄圣旨———新发现的太平天国珍贵史料》,辽宁人民出版社 1986 年版,第 40 页。

〔5〕 中国史学会主编:《太平天国》(第 6 册),神州国光社 1952 年版,第 873 页。

〔6〕 中国史学会主编:《太平天国》(第 2 册),神州国光社 1952 年版,第 850 页。

〔7〕 利益人在特定的情况之下,往往追求无止境的利益。洪秀全在夺取国家的半壁江山之后,不但欲成为中国人民的"真命天子",也想成为世界人民的"真命天子",他在《贬直隶省为罪隶省诏》中宣称"天下万国朕无二"(太平天国历史博物馆编:《太平天国文书汇编》,中华书局 1979 年版,第 41 页)。

（三）骗局中的其他骗术

当然，洪秀全的虚假承诺的问题，还可以通过观察他的一贯行为进行证明。从整个过程看，洪秀全为了实现成为"真命天子"的目标，似乎是对民众设下连环局，动员他们参加组织、稳定队伍，驱使他们上战场，一步一步地引诱、控制他们。这是巧设圈套、诱人上当的一个过程。也就是说，洪秀全在实现自己目标的过程中，采用的是连环骗术，美妙承诺只不过是此连环骗术中的一种手段而已，这连环骗术中至少还包括：以上帝下凡的方式恐吓、控制民众，以上天堂为诱饵驱使信者上战场等其他手段。

以上帝下凡的方式恐吓、控制民众。民众在传道者的甜言蜜语劝诱之下加入拜上帝会，本来是希望拜上帝会能够为自己带来福音。但加入之后他们发现拜上帝会并非能够给他们带来福音。入会的民众往往要被索取，见洪秀全要献上礼物[1]。拜上帝会领导人的此类行为使人们心生不满。参加者因没有达到预期的目的而失望甚至产生反叛行为，并且人数不少，"敬一半，反草（背叛）一半"[2]，有一半的人不满还欲进行反叛。整个队伍相当不稳定，当时萧朝贵（约1820-1852年）说，信者有人"一时忠草，一时反草（背叛）"，洪秀全也承认存在这些问题，他回答萧朝贵说，"是也。总是妖魔作怪，迷蒙他们颠颠倒倒的"[3]。心怀不满的信者的一种发泄渠道就是"乱言"，发牢骚，但洪秀全认为这些发牢骚的人是"奸心帮妖，帮妖便是妖"[4]。他的逻辑是，发牢骚就是帮助妖魔，而帮助妖魔的人本身就是妖魔，所以发牢骚的人就是妖魔。这种推理逻辑是荒唐的，因为他没有检讨导致信者发牢骚的原因是什么。组织领导人严厉处罚"乱言"者，一个叫做谢享礼的人，因此被打屁股一千板，并且差一点被砍头[5]。

---

　　[1]　萧朝贵说："秀全，兄弟到来，有礼物同一体，无礼物同一样也"。他还说："秀全，许多兄弟进财宝敬重尔么？"秀全答："是也"（王庆成编注：《天父天兄圣旨——新发现的太平天国珍贵史料》，辽宁人民出版社1986年版，第38页、第39页）。

　　[2]　王庆成编注：《天父天兄圣旨——新发现的太平天国珍贵史料》，辽宁人民出版社1986年版，第22页。

　　[3]　王庆成编注：《天父天兄圣旨——新发现的太平天国珍贵史料》，辽宁人民出版社1986年版，第28页。

　　[4]　王庆成编注：《天父天兄圣旨——新发现的太平天国珍贵史料》，辽宁人民出版社1986年版，第29页。

　　[5]　王庆成编注：《天父天兄圣旨——新发现的太平天国珍贵史料》，辽宁人民出版社1986年版，第43页。

　　上述这些问题是发生在萧朝贵冒充耶稣之后的事，之前这样的问题同样存在。所以，为了控制加入组织的民众，组织者们合伙设局诈骗。杨秀清（1823－1856年）在戊申年（1848年）三月假装上帝下凡，成为上帝的代言人[1]；同年九月萧朝贵冒充耶稣下凡，成为耶稣的代言人。而洪秀全则配合他们进行表演。在距离萧朝贵首次冒充耶稣下凡两个月后的一天（十一月中旬），萧朝贵与洪秀全有一场表演，萧朝贵演耶稣是主角，洪秀全是配角。萧朝贵自称"朕"，称观音是"妹"，说儒教的孔丘要跪在他的面前，而洪秀全像煞有介事地捧哏[2]。他们都是社会底层的人物，通过这种演戏，体验了一把君临天下的感觉。

　　在初期，上帝、耶稣下凡时所作的指示，大多是维护洪秀全的权威，并对信者进行恐吓。假装上帝的杨秀清说，"我差尔主下凡作天王，他出一言是天命，尔等要遵。尔等要真心扶主顾王，不得大胆放肆，不得怠慢也"[3]。"天父生全为尔主，何不尽忠妄修前？尔们多有重逆令，我无指出胆如天"[4]。假装耶稣的萧朝贵说，"众小弟，要一心向紧秀全，扶起秀全也"[5]。洪秀全也因为获得了有效地阻止众人反叛与维护自己权威的手段而允许这些"上帝""耶稣"的存在。

　　以上天堂为诱饵驱使信者上战场。对信者来说，更大的骗局还在后面。参加教会希望能够平和安静地享福的人们，他们没有想到，不但要贡献财产，还要贡献生命。对于洪秀全夺取国家大权的图谋，除杨秀清、萧朝贵、冯云山、石达开等人之外，一般的信徒都被蒙在鼓里。李秀成在被捕之后的自述

---

　　〔1〕 据说这之前洪秀全、冯云山皆不在广西的紫荆山，而在广东。当他们"回粤时，拜上帝会屡有奇事发生，因而在兄弟中生出纠纷及有分裂之象。缘当众人下跪祈祷时，忽有人跌在地上不省人事，全身出汗。在此昏迷情状之下，其人似乎有神附体，口出劝诫或责骂，或预说未来之事。其言常是模糊，听不清楚，或则为韵语。兄弟等有记录其较为重要之词句者，至是尽以呈秀全鉴察。秀全乃按真理以审察各条而判办各人之言孰真孰假。如此，乃证明杨秀清之言谓：'此等词句一部分是由上帝而来，一部分是从魔鬼而来的'。在此等神言中，其最重要而经洪秀全审为真者，乃杨秀清萧朝贵二人之言"。[中国史学会主编：《太平天国》（第6册），神州国光社1952年版，第866页]。
　　〔2〕 王庆成编注：《天父天兄圣旨——新发现的太平天国珍贵史料》，辽宁人民出版社1986年版，第7－8页。
　　〔3〕 中国史学会主编：《太平天国》（第1册），神州国光社1952年版，第60页。
　　〔4〕 中国史学会主编：《太平天国》（第1册），神州国光社1952年版，第61页。
　　〔5〕 王庆成编注：《天父天兄圣旨——新发现的太平天国珍贵史料》，辽宁人民出版社1986年版，第39页。

中提到，当时"并未有人知道天王欲立江山之事……各实因食而随"[1]。在金田暴动之后，他们开赴前线，为洪秀全夺取权力成为"真命天子"而流血牺牲，并且在部队出发时烧掉信者的房子使其逃无退路[2]。

进入战争状态之后，信者的处境更艰难，并且随时要丧命于刀枪之下，他们感到困惑、迟疑并要逃走。组织者便采用恐吓、激励两手进行强力控制。辛开（亥）（1851年）七月十三日，天兄耶稣（萧朝贵）大骂众人"各为私，不公草，不忠草"，自私自利。天父（杨秀清）也在当晚警告众人不准在三更半夜里趁黑逃跑，否则下场将是可悲的[3]，并指责他们光吃饭不干事，"（你们）不遵天命，场场行事，多有不同心，今天尔食何饭？为何事？差尔诛妖，何不同心？"[4]洪秀全在同年八月十九日也对信者发出"逆天令，落地狱"的警告[5]。另一方面，组织领导人加大激励的力度，进行新的利益承诺，并强调这种承诺到小天堂（如后来的南京）之后就可兑现。辛开（亥）（1851年）九月二十五日，时在永安的洪秀全下天王诏令，指示要明确记录信者在战场上的表现，有功者"俟（等）到小天堂，以定官职高低，小功有小赏，大功有大封"[6]。十余天后又下一道天王诏令激励信者，"上到小天堂，凡一概同打江山功勋等臣，大则封丞相、检点、指挥、将军、侍卫，至小亦军帅职，累代世袭，龙袍角带在天朝"[7]。

不但有小天堂的现世利益承诺，还有大天堂的来世利益承诺。组织领导人采用以来世的永恒生命来诱导民众放弃短暂的现世生命，他们号召民众勇敢作战，一不怕苦二不怕死。洪秀全在辛开（亥）（1851年）八月十九日恐吓信者："眼前不贪生怕死，后来上天堂，便长生不死。尔若贪生便不生，怕死便会死。又眼前不贪安怕苦，后来上天堂，便永安无苦。尔若贪安便不安，

---

　　[1]　中国史学会主编：《太平天国》（第2册），神州国光社1952年版，第788页。

　　[2]　"临行营之时，凡是拜过上帝之人房宇俱要放火烧之，寒家无食之故而从他也"（中国史学会主编：《太平天国》（第2册），神州国光社1952年版，第789页）。

　　[3]　"瞒天莫道天不知，……不做忠臣到何时？尔想三更逃黑路，不过天光怨鬼迷"（中国史学会主编：《太平天国》（第1册），神州国光社1952年版，第61页）。

　　[4]　中国史学会主编：《太平天国》（第1册），神州国光社1952年版，第61页。

　　[5]　中国史学会主编：《太平天国》（第1册），神州国光社1952年版，第65页。

　　[5]　中国史学会主编：《太平天国》（第1册），神州国光社1952年版，第65页。

　　[7]　中国史学会主编：《太平天国》（第1册），神州国光社1952年版，第66页。

怕苦便会苦”[1]。在同年十月十二日的天王诏令中激励战士要信心坚定、意志坚强："上天岂容易，头要耐心志，一定会上天，尔们把心坚"[2]。在壬子（1852年）二月三十日的天王诏令中，洪秀全这样描绘天堂的生活："高天差尔诛妖魔，天父天兄时顾看……脱尽凡情顶高天，金砖金屋光焕焕。高天享福极威风，最小最卑尽绸缎。男着龙袍女插花，各做忠臣劳马汗"[3]。如此美好的天堂生活等待着那些为洪秀全成为真命天子而英勇战死的信者。所以，死人是好事，不用哭泣，"凡军中兵士打仗升天，此是好事，不准哭泣，缘是人有志顶天，已随天父到大天堂享万年之福，何用哭也"[4]。洪秀全教导他们，如果不怕苦不怕死地勇敢牺牲，死后就上天国获得永生，享万年之福。不过他自己已经在迫不及待地享受现世的美好生活，此时他的配偶已经增加到36人[5]。

毫无疑问，民众只是洪秀全等人实现其个人目的的工具，但这种工具是有生命的，他们也追求自己的利益，正是民众的这种利益追求，给了组织领导者机会，他们采用各种虚假的利益承诺方式进行诱导，一步一步引诱他们向前。

如上所述，洪秀全欲成为"真命天子"、成为国家最高统治者的目标是明确的。所谓欲建设政治公正平等的社会，只不过是洪秀全的一种骗术而已。实际上，洪秀全处处行骗，如上述他对天堂中的生活进行栩栩如生、活灵活现地描绘："脱尽凡情顶高天，金砖金屋光焕焕。高天享福极威风，最小最卑尽绸缎。男着龙袍女插花，各做忠臣劳马汗"。这些内容与洪秀全口中的公正平等的人间社会是同工异曲、一脉相承，都是虚假的。这些行骗事实的存在，也可以从侧面证明前面的美妙承诺并非是诚信的承诺。

其实，洪秀全的骗术粗糙，可以说是满嘴胡言乱语。如果说由他的口中所道出的建设公正平等的社会的美妙承诺是诚实的，这是完全不可信。由于洪秀全欲实现获取政权的目标需要大量的人力物力，但他是一个落魄书生，一穷二白。他白手起家需要进行原始积累，必须动员大量民众参加，因为夺取政权所需的一切，都要依赖他们进行解决。虽然洪秀全动员民众参加的目

---

〔1〕 中国史学会主编：《太平天国》（第1册），神州国光社1952年版，第65页。
〔2〕 中国史学会主编：《太平天国》（第1册），神州国光社1952年版，第66页。
〔3〕 中国史学会主编：《太平天国》（第1册），神州国光社1952年版，第68页。
〔4〕 中国史学会主编：《太平天国》（第3册），神州国光社1952年版，第229页。
〔5〕 中国史学会主编：《太平天国》（第2册），神州国光社1952年版，第778页。

的是要向参与者索取各种所需利益，但是洪秀全吸引民众参加的主要方法也是利益诱导，因为他知道民众也是冲着利益而来。前述提到洪秀全自豪地说"万岁君王只钓龙"，实际上他不止钓龙，也钓小鱼、小虾。他一开始就对民众下套。他没有向民众提供一些像打土豪分田地那样看得见摸得着的利益，而仅是向民众进行口头上建设公正、平等社会的政治承诺。

退一步说，或许洪秀全的这种公正平等社会的政治理想，在他地位极低、仅想有限地改善自己政治地位的时候，是真实地存在过。但只要他的政治地位正在从弱者向强者上升，就不可能兑现相关的承诺。这可以在制度的利益分析理论之下采用动态的分析方法进行分析。制度利益分析理论对利益人的假设是他们必定追求自身利益，无论是强者还是弱者。由于利益人的政治地位可能发生变化，弱者通过各种手段可能变成强者，然而他们的政治地位无论如何变化，追求利益的本性不会改变。当某人是政治地位低的弱者的时候，他有政治平等的要求，因为与在不平等政治制度之下资源被强者多占独占、自己被强者控制、奴役相比，共享资源、摆脱奴役的政治平等对他来说是巨大的利益。而当他从弱者变成强者，控制大量资源的时候，他可能就没有这种要求，因为在这种情况之下，政治平等将要求他出让资源而损害他的既得利益。所以，当某个人处于弱者的地位时，他可能有政治平等的追求与主张，但一旦从政治弱者变为政治强者之后，就可能抛弃他原来的政治平等的主张，因为政治平等的选项已不再符合他的利益，而维持其高高在上的不公正不平等等级制度，才是其追求的最大政治利益之所在。同样，洪秀全在政治地位改变、从弱者变为强者的时候，如果没有有效的制度制约，追求利益的本性使他不可能兑现原先政治平等的承诺。因为当他从弱者变成一个强者，维持原来的等级制度格局，才是维护其政治利益的最好办法。

更何况，在洪秀全主张政治公正平等之前，已经有强烈的要成为真命天子的追求。所以洪秀全所提出的这种政治公正平等，本来就是一种不符合其目的的虚假承诺。

二、定都天京之后权术欺诈的问题

定都天京之后权术欺诈的问题，包括出台《天朝田亩制度》背后的偷梁换柱谋略，以及骗局中其他骗术的后遗症等。

（一）出台《天朝田亩制度》背后的偷梁换柱谋略

1853 年，洪秀全在定都天京（南京）之后，彻底背弃原来的政治平等的承诺而制定严格的等级制度，但为何同时又推出了主张绝对平等的《天朝田亩制度》？是洪秀全对平等公正制度的理解混乱所致？人们对此问题一头雾水，除了直接用事实反驳之外，其背后的原因是什么的问题至今未见到有较为合理的解释。其实，这同样可以在制度的利益分析理论之下进行合理地解释，也就是不受有效制度制约的强者，可能采用不择手段的方式实现其原先制定的目标。

作为利益人的掌权者，如果不受任何制度制约，不能指望他能够兑现原来的政治平等承诺，更何况洪秀全美妙的承诺本来就是一出骗局。洪秀全欲成为最高统治者是一贯的，当他梦想成真，一旦获得一定地盘之后，就以"真命天子"自居，封自己与自己的儿子万岁[1]。他还要掌握与真命天子名号相符的"生杀由天子"[2]的权力。在定都天京之后，他严格实施等级制度，规定天王轿夫六十四人，东王轿夫四十八人，以次递减，至两司马（管 25 户人家的基层干部）轿夫四人[3]。并且严格规定，"凡东王、北王、翼王及各王驾出，侯、丞相轿出，凡朝内军中大小官员兵士如不回避，冒冲仪仗者，斩首不留。凡东王驾出，如各官兵士回避不及，当跪於道旁，如敢对面行走者，斩首不留。凡检点、指挥各官轿出，卑小之官兵士亦照路遇列王规矩，如不回避，或不跪道旁者，斩首不留"[4]。这种等级制度得到贯彻，如

---

[1] 1851 年颁布的《太平礼制》规定"臣下呼称幼主万岁"［中国史学会主编：《太平天国》（第 1 册），神州国光社 1952 年版，第 103 页］。

[2] 中国史学会主编：《太平天国》（第 1 册），神州国光社 1952 年版，第 232 页。

[3] 中国史学会主编：《太平天国》（第 3 册），神州国光社 1952 年版，第 179 页。

[4] 中国史学会主编：《太平天国》（第 3 册），神州国光社 1952 年版，第 230 页。以下是介绍东王杨秀清出行时的盛况："洪逆从未出行，唯杨逆每出必盛陈仪仗，开路用龙灯一条，计三十六节，以钲鼓随之，其次则绿边黄心金字衔牌二十对，其次则铜钲十六对，用人肩挑，后飘数尺黄旗，墨书金锣二字，其次绿边黄心绣龙长方旗二十对，其次同上色绣正方旗二十对，其次同上色绣蜈蚣旗二十对，高照提灯各二十对，虽白昼亦用之，其次画龙黄遮阳二十对，提炉二十对，黄龙伞二十柄，参护背令旗，骑对马约数十对，最后执械护卫数十人，绣龙黄盖一柄，黄轿二乘，杨贼乘坐，或前或后，盖仿古副车之义，而恐人之伺之也。轿后黄蘥十余杆，骑马执大刀者数十人，更用鼓吹音乐数班，与仪从相间，轿后亦用龙灯钲鼓，凡执事人皆上黄下绿号衣。至于执盖执旗，多用伪官，皆着伪公服，每一出（伪）府，役使千数百人，如赛会状，以此炫骇愚民，以为尊贵无比，若天神然"［中国史学会主编：《太平天国》（第 3 册），神州国光社 1952 年版，第 179–180 页］。

在《佐天侯陈承镕布告》中所述的内容〔1〕。在太平天国的资料中，背弃原来政治平等承诺的制度安排的记述，比比皆是，在此不详述。

一部分人感到困惑，洪秀全在树立政权之后彻底背叛原先政治平等的承诺，制定了各种严格的等级制度，但为何又制定了以经济绝对平等为内容的《天朝田亩制度》？实际上，《天朝田亩制度》并不是洪秀全兑现其原先政治平等承诺的一种具体政策，而是一出更大的骗局。因为其内容是绝对的经济平等，而不是原来承诺的政治平等。洪秀全通过对平等内容的替换，追求更大不平等的政治利益。原来的人人生而平等，这个世界的公理是公正、平等、和平等主张，都是属于政治平等的内容。但是后来他偷梁换柱，抛弃原来的政治平等的承诺，变成在财产公有之下的经济绝对平等的内容，"务使天下共享天父上主皇上帝大福，有田同耕，有饭同食，有衣同穿，有钱同使，无处不均匀，无人不饱暖也……盖天下皆是天父上主皇上帝一大家，天下人人不受私，物物归上主，则主有所运用，天下大家处处平均，人人饱暖矣。此乃天父上主皇上帝特命太平真主救世旨意也"〔2〕。他们主张在财产公有的前提之下进行平均分配。实际上，最高统治者欲完全控制国家的一切，往往支持财产公有。因为他控制国家的很多具体目标是通过财产公有来实现。财产公有体现了最高统治者的经济利益分配与政治利益分配的权力，是显示他最高权力、最高存在感的最好机会。经济绝对平等，使民众无法支配、享受自己的劳动成果，反而要经过洪秀全的恩赐，这种恩赐反过来迫使民众完全依附于权力。洪秀全强调民众在吃穿住用等经济方面绝对平等，不使一个人挨饿，这似乎是站在道德的制高点上〔3〕，但实际上是一种对弱者进行彻底人身控制的策略。根据在 1860 年进入南京的外国人记述：当时南京城采用供给制，民众完全依附于权贵，他们不敢接受货币，否则将被杀头〔4〕。他通过建

〔1〕 佐天侯陈承镕布告："照得贵贱宜分上下，制度必判尊卑……天王降凡，为万国太平真主……是以东王格外劳心，因红、黄二色为天朝贵重之物，凡有官者，即遵旨制造穿著。无官之人，仅准红色包头，其汗袍、蚊帐、足裹尤不准用"。（太平天国历史博物馆编：《太平天国文书汇编》，中华书局 1979 年版，第 91 页）。

〔2〕 中国史学会主编：《太平天国》（第1册），神州国光社 1952 年版，第 321—322 页。

〔3〕 这种表面上利他利己的行为，其实是极端利己的行为。这与西汉末王莽的行为基本一致。参照陈忠云：《超越不同形式政治制度的研究范式——制度的利益分析理论之魅力》，中国政法大学出版社 2016 年版，第 173 页。

〔4〕 罗尔纲、王庆成主编：《太平天国》（第9册），广西师范大学出版社 2004 年版，第 322 页。

立绝对经济平等的制度，从日用饮食方面着手彻底控制民众，让他们彻底屈服、完全服从，以千秋万代维持其"真命天子"的不平等政治制度[1]。

（二）骗局中其他骗术的后遗症

如前述，洪秀全除了美妙的承诺之外，还有以上帝下凡的方式恐吓、控制民众；以上天堂（小天堂、大天堂）为诱饵驱使信者上战场等骗术。但这些骗术对洪秀全来说，既有有利的一面，也有一些不利的一面。

一是以上帝、耶稣下凡的方式控制民众骗术的后遗症。对于洪秀全来说，允许杨秀清、萧朝贵以上帝、耶稣化身的身份发号施令，其实是一把双刃剑，既是控制信者、维持组织以对付清统治者的有效手段，也对他巩固最高权力造成威胁。按照他们的说法，耶稣与洪秀全都是上帝的儿子，耶稣是上帝的第一子，洪秀全是上帝的第二子。也就是说，实际上杨秀清扮演的角色是洪秀全的父亲，萧朝贵扮演的角色是洪秀全的大哥。这三个人在属灵的世界中，洪秀全的政治地位最低。萧朝贵在暴动之后不久就死去，对洪秀全来说，这位耶稣大哥早早归天不再下凡，就不成为其权力的威胁[2]。但是，洪秀全属灵的父亲杨秀清则幸运生存，并且与洪秀全一起坐镇天京，对洪秀全巩固其政治权力形成巨大的威胁。

从制度的利益分析理论角度进行分析，与洪秀全一样，杨秀清也是利益人。私占国家的利益巨大，使人人都成为政治野心家。洪秀全是野心家，杨秀清同样也是。当初，组织属于草创阶段，资源相对较少，并且他们共同面临着强大的敌人，因此相互支持鼎力合作。如前述，当初杨秀清在扮演上帝下凡时所作的指示，大多是维护洪秀全权威的内容，他们通力合作设局控制民众。但在组织有了较多的资源之后，为了多占甚至独占这份资源，他们之间发生了各种的利益冲突。杨秀清在看到国家变成洪秀全以及他子孙的千秋万代家族私产时必定羡慕。当他架空洪秀全控制了全局的时候，从理论上推理他必然有替代洪秀全以完全控制权力的企图，因为他也是追求最大化政治

---

[1] 以下是洪秀全欲完全占有国家、并且欲千秋万代占有国家的言论。《收得城池地土梦兆诏》："天下无弃土，普天大下通是爷哥朕土，通要收复取回"。《赐英国全权特使额尔金诏》："朕立幼主继耶稣，双承哥朕坐天都，幼主一半耶稣主，一半朕子迓天麻，代代幼主上帝子，双承哥朕一统书"。《天历每四十年一斡旋诏》："今蒙爷哥下凡带朕作主，创开天国、天京、天朝、天堂、天历，永远流传，自辛开元年一直传去，千年万载万万载，永无穷尽"。（刘东主编：《近代名人文库精萃：洪秀全洪仁玕》，太白文艺出版社2012年版，第139页、第135页、第136页）。

[2] 如果没有死，显然洪秀全的强有力的权力竞争对手将不止杨秀清一个。

利益的野心家。实际上，后来的局势发展也是按照这种理论推理的路线进行。在定都天京之后，这两个人之间的分歧越来越大。杨秀清利用自己是洪秀全属灵父亲的角色，架空、对抗、贬损洪秀全，"杀必请于天贼，然天贼曰杀，东贼必不杀，曰勿杀，东贼必杀之，谓出天父意也……尝假天父语，杖天贼四十"〔1〕。杨秀清有意识地朝完全控制国家的方向努力，在东王府进行开科取士（称东试）时，有一道考题题为"四海之内有东王"〔2〕，他还"私刻太平天国真命主杨秀清伪戳"〔3〕，并且提前对其后代在将来能够顺利掌握权力进行部署。当时有两个外国人至近观察杨秀清，说他"有两个各为三岁和七岁的男孩，当其中的任何一位出现在街上时，所有的官兵都得立刻下跪；只要他们出现时，连我们也不得不这样做。有时我们得下跪十分钟之久"〔4〕。毫无疑问，这位比洪秀全小九岁的杨秀清，已经做好全面替代自己属灵的儿子洪秀全以及属灵的孙子洪天贵福的准备。洪秀全与杨秀清两个人在属世中的上下级关系，变成属灵中的儿子与父亲的关系，由此引发的各种利益冲突不断，使当时的一些人感到莫名其妙，他们说："夫古之叛逆，末路受制于臣下，篡（篡）夺者有之，缚献者有之，袭杀者有之，未闻跪而受杖仍尊为王者，荒唐儿戏，真蜂衙蚁队之不若"〔5〕。

　　从行为者追求利益最大化行为倾向进行分析，利益越大就越诱人。国家成为最高统治者的私产并进行权力世袭的传统做法，使杨秀清对最高统治者的位置志在必得，因为这关系到将来的中国是洪家王朝还是杨家王朝的问题。由于在属灵世界中父子关系的原因，使杨秀清在与洪秀全的较量中屡屡占据上风。史料载，杨秀清"有去洪赋而自称天王意。一日诡为天父下凡，召洪贼至，谓曰：'尔与东王均为我子，东王有咁大功劳，何止称九千岁？'洪贼曰：'东王打江山，亦当是万岁'。又曰：'东世子岂止是千岁？'洪贼曰：'东王既万岁，世子亦便是万岁，且世代皆万岁'。东贼伪为天父喜而曰：'我回

〔1〕　中国史学会主编：《太平天国》（第4册），神州国光社1952年版，第668页。

〔2〕　中国史学会主编：《太平天国》（第3册），神州国光社1952年版，第113页。另一个文献（《盾鼻随闻录》卷五）记述为："四海之内有东王"［中国史学会主编：《太平天国》（第4册），神州国光社1952年版，第399页］。

〔3〕　中国史学会主编：《太平天国》（第4册），神州国光社1952年版，第640页。

〔4〕　罗尔纲、王庆成主编：《太平天国》（第9册），广西师范大学出版社2004年版，第179页。

〔5〕　中国史学会主编：《太平天国》（第3册），神州国光社1952年版，第45页。

天矣。'洪贼归，心畏其逼而无如何也"[1]。属灵的父亲杨秀清步步紧逼的篡位威胁，最终迫使属灵的儿子洪秀全忍无可忍，与之进行全面对决。他令士兵在"所筑土城上密布枪炮，恐杨来暗算"[2]，并急招援兵韦昌辉。韦昌辉活捉躲到厕所的杨秀清并杀死他，整个过程惊心动魄[3]。

在皇帝制度之下，获得最高权力等于获得整个国家，国家成为私有物产可以千秋万代继承，这种利益的魅力何等巨大。在这种利益魅力之下，即使在具有密切血缘关系的清朝皇室，他们的兄弟之间都进行你死我活地争夺（如康熙、雍正朝），更何况洪、杨这样的非血缘关系的两个人。只不过杨秀清功亏一篑，没有实现他的目标。从理论上推理，如果杨秀清当时没有被杀，洪、杨之间的对抗将会继续，并且越来越激烈，最终的结局还是有你没我，因为他们两人都把独占国家视为自己的最大利益之所在。

二是以上天堂（小天堂、大天堂）为诱饵驱使信者上战场骗术的后遗症。与政治平等的承诺只是一种骗术一样，上天堂的承诺同样是一种骗术。太平天国的天堂有大天堂、小天堂之分。对信者来说，大天堂是否存在要等到死后才能够确认[4]，但是小天堂是指天京（南京），那些人到了天京之后，是否进入了小天堂就明白了。天京对洪秀全来说确实是个小天堂，他在天京的生活极为豪华，"碗箸皆以金，箸长近尺，沐盆亦以金"[5]。但对一般的民众来说却是地狱。在洪秀全进入天京后，就大兴土木建造天王府，他"日驱男妇万人，并力兴筑，半载方成，穷极壮丽。以金陵文弱之人逼令挑砖运

---

[1] 中国史学会主编：《太平天国》（第4册），神州国光社1952年版，第703页。

[2] 中国史学会主编：《太平天国》（第4册），神州国光社1952年版，第640页。

[3] "韦昌辉回金陵。韦至洪处，先遣伪北殿承宣某贼往传杨逆来洪处议事，杨怒不往，并将其贼使缚于厅柱，用炮轰毙；一面令伪东殿尚书傅学贤率东党众贼扎于汉西门大街以待北贼。不意北贼已率党从后街直入东巢，东贼急避登望楼，自去其梯，并在楼顶擂鼓，意在调党羽回巢自卫。北贼随目有伪北殿右二十承宣许宗扬者，即许十八，带刀缘楼柱而上，东贼见逼急，遂跳而下，潜匿厕坑间。许追至见履。捉缚北贼前。杨云：尔我金田起首，尔此时不能杀我。韦答云：尔欲夺位，我奉二哥令杀尔，今日之事两不能全，不杀尔，我即当死。佯拔剑欲自刎，随目环夺其剑乱砍，遂将东贼杨秀清即时戕毙，并杀其亲丁廿七口，其被掳奸淫为伪王娘者五十四口，同时并杀，以及掳禁服侍被奸有孕者亦皆杀讫，余掳妇女未害"[中国史学会主编：《太平天国》（第4册），神州国光社1952年版，第640—641页]。

[4] 太平天国的资料说洪秀全到过天堂。中国史学会主编：《太平天国》（第1册），神州国光社1952年版，第364页。

[5] 中国史学会主编：《太平天国》（第4册），神州国光社1952年版，第714页。

土，稍不遂意，则鞭捶立下，妇孺惨遭凌虐，亘古罕闻，茹苦含冤，天地惨变"〔1〕。

小天堂不但对一般的民众来说是地狱，对为洪秀全冲锋陷阵的士兵来说同样如此。他们进入天京之后，依然还是被拆散家庭、男女分居。并规定，犯奸邪淫乱的第七天条者，"如系老兄弟定点天灯〔2〕，新兄弟斩首示众。凡夫妻私犯天条者，男女皆斩"〔3〕。夫妻间正常的亲密生活，也属于触犯第七天条之罪，也要杀头。太平天国四年（公元 1854 年），杨秀清宣布"（官员）陈宗扬夫妇屡犯天条，已经获罪，又欲诱秽他人，罪无可赦。当一同斩首示众"〔4〕。出版于太平天国四年（公元 1854 年）的《天情道理书》，有如下的内容："自一路以来，所有不遵天令、夫妇私自团聚者，无不被天父指出，奉行天法，重究在案"〔5〕。也就是夫妻团聚也被无情地追究。而此时，大量的配偶与后宫宫女服务于洪秀全一个人，杨秀清等王也是被身边的女性众星捧月〔6〕。从这些资料看，天京不但对一般民众来说是地狱，对那些原先承诺要让其在小天堂过美好生活的士兵来说也是地狱。

洪秀全为了有效地组织造反人马，披上宗教的外衣蒙骗清朝皇帝，更对民众采用了连环骗术。然而，他的骗术无法永久地蒙蔽所有人，一旦骗术失效，洪秀全等人残暴面目就原形毕露。时人这样评论，原先的骗术"哄诱山洞蛮野之徒则可，今至金陵，虽三岁孩童，亦知其诈；即在前被胁之人，明

---

〔1〕　中国史学会主编：《太平天国》（第 3 册），神州国光社 1952 年版，第 164 页。

〔2〕　"用棉絮卷人而绷之浸以油，置巨木倒缚于其上，燃以火名点天灯"［中国史学会主编：《太平天国》（第 4 册），神州国光社 1952 年版，第 716 页］。点天灯与慢慢死亡的凌迟刑罚同工异曲。

〔3〕　中国史学会主编：《太平天国》（第 3 册），神州国光社 1952 年版，第 229 页。其他规定：①凡传令听讲道理，如各官有无故不到者，枷七个礼拜，责打一千，再犯斩首不留。②凡各馆书士，如有编造歌谣及以凡情歪例编成诗文迷惑兄弟者，斩首不留。③凡挑濠沟，筑土城，一切军中事务，如有口出怨言者，斩首不留。④凡辱骂官长者，斩首不留。⑤凡邪歌、邪戏一概停止，如有聚人演戏者，全行斩首［中国史学会主编：《太平天国》（第 3 册），神州国光社 1952 年版，第 229 页］。这些规定主要对信者的思想、行为进行严密控制。

〔4〕　王庆成编注：《天父天兄圣旨——新发现的太平天国珍贵史料》，辽宁人民出版社 1986 年版，第 109 页。

〔5〕　中国史学会主编：《太平天国》（第 1 册），神州国光社 1952 年版，第 389 页。

〔6〕　"洪（洪秀全）杨（杨秀清）韦（韦昌辉）石（石达开）秦（秦日纲）等五逆各该犯处均有妇女在内，或千百人，或百余人，……除此五逆以外，余贼虽伪官至丞相名目，不许有妇女同处，即母子亦必别居，违者即为犯天条，贼凟当斩"［中国史学会主编：《太平天国》（第 4 册），神州国光社 1952 年版，第 629-630 页］。

知其假，但不敢当面道破，缘贼匪残杀太重故也"[1]。当时有两名妇女哀叹自己在太平天国中的悲惨生活，被举报后立即被斩首[2]。

以政治诈术达到自己个人目的的太平天国领导人，在十余年后迎来了可悲的终局。由于太平天国掌权者的全面腐败、领导人之间因争夺权力而发生的暴力冲突，以及信者意识到上当受骗而利益觉醒等原因，影响到战场上士兵的士气。1859年，洪仁玕认为，"天朝初以天父真道，蓄万心如一心，故众弟只知有天父兄，不怕有妖魔鬼。此中奥妙，无人知觉。今因人心冷淡，故锐气减半耳。"[3]在制度性政治腐败之下的太平军，也与制度性政治腐败之下的清朝军队一样软弱[4]在太平天国末期（公元1862年），太平军将领李秀成围攻上海。"上海西人调集劲旅，翼助中国。时贼围沪之师号称百万，西人一鼓而下之，青浦、嘉定势如破竹"[5]。号称百万并用上帝的精神原子弹武装起来的太平军，在一支西方劲旅打击之下迅速溃不成军。"自妖军贿买洋人，以攻我军，我朝连续失城失地，屡战屡败，我军无力抵挡，末日快到了"[6]。在太平天国的末日真正来临的时候，洪秀全本人虽已死去却被戮尸，他的儿子，不足十五岁的"万岁幼主"、二代天王洪天贵福被凌迟。

以上，在制度的利益分析理论之下对太平天国洪秀全的目标以及实现目标的手段进行了研究。资料显示，洪秀全真正的目标是要成为私占国家的"真命天子"。为了达到这个目标，他采用了各种的手段，如采用环环相扣的骗术引诱民众上当等。美妙的承诺即为其中一环。但在夺取一定地盘建立政权之后，领导人就陷入腐败的泥沼，政权也演变成暴政。其实，在听到洪秀全的美妙政治承诺时无须认为他是天使，在看到洪秀全的恶行时也无须认为他是天生的恶魔。他仅仅是一个利益人，在特定的社会背景之下，由于不受

---

〔1〕 中国史学会主编：《太平天国》（第4册），神州国光社1952年版，第612页。

〔2〕 罗尔纲、王庆成主编：《太平天国》（第9册），广西师范大学出版社2004年版，第327页。

〔3〕 中国史学会主编：《太平天国》（第2册），神州国光社1952年版，第540页。

〔4〕 不受有效制度制约的掌权者，总是倾向于制定对自己最有利的制度，如皇帝制度等。这种对掌权者最有利的制度，恰恰就是权力腐败的温床。清朝的政治制度是高度腐败的制度，洪秀全所建立的太平天国政治制度同样是高度腐败的制度。这两个高度腐败政治集团的暴力对决，就像是两个黑社会暴力团在黑吃黑。对民众来说，他们之间没有好坏之分，都是皇帝制度蛇窟中的两条毒蛇而已。

〔5〕 王韬：《弢园笔乘》（2），《记忠贼事》，载 http://article.netor.cn/article/memtext_ 121886. html，访问日期：2016年9月6日。

〔6〕 中国史学会主编：《太平天国》（第2册），神州国光社1952年版，第853页。

任何有效的制度制约，将不择手段地实现夺取政权控制国家这个目标。美妙承诺、连环骗术、残暴镇压等，其实都是为了确保他能够占有国家的手段。而他之前的政治平等的承诺本来就是一种为实现其私人目标而设下的骗局，他不会因为没有兑现承诺而感到问心有愧。洪秀全制定《天朝田亩制度》，强调绝对经济平等，是他追求不平等政治利益的另一种更高明的欺诈手段。

其实，处于中国的历史转折点上的洪秀全，有机会成为一个较有民主思想的政治家。他所处的广东，当时是传播政治平等信息最活跃的地区之一。19 世纪 40 年代中后期，梁廷枏在广东出版发行了《海国四说》，其中有一些与美国总统相关的内容，"统领限年而易……既不能据而不退，又不能举以自代。其举其退，一公之民"[1]。而洪秀全在广州接触一些美国的传教士，他们也都有可能向洪秀全传递一些关于本国政治制度的信息。甚至在 1859 年，洪秀全仔细阅读洪仁玕的《资政新篇》并进行眉批点评。《资政新篇》有如下内容："花旗邦即米利坚，……邦长五年一任，限以俸禄，任满则养尊处优，各省再举"[2]。可以认为，洪秀全对美国的政治制度以及实现政治平等的具体操作方法，在某种程度上是了解的。但他只是一个欲成为私占国家的"真命天子"的旧人，而不是怀有救国救民民主思想的新人。他从一开头就想当真命天子，并且要千秋万代把持政权。"邦长五年一任"或者"统领限年而易……既不能据而不退，又不能举以自代。其举其退，一公之民"，这种国家民有、民治、民享的做法，与洪秀全欲私占国家的企图相矛盾，即使他知道这些内容，也是视而不见听而不闻，所以在洪秀全的言行中，找不到与这种制度相关的信息。

---

〔1〕（清）梁廷枏：《海国四说》，中华书局 1993 年版，第 50 页。
〔2〕中国史学会主编：《太平天国》（第 2 册），神州国光社 1952 年版，第 529 页。

第四部分　清末政治制度改革失败的原因

第八章

戊戌变法失败原因的研究
——从慈禧对光绪未进行充分授权的视角

　　一百多年前的戊戌变法，开启了近代中国政治制度变革的序幕，但变革仅仅维持百日便告终结。或者这是近代中国的一个重大历史事件，其失败的原因究竟是什么的问题，引起了人们极大的关心。一百余年来，学者们纷纷发表他们的看法，与他们的观点相关，从粗线条描述到细密研究等各个层次的文献都存在。[1] 但他们都没有采用较为合适的理论进行导航，这使他们无法对他们的观点进行更为准确、更有逻辑性地推理、论证。而本文最大的特色，是采用制度的利益分析理论进行导航，首先利用这种理论对戊戌变法失败原因进行推断，再利用可信度高的资料对戊戌变法失败原因的理论推断进行考证。

一、关于戊戌变法失败原因的理论推断

　　探讨戊戌变法失败原因，要把从光绪二十四年（公元 1898 年）四月二十三日到同年八月初六（1898 年 5 月 11 日—9 月 21 日），总共三个多月时间的变法过程作为一个整体进行考察，探究谁、何种行为，以及为何这种行为会导致变法的车轮早早就进入了失败轨道的问题。与戊戌变法失败问题相关的重要人物，包括光绪、康有为、袁世凯、杨崇伊、伊藤博文等，但最关键的人物是慈禧。与变法失败相关的重要事件包括礼部六堂官革职、开懋勤殿、杨崇伊密折、光绪会见伊藤博文、袁世凯告密等，但最关键的事件是慈禧在戊戌年四月二十七日对光绪未进行充分授权的规定。当时，即使是慈禧对光绪进行充分授

---

　　〔1〕　关于戊戌变法失败的原因，学者们的考察视角主要有两种。一是从宏观视角进行考察，认为戊戌变法成功的社会条件不具备而导致失败，具体理由包括经济基础薄弱、民智不足等。二是从微观视角进行考察，认为是在变法的过程中因策略、手段存在问题而导致失败，具体理由包括策略失误、康有为不成熟政治行为、既得利益者守卫既得利益等。从微观视角的考察还包括探讨发生戊戌政变原因的过程论观点。这些观点的具体内容以及存在的问题，参照本书第 1 章、第 3 章。

权，改革也未必能够成功，但是未进行充分授权则必定失败。因为未进行充分授权，使光绪在官员们捍卫既得利益的强大阻力之下无力推进改革。后来一系列的改革困境，只不过是未进行充分授权而导致必定失败的具体展开而已。[1]

如果说，戊戌年四月二十七日的慈禧对光绪未进行充分授权是导致戊戌变法失败的关键原因，那么，①为何慈禧未进行充分授权是导致变法失败的关键原因？②为何慈禧对光绪未进行充分授权？这两项是需要进行解释的问题。

但是，在这需要进行解释的两项问题中，前者涉及慈禧、官员等维持既得利益的行为倾向（行为规律）的问题，后者更涉及当时的政治制度也就是慈禧所说的祖宗之法的问题。为了更为合理地解释这两项问题，需要在分析资料与分析手段方面下功夫。首先在分析资料方面。毫无疑问，戊戌变法事件，我们都未亲身经历过，要对此事件的相关问题进行研究，档案极为重要。但公式的档案资料要考虑皇帝、朝廷的形象等问题，往往包含不少豪言壮语的内容，反而对他们维持既得利益的真实言行记述较少。[2]要追溯戊戌变法失败的真正原因，需要更多统治者畅吐真言的真实、细节的资料。所以，要进行档案研究但又不能局限于档案研究，还要对档案以外的资料进行利用，可信度较高的日记、回忆录等也应当作为重要的参考资料加以利用。其次在分析手段方面。"KKV1994"提及，如果缺乏科学的手段，扎实的档案研究有时同样无法进行有效推论，[3]对戊戌变法失败原因的研究，同样如此。[4]须

---

〔1〕 其实早已有人关注到这个决定性的因素。梁启超认为，进行戊戌变法的"数月以来，新政之诏多矣，督责大臣之旨多矣，乃日日降旨严催而诸臣藐然，日云必加严惩，而未闻一惩，盖上无权既久，大臣所共闻知"〔中国史学会主编：《戊戌变法》（第2册），神州国光社1953年版，第63页〕，光绪皇帝因缺少权力而无法做到令行禁止，顽固大臣拒绝服从，使变法无法展开。王戎笙认为以荣禄任直隶总督北洋大臣，又命二品以上大臣要到慈禧太后处谢恩，实际上是剥夺了光绪的主要权力，使"变法的失败已成定局，只是时间迟早而已"（王戎笙："扼杀戊戌变法的慈禧为何也搞新政"，载《炎黄春秋》2000年第11期）。但上述的观点都只是简单的判断，为何如此，他们都没有展开分析。

〔2〕 档案所记述的内容主要以皇帝为中心。尽管在《随手档》等档案中记述不少的文件要呈递给慈禧过目、阅览（恭呈慈览），但慈禧看完这些文件之后的反应，则少有记述。

〔3〕 "不管是描述还是解释，定性还是定量，获得推论才是那些高质量社会科学研究的最终目标……扎实的档案研究和历史事实汇总构成了一部很好的描述史，但是对社会科学来讲远远不够"。〔美〕加里·金、罗伯特·基欧汉、悉尼·维巴：《社会科学中的研究设计》，陈硕译，上海人民出版社2014年版，第31-32页。这部论著简称"KKV1994"。

〔4〕 进行档案研究的茅海建在其作品中诉说他的困惑，"我虽在细部上多有新见，但在总体结论上，仍是一无所获"，慈禧"为什么于初六日亲政，对于我来说依然像谜一样缠绕在心"。茅海建：《戊戌变法史事考》，生活·读书·新知三联书店2005年版，第161页、第163页。

导入一套合适的理论进行导航。这种理论要既能够揭示政治领域行为者追求政治利益的某种行为规律，又能够对这种行为规律与政治制度发展之间的相互影响关系进行较为合理地解释。笔者认为，制度的利益分析理论符合这种要求。利用该理论解释戊戌变法失败的问题时，可以进行如下两个理论判断：①由于也把清末政治领域的行为者假设为利益人，所以无论是慈禧还是官员，在他们的既得利益受到触犯的时候，将产生强烈的抵触情绪。②尽管政治利益非均衡导向制度必然向政治利益均衡导向制度发展，但在制度转型期，追求完美政治利益（既追求长久统治的利益又追求眼前个人享受的利益）的强者，往往倾向于采用顽固、僵化的手段维持其既得利益及相关制度。

上述的两项问题，即为何慈禧未进行充分授权是导致变法失败的关键原因，以及为何慈禧对光绪未进行充分授权，都在这种理论可以进行有效推论的范围之内。根据档案、日记、回忆录等所提供的资料，结合制度的利益分析理论进行推理，可以对上述两个问题进行如下理论推断。

第一，关于为何戊戌年四月二十七日慈禧对光绪未进行充分授权，是导致变法失败的关键原因的理论推断。这可以从以下的两条线进行理解，一是在理论上官员也假设为利益人，他们也存在追求主观上认为是最大化或者相对较大利益的行为规律，但改革可能在某种程度上使他们的既得利益蒙受损失，这将使他们产生强烈的抵触情绪。当改革者没有有效的赏罚手段时，固守既得利益将是官员们的第一选择。而恰恰，由于慈禧未进行充分授权，光绪失去了赏罚大权，他将面临官员们捍卫既得利益的强大阻力，并因此失去推行改革的能力。二是由于慈禧控制大权，导致改革无法展开，也因此导致包括光绪在内的维新人士要寻求突破，如光绪大胆地对礼部六堂官进行革职，以及会见日本元首相伊藤博文、希望获得突破改革困境的建言等。[1]但慈禧认为这些做法侵犯了她的既得利益，怒不可遏，这加速了变法的终结。

第二，关于为何慈禧对光绪未进行充分授权的理论推断。理论上，慈禧是利益人，她将守卫自己的既得利益，以及与这种既得利益相关的政治制度，俗称祖宗之法或者祖宗大法。这可以从以下的三条线进行推理，一是，祖宗之法给慈禧带来巨大的利益，她是祖宗之法的最大受益者。二是，固守既得利益必须固守祖宗之法，而固守祖宗之法最有效的手段就是控制权力，在戊

---

〔1〕　王芸生编著：《六十年来中国与日本》（卷3），生活·读书·新知三联书店2005年版，第236页。

戊变法期间慈禧对光绪未进行充分授权就是这种行为的具体表现。三是，处于国家最高地位的她，主观上具有长远利益与眼前利益一把抓的完美个人政治利益追求，这种追求使她采用顽固、僵化的手段捍卫其个人的既得利益及相关的政治制度。

上述的理论推断，用一句话表述，戊戌变法失败的原因是慈禧过于追求完美个人政治利益（包括长久统治的利益以及个人眼前享受的利益等），而这种完美追求必须建立在固守祖宗之法以及稳固地控制权力的基础之上。正是这种鱼和熊掌兼得的完美个人政治利益追求，使她采用顽固、僵化的手段捍卫自己的既得利益以及相关制度，从而对光绪未进行充分授权。在戊戌变法期间，失去赏罚大权的光绪夹在坚决捍卫自己既得利益的慈禧与官员之间，左右失守，当然无法推进让既得利益者蒙受某种程度利益损失的改革。

对上述两项理论推断进行考证的资料，主要是中国第一历史档案馆的馆藏资料、该馆编撰的资料集（如《上谕档》《随手档》等），以及《翁同龢日记》《在太后身边的日子》[1]等可信度较高的日记、回忆录。时间主要采用旧历（夏历、干支纪日）。[2]

二、资料考证

为了较为系统地对上述两个理论推断进行资料考证，按照①戊戌变法的政治背景；②在失去政权危机感之下的变法与变法策略；③慈禧对光绪未进行充分授权导致变法失败；④慈禧未进行充分授权的原因等的顺序进行叙述。希望该研究能够在戊戌变法失败原因既存研究的基础上继续突破，带来更有说服力的新解释。

（一）戊戌变法的政治背景

戊戌变法的政治背景，是高度制度性政治腐败导致国家陷入困境。在该问题之下，所有掌权者都因为不受任何有效制度制约而放纵自己的欲望，以权谋私，以酷济贪，摧毁民众的人格以及他们作为人应有的尊严。以下，按照掌权者放纵自己的欲望、对民众反抗的控制、军事国防领域的制度性政治

---

〔1〕《在太后身边的日子》为德龄、容龄所著，该书第 213 页之前为德龄所著的《清宫二年记》，之后为容龄所著的《清宫琐记》。

〔2〕戊戌变法期间的新旧历对比可参照《戊戌百日维新运动大事表》。中国史学会主编：《戊戌变法》（第 4 册），神州国光社 1953 年版，第 557 页。

腐败问题等的顺序，分别进行阐述。

首先，是统治者的无止境欲望。朝廷因高度的制度性政治腐败导致内忧外患的问题加剧，陷入了摇摇欲坠的境地。然而尝到私有国家甜头的统治者，一而再再而三地要求亿万年占有国家、维持皇帝制度。即使到了光绪朝，无论是慈禧还是光绪，他们的最大愿望依然是维持"我国家亿万年无疆之祚"。[1]千年不够万年不够，要亿万年维持自己的统治。

不但皇帝以权谋私，其他掌权者同样以权谋私。在制度性政治腐败之下的大大小小掌权者，他们将不择手段地追求权力地位、物质财富。在追求权力地位方面，任命制使人们知道权力地位都是上层授予，他们走上层路线，竭力巴结中央大员及上司。地方官员"每逢大员及上司过境，相率迎接，并有越境送迎者"。[2]高官录取官员也走后门，他们"往往瞻徇情面，致启夤缘幸进之风"。[3]并且买官卖官问题严重，甚至涉及慈禧、光绪的身边人，包括奕劻、珍妃等人。慈禧惩罚了卖官的珍妃，但她实际上也是纵容这种问题的存在，如在她和庆王（奕劻）商议放缺（任命官员）的时候，庆王呈给太后一张名单，说有几个人名字虽然没有在这单子上，却是很适宜于这一职位的。太后爽快地同意。[4]这种任命官员的放缺，中间隐藏有多少猫腻可以任你想象。所以，有人认为，"庆亲王奕劻继恭王当国，不问政事，专事贿赂，各官皆有价目，非贿不得"。[5]

同样他们也都陷入追求物质财富的政治腐败。在嘉庆年间，有人提及倚官致富[6]的问题。在不受有效制度制约的掌权者可以支配各种资源的情况之下，从理论上说他们皆有以权谋私的行为冲动。而事实也是如此。奕劻由于得到慈禧的宠信，"五次得到崇文门正监督这一肥缺"。[7]每一次就任这个肥

---

〔1〕《清实录》（第52册）德宗景皇帝实录（一），中华书局1987年版，第117页。

〔2〕中国第一历史档案馆编：《光绪宣统两朝上谕档》（光绪五年），广西师范大学出版社1996年版，第225页。

〔3〕中国第一历史档案馆编：《光绪宣统两朝上谕档》（光绪九年），广西师范大学出版社1996年版，第233页。

〔4〕[美]德龄、容龄：《在太后身边的日子》，紫禁城出版社2011年版，第47页。

〔5〕中国史学会主编：《戊戌变法》（第4册），神州国光社1953年版，第310页。

〔6〕"湖广道御史汪镛奏，查向例，长随（官员的随员）及家奴门子等概不准捐（捐官）。惟长随一项，人尤纷杂，每厕优伶，其中倚官致富者无幸进之心。改籍换名，滥竽冒捐，在所不免"［《清实录》（第28册）仁宗睿皇帝实录（一），中华书局1986年版，第358页］。另有倚官妄为、倚官婪索等词。

〔7〕文史资料研究委员会编：《晚清宫廷生活见闻》，文史资料出版社1982年版，第275页。

缺，都给他带来大量财富。由于高官们占有大量的资源，众多的人们要升官、要项目，都要讨好他们，因此他们的来钱渠道变得畅通但又隐蔽。而地方官员没有高官那样有多方的财路，主要是将民众作为直接榨取的对象，因此以酷济贪的问题极为严重。[1]在皇帝制度之下，此类问题具有普遍性，统治者阶层成员自己也承认，"官皆民贼，吏尽贪人"。[2]

其次，是对民众反抗的控制。无论是康熙、雍正、乾隆朝，还是嘉庆、道光、咸丰、同治朝，皇帝制度所带来的问题是一致的，就是皇帝私占国家的示范作用，不受有效制度制约的大大小小掌权者，为了追求自身的利益，肆无忌惮地损害民众利益，这必然引起民众的激烈反抗。光绪朝同样如此，"杨开泰等胆敢在贵州省城歃血结盟，谋为不轨，于本年十月间，纠集多人，约期举事"[3]。"湖南常德府武陵县洩陂村篾匠徐姓招集亡命万余，于该村瓦屋垱等处立砦制造军器。贼渠多人，约于本年三月举事"。[4]即使在戊戌变法期间，光绪一方面要承受变法无法推进的烦恼，另一方面，民众造反的烦恼也伴随着他，"广西匪徒滋事，深系朕怀。地方一日不靖，朕心一日不安"。[5]

统治者为了进行有效的维持皇帝制度，必须对社会进行彻底地控制。实际上，清朝统治者对中国社会进行彻底控制，早在入关之后就已经进行。最

---

〔1〕 文中所引用的这些资料，都是官方已经确认过的事实。"广东候补通判署南海县知县徐赓陛，署海康县年余，杀人数百……迨抵陆丰县署任，下乡催粮，因郑姓老人言语触犯，将其活埋致死。又监毙沈亚包等二十余人，滥杀沈八虾等五人。经徵粮米，加倍浮收，并刑追已蠲民欠。革咎生员吴尧等得银三万两有余。此外私收赔费，贿纵正凶，勒索无辜等案不可枚举。及署任南海县，挟嫌将地保周堃杖毙，复将其子羁禁"〔中国第一历史档案馆编：《光绪宣统两朝上谕档》（光绪七年），广西师范大学出版社1996年版，第337页。"署两广总督曾国荃等奏，遵查前署陆丰县知县徐赓陛参款，请革讯。得旨，徐赓陛著先行革职，听候讯办。郑承望被埋身死一案，情节甚重，必须严切究办。即著该督抚严讯确情"〔《清实录》（第54册）德宗景皇帝实录（三），中华书局1987年版，第275页〕。又，"湖北州县中，宋熙曾最为贪酷，设立站桄杀人以千计。上年署理蕲州，诬害良民，株连甚夥。纵容门丁，浮收钱粮。虐政不可枚举"。中国第一历史档案馆编：《光绪宣统两朝上谕档》（光绪八年），广西师范大学出版社1996年版，第158页。
〔2〕 故宫博物院明清档案部编：《清末筹备立宪档案史料》（上册），中华书局1979年版，第175页。
〔3〕 《清实录》（第53册）德宗景皇帝实录（二），中华书局1987年版，第541页。
〔4〕 中国第一历史档案馆编：《光绪宣统两朝上谕档》（光绪十三年），广西师范大学出版社1996年版，第200页。
〔5〕 《清实录》（第57册）德宗景皇帝实录（六），中华书局1987年版，第571页。

有效的控制手段无非就是杀戮，特别是凌迟。[1]凌迟是人类史上最惨无人道的刑罚。

由于统治者是在大庭广众的众目睽睽之下实施凌迟的刑罚，可以认为，当时所有的民众都知道凌迟、脔割、千刀万剐是如何恐怖的一件事。全国民众都处于这种暴戾乖蹇的政治环境之下，承受着如果对皇帝，或者对这种政治制度不满将可能遭受凌迟刑罚的精神重压。统治者把民众关进这种极端恐怖的精神牢笼之中，然后再对他们进行肆无忌惮的蹂躏。他们对民众随意进行体罚，消灭他们人格，摧毁他们的自尊心，对他们进行彻底的奴化教育，以达到对民众进行控制的目的。一级一级地完全控制，不顺从者无法生存。民众被调教、被驯化，使他们习惯于在屈辱中生存，在屈辱中产生对强者的敬畏。[2]清朝皇帝对民众的彻底控制，使整个国家变得极为脆弱，最终也导致在国内耀武扬威、对自国民众进行肆意侮辱的皇帝们，在少数的外国军队面前深受其辱，并使国民蒙受双重灾难。[3]

再次，是国防军事领域的制度性政治腐败问题。统治者滥用权力为所欲为，他们要让所有的人匍匐在自己的脚下，包括军人。某次，慈禧从北京回沈阳。到了沈阳之后，迎接慈禧的人群中"最引人注目的就是那两行衣冠整齐的旗兵了，他们一个个俯伏在地上，简直像蛤蟆一样，头使劲往下低着，嘴唇几乎要碰到地面了。（他们前面的官员）尽管也是低头跪着，上半身却挺得很直，这样一来就少了些蛤蟆气"。[4]我们的士兵不是被训练成昂首挺胸、气势轩昂的能够担负起捍卫国家职责的战士，而是被训练成对权贵如此卑躬屈膝的蛤蟆兵。并且，在这种制度之下，任何一个部门的掌权者都不受有效的制度制约，任何一个部门的掌权者都存在腐败行为，包括军队官员。甲午战争之

---

　　[1] 光绪朝也是如此，如上述的"杨开泰等八犯，讯明后均凌迟处死"。《清实录》（第53册）德宗景皇帝实录（二），中华书局1987年版，第541页。

　　[2] 参照本书第四章乾隆后期的资料《马戛尔尼使团使华观感》（［英］乔治·马戛尔尼、约翰·巴罗：《马戛尔尼使团使华观感》，何高济、何毓宁译，商务印书馆2013年版）。在清末，人们被官员体罚依然被认为是理所当然，"官打民不羞，父打子不羞"。文史资料研究委员会编：《晚清宫廷生活见闻》，文史资料出版社1982年版，第248页。

　　[3] 双重灾难，是指统治者对他们进行彻底控制的灾难（凌迟、体罚、跪拜），以及外国军队要求要统治者进行战争赔偿，这些压力都转嫁到民众头上的灾难。

　　[4] ［美］德龄：《我和慈禧太后》，富强译，译林出版社2014年版，第129页。从清末的照片中，也可以看出当时中国军人的形象如何，他们的表情畏缩，表现出一种对强者无比恐惧的神情。

前的军队，什么事都要找关系走后门，"州县营官，关说夤缘，不胜枚举"。[1]军官们不择手段追求享受，"带兵将弁，往往虚报名粮，冒销军火私肥囊橐，日用豪奢"。[2]"江西水师统领万重暄，素善钻营，不理营务，乘坐绿呢大轿……且复大开赌局，带勇各员，无不入其局中……又江西南赣镇总兵王永胜，在任以来，惟以演剧、饮酒、囤积贩运为事，且惯狎优伶"。[3]这些战士们一旦有事未战先逃，马尾船厂的"分防炮勇，闻警先逃"。[4]

在军队基层，腐败的干部多如牛毛；在军队高层，慈禧、光绪父亲奕譞、李鸿章等亦不逊色，他们都是军队重大政治腐败的相关人。甲午战争前的慈禧，虽然名义上已经还政光绪，但依然控制着国家大权，依然是军队的最高统帅。而这位最高统帅，居然在列强的虎视眈眈之下，伙同海军最高层人员奕譞、李鸿章等人挪用海军军费在颐和园搞基建。这也是甲午战争失败的原因之一。[5]

清朝皇帝在对民众彻底弱化的基础上进行统治，以及渗透到军队的从上到下的政治腐败，导致军人失去血性与战斗力。1860年总兵力2.5万的英法联军从天津登陆，势如破竹地直捣皇帝老巢圆明园并火烧该园，咸丰、慈禧等人为了保住性命连夜逃出北京。1900年总兵力不足2万的八国联军同样轻

---

〔1〕 中国第一历史档案馆编：《光绪宣统两朝上谕档》（光绪十三年），广西师范大学出版社1996年版，第188页。

〔2〕 《清实录》（第53册）德宗景皇帝实录（二），中华书局1987年版，第258页。

〔3〕 中国第一历史档案馆编：《光绪宣统两朝上谕档》（光绪七年），广西师范大学出版社1996年版，第72页。此事的调查结果如下："谕内阁、前据御史李士彬奏特参总兵万重暄、王永胜、贪劣各款。当经谕令彭玉麟查办。兹据该侍郎查明具奏，江西水师统领记名总兵万重暄虽无扣勇减饷之事，所参收受节寿陋规亦无实据。惟出门乘轿，所至盛饰厨传供帐，并有开局聚赌情事。江西南赣镇总兵王永胜狎优饮酒，时令民闲女子入署作工。虽非收买贩鬻，而不知远嫌，以致物议沸腾。已革知县章澍声名狼藉，与王永胜往来酬酢，聚饮观剧，营务因以废弛。江苏候补道朱麟成、江西候补知府潘骏群、候补知县杨春泽、陈长吉、张铭、李文同、已革知县柯荣、试用通判顾长龄、管带江西内河水师营官、记名总兵萧福，均有入局聚赌之事"。中国第一历史档案馆编：《光绪宣统两朝上谕档》（光绪七年），广西师范大学出版社1996年版，第121页。

〔4〕 《清实录》（第54册）德宗景皇帝实录（三），中华书局1987年版，第913页。

〔5〕 几则资料。其一，"光绪父亲奕譞串通李鸿章，挪用海军经费为慈禧修造颐和园，后甲午战败"（文史资料研究委员会编：《晚清宫廷生活见闻》，文史资料出版社1982年版，第63页）。其二，"合肥党人（李鸿章一派的人）谓战败乞和，由于海军覆败，由于筹备未周，连年海军军费，竭大半助修颐和园，予则伤义，不予伤恩"〔中国史学会主编：《戊戌变法》（第4册），神州国光社1953年版，第271页〕。

易地直捣皇帝老巢，口头上声称准备坚守紫禁城直到最后英勇牺牲的慈禧等人，[1]听说联军逼近，面无人色地打扮成平民百姓逃出北京，并大方地让二万联军成功地索取赔款四万万五千万两白银。[2]而发生在 1894 年的甲午战争亦如此，"甲午战争始于 1894 年 7 月，结束于 1895 年初，先后发生大小几十场战役战斗。作战结果，清军陆军无一胜绩，望风而逃、丢盔弃甲；北洋水师屡战屡败，终至全军覆没"。[2]不但海军弱，陆军更弱，日军登陆，清朝陆军居然望风而逃，任其对手无寸铁的中国民众进行屠杀，如发生于 1894 年 11 月的旅顺大屠杀。

可能人们感到困惑，即使是蜜蜂、蚂蚁这样的昆虫，当它们的家园受到侵犯的时候，它们都能够舍生忘死地捍卫自己的家园。而清朝士兵怎么连蜜蜂、蚂蚁都不如？并且在 19 世纪末，清朝士兵的武器装备并不差，因为在洋务运动中，建造了不少兵工厂，引进不少外国的武器装备以及武器制造生产线。在甲午战争中，中方的兵器质量、兵员数量不比日方逊色，怎么中国士兵就一触即溃、兵败如山倒呢？当然，在腐败政治制度之下腐蚀军队的因素很多，以下两点或者也是重要的原因：一是，如前所述，皇帝要维持极端腐败的皇帝制度，就意味着要用各种残暴的手段控制欲图反抗的民众。对统治者来说，在国内他是最强者，他可以随意对制度不满或者反抗的人进行杀戮。清统治者采用狡猾、残暴的手段驯化民众，使他们习惯于在屈辱中生存，在屈辱中产生对强者的敬畏。军人对国内强者所产生的习惯性畏怯，在遇上国外强者的时候也变成如此。一旦强敌入侵，国内的大批武装力量就变成了纸

---

[1] "迨至七月二十一日之变，朕与皇太后誓欲同殉社稷，上谢九庙之灵。乃当哀痛昏瞀之际，经王大臣等数人扶掖而出，于枪林弹雨中仓皇西狩（西逃）"。中国第一历史档案馆编：《光绪宣统两朝上谕档》（光绪二十六年），广西师范大学出版社 1996 年版，第 482 页。

[2] 这里引用某军事研究者的一段话："英法联军 1860 年进攻北京火烧圆明园用了多少兵力？英军一万八千，法军七千二百。区区二万五千人长驱直入一泱泱大国首都杀人放火，迫其皇帝天不亮仓皇出逃'北狩热河'，恐怕在世界战争史上也算一项记录。1900 年（8 月份）英、法、德、俄、美、日、奥、意八国联军进攻北京，国家到是不少，拼凑起来的兵力却不足两万。虽然京畿一带清军不下十几万，义和团拳民更有五六十万之众，仍然无法阻止北京陷落及赔款四万万五千万两。以二万人索取四万万五千万两白银，或许是世界战争史上又一项记录"（金一南：《军人生来为战胜》，解放军文艺出版社 2007 年版，代序第 1 页）。八国联军在攻下北京之后，他们本国又送来一部分援兵。如此大笔赔款，统治者为何能够豪爽地答应，这是让后人困惑的。赔款再多，也是由全国人民负担，对他们自己的生活影响不大，或者这是主要原因之一。

[3] 徐兵博："失于创新：甲午战争焉能不败"，载《解放军报》2014 年 7 月 26 日，第 5 版。

老虎。当然也不是说一个勇敢者都不存在，但这些少数的勇敢者根本无法挽回危局。二是，对民众、士兵来说，这家园是皇帝与贪官污吏的，不是他们的。国家的利益与自己的利益毫无关系。在遍地是贪官污吏的国家里，自己的利益反复受到侵害，捍卫这种家园对自己来说有什么意义？[1]

在甲午战争之后讨论战争赔偿的过程中，日统治者依然不忘羞辱清统治者，军队最高统帅慈禧本人也尝到被羞辱的滋味[2]。清末统治者所受到的羞辱，实际上是到那时为止对国内进行疯狂统治的一种代偿。

（二）在失去政权危机感之下的变法

苏继祖在《清廷戊戌朝变记》提及，"溯自（鸦片战争后）通商五十年来，割地失权，耗财受辱，日甚一日。迨至甲午以后，强邻环逼，国势日危，岌岌乎不能自保"[3]。皇帝制度不改革，皇帝死路一条，光绪本人早在甲午战争之前，就已经持有制度变革的意向。《纽约时报》在 1892 年初报道光绪学英语之事，"光绪皇帝屈尊学习外语，是因为他和他的政治顾问们都认为，死死保住 3000 年前就形成的'老规矩'的时代已经过去了，要应付当今列强，必须相应地改变国家制度"[4]。在甲午战争之后，他真切地感受到了统治危机，强烈地意识到自己可能成为"亡国之君"，决心以改革寻求出路[5]。

实际上，在甲午战争之前，清朝已经进行过各种改革的尝试，如在洋务

---

〔1〕 这个问题不是从清末才开始。雍正曾哀叹："同一广东之人，而为盗贼私枭者则强悍无比，其食粮入伍者转怯弱不堪"〔《清实录》（第 8 册）世宗宪皇帝实录（二），中华书局 1985 年版，第 883 页〕。

〔2〕 慈禧提被辱的问题。翁同龢在 1895 年正月十二日（2 月 6 日）的日记中提到，"见皇太后于养性殿，旨谕战事屡挫，今使臣被逐，势难迁就，竟撤使归国，免得挫辱。于是恭邸、孙、徐两君嗫嚅委婉，谓宜留此线路，不可决绝，述田贝言，若决绝则居间人亦无体面。谕曰：'若尔中国体面安在？'诸臣略劝慰"。（清）翁同龢：《翁同龢日记》（第 5 册），陈义杰整理，中华书局 1998 年版，第 2776 页。

〔3〕 （清）苏继祖："清廷戊戌朝变记"，载中国史学会主编：中国近代史资料丛刊《戊戌变法》（第 1 册），神州国光社 1953 年版，第 329 页。

〔4〕 郑曦原编：《帝国的回忆：〈纽约时报〉晚清观察记》，当代中国出版社 2011 年版，第 155 页。

〔5〕 "至廿三年冬，德人占据胶州，上益忧惧，至今春，乃谓庆王曰：'太后若仍不给我事权，我愿退出此位，不甘作亡国之君'"〔中国史学会主编：《戊戌变法》（第 1 册），神州国光社 1953 年版，第 331 页〕。其实，在清朝所有的皇帝中，光绪应当说是名声较好的一个。但名声较好原因之一是因为他只是一个受人严厉控制的儿皇帝。实际上，对光绪来说同样没有有效的制度制约他。如果没有慈禧对他进行严厉的控制，如果外国的压力松弛，如果光绪完全控制权力，他将与我行我素的咸丰、同治等其他皇帝不会是两样的。

运动中的经济改革、军队改革等。这些改革虽然或多或少总有一些成果，但毕竟是在制度性政治腐败的环境之下进行，成果极为有限。如前述，在甲午战争中，"蛤蟆兵"持再好的武器，也是失败。这样的问题，当时的人们也已经意识到。在戊戌年四月二十九日宋伯鲁在上奏折中提及，"自同治年来，总署、同文馆、制造局、方言馆、招商局、水师堂、武备堂、船政厂、海军出使大臣，以及电线、铁路，皆所谓变法者矣，而其效不睹，侵削且日甚者，何哉？盖国是未变，议论未变，人才未变。三者不变而能变者，无之"[1]。在甲午战争失败之后，人们反思失败的原因并探讨如何进行深化改革，他们通过制度变革维持统治的欲望愈加强烈。

　　戊戌变法就是在这种认识的基础上展开。但由于戊戌变法刚刚展开的时候，光绪缺乏有效权力，策划不足，导致改革内容、展开步骤等都不明确，在此只好综合当时的各种资料进行判断。可以认为，戊戌变法包括如下几项内容：一是一个中心，这中心就是长久维持统治，这是变法目标。二是两个基本点，两个基本点是指实现目标的变法策略，包括明确超赶对象、统一认识。三是具体的改革项目，包括与教育改革、经济改革、行政改革、政治制度改革相关的各项目。

　　第一，一个中心。戊戌变法的中心，就是光绪希望通过变法巩固自己的统治，长久维持政权。在光绪二十四年四月二十三日（1898 年 6 月 11 日），光绪颁发了《明定国是诏》。在此诏中提及，变法要"以圣贤义理之学植其根本，又须博采西学之切于时务者，实力讲求，以救空疏迂谬之弊"。[2]这是中体西用的另一种表述方法。所谓中体西用，是在维持原有政治制度（皇帝制度）的前提之下，引入西方先进的技术等来改善国内落后的国防、经济状态，以巩固皇帝制度。中体是目的，西用是手段。[3]由于光绪变法的目的就是为了巩固自己的统治，所以特别强调忠君精神。张之洞《劝学篇》的内容恰好符合这种目的。在《劝学篇》开篇，张之洞就提出，"今日时局，惟以激发忠爱、讲求富

---

〔1〕　国家档案局明清档案馆编：《戊戌变法档案史料》，中华书局 1958 年版，第 3 页。

〔2〕　中国第一历史档案馆编：《光绪宣统两朝上谕档》（光绪二十四年），广西师范大学出版社 1996 年版，第 177 页。

〔3〕　实际上，在冯桂芬 1861 年出版的《校邠庐抗议》的《采西学议》中，作者就强调中体西用，提出"以中国之伦常名教为原本，辅以诸国富强之术"〔（清）冯桂芬：《校邠庐抗议·汇校》，〔德〕冯凯整理，上海社会科学院出版社 2015 年版，第 127 页〕。前后思考基本一致。

强，尊朝廷、卫社稷为第一义"。[1]光绪在六月初七对《劝学篇》"详加披览"之后认为该文"持论平正通达，于学术人心，大有裨益"，通过学习可以达到"以重名教而杜危言"的目的，因此通令全国官员要"广为刊布"学习。[2]

第二，两个基本点。戊戌变法的两个基本点是指实现目标的变法策略[3]，一个是指明确超赶对象，另一个是统一认识。

首先，是明确超赶对象。戊戌变法是以西方发达国家作为超赶对象。他们通过中西对比寻找差距，以迎头赶上。戊戌年四月十三日，山东道监察御史杨深秀上奏折，其中提到，"泰西练兵，皆数百万，铁舰皆百数十艘，岁入皆数万万，农工商兵人皆知学，妇女童稚人尽知书，铁路如网，作厂如林，而我兵皆不练，铁舰无一，岁入仅七千万，而国债累累，制造无有，器皆窳（腐）士愚才乏"[4]。同样是山东道监察御史宋伯鲁于四月二十九日上奏折提及，"臣考泰西论政，有三权鼎立之义。三权者，有议政之官，有行政之官，有司法之官也。夫国之政体，犹人之身体也。议政者譬若心思，行政者譬如手足，司法者譬如耳目。各守其官而后体立事成。然心思虽灵，不能兼持行；手足虽强，不能思义理……（而中国）军机为政府，跪对不过须臾，是仅为出纳喉舌之人，而无论思经邦之实。六部总署为行政守例之官，而一切条陈亦得与议，是以手足代谋思之任，五官乖离，举动失措"[5]。其意思是西方国家三权分立，互相监督，可以防止权力滥用；而中国最高层次权力的角色不清、界限不明，导致权力滥用，治理混乱。有了这些对比，就大致知道差距何在，而应当在哪些方面进行改革。

其次，是统一认识。其实，中国人早已将西方作为赶超对象。冯桂芬在1861年的《校邠庐抗议》的《制洋器议》中，就已经提出中国存在"人无弃材不如夷，地无遗利不如夷，君民不隔不如夷，名实必符不如夷"[6]等问题，

---

〔1〕 （清）张之洞：《劝学篇》，广西师范大学出版社2008年版，第12页。

〔2〕 中国第一历史档案馆编：《光绪宣统两朝上谕档》（光绪二十四年），广西师范大学出版社1996年版，第257页。

〔3〕 上述的中体西用既是目标，也是策略。但由于维持长久统治目标的内容更重要一些，所以归到目标一类。

〔4〕 国家档案局明清档案馆编：《戊戌变法档案史料》，中华书局1958年版，第2页。

〔5〕 国家档案局明清档案馆编：《戊戌变法档案史料》，中华书局1958年版，第4页。

〔6〕 （清）冯桂芬：《校邠庐抗议·汇校》，[德]冯凯整理，上海社会科学院出版社2015年版，第109-110页。

但如果知道自己不如人，不如自强，"始则师而法之，继则比而齐之，终则驾而上之"。[1]虽然当时超赶西方的观点早就存在，却并没有形成统一认识，因而产生门户之争，各种意见冲突而影响改革进行。在四月二十三日颁布的《明定国是诏》中，统一认识、遏免争论是其主要内容之一，"数年以来，中外臣工，讲求时务，多主变法自强。迩者诏书数下，如开特科，裁冗兵，改武科制度，立大小学堂，皆经再三审定，筹之至熟，甫议施行。惟是风气尚未大开，论说莫衷一是……惟国是不定，则号令不行"[2]。光绪还选择上述的冯桂芬的《校邠庐抗议》作为统一官员们思想的学习材料。他在五月二十九日指示，"据称原任詹事府中允冯桂芬《校邠庐抗议》一书，最为精密……著荣禄迅即饬令刷印一千部，克日送交军机处"[3]。又于六月初六日指示，"俟书到后颁发各衙门悉心核看，逐条签出。各注简明论说，分别可行不可行，限十日咨送军机处汇核进呈，以备采择"[4]。他要求官员认真学习该文献，并写出各自意见，以供决策参考。

第三，具体的改革项目。包括与教育改革、经济改革、行政改革、政治制度改革相关的各项目。在戊戌变法中，应当变什么法，最初没有一个整体规划。光绪基本上采用先宣布实施变法的政令，之后再逐步地接受建议，发布具体改革内容的方法。

关于教育改革，光绪在《明定国是诏》中，强调开办学校、培养人才，而"京师大学堂为各行省之倡，尤应首先举办"[5]。对后续工作的安排，他在五月十六日指示，"建设大学堂工程事务，著派庆亲王奕劻、礼部尚书许应骙，迅速办理"[6]。并指示全国其他省份也迅速开办学校，"各省府厅州县现有之大小书院，一律改为兼习中学西学之学校。至于学校等级，自应以省

---

〔1〕（清）冯桂芬：《校邠庐抗议·汇校》，［德］冯凯整理，上海社会科学院出版社2015年版，第113页。

〔2〕中国第一历史档案馆编：《光绪宣统两朝上谕档》（光绪二十四年），广西师范大学出版社1996年版，第177页。

〔3〕中国第一历史档案馆编：《光绪宣统两朝上谕档》（光绪二十四年），广西师范大学出版社1996年版，第246页。

〔4〕中国第一历史档案馆编：《光绪宣统两朝上谕档》（光绪二十四年），广西师范大学出版社1996年版，第254页。

〔5〕中国第一历史档案馆编：《光绪宣统两朝上谕档》（光绪二十四年），广西师范大学出版社1996年版，第177页。

〔6〕《清实录》（第57册）德宗景皇帝实录（六），中华书局1987年版，第499页。

会之大书院为高等学，郡城之书院为中等学，州县之书院为小学。皆颁给京师大学堂章程，令其仿照办理。其地方自行捐办之义学社学等，亦令一律中西兼习，以广造就……至如民间祠庙，其有不在祀典者，即著由地方官晓谕居民，一律改为学堂，以节糜费而隆教育"[1]。为了达到"人无不学，学无不实"[2]，使学生学到实在的知识，决定停止八股文，并进行策论考试，"乡会试及生童岁科各试，向用四书文者，一律改试策论"[3]。除了培养现代人才，还鼓励出现创造型人才。五月十七日，光绪指示内阁讨论对人才技术创新的奖励办法，他认为，"振兴庶务，富强至计，首在鼓励人才。各省士民，著有新书及创行新法、制成新器，果系堪资实用者，允宜悬赏以为之劝。或量其材能，试以实职。或锡之章服，表以殊荣。所制之器，颁给执照酌定年限，准其专利售卖"[4]。同时广罗人才，光绪在八月指示可从国外推荐华侨人才，"现在中国振兴商务，推广制造，亟应采用西法，期有实济。著出使各国大臣、于寓洋华人中，无论士商工匠择其著名可用者，随时徵送回华，以备任使"[5]。在戊戌变法中，对教育、人才的重视，从上述的各资料中可知。

在戊戌变法期间，光绪也特别重视经济改革，促进制造业、商业的发展。他在五月指示，"振兴商务为富强至计，必须讲求工艺，设厂制造"，他举了两个善于"讲求工艺、设厂制造"的案例，一个是粤东商人张振勋在烟台创办酿酒公司，并向外采购葡萄种子进行栽培种植，作为酿酒原料。另一个是在天津的案例。将驼绒羊毛作为原料出口获利不多，但如果采购机器就地加工，将驼绒羊毛加工成呢绒羽毯进行出口，就有更高的附加价值，可以获取更多的利益。光绪关心这些企业的建设，要直隶总督荣禄跟踪进展情况并随时报告[6]。六月，光绪要求全国有条件的地方都要设厂兴工，他指示刘坤一、张之洞，"先就沿海沿江，如上海、汉口一带，查明各该省所出物产，设

〔1〕《清实录》（第57册）德宗景皇帝实录（六），中华书局1987年版，第503-504页。
〔2〕《清实录》（第57册）德宗景皇帝实录（六），中华书局1987年版，第504页。
〔3〕《清实录》（第57册）德宗景皇帝实录（六），中华书局1987年版，第491页。
〔4〕中国第一历史档案馆编：《光绪宣统两朝上谕档》（光绪二十四年），广西师范大学出版社1996年版，第231页。
〔5〕《清实录》（第57册）德宗景皇帝实录（六），中华书局1987年版，第592页。
〔6〕《清实录》（第57册）德宗景皇帝实录（六），中华书局1987年版，第509页。

厂兴工，使制造精良，自能销路畅旺"[1]。七月，光绪根据宁述俞（户部主事）条陈，再强调"广兴机器，为制造货物之权舆……著各督抚极力裁节冗费。筹备的款，妥议迅设局所、分别制造，以扩利源而资民用"[2]。在戊戌变法期间，光绪最关心的问题之一是如何发展制造业，同时，对相关的经济行为进行规范化、制度化[3]。在经济变革方面，除了上述内容之外，还对农业、铁路矿务等进行改革。

　　在戊戌变法期间，他还寻求对其他方面的突破来推动深入改革，如行政改革、政治制度改革等。因为各种行政机构叠床架屋、功能较少等的问题存在，导致"薪水杂支，虚糜不可胜计。（虽）叠经谕令裁并，乃竟置若罔闻"[4]。虽然光绪反复命令行政机构裁并，但无人响应。然而，六月二十二日，《国闻报》报道消息说，"直隶总督荣禄发布命令，裁汰北洋局所冗员，限文到十日内，各局所将自己所辖之冗员据实上报，以备裁汰。命令称：'本阁督大臣非不愿兼收博取，见好属僚，特以时局艰危，库储匮乏，不得不力求整顿，以期节省一分浮费，即是为公家多留一分款项。招怨丛谤，在所不顾。为难之处，亦当为同官所共谅也"[5]。七月十四日，光绪为节省经费，精简中央与地方的行政机构，詹事府、通政司、光禄寺、鸿胪寺、太仆寺、大理寺等衙门裁撤。其原有的一些事务，归并到其他机构[6]。

　　光绪也尝试在政治制度改革方面进行突破。如前述，宋伯鲁在四月二十九日的奏折中，提及西方国家三权分立有效地防止权力滥用，而清朝军机处、六部总署等因角色不清界限不明，导致政治混乱等的问题。他因此建议光绪

---

　　[1]　《清实录》（第57册）德宗景皇帝实录（六），中华书局1987年版，第517页。

　　[2]　《清实录》（第57册）德宗景皇帝实录（六），中华书局1987年版，第572-573页。

　　[3]　"谕：通商约章成案汇编一书……令其广为刊布，以便遵守"（《清实录》（第57册）德宗景皇帝实录（六），中华书局1987年版，第579页）。

　　[4]　中国第一历史档案馆编：《光绪宣统两朝上谕档》（光绪二十四年），广西师范大学出版社1996年版，第322页。七月十四日条。

　　[5]　清华大学历史系编：《戊戌变法文献资料系日》，上海书店出版社1998年版，第844页。五月二十七日，光绪亦指示对军队进行精兵简政以节省经费。"裁一名空粮，即节一分虚糜，空粮裁尽，饷项自舒。无论水陆各军，一律挑留精壮，勤加训练，俾成劲旅"（中国第一历史档案馆编：《光绪宣统两朝上谕档》（光绪二十四年），广西师范大学出版社1996年版，第245页）。

　　[6]　中国第一历史档案馆编：《光绪宣统两朝上谕档》（光绪二十四年），广西师范大学出版社1996年版，第322页。七月十四日条。

"特开立法院于内廷，选天下通才入院办事。皇上每日亲临"[1]。据康有为自述，他于四月二十八日谒见光绪，说，"今数十年诸臣所言变法者，率皆略变其一端，而未尝筹及全体。又所谓变法者，须自制度、法律先为改定，乃谓之变法。今所言变者，是变事耳，非变法也。臣请皇上变法，须先统筹全局而权变之，又请先开制度局而变法律，乃有益也"。光绪同意他的看法[2]。关于制度局，康有为这样设计，"置制度局于内廷，设待诏所于午门。又分设十二局于京师，一曰法律、二曰税计、三曰学校、四曰农商、五曰工务、六曰矿政、七曰铁路、八曰邮政、九曰造币、十曰游历、十一曰社会、十二曰武备。外省每道设一新政局，每县设一民政局。将藩臬道府州县尽变为差。会同地方绅士，公议新政"[3]。光绪非常慎重，要军机大臣、总理各国事务衙门王大臣等进行讨论决定。

从制度的利益分析理论看，在统治者自主地进行改革的时候，他们的目的是巩固统治，必定采用中体西用，强调忠君精神等的策略。因为这是统治者追求最大化政治利益的一种最佳方式。但尽管如此，变法却拉开了利益一边倒政治制度变革的序幕。百日维新在政治方面最少有广开言路、任用具有新思想的人协助变革等内容。并且，当时取消跪拜制度的呼声很高[4]，在这种呼声之下，统治者无法死守原来的皇帝制度。如果改革顺利展开，完全可能通过对制度不断地进行修正，推动政治利益非均衡导向制度向政治利益均衡导向制度发展。

（三）慈禧对光绪未进行充分授权导致变法失败

在戊戌变法中，具体项目改革基本上围绕着教育制度变革、经济建设、行政与政治制度合理化变革等几个方面进行。但是，改革一开始就遭遇来自慈禧与官员等方面的阻力。来自慈禧方面的阻力，是她对光绪未进行充分授

---

〔1〕 国家档案局明清档案馆编：《戊戌变法档案史料》，中华书局 1958 年版，第 4—5 页。

〔2〕 康有为：《康南海自编年谱》，楼宇烈整理，中华书局 1992 年版，第 42 页。

〔3〕《清实录》（第 57 册）德宗景皇帝实录（六），中华书局 1987 年版，第 508 页。

〔4〕 文悌在戊戌年 5 月 20 日提出《严参康有为折稿》。折稿有以下的内容："近来时务、知新等报所论，尊侠力，伸民权，兴党会，改制度，甚则欲去拜跪之礼仪，废满、汉之文字，平君臣之尊卑，改男女之外内。"甚至"杨深秀竟告奴才以万不敢出口之言"［中国史学会主编：《戊戌变法》（第 2 册），神州国光社 1953 年版，第 485 页，第 488 页］。梁启超也说："今日欲求变法，必自天子降尊始，不先变去拜跪之礼，上下仍习虚文，所以动为外国讪笑也"。中国史学会主编：《戊戌变法》（第 2 册），神州国光社 1953 年版，第 502 页。

权。来自官员方面的阻力，是由于光绪未得到充分授权，缺少赏罚大权，官员们有恃无恐，拒绝执行光绪的改革政策。最终，在改革勉强进行三个多月之后戛然而止，许多政策还没有展开就草草收场。

1. 来自慈禧方面的阻力

来自慈禧方面的阻力是她对光绪未进行充分授权。当初慈禧是同意展开改革的，杨深秀在戊戌年四月十三日的奏折中提及，"累奉诏书，颁行新政，而大臣置若罔闻，或阁而不宣，或宣而不行……则以国是未定，赏罚未明故也"。[1]也就是说，他认为改革无法推行主要有两个原因，一是国是未定，二是赏罚未明。慈禧同意杨深秀所提到的问题，翁同龢在戊戌年四月二十三日的日记中写道："是日上奉慈谕，以前日御史杨深秀[2]、学士徐致靖[3]言国是未定，良是，今宜专讲西学，明白宣示"。[4]

并且，戊戌年四月二十三日的《明定国是诏》是在慈禧的允许之下颁发，也就是她同意该诏提到的通过明定国是、明确赏罚，达到号令如山地推行改革的目的。但在该诏令颁布之前，慈禧却已经开始进行权力调整，"四月二十二日甲辰。授协办大学士兵部尚书荣禄为大学士，管理户部事务。调刑部尚书刚毅为兵部尚书，协办大学士。以镶白旗蒙古都统崇礼为刑部尚书"。[5]在该诏令颁布之后，权力调整还在继续。四月二十七日，慈禧以光绪的名义集中地下达了一组指示。其中第一条是，慈禧"銮舆由火车路巡幸天津阅操，所有海光寺、海防公所两处屋宇，著荣禄迅即修饰洁净，预备一切。并著胡燏棻将火车铁路一并料理整齐，毋得延误"。[6]甲午战争时期中国军队的实质

---

〔1〕　国家档案局明清档案馆编：《戊戌变法档案史料》，中华书局1958年版，第1页。

〔2〕　戊戌年四月十三日御史杨深秀折。奏折登记见参照中国第一历史档案馆编：《清代军机处随手登记档》（第149册），国家图书馆出版社2013年版，第314页。具体内容参照国家档案局明清档案馆编：《戊戌变法档案史料》，中华书局1958年版，第1-3页。

〔3〕　在随手登记档中，有如下记载：四月二十日翰林院侍读学士徐致靖折，内容是："守旧开新宜定从违由"，此折"恭呈慈览"。中国第一历史档案馆编：《清代军机处随手登记档》（第149册），国家图书馆出版社2013年版，第343-344页。

〔4〕　（清）翁同龢：《翁同龢日记》（第6册），陈义杰整理，中华书局1998年版，第3132页。

〔5〕　中国第一历史档案馆编：《光绪帝起居录》第12册，广西师范大学出版社2007年版，第336页。荣禄是慈禧的亲信，户部相当于现在的中央财政部，管理全国财政事务。控制改革的经济命脉。

〔6〕　中国第一历史档案馆馆藏档案。光绪二十四年四月二十七日第一条，盒号1437，册号3，2017年1月24日查阅。

最高统帅是慈禧，此时依然是。她为了显示其作为最高统帅的存在感，要到天津进行军事检阅。第三条，是"（直隶总督）王文韶著迅（即）来京陛见，直隶总督著荣禄暂行署理"。[1]第四条，是"嗣后在廷臣工，仰蒙（慈禧）赏项及补授文武一品暨满汉侍郎，均著于具折后恭诣皇太后前谢恩。各省将军、都统、督抚、提督等官，亦一体具折奏谢"。[2]第三条是关于人事调整的决定，第四条是关于慈禧绝对控制人事大权的决定。

几天之后把第三条的人事调整确定下来。"光绪二十四年五月初五日。荣禄著补授直隶总督兼充办理通商事务北洋大臣"。[3]又强调此职务对京畿地区的重要性，"光绪二十四年五月初九日。荣禄已补授直隶总督并兼充北洋大臣。直隶为畿辅重地，凡吏治军政一切事宜，均应实力讲求。至外洋交涉事件，尤关紧要。荣禄……务当虚心咨访，切实图维"。[4]袁世凯新军是"畿辅重地"的一支最重要武装力量，也归荣禄统辖节制。[5]

慈禧同意光绪进行改革，应当说她也是希望改革能够获得成功。如果慈禧读过并也同意杨深秀折中的改革难以推行是因为"以国是未定，赏罚未明故"的看法，应当在同意明定国是的同时也赋予光绪赏罚大权。但她虽然同意明定国是，却自己牢牢控制人事、军事大权。慈禧对光绪未进行充分授权这一招，使改革陷入与以前同样的困境，也就是杨深秀折中所说的改革难以推行的主因之一是因为"赏罚未明故"。虽颁布《明定国是诏》进行改革，却没有权力支撑改革的实施，这决定了变法必定失败的命运。因为未被充分授权，光绪失去赏罚大权，失去了对利益格局进行调整的能力以及补救其改

〔1〕 中国第一历史档案馆藏档案。光绪二十四年四月二十七日第三条，盒号 1437，册号 3，2017 年 1 月 24 日查阅。

〔2〕 中国第一历史档案馆藏档案。光绪二十四年四月二十七日第四条，盒号 1437，册号 3，2017 年 1 月 24 日查阅。

〔3〕 中国第一历史档案馆藏档案。光绪二十四年五月初五第六条，盒号 1437，册号 2，2017 年 1 月 25 日查阅。除了荣禄之外，慈禧还把其他亲信布置到关键的位置上。"五月初五日丁巳。以刑部尚书崇礼为步军统领。五月初六日戊午。内阁奉谕旨……派兵部尚书协办大学士刚毅、管理健锐营事务。派正黄旗汉军都统怀塔布管理圆明园八旗包衣三旗官兵并鸟枪营事务"。中国第一历史档案馆编：《光绪帝起居录》第 12 册，广西师范大学出版社 2007 年版，第 348-349 页。

〔4〕 中国第一历史档案馆藏档案。光绪二十四年五月初九第一条，盒号 1437，册号 2，2017 年 1 月 25 日查阅。

〔5〕 "督办军务王大臣奕劻等奏，直隶按察使袁世凯，教练新建陆军马步各队，请归直隶总督节制。从之"。《清实录》（第 57 册）德宗景皇帝实录（六），中华书局 1987 年版，第 492 页。

革措施不足的有效手段。

2. 来自官员方面的阻力

官员与慈禧一样，也是政治领域的利益人，他们也有自己的追求政治利益的行为规律，在某种情况之下，他们将竭力捍卫自己的既得利益。实际上，在《明定国是诏》颁行之前，光绪已经进行各种改革，但屡遭官员们的反对。[1]

在《明定国是诏》颁行之后，由于各种利益攸关，官僚依然百般阻挠。苏继祖在《清廷戊戌朝变记》提及，"自四月二十三日以后，凡遇新政诏下，枢臣俱模棱不奉，或言不懂，或言未办过……皇上之孤立，可见一斑也"。[2]光绪对官员三令五申，要他们执行改革政策，但被置若罔闻。五月二十六日，他指示地方高官，为了让改革顺利进行，要对官员胡作非为的问题进行控制以保护商家，"近来各省商务未见畅兴，皆由官商不能联络，遇有铺商倒闭，追比涉讼，胥吏需索。以致商贾观望，难期起色。当此整顿商务之际，此种情弊亟宜认真厘剔。著各直省将军督抚，严饬各该地方官，务须体察商情，尽心保护。凡有倒（闭）亏空之案，应即讯明查追断还。并严禁胥吏勒索等弊，以儆奸蠹而安善良"[3]。六月初，他对各地办理商务情况感到不满，"振兴商务为目前切要之图，叠经谕令各省认真整顿，而办理尚无头绪"，并指示地方高官刘坤一、张之洞，"先就沿海沿江，如上海、汉口一带，查明各该省所出物产，设厂兴工，使制造精良，自能销路畅旺"[4]。但对上述号召，似乎响应者寥寥，因此光绪于六月十五日指责他们，"朝廷于整饬吏治不啻三令五申。乃各省大吏往往粉饰因循，于所属各员不肯认真考察"[5]。又在六月二十三日对他们进行警告，"前因中外臣工，半多墨守旧章，曾经剀切晓谕，勖以讲求时务，勿蹈宋明积习，谆谆训诫，不啻三令五申……大小臣工，

---

〔1〕《明定国是诏》提及，"数年以来，中外臣工讲求时务，多主变法自强。迩者诏书数下，如开特科、裁冗兵、改武科制度、立大小学堂。皆经再三审定筹之至熟，甫议施行，惟是风气尚未大开，论说莫衷一是。或托于老成忧国，以为旧章必应墨守，新法必当摈除"。

〔2〕中国史学会主编：《戊戌变法》（第1册），神州国光社1953年版，第336页。

〔3〕中国第一历史档案馆编：《光绪宣统两朝上谕档》（光绪二十四年），广西师范大学出版社1996年版，第244页。

〔4〕《清实录》（第57册）德宗景皇帝实录（六），中华书局1987年版，第517页。

〔5〕中国第一历史档案馆编：《光绪宣统两朝上谕档》（光绪二十四年），广西师范大学出版社1996年版，第272页。

尚恐未尽深悉……总之无动为大，病在痿痹，积弊太深"[1]。七月初五，光绪似乎有些无可奈何，他说，"训农通商为立国大端，前经叠谕各省整顿农务、工务、商务，以冀开辟利源。各处办理如何，现尚未据奏报"[2]。七月初十日，光绪忍无可忍，指名道姓对他们进行警告，"近来朝廷整顿庶务，如学堂商务铁路矿务一切新政，叠经谕令各将军督抚切实筹办。并令将办理情形先行具奏……乃各省积习相沿，因循玩愒，虽经严旨敦迫，犹复意存观望。即如刘坤一、谭钟麟、总督两江两广地方，于本年五六月间，谕令筹办之事，并无一字覆奏，迨经电旨催问，刘坤一则藉口部文未到，一电塞责。谭钟麟且并电旨未覆，置若罔闻……泄沓如此，朕复何望？倘再藉词宕延，定必予以严惩"[3]。并且不止刘坤一、谭钟麟，拖延观望的高官颇多，如光绪于十一日对他们责备的内容，"本年六月以前，所有明降谕旨，及寄谕并电旨饬办各件，未经覆奏之处尚多。总由疲玩因循，不知振作"[4]。同日，光绪对他们进行严厉的警告，"（官员）狃于积习，不知振作者，尤难悉数。即如部院堂官，本应常川进署，不得无故请假，议奏事件，不准延阁逾限。皆经再三训诫，而犹阳奉阴违……定必严加惩处，勿谓宽典可屡邀也"[5]。

尽管光绪反复进行指责、警告，似乎并没有效果。[6]警告百次不如问责一次，他为了打开局面，于七月十九日将违背其旨意阻挠礼部主事王照条陈

---

〔1〕 中国第一历史档案馆编：《光绪宣统两朝上谕档》（光绪二十四年），广西师范大学出版社1996年版，第292页。

〔2〕 中国第一历史档案馆编：《光绪宣统两朝上谕档》（光绪二十四年），广西师范大学出版社1996年版，第308页。

〔3〕 中国第一历史档案馆编：《光绪宣统两朝上谕档》（光绪二十四年），广西师范大学出版社1996年版，第320页。

〔4〕 中国第一历史档案馆编：《光绪宣统两朝上谕档》（光绪二十四年），广西师范大学出版社1996年版，第325页。

〔5〕 中国第一历史档案馆编：《光绪宣统两朝上谕档》（光绪二十四年），广西师范大学出版社1996年版，第325页。

〔6〕 为何如此，严复在戊戌年一月份《上今上皇帝万言书》中提到的问题很有参考价值，他说："举凡一局一令，皆有缘法收利之家，且法久弊丛，则其中之收利者愈益众。一朝而云国家欲变某法，则必有某与某者所收之利，与之偕亡，尔乃构造百端，出死力以与言变法者为难矣。"（中国史学会主编：《戊戌变法》（第2册），神州国光社1953年版，第327页）。他还认为，"夫小人非不知变法之利国也，顾不变则通国失其公利，变则一己被其近灾；公利远而难见，近灾切而可忧，则终不以之相易也。"〔中国史学会主编：《戊戌变法》（第2册），神州国光社1953年版，第327页〕。他从既得利益者获取利益的角度对无法推行改革的问题进行分析，十分精辟。

时务的礼部六堂官，包括礼部尚书怀塔布、许应骙，左侍郎堃岫、署左侍郎徐会沣、右侍郎溥颋、署右侍郎曾广汉等全部革职。一时朝野震动。[1]光绪借此立威的意图明确，为了扩大影响，在七月二十七日下令，"所有六月十五日、七月十六日谕旨，七月十九日朱谕，七月十七日、暨二十四日交片谕旨，均令各衙门录写一通，同此件谕旨一并悬挂。俾得触目惊心，不至复萌故态"。[2]但是，在接下来的一两天内光绪就陷入了困境，并让杨锐传出密诏。他在密诏中哀叹，罢免老耄昏庸之大臣，"不惟朕权力所不能及，若必强而行之，朕位且不能保"。[3]

之后，谭嗣同密会袁世凯提出围园劫后的计划、杨崇伊呼吁慈禧重新训政的密折、光绪会见伊藤博文，以及袁世凯告密等几个事件接连发生，慈禧闪电般地夺回权力，重新训政。关于这些内容，已经存在诸多研究，本文不再重复。

纵观三个多月来的戊戌变法，改革具体内容涉及教育、经济、行政、政治制度等。由于这些改革内容涉及官员既得利益的问题递增，受到官员的阻力亦递增。而政治制度改革几乎无法展开。如关于康有为制度局的方案，苏继祖在《清廷戊戌朝变记》中这样记述，"五月，康有为上书，力陈变法条理，以除积弊、定官制为要义，请于京中先设制度局，并立十二局，选拔英才充之，一折当交总署议奏，至四月底，尚延宕未奏复。上自四月，日日催之，继之以怒。庆邸暗将折内改官换人诸大端，潜陈于太后，太后谕以既不可行之事，只管议驳，于是总署奏驳。上愤，又令枢臣同总署切实再议；未几复奏，仅将折内不关轻重之事议准，余仍议驳"。[4]由于设立制度局直接

---

〔1〕 恽毓鼎这样写：在王照上书被阻时，"上正思藉事黜一二守旧大臣，以厉威而风众，闻之震怒，特诏革礼部六堂职，破格拔少詹事三锡蕃、翰林院侍读学士徐致靖署左右侍郎。举朝知上意所在，望风而靡。怀（被革职的怀塔布）之妻素侍颐和宴游，哭诉于太后，谓且尽除满人，太后固不善上所为矣。"［中国史学会主编：《戊戌变法》（第 1 册），神州国光社 1953 年版，第 475-476 页］。光绪一旦使用权力，官员们就"望风而靡"，可见赏罚大权之重要。

〔2〕 中国第一历史档案馆编：《光绪宣统两朝上谕档》（光绪二十四年），广西师范大学出版社 1996 年版，第 385 页。

〔3〕 据贺宏亮考证密诏有两个版本：一个是赵炳麟的《光绪大事汇鉴·戊戌之变》，载于点校本《赵柏岩集》（广西人民出版社 2001 年版），另一个是《四川文史资料选辑》第 20 辑（四川人民出版社 1980 年版）中刊载杨歔谷在 1963 年所撰《记清光绪给杨锐的密诏及杨庆昶陈情》。载 http://paper. oeeee. com/nis/201405/13/214906. html，访问日期：2017 年 6 月 8 日。

〔4〕 中国史学会主编：《戊戌变法》（第 1 册），神州国光社 1953 年版，第 337 页。

触犯高层官员的既得利益，几乎是立刻遭到否定。损害他们的既得利益，他们理所当然认为这是不可行之事。关于此问题，康有为如此自述："我请于京师开十二局，外省开民政局。于是流言纷纭，咸谓我尽废内阁六部及督抚、藩臬司道矣……于是京朝震动，外省悚惊，谣谤不可听闻矣。军机大臣曰：'开制度局，是废我军机也，我宁忤旨而已，必不可开'"[1]。显然，在政治利益一边倒的制度之下，涉及掌权者利益的政治制度改革，从来就是阻力最大。

3. 未进行充分授权与变法失败的关系

上述的内容，主要是对光绪因缺少赏罚大权而无法推进改革的事实进行确认。此处再结合制度的利益分析理论，对未进行充分授权与变法失败之间的关系进行说明。

制度的利益分析理论认为，古代与近代的政治领域中的利益人，在追求政治利益时行为规律基本一致。只要政治制度所规定的政治利益分配方式类似，利益人追求政治利益的行为方式就基本相似，时代、地域的影响并不是很大。[2]而戊戌变法时期的清朝皇帝制度与先秦秦孝公时代的秦国政治制度相比并没有很大的差异，统治者都占绝对支配地位。如果是这样，那么按照上述的理论进行推理，商鞅（约公元前 395－公元前 338 年）变法和戊戌变法，都是统治者在某种危机感之下推行的改革，如果逆政治制度发展历史潮流而动的商鞅变法都可以获得成功[3]，那么顺政治制度发展历史潮流而动的戊戌变法理应更能够获得成功，然而事实上后者却是遭到彻底失败。之所以出现这种结果，最关键的原因之一是因为商鞅得到秦孝公全权委托，权力在手。他可以进行立木取信，当太子犯法，他也可以对其师傅用刑。而在清末的戊戌变法中，光绪没有得到慈禧的全权委托，没有相应的调整利益格局的有效手段。当然，并不是说如果光绪有权，也可以像商鞅那样采用极端残暴的手段推行改革，而是说如果光绪有权，在可以提供给官员或者维持既得利益，或者受到严厉惩罚的多项选择的情况之下，改革是否亦无法推行的问题。

那么，在戊戌变法中，为何光绪没有得到慈禧的充分授权就导致改革无法进行？从制度的利益分析理论角度进行分析，由于官员与慈禧一样也是政

---

[1] 康有为：《康南海自编年谱》，楼宇烈整理，中华书局 1992 年版，第 51 页。

[2] 例如，金正恩追求政治利益的某些手段与古代君主相似，主要还是因为政治制度相似。

[3] 陈忠云：《超越不同形式政治制度的研究范式——制度的利益分析理论之魅力》，中国政法大学出版社 2016 年版，第 94 页、第 322 页参照。

治领域的利益人，他们都有较为明确的行为规律，就是他们都追求自己主观上认为最大或者较大的利益，对损害自己既得利益的政策有本能的抵触情绪。而改革的主要内容，是重新调整利益格局，必定在某种程度上损害官员的既得利益。在利益选择面前，假如改革者没有足够的赏罚权力，官员将誓死捍卫自己的既得利益。而慈禧在四月二十七日保留权力的做法，使光绪失去对官员进行有效的赏罚权力。如果光绪掌握可以"杀几个一品大员"的大权，官员在面临着是保命还是捍卫自己既得利益的选择时，无疑将是慎重的。[1]但当光绪没有这种权力的时候，官员们无丧命之忧，捍卫自己的既得利益理所当然成为他们的第一选择。他们为捍卫既得利益，不把光绪的诏令当回事，使改革陷入困境。又正是因为陷入困境，光绪只好另谋出路以寻求突破，无论是七月十九日的罢免礼部六堂官，还是七月二十日的任命杨锐、谭嗣同、刘光第、林旭为四品衔军机章京辅助光绪变革，无论是七月二十八日决心开懋勤殿，还是七月二十九日给杨锐密诏，无论是八月初一日提拔袁世凯为侍郎候补，还是八月初五日会见伊藤博文，实际上都是一种欲突破困境的努力。但这又导致慈禧感到自己的既得利益将受到更大的威胁，帝后间的矛盾不断升级。慈禧本来就担心自身的既得利益受损而紧握权力不放，以防止改革溢出自己控制的范围。当她认为改革正朝着无法保证自己的既得利益的不可预测、不可控制的方向发展时，就毫不迟疑地中断改革。到了这个关键点上，慈禧中断改革的具体时间的决定可以是较为偶然，但中断改革则是必然。[2]

有足够权力的改革者，即使做错了，也还有足够的空间与时间进行修正，

---

〔1〕 苏继祖在《清廷戊戌朝变记》写道："康于召见日（戊戌年四月二十八日），遇荣相于朝房……荣相曰：'固知法当变也，但一二百年之成法，一旦能遽变乎？'康愤然曰：'杀几个一品大员，法即变矣。'"〔中国史学会主编：《戊戌变法》（第1册），神州国光社1953年版，第354页〕。杨深秀认为"重罚一人，以儆其后，必使群僚震动恐惧……然后奉行新政，力图自强"〔中国史学会主编：《戊戌变法》（第2册），神州国光社1953年版，第394页〕。事实或者也正是这样，如上述的恽毓鼎所记述，光绪一旦使用权力就可以让众官员"望风而靡"。

〔2〕 茅海建说，慈禧"为什么于初六日亲政，对于我来说依然像谜一样缠绕在心。"（茅海建：《戊戌变法史事考》，生活·读书·新知三联书店2005年版，第163页）。这种追求细节的精神令人赞赏，但就分析变法失败的原因来说，前面的细节极为重要，也就是为何未进行充分授权的细节，因为这些细节对后面失败的影响是决定性的。而后面的细节对失败的影响已经不是十分重要了，因为变法失败早已注定，只不过摊牌的时间迟早而已。也就是说，随着局势的发展，慈禧重新完全控制政权是注定的，随便一个理由都可能成为她收权的借口，或者是罢免礼部六堂官事件，或者是杨崇伊密折，或者是光绪会见伊藤博文等。

甚至可能将错就错，动用宣传机器将其错误的做法正当化。没有足够权力的改革者，即使做对了，但因为没有得到既得利益者的认同而困难重重。显然，光绪无力推行政治改革，主要原因不在于作为儿皇帝的光绪以及康有为等人一方，虽然康有为的改革思想确实存在问题。而慈禧在中断改革软禁了光绪之后，责骂他是被人（康有为）操纵的木偶。[1]显然，她是要把自己篡权所导致失败的责任全部推卸给光绪。光绪不可能是被康有为操纵的木偶。如果他没有改革要求，康有为的改革言论不可能引起他的注意。慈禧还质问光绪是祖宗重要还是康有为重要的问题[2]。光绪当时回答，"是固自己糊涂，洋人逼迫太急，欲保存国脉，通融试用西法，并不敢听信康有为之法也。"确实，光绪只是认为康有为的改革思路对自己有利才可能重用康有为，而不是毫无理由地去相信他。更何况，慈禧也不是在发现康有为的问题之后才收权，而是在改革刚刚启动的时候，就已经收权。也就是，戊戌变法失败的命运，在改革刚刚启动的时候就已经被注定。因为无论光绪改革是正确还是错误，无论康有为为光绪提供的建议是可采纳还是不可采纳，从开头就没有人去认真推行。

反思光绪在实行戊戌变法的过程中，确实存在不周全，甚至失误的地方，如进入改革的阶段之后，在人员裁减方面或者存在处置不周等问题。[3]但这些都不是不可修正的，如果光绪有足够的权力，可以弥补由于失误带来的这些问题。也有人责备改革工作缺乏顺序，以及冒进、不够稳健等问题（如一

---

〔1〕 慈禧拘禁光绪并责骂他："汝之变法维新，本予所许，但不料汝昏昧糊涂，胆大妄为，一至于此。汝自五岁入宫，继立为帝，抚养成人，以至归政，予何负于汝？而汝无福承受大业，听人播弄，如木偶然。朝中亲贵重臣，无一爱戴汝者，皆请予训政，汉大臣中虽一、二阿顺汝者，予自有法治之"。黄鸿寿编：《清史纪事本末》（卷66），北京图书馆出版社2003年版，第498页。

〔2〕 "试问汝祖宗重，康有为重"［（清）苏继祖："清廷戊戌朝变记"，载中国史学会主编：《戊戌变法》（第1册），神州国光社1953年版，第347页］。

〔3〕 实际上，光绪对这些被裁撤的人员，也不是裁后不管，对他们也有相应的补救措施，如"暨裁缺之巡抚河督京卿等员，听候另行录用"［中国第一历史档案馆编：《光绪宣统两朝上谕档》（光绪二十四年），广西师范大学出版社1996年版，第322页。七月十四日条］。七月二十三日又提及，"现在裁撤各衙门业经分别归并，所有各该衙门裁缺各官，未便听其闲散。现当振兴庶务，规画久远，应于铁路矿务总局、农工商务总局、酌设大小官员额缺，以备将来量材任使"［中国第一历史档案馆编：《光绪宣统两朝上谕档》（光绪二十四年），广西师范大学出版社1996年版，第363页］。七月二十五日再提及，"京外已裁实缺候补各员，应如何分别录用及饬令回籍候缺，均著妥议条款，请旨办理"［中国第一历史档案馆编：《光绪宣统两朝上谕档》（光绪二十四年），广西师范大学出版社1996年版，第373页］。但此时离慈禧重新训政只有十天左右的时间。

百天维新发多少项政令等），但如果在充分授权的情况之下改革失败了，可以探讨这些问题与失败原因之间是否存在某种因果关系。然而，由于未进行充分授权，这些都变成次要的问题。确实，在戊戌变法展开的过程中，似乎存在改革顺序混乱的问题。如《明定国是诏》是四月二十三日颁发，而制定具体改革策略[1]则是在五、六月份进行。为何在《明定国是诏》颁发之前不能进行充分地准备呢？原因很多，其中关键的原因之一是首先要征得慈禧的同意。在慈禧同意之后，马上颁布《明定国是诏》，接着再进行具体的准备。这些都说明改革工作顺序混乱，主要是因为光绪缺少权力。同样，所谓的一百天维新发多少项政令等改革不够稳健的问题，也与光绪权力不足有关。现在人们所认为的当时改革工作不够稳健的问题，与我们都一样的当时人们，并不会没有意识到，但或者这是在特殊政治环境之下的一种无奈的行为选择而已。其实，权力越大，改革者越自信，工作安排可能越周密，也更稳健。即使是处于混乱无序的状态，也可以重新进行改革工作有序化的安排。

（四）慈禧未进行充分授权的原因

前面提到，即使慈禧对光绪进行充分授权，戊戌变法也不保证就能够成功，但是如果未进行充分授权，则变法必败。那么为何慈禧对光绪未进行充分授权？在前述的理论推断中，提到她是利益人，必然捍卫自己的既得利益，以及与这种既得利益相关的政治制度。并从以下的三条线进行理解，一是，祖宗之法给慈禧带来巨大的利益，她是祖宗之法的最大受益者。二是，固守既得利益必须固守祖宗之法，而固守祖宗之法最有效的手段就是控制权力，在戊戌变法期间慈禧对光绪未进行充分授权就是这种行为的具体表现。三是，处于国家最高地位的她，主观上具有长远利益、眼前利益一把抓的完美个人政治利益追求，这种追求使她往往采用顽固、僵化的手段捍卫既得利益及相关的政治制度。以下按照这三条线，分别进行阐述。

1. 祖宗之法的最大受益者

慈禧经常提到祖宗之法（包括她所说的礼法、规矩、习惯等）。所谓的祖宗之法，其实是在皇帝制度之下维护最高统治者利益的各种具体规则。"祖宗之法"的提法早就有，但各个朝代的具体内容不尽相同。而对慈禧来说，符合自己利益的制度、规则，就是祖宗之法，不符合自己利益的制度、规则，

---

[1]　如为统一改革思想而学习冯桂芬、张之洞的著作等。

就不在自己所理解的祖宗之法的范围之内，如清廷也有后妃不得干政的规定，在她看来这些都可以无视。实际上，祖宗之法未必有各条详细的具体规定，但正如皇帝们所强调的普天之下莫非王土、率土之滨莫非王臣那样，在祖宗之法之下最高统治者可以为所欲为，他们控制一切，享受一切。

慈禧在戊戌变法期间对光绪未进行充分授权，是因为她担心制度变革可能破坏祖宗之法，导致自己的既得利益受到损失。那么这种祖宗之法能够让慈禧受到何种利益，可以从公式资料以及慈禧身边人细密的观察资料中获得。

接受中国所有人的跪拜。清朝的皇帝制度有各种礼仪规定，其中一项是跪拜。跪拜是统治者控制臣民的一种方法，是权力外显化的表现。民众要向官员跪拜，下级官员要向上级官员跪拜，上级官员要向皇帝跪拜，而率土之滨莫非王臣，全国所有人包括当时的皇帝，都必须跪伏在慈禧的脚下。[1]

她可以拥有无数的珠宝。她对德龄说，"在这间屋里，大约有三千盒（珠宝），还有许多锁在别的房里"。[2]她还说，"我相信外国人都不如中国人富有，他们戴着极少的珠宝。人家告诉我，世界上没有一个皇帝有像我这么多的珠宝，虽然这样我还在随时增添我的珠宝"。[3]在祖宗之法之下，她得到全

---

〔1〕 在《清史稿》的《礼》的章节中也有跪拜等的信息。但是从当时人们的亲身体验的角度，慈禧的女官德龄、容龄记述得较为详细。德龄、容龄在被慈禧收为女官、到宫中报到之前，就"在庆王府学会了普通请安、请双腿安，叩大头，三跪九叩礼、六肃礼，并了解了一些宫内情况和其他礼节"（〔美〕德龄、容龄：《在太后身边的日子》，紫禁城出版社 2011 年版，第 234 页）。她们不但记述了在宫内人们向慈禧跪拜的各种情形，并且在她们跟随慈禧外游的时候，也看到了其他人对慈禧跪拜的情形。下面举几个例子：①某次慈禧坐火车回沈阳。"在宫中有一个规矩，不管太后要驾临什么地方，必须是她第一个走进去才行……在太后步入火车（御用列车）之前，早有人先上去把车上那些工人们统统赶下来，带到一个太后看不到的地方，齐刷刷地低头跪在那里，静静等待着她老人家的圣驾上车……正式开车的司机平时是可以踏踏实实坐在椅子上的，可这御用列车里面，能坐的只有皇太后一个人，其他人不管是谁都只有站着的份儿，因此，他也只能站着开。一般的车里没有看路的工作，即使有，坐在那里也没什么不可以的，工作应该很轻松。可在这里，他除了蹲着就是跪着……这就是皇太后所注重的礼仪与威严（〔美〕德龄：《我和慈禧太后》，富强译，译林出版社 2014 年版，第 11—12 页）。②到了沈阳之后，"最引人注目的就是那两行衣冠整齐的旗兵了，他们一个个俯伏在地上，简直像蛤蟆一样，头使劲往下低着，嘴唇几乎要碰到地面了。（他们前面的官员）尽管也是低头跪着，上半身却挺得很直，这样一来就少了些蛤蟆气（〔美〕德龄：《我和慈禧太后》，富强译，译林出版社 2014 年版，第 129 页）。③在回北京"过山海关的时候（火车）并没有减速，呼啸着开了过去。透过车窗我看见了黑压压的一片人群，他们都是附近各地赶来的官员，此刻全都跪在地上"（〔美〕德龄：《我和慈禧太后》，富强译，译林出版社 2014 年版，第 199 页）。

〔2〕 〔美〕德龄、容龄：《在太后身边的日子》，紫禁城出版社 2011 年版，第 44 页。

〔3〕 〔美〕德龄、容龄：《在太后身边的日子》，紫禁城出版社 2011 年版，第 36 页。一方面，中国统治者比外国统治者富有，另一方面，一般的中国老百姓则处于极端贫困的状态。

方位无微不至的服务，获得神仙殿的享受。在饮食方面，"老太后吃饭每次一百二十几样菜外带时鲜"，[1]专门负责给慈禧做饭的寿膳房工作人员"不下300多人，100多个炉灶，炉灶都排成号，规矩非常严。一个炉灶有三个人。一是掌勺的，二是配菜的，三是打杂的"。[2]她吃饭时，"有四个体面的太监，垂手站在老太后的身旁或身后，还有一个老太监侍立一旁，专给老太后布菜……老太后用眼看哪一个菜，侍膳的老太监就把这个菜往老太后身边挪，用羹匙给老太后舀进布碟里。如果老太后尝了后说一句'这个菜还不错'，就再用匙舀一次"。[3]茶余饭后吸烟时，"老太后随便坐着，轻轻地用眼一看我（宫女荣儿），我就知道要用烟了……（准备好了之后）送到老太后嘴前边约一寸来远，等候老太后伸嘴来含"。[4]从上述的资料可以看出，慈禧的眼睛就是遥控器，其他人都是为她服务的"机器人"，这些"机器人"必须为慈禧提供最周到的服务。

在祖宗之法之下，她牢牢控制权力，因此她可以随时随意使唤大量的太监、宫女。即使仅有五分钟的路程，也要坐由八个穿礼服太监抬着的大轿子，并且有数十人同时为她服务。[5]她睡觉时，"堂屋里，冰冷的砖石地上，站着六名守夜的太监，他们整夜不能合眼。在太后房里，有两个太监，两个宫女，两个老妈子，有时候还有两个宫眷，这些人也是整夜不睡的。两个宫女专替太后捶腿，老妈子监视着宫女，太监监视着老妈子，宫眷就监视他们全体"。[6]

---

〔1〕　金易、沈义羚：《宫女谈往录》，紫禁城出版社2010年版，第77页。

〔2〕　金易、沈义羚：《宫女谈往录》，紫禁城出版社2010年版，第78页。

〔3〕　金易、沈义羚：《宫女谈往录》，紫禁城出版社2010年版，第80页。

〔4〕　金易、沈义羚：《宫女谈往录》，紫禁城出版社2010年版，第38页。敬烟的工作相当危险，"纸眉子是明火，如果火星子烧了太后的衣服，出去（宫里把拉出去说成出去）就许是打死……'伴君如伴虎'，我们天天提心吊胆，小命离着阎王爷只隔一层窗户纸啊！"她说着说着眼圈已经红润了……她继续说："……只要老太后脸一沉，掌事的姑姑发觉你手脚不利落，下去不问青红皂白，这顿藤条面是铁定吃上了。宫廷里没有训话，一是罚，二是打，三是杀，永远拿把子说话"。金易、沈义羚：《宫女谈往录》，紫禁城出版社2010年版，第65页。

〔5〕　"李莲英扶着轿在左边走，另有一个二等太监扶着轿在右边走。轿前四个五品太监，轿后是十二个六品太监，各人手里分别拿着太后的衣服、鞋子、手巾、梳子、刷子、粉盒、各式大小的镜子、银朱笔墨、黄纸、旱烟和水烟，最后一个人拿着太后的黄缎凳子，此外还有两个老妈子，四个宫女。这一长串的行列非常有趣，使人想到一位贵妇的化妆室生了脚在跑"。[美]德龄、容龄：《在太后身边的日子》，紫禁城出版社2011年版，第21页。

〔6〕　[美]德龄、容龄：《在太后身边的日子》，紫禁城出版社2011年版，第69页。

德龄认为这是"奇怪的事情",[1]但这就是在祖宗之法之下为所欲为统治者的特殊享受。

因为控制权力,也可以在某种程度上实现她永远年轻的愿望。[2]她希望自己永远年轻,经常用鲜花打扮自己,其中鲜花白茉莉是她最喜欢的,她的权力可以使她独享这种花,"皇后和宫眷都不许戴"。[3]她希望自己的头发浓密,当有人为她梳头梳下一根头发的时候,她可以愤怒地命令:"替我放回头上,生牢它"。[4]她也可以要画家把一个七十岁的老太太,画成一个二十来岁的花姑娘。[5]

也可以通过控制权力达到获得名誉利益的目的。慈禧有超越世界上有名君主的雄心壮志,她说,"虽然我曾看过中译的关于维多利亚皇后的许多事迹和生活,我仍然觉得她的生活趣味与事业还不及我一半呢。我的生命尚未结束,以后将要做出一些什么事来,也没有人能料到"。[6]

但即使有上述的这些特殊的享受,慈禧也未必满足。她说:"人家都以为太后不知有多么快活",却不知她因为丧夫丧子,心里多痛苦。御史官们经常说三道四也使她心烦,"然而我总算还很达观,有许多小事也就不放在心上,要不然的话我早已躺在坟墓里了"。[7]

上述的资料,部分来自宫女荣儿的回忆录,部分来自德龄、容龄姐妹俩的回忆录。德龄、容龄姐妹俩是在 1903 年成为慈禧身边的女官,她们所观察

---

〔1〕 〔美〕德龄、容龄:《在太后身边的日子》,紫禁城出版社 2011 年版,第 70 页。

〔2〕 她希望自己长寿,经常穿着"寿"字衣袍,甚至把自己打扮成长生不老的观音菩萨并拍摄大量照片。

〔3〕 〔美〕德龄、容龄:《在太后身边的日子》,紫禁城出版社 2011 年版,第 119 页。

〔4〕 〔美〕德龄、容龄:《在太后身边的日子》,紫禁城出版社 2011 年版,第 104 页。

〔5〕 参照美国女画家卡尔的慈禧画像以及荷兰画家华士的慈禧画像,特别是华士的两幅慈禧画像的对比。为所欲为是掌权者使用权力的最高境界。她身边的太监就看到她强迫"一个老太监把他自己的粪便吃下去"。文史资料研究委员会编:《晚清宫廷生活见闻》,文史资料出版社 1982 年版,第 191 页。

〔6〕 她又说:"英国是世界上的强国,但不是维多利亚一人造成,她有能干的人在国会里做着后盾,凡事他们都能替她商讨出一个最好的法子来,她只要在命令上签一个名就好了,又不用她说话。但是我呢?我有四万万的人民,个个都要靠我一个人判断"(〔美〕德龄、容龄:《在太后身边的日子》,紫禁城出版社 2011 年版,第 201 页)。慈禧说这话,是埋怨权力给她带来麻烦,还是炫耀权力让她有显示其个人至高无上地位的机会?显然,也有埋怨的成分也有炫耀的成分。但更多的是炫耀的成分。正是因为炫耀,她不可能设立与英国一样的国会,让这种国会来共同分享她的权力。

〔7〕 〔美〕德龄、容龄:《在太后身边的日子》,紫禁城出版社 2011 年版,第 150 页。

到的是戊戌变法之后慈禧的言行。但由于某个不受有效制度制约的最高统治者，其追求政治利益的方式基本上不存在时间局限性的问题，也就是说，实际上戊戌变法之前慈禧的政治利益追求方式也基本如此。

2. 需要权力确保既得利益与祖宗之法

祖宗之法赋予慈禧权力，权力又让她在中国国内呼风唤雨，让全中国所有人匍匐在她的脚下，并得到各种人世间最美最好的享受。从她个人利益的角度看，她理所当然地认为这种法是世界上最美最好的。所以，她强调，"我也承认在有些地方，像海陆军和机器，是外国的比我们强，要说到文明程度，我们中国就是第一等"。[1]她坚持认为，"外国人固然也很好，有他们自己的规矩，可是在礼法（祖宗之法）上讲起来，他们总不如我们。我也许很保守，因为我尊敬我们的习惯。在我活着的时候，不愿意看见人家来变更它"。[2]固守祖宗之法等于守住既得利益。她强调祖宗之法不能有丝毫的改变，而所有人必须按照这种祖宗之法履行他们跪拜在慈禧脚下的义务。

但需要权力确保祖宗之法的存在。纵观到目前为止的研究慈禧的文献，不少也都提到她嗜权的问题。[3]但为何嗜权，较少看到有明确的解释。德龄认为，在慈禧看来"只有将实实在在的权力掌握在自己的手中，才能真正留住眼前的荣华富贵，否则，一切早晚会变成虚无"。[4]确实，权力本身就是利益，更是获取其他利益的手段。应当说德龄的观察十分细致。但从制度的利益分析理论看，比"留住眼前的荣华富贵"更重要的，是有了权力就有了强制他人遵守祖宗之法的手段。作为祖宗之法的最大受益者，慈禧无须向任何在世的人跪拜，倒是包括光绪皇帝在内的所有中国人要向她跪拜。这种祖宗之法保证她只有利益，没有不利，如果要持续地保持这种享受，只要不让祖宗之法改变即可。而要保证不让祖宗之法改变，唯有控制权力。只要她控制权力，就可以强制人们按照祖宗之法所规定的一套行为方式履行他们的义务，继续她的利益最大化的享受。一旦失去权力，也就失去了强制人们按照祖宗之法进行行为的能力，这就是她为何要紧紧控制权力的原因。

在戊戌变法期间，慈禧对光绪未进行充分授权，基本上也是按照这种逻

---

〔1〕 ［美］德龄、容龄：《在太后身边的日子》，紫禁城出版社 2011 年版，第 112 页。
〔2〕 ［美］德龄、容龄：《在太后身边的日子》，紫禁城出版社 2011 年版，第 109 页。
〔3〕 如张鸣等人的看法。张鸣：《再说戊戌变法》，陕西人民出版社 2013 年版，第 214 页。
〔4〕 ［美］德龄：《我和慈禧太后》，富强译，译林出版社 2014 年版，第 65 页。

辑展开。可以从慈禧的长久维持权力设计以及在戊戌变法期间她牢牢控制大权的事实来考察这个问题。

首先是慈禧的长久维持权力设计。她说，"我能够使人恨我甚于毒药，也能使人爱我。我就有那样的权威"。[1]她深知权力的奥妙，并不懈地追求权力，她的每一个政治安排似乎都充满了长久维护其个人既得利益的考量。慈禧在自己的儿子同治死去之后，可以从复数候选人中选择继承人，包括成年人与十余岁的未成年人，但是她立了年仅四岁的光绪。慈禧此术不但可以使自己垂帘听政，控制最高权力，而且还可以对小皇帝进行彻底的驯化，使他将来在掌握政权之后依然绝对服从于自己。

从亲缘关系上说，光绪既是咸丰的侄儿（咸丰弟弟奕譞的儿子），也是慈禧的外甥（慈禧胞妹的儿子）。由于慈禧拥立光绪为皇帝，因此她认为她有连带责任，[2]必须监护他，并且这也是名正言顺的。同时，为了让这种控制权力的方式正当化，她竭力把自己打扮成一个理所当然的掌权者。她自称"老祖宗"[3]，并要光绪称她"亲爸爸"。老祖宗，看不出性别，但具有绝对的权威。慈禧是咸丰皇帝的遗孀，辈分极高。这位老祖宗，在咸丰的忌日就跪在他的神位前大哭。这种做法或者也包含有夫妻情深的成分，但德龄说，"我终不解为什么咸丰皇帝死了这么多年（四十余年），太后还是哀哀不能忘怀"。[4]其实，富有政治手腕的慈禧，与其说是四十余年后依然"哀哀不能忘怀"，不如说这是一场政治表演，通过这种表演告诉后辈们，我是代表着咸丰皇帝的"老祖宗"。而"亲爸爸"则把自己当成男性。德龄看到光绪称慈禧为"亲爸爸"之后认为，"皇帝称太后为父亲，这似乎是很奇怪的。但是太后喜欢做男人，要我们都用男性称呼她，这也是太后的一种怪癖"。[5]但这怪癖背后，隐藏着慈禧强调其掌握权力正当性的政治谋略。

其实，几乎所有的皇帝，因为知道权力的魅力，一般来说都是到死为止控制权力。深知权力给自己带来好处的慈禧，当然也希望自己能够到死为止

---

〔1〕［美］德龄、容龄：《在太后身边的日子》，紫禁城出版社2011年版，第106页。

〔2〕她说："他（光绪）是我拥立者，他若亡国，其罪在我，我能不问乎?"［（清）苏继祖："清廷戊戌朝变记"，载中国史学会主编：《戊戌变法》（第1册），神州国光社1953年版，第346页]。

〔3〕"太后对我们说：'让我来把你们介绍给光绪皇帝，但你们必须称他为'万岁爷'，对我则称'老祖宗'"。［美］德龄、容龄：《在太后身边的日子》，紫禁城出版社2011年版，第20页。

〔4〕［美］德龄、容龄：《在太后身边的日子》，紫禁城出版社2011年版，第148页。

〔5〕［美］德龄、容龄：《在太后身边的日子》，紫禁城出版社2011年版，第46页。

控制权力，但她不能像其他皇帝那样采用直接的手段实现自己的目标，而只能采用间接的手段。通过"老祖宗""亲爸爸"等称呼，对他人植入她比皇帝地位更高的印象，有效地减少她维持权力的阻力。

其次，在戊戌变法期间她牢牢控制大权的事实。这种事实可以从戊戌年四月二十七日的诏令中得到确认。在戊戌变法期间慈禧对光绪未进行充分授权，其实只是她需要权力来维护自己既得利益与祖宗之法的又一次具体体现而已。[1]戊戌变法最令慈禧担心的是，光绪改变政治制度、改变祖宗之法。如前述，慈禧充当光绪的监护人。在监护的过程中，她特别关注保护祖宗之法，光绪如果要实施效仿西方的政策，她就说："汝但留祖宗神主不烧，辫发不剪，我便不管"[2]。又说，"凡所施行之新政，但不违背祖宗大法，无损满洲权势，即不阻止"。[3]在戊戌变法期间，光绪也要按照祖宗之法不断地向慈禧请示、跪迎、跪送。跪拜，既是祖宗之法，也是显示慈禧最高权威的机会。慈禧固执于祖宗之法，要求人们在这种行为框架之内对她竭尽义务。当戊戌变法陷入困境，光绪欲摆脱慈禧而寻找出路时，慈禧表示强烈不满。光绪将昏庸守旧老臣革职，慈禧责备他"九列重臣，非有大故，不可弃；今以远间亲，新间旧，徇一人（康有为）而乱家法，祖宗其谓何"。[4]光绪欲开懋勤殿进行政治制度改革，慈禧认为其触犯她个人的既得利益，悲哀地说："小子以天下为玩弄，老妇无死所矣"。[5]可以通过慈禧固守既得利益与祖宗之法

---

〔1〕　关于戊戌年四月二十七日为何慈禧对光绪未进行充分授权的问题，公式资料未见记述，但苏继祖在《清廷戊戌朝变记》提及，"甲午正月，有内务府大臣某，私诣太后前碰头，上斥其不懂事。盖既归政，凡大臣遇太上皇皇太后有赏，立由皇上代奏谢恩，示尊崇也，太后反疑皇上禁制。近日与亲信大臣言及，深恨皇上监制己。某大臣乘便言到康有为蛊惑乱政，大小臣工，竟有附和求荣者，臣深虑之；太后不肯垂帘，亦须接见臣下，以制其妄为之心，否则日久更无忌惮，彼时恐太后收笼不住。太后然之，故有是诏"〔中国史学会主编：《戊戌变法》（第1册），神州国光社1953年版，第333-334页〕。根据这种说法，在戊戌变法期间慈禧对光绪未进行充分授权，与受亲信大臣鼓动有某种关系。笔者认为未进行充分授权其实只是慈禧一贯行为的延续而已。因为慈禧到戊戌变法为止，从未放弃过自己的权力，在戊戌变法这个涉及自己既得利益与祖宗之法的紧要关头，她理所当然更重视自己的权力。也就是说，无论亲信是否鼓动，慈禧都将进行控制军队、控制人事的权力安排。

〔2〕　（清）苏继祖："清廷戊戌朝变记"，载中国史学会主编：《戊戌变法》（第1册），神州国光社1953年版，第342页。

〔3〕　[英]濮兰德、白克好司：《慈禧外纪》，陈冷汰译，紫禁城出版社2010年版，第117页。

〔4〕　光绪答："祖宗而在今日，其法必不若是；儿宁忍坏祖宗之法，不忍弃祖宗之民，失祖宗之地，为天下后世笑也"〔中国史学会主编：《戊戌变法》（第1册），神州国光社1953年版，第376页〕。

〔5〕　中国史学会主编：《戊戌变法》（第1册），神州国光社1953年版，第377页。

的言行，去逆推、印证她之所以在戊戌变法期间对光绪未进行充分授权的原因。[1]

3. 慈禧顽固、僵化的捍卫既得利益及相关政治制度手段

从理论的角度看，作为最高统治者的慈禧，必定追求其最大化个人利益。并且只要她欲维持原有的最大化利益享受，那么就必定要维持原来的政治制度，欲维持原来的政治制度，必然使她固守其权力，包括在戊戌变法期间对光绪未进行充分授权。但是如果慈禧紧抓权力不放，使光绪的改革无法进行，将损害包括慈禧自己在内的所有清廷统治者的长远利益，这是不理性的。虽然慈禧在追求完美政治利益方面与之前的康熙、雍正、乾隆等皇帝一脉相承，但在戊戌变法时期，国门已开，她不可能再像以前的皇帝那样采用愚民术、凌迟等极端的手段控制人们以维持皇帝制度，而必须通过曲线的手段去拯救濒临灭亡的制度。这需要她采用一些变通的手段，也就是在出让自己的一部分既得利益中，去获得另一部分既得利益的保存；在剔除制度中有害于民众的弊端，使制度在得到人们的认可之下，去保存对他们有利的制度。如果为了完全保存自己的既得利益，而拒绝对政治制度进行任何修正，那只能陷入更大的困境。在戊戌变法期间，慈禧恰恰走的就是这条道路。其实，如前所述，当初慈禧是同意光绪进行变法的。但政治制度改革本身就是利益格局的调整，调整的主要内容之一就是要使既得利益者出让部分利益。但慈禧似乎没有这方面的精神准备。她允许改革，并不是准备在某种程度上牺牲既得利益，而是希望借助改革巩固既得利益，甚至在这个基础上获取更多的利益。如果作为最高统治者的慈禧是如此的改革思路，戊戌变法的失败显然不是偶然的。

通过以上的分析，可以认为，慈禧如果没有改变坚决捍卫既得利益以及祖宗之法的思路，在戊戌变法期间对光绪未进行充分授权是其必然的选择，而未进行充分授权将导致戊戌变法必定失败。虽然她身处国家最高地位，但没有像光绪那样，即使个人利益遭受某些损失也要维持清廷统治的使命感，却有既维持自己眼前的利益，又维持长久统治的追求。这种鱼、熊掌兼得的

---

[1] 陈夔龙也认为是"利害切身"。他说，"光绪戊戌政变，言人人殊。实则孝钦并无仇视新法之意，徒以利害切身，一闻警告，即刻由淀园还京"。中国史学会主编：《戊戌变法》（第1册），神州国光社1953年版，第481页。

完美利益追求，使她的维护个人既得利益的手段变得极为顽固、僵化。或者慈禧认为未进行充分授权是守卫祖宗之法、守卫既得利益的一种求稳得当的做法，但结果是相反的。可能她当时还没有意识到，正是她因完美利益追求而对光绪未进行充分授权，逼使戊戌变法走上绝路，使清廷在 1898 年失去了通过自我革新以图再生的可能机会。慈禧落入了完美利益追求背后的陷阱。

　　通过上述的资料考证，可以认为导致戊戌变法失败的原因是戊戌年四月二十七日慈禧对光绪未进行充分授权。光绪因为未得到充分授权，遭遇官员们的强大阻力，无法推进改革。而他寻求突破改革困境的努力，则加剧了与慈禧之间的对立。最终，慈禧中断了改革，软禁了光绪。慈禧未进行充分授权的根本原因，是慈禧对完美政治利益的追求并因此以顽固、僵化的手段维持既得利益与相关的政治制度。慈禧小事精明大事糊涂，她没有意识到她是处于政治大变局的特殊环境之下，此时最好的办法是通过曲线追求利益，从出让一部分的既得利益中去保存另一部分的既得利益，从剔除政治制度中有害于民众的弊端去保存对他们有利的政治制度，而不是采用顽固、僵化的手段维护其既得利益以及祖宗之法，把要及时进行解决的问题继续拖延。机不可失时不再来，数年之后民众政治利益的觉醒状态更进一步，即使统治者欲通过预备立宪的政治改革以延长统治，但最终也只能是一枕黄粱美梦。

第九章
预备立宪失败原因的研究

　　如本书第一章所述，从宏观视角考察新政、预备立宪失败原因的学者有萧功秦、张继良、吴春梅、张玉光、李昊鲁等，他们认为成功的社会条件不具备而导致预备立宪失败，具体理由包括制度移植水土不服、经济基础薄弱等。从微观视角考察新政、预备立宪失败原因的学者有侯宜杰、谢俊美、袁伟时、蒋德海、秦晖、萧功秦、马勇、崔志海、张鸣、李泽厚等，他们认为在新政、预备立宪进行的过程中，因出现统治者缺乏主动性和紧迫感、特权阶层对立宪进程的阻挠、统治者固执地紧握权力、政治参与爆炸、改革策略失误、特定人物突然死去的偶然因素等问题，导致预备立宪失败。而在第三章已对这些观点的问题进行了分析。其中尽管也对马勇、张鸣、李泽厚等关于慈禧突然死去的偶然因素导致预备立宪失败观点的问题进行分析，但只能概括性地阐述我的观点，言不尽意。此章专门再以此观点作为主要的学术争鸣对象，对相关问题进行探讨。

　　慈禧在光绪三十四年八月初一日颁布《钦定宪法大纲》与《九年预备立宪逐年推行筹备事宜谕》，两个多月之后的十月二十二日（1908年11月15日）她死去。在她死去两年多之后，后继者载沣等人因为出台皇族内阁、干线铁路国有化等政策，导致朝廷以及预备立宪双双走向终结。清朝被推翻之后，中华民国成立。这本来是当时中国政治制度发展最好的一条道路，但是由于袁世凯恢复帝制又使中国政治制度改革陷入困境，并且最终导致军阀混战，给中国民众带来巨大的灾难。张鸣、马勇、李泽厚等学者或者正是因为感慨后来的灾难，从情感上希望慈禧的君主立宪能够成功，他们认为要不是慈禧死去预备立宪就可能成功，而其最终失败，是因为后来继承者出台了违背慈禧意愿的皇族内阁、干线铁路国有政策等所导致。

　　由于预备立宪是在慈禧死去之后遭遇失败，如果慈禧在世，预备立宪成败如何如何纯粹变成假设。虽然这只是一种假设，但因为后来制度发展的困境，却使它成为非常有魅力的话题。然而，正因为是假设，主观性较大，并且也不能对这些观点的正确性进行准确判断。所以，需要一些研究方法以对这些假设问题进行更为合理地说明。

笔者认为，对慈禧如果在世预备立宪可能成功的这种纯粹是假设的问题，张鸣、马勇、李泽厚的假设缺乏有效的分析理论，以及缺少证明该观点的证据，判断的合理性不足。针对该问题，与其先做判断，不如先建立某种分析理论，并寻找相关证据。笔者采用制度的利益分析理论，并根据慈禧在生前所制定的《若干基本原则》以及《钦定宪法大纲》中的决策规则，进行如下推测：这种名义上的宪政，实际内容依然还是极端专制的皇帝制度，不可能改善权力极为腐败的问题，即使慈禧在世，成功的可能性也很少。而在慈禧死去两年多之后，继承者因为出台皇族内阁、干线铁路国有等政策，导致预备立宪彻底失败。这种政策也并非由继承者独立炮制、与慈禧毫无关联，而正是继承者按照慈禧《钦定宪法大纲》的决策规则进行决策，出台了这些政策。最终，后继者因重蹈慈禧完美利益追求的覆辙而彻底垮台。也就是后继者走的就是慈禧的道路而导致失败，而慈禧如果在世，也必定走她自己的道路，预备立宪有可能成功吗？以下分慈禧预备立宪决策及相关问题、慈禧既定政策的延续两部分，对笔者的论点进行资料考证。

一、慈禧预备立宪决策及相关问题

研究慈禧如果在世预备立宪是否失败，不能就事论事，最起码要从为何要进行预备立宪的问题开始。以下探讨慈禧预备立宪决策及相关问题，包括慈禧预备立宪决策、依然存在的民众的不满与反抗、如果慈禧在世改革能否成功等内容。

（一）慈禧预备立宪决策

清朝统治者追求的目标是亿万年维持自己的统治。在光绪朝，无论是慈禧还是光绪，他们的最大愿望都是维持"我国家亿万年无疆之祚"〔1〕。千年不够万年不够，要亿万年维持自己统治。当然这种目标不可能实现，但他们的野心总是使他们采取各种极端的手段尽可能地延长统治，如愚民术以及凌

---

〔1〕《清实录》（第52册）德宗景皇帝实录（一），中华书局1987年版，第117页。

迟等。这种控制法术导致国家变成了牢狱，死气沉沉。皇帝们对内是猛兽，采用极端手段治国，对说三道四的人也用凌迟刑罚进行惩罚（如乾隆），对外则被认为是一群未开化、半开化的野人，在本国国土内，居然被一群为数不多的外国军队撵着追打、四处逃窜，如 1860 年咸丰逃亡热河（承德）。在 1900 年同样事件又发生，慈禧在八国联军进攻北京事件发生时打扮成平民，从守卫森严的紫禁城逃走。慈禧在西逃的路上缺吃少穿，狼狈不堪。光绪说，"乘舆出走，风鹤惊心，昌平宣化闲，朕侍皇太后素衣将敝，豆粥难求，困苦饥寒"〔1〕。在逃亡路上，她的治国策略突然发生了改变。她似乎在自责自骂，"误国家者在一私字、困天下者在一例字"，为了自保，她发出指示要"变法自强"，"为宗庙计，为臣民计，（除了变法）舍此更无他策"。并广开言路要众人出谋献策，"著军机大臣、大学士、六部、九卿，出使各国大臣、各省督抚，各就现在情形，参酌中西政要（进行建言）……如何而国势始兴，如何而人才始出，如何而度支始裕，如何而武备始修，各举所知"〔2〕。

在国内连光绪皇帝都要匍匐在其脚下的慈禧，却在外国军队的暴力打击之下彻底屈服。〔3〕西狩给她带来重大的变化是，懂得曲线追求利益的重要性。"自从西安回来后，老太后对洋人就变了脾气了，不是当初见了洋人，让洋人硬磕头的时候了，而是学会了见了洋人的公使夫人笑着脸，拉拉手了"〔4〕。回到北京之后她放下身段，招待外国人，走"夫人路线"（大多招待外国使馆的大使夫人等），在外国人面前彬彬有礼，以博得好感。

实际上，清末统治者彻底控制民众导致国家死气沉沉，民众无法振作抵御外敌，而允许自由思想，民众利益觉醒则可能危及他们亿万年的统治。统治者陷入两难困境。声称要"变法自强"的慈禧，其实在骨子里并不愿意对皇帝制度进行任何改革，因为在该制度之下为所欲为的统治，才符合她的最大利益。她在西逃路上决心开启改革，但在结束西逃回到北京之后依然享受她的天仙般的生活时，就改变了原来的想法。在私下的言论中，她丝毫没有

---

〔1〕 中国第一历史档案馆编：《光绪宣统两朝上谕档》（光绪二十六年），广西师范大学出版社 1996 年版，第 483-484 页。

〔2〕 中国第一历史档案馆编：《光绪宣统两朝上谕档》（光绪二十六年），广西师范大学出版社 1996 年版，第 461 页。

〔3〕 西狩之时，慈禧尝到了前所未有的苦头，她说："我大哭，祷告祖宗在天之灵保佑我"（〔美〕德龄、容龄：《在太后身边的日子》，紫禁城出版社 2011 年版，第 112 页）。

〔4〕 金易、沈义羚：《宫女谈往录》，紫禁城出版社 2010 年版，第 215 页。

欲改变政治制度的意愿，如德龄在其回忆录中记述，在 1903 年前后，太后强调，"我也承认在有些地方，像海陆军和机器，是外国的比我们强，要说到文明程度，我们中国就是第一等"[1]。她还说，"外国人固然也很好，有他们自己的规矩，可是在礼法（祖宗之法）上讲起来，他们总不如我们。我也许很保守，因为我尊敬我们的习惯。在我活着的时候，不愿意看见人家来变更它"[2]。

1904 年发生在中国旅顺的日俄战争，被人们认为是君主立宪制度的日本取得战争胜利。中国民众借助这个机会推进原来就已经存在的政治改革要求。迫不得已，慈禧同意进行改革。

尽管决心进行宪政改革，但慈禧亿万年巩固清朝皇帝统治的目标没有改变，不过是对守卫皇帝制度的具体手段稍加调整而已[3]。她的立宪目的很明确，在决定试行立宪政策的 1905 年 8 月前后，她说，"立宪一事，可使我满洲基础永久确固，而在外革命党亦可因此消灭。俟调查结局后，若果无妨害，则必决意实行"[4]。也就是实行立宪政策除了让政权永固之外，还有一个很明确的目的是消灭、分化革命党。在 1906 年颁布《仿行立宪上谕》时，再次明确确保政权永固的目的，"仿行宪政，大权统于朝廷，庶政公诸舆论，以立国家万年有道之基"[5]。但同时期，慈禧又在内部讲话中提及若干基本原则，"一曰君权不可侵损；二曰服制不可更改；三曰辫发不准薙（剃）；四曰典礼不可废（包含跪拜的内容）"[6]。这些原则中包含若干极为强硬的规定。并且，在 1908 年出台的《钦定宪法大纲》中，其中若干条是如此规定："一、大清皇帝统治大清帝国，万世一系，永永尊戴。二、君上神圣尊严，不可侵犯"。"五、设官制禄及黜陟百司之权。用人之权，操之君上，而大臣辅弼之，

[1]　[美]德龄：《清宫二年记》，[美]德龄、容龄：《在太后身边的日子》，第 112 页。

[2]　[美]德龄：《清宫二年记》，[美]德龄、容龄：《在太后身边的日子》，第 109 页。

[3]　"西太后之采用立宪，全出于私心"[伧父：《立宪运动之进行》，中国史学会主编：《辛亥革命》（第 4 卷），上海人民出版社 1957 年版，第 4 页]。

[4]　陈旭麓主编：《宋教仁集》，中华书局 2011 年版，第 16 页。

[5]　故宫博物院明清档案部编：《清末筹备立宪档案史料》（上册），中华书局 1979 年版，第 44 页。

[6]　"《翟鸿禨朋僚书牍选》（上）"，载近代史资料编辑部编：《近代史资料》（总 108 号），中国社会科学出版社 2004 年版，第 21 页。这就是《若干基本原则》的内容。《若干基本原则》是慈禧在内部的发言，内容更直白、目的更明确。这种不公开的决策规则，才真正左右决策者的决策行为。

议院不得干预"。"九、爵赏及恩赦之权。恩出自君上，非臣下所得擅专"。"十三、皇室经费，应由君上制定常额，自国库提支，议院不得置议"。这些条款规定皇帝具有控制一切的权力，并且不受任何制度制约。

仿行宪政，主要有两部分内容，一是大权统于朝廷，二是庶政公诸舆论。慈禧认为只有这样才可以立国家万年有道之基。在这期间，她也同意从上到下建立议政机关，在设立国会之前先设立资政院，"立宪政体取决公论，上下议院实为行政之本。中国上下议院一时未能成立，亟宜设资政院以立议院基础"〔1〕。她又要求各省与中央的资政院对应设立地方谘议局，"各省亦应有采取舆论之所，俾其指陈通省利弊，筹计地方治安，并为资政院储材之阶。著各省督抚均在省会速设咨议局，慎选公正明达官绅创办其事，即由各属合格绅民公举贤能，作为该局议员"〔2〕。但大权统于朝廷，这些中央资政院、地方谘议局都必须完全处于朝廷的控制之下。

（二）民众的不满与反抗继续存在

与暴力中断戊戌变法的做法相比，慈禧同意预备立宪也是一种进步。但由于大权统于朝廷，何时召开国会进行立宪，决定于朝廷。她如果认为"民智未开"，召开国会的时机尚未成熟，就可能束之高阁。官员们因此纷纷要求加速召开国会、进行立宪。当时代理黑龙江巡抚程德全认为虽然"民智未开"，但依然有召开国会的条件，其具体的理由是，"我国民智虽未大开，然缙绅中深明时势谋国公忠者，亦不乏人……速将新内阁成立，并创立国会，以重监督政府之权，妙选英才，以尽从容论议之长，特创立法，以符三权鼎立之制"〔3〕。广西提学使李翰芬，以及湖南举人萧鹤祥、天津知县熊范舆等也有类似的相关要求〔4〕。

同时，当时民众的政治利益意识已经日益觉醒，慈禧顽固维护既得利益的做法，将会招致越来越激烈的反抗。湖南、江西等民众在多处进行造反，

---

〔1〕 故宫博物院明清档案部编：《清末筹备立宪档案史料》（下册），中华书局1979年版，第606页。

〔2〕 中国第一历史档案馆编：《光绪宣统两朝上谕档》（光绪三十三年），广西师范大学出版社1996年版，第219页。

〔3〕 故宫博物院明清档案部编：《清末筹备立宪档案史料》（上册），中华书局1979年版，第255页。

〔4〕 故宫博物院明清档案部编：《清末筹备立宪档案史料》（下册），中华书局1979年版，第620页、第609页。

统治者认为是"伏莽遍地"，担心"致成燎原"之势，引起全国性的造反[1]。本来慈禧实施预备立宪的一个目的就是分化、消灭革命党。但随着时间的推移，国内、国外的"革命行动"却没有减弱。慈禧对他们感到恐惧，指责他们"假借革命名词摇惑人心，奸狡情形，尤堪痛恨。虽随时破获，而地方已被其扰害，后患不可胜言"[2]。而长江一带，"盗贼充斥，会党繁多"[3]，造反机运遍地开花。甚至在光绪三十三年六月（公元 1907 年 7 月）发生徐锡麟暗杀安徽巡抚恩铭事件。反抗越来越激烈，到慈禧死去依然持续。在这个过程中，"劣员滥杀邀功，民不堪命"[4]，环境越恶劣，民众越想造反，陷入恶性循环。

（三）如果慈禧在世改革能否成功

如前所述，部分学者认为慈禧如果没有死去，清末宪政就有成功的可能。张鸣认为可能成功的一个主要理由是，当时"整个国家机器并非我们以前想象的那样无可救药。越到后来，它的吏治腐败程度其实越是在逐渐降低"[5]。这种判断的主观性较大，因为当时的资料不支持这种判断，"今日，人心愈幻，作弊愈工。宠赂官邪，比比皆是。或假新政为名肆行侵蚀，或以官缺为市巧试奸欺"[6]。这些资料表明当时的腐败程度并不是在"逐渐降低"，而是愈来愈严重，愈来愈无可救药。甚至隆裕太后在颁布退位诏书时，说道，"一般亲贵，无一事不卖，无一缺不卖，卖来卖去，以致卖却祖宗江山"。而那些皇族宗亲以及官员们，"借中央集权之名，为网利营私之计，纪纲混浊，贿赂公行。有识痛心，咸知大祸之在眉睫矣……即无革命军，亦必有绝之者矣"。[7]

显然，张鸣对缺乏有效制度制约之下掌权者行为的判断过于乐观。之所

〔1〕　湖南"匪势尚炽……深虑匪党燃结，致成燎原"〔《清实录》（第 59 册）德宗景皇帝实录（八），中华书局 1987 年版，第 488 页〕。'江西会党甚多，伏莽遍地"〔《清实录》（第 59 册）德宗景皇帝实录（八），中华书局 1987 年版，第 495 页〕。

〔2〕　中国第一历史档案馆编：《光绪宣统两朝上谕档》（光绪三十三年），广西师范大学出版社 1996 年版，第 155 页。

〔3〕　中国第一历史档案馆编：《光绪宣统两朝上谕档》（光绪三十三年），广西师范大学出版社 1996 年版，第 191 页。

〔4〕　中国第一历史档案馆编：《光绪宣统两朝上谕档》（光绪三十三年），广西师范大学出版社 1996 年版，第 154 页。

〔5〕　张鸣：《重说中国近代史》，中国致公出版社 2012 年版，第 203 页、第 206 页。

〔6〕　《清实录》（第 60 册）（宣统政纪），中华书局 1987 年版，第 662 页。

〔7〕　国家清史编辑委员会编：《恽毓鼎澄斋日记》，浙江古籍出版社 2004 年版，第 576-577 页。

以出现这种问题，主要是缺少一种能够框定相关行为者行为的理论框架。特别是对这种纯粹是假设性问题的研究，理论更是重要。笔者将采用制度的利益分析理论进行分析。在该理论之下，对慈禧的行为进行理论框定，作为利益人的慈禧，由于不受有效制度制约，她将追求自身最大化的利益。即使立宪，也是其追求最大化利益的手段。

在此理论之下，思考如果慈禧没有死去，清末宪政是否能够成功的问题时，最起码要从两个角度进行思考。一是从整体上进行思考，二是从具体做法上进行思考。

首先，从整体上进行思考，清朝统治者因不受有效制度制约而胡作非为，到了清末时期已经是难以为继，无法维持。他们控制人民的手段越极端，如凌迟、跪拜等，实际上就越脆弱。当时的各种因素已经把清朝的皇帝制度推到高高的悬崖边。从高高的悬崖边上往下落，不会有多复杂，甚至一阵强风也足以让他们送命。对这种处于高危状态的皇帝制度，要让其软着陆回到安全地带，难度极大。在这种情况之下，即使清廷愿意进行改革，无论采用什么手段都无法保证其必定能够成功。

其次，从具体做法上进行思考。尽管清末的皇帝制度处于极为危险的状态，但是，从政治利益非均衡导向制度向政治利益均衡导向制度进化是政治制度发展的历史必然，慈禧欲实施宪政，也算是符合政治制度发展的规律，理所当然有成功的可能，但有严格的条件。探讨这种问题非常复杂，可以结合慈禧的要求，限制话题，一是跪拜问题，二是以个人利益为中心的政治行为，转移到以人民利益、国家利益为中心上来的问题。关于跪拜问题。慈禧认为，"立宪一事，可使……在外革命党亦可因此消灭"，她的立宪关键目标之一是消灭、分化、融合革命党。而在外革命党普遍向往民主制度，他们强烈的要求废除跪拜制度。如果要得到他们的合作，最起码要考虑他们的基本要求[1]，取消跪拜制度。但慈禧在决定进行预备立宪的改革之时，却制定了

---

[1]　在戊戌变法期间，废除跪拜制度的呼声就很高。文悌在戊戌年5月20日提出《严参康有为折稿》。折稿有以下的内容："近来时务、知新等报所论，尊侠力，伸民权，兴党会，改制度，甚则欲去拜跪之礼仪，废满、汉之文字，平君臣之尊卑，改男女之外内。"甚至"杨深秀竟告奴才以万不敢出口之言"[中国史学会主编：《戊戌变法》（第2册），神州国光社1953年版，第485页、第488页]。梁启超也说："今日欲求变法，必自天子降始，不先变去拜跪之礼，上下仍习虚文，所以动为外国讪笑也"。中国史学会主编：《戊戌变法》（第2册），神州国光社1953年版，第502页。

《若干基本原则》，其中一个原则是包含着跪拜礼仪等内容的"典礼不可废"，拒绝对跪拜制度进行改革。关于以个人利益为中心的政治行为，转移到以人民利益、国家利益为中心上来的问题，慈禧将不可能进行这种改革，因为她明确强调，"立宪一事可使我满洲基础永久确固"。也就是说慈禧将依然以个人、家族的利益为中心进行政治行为，而不可能转移到以人民利益、国家利益为中心上来。

从《若干基本原则》以及《钦定宪法大纲》中决策规则等具体内容看，她的这些决策并不是在某种程度上出让既得利益，而是欲通过柔软的手段获得更大的利益。立宪改革的本来意义，就是从不公正、不平等制度向公正平等制度转化，强者要出让既得利益，让民众在某种程度上感到满足，反抗才可能偃旗息鼓。但统治者固执于自身利益，坚持要实现其不现实的亿万年维持政权的幻想，并从形式上、内容上维持不公正、不平等政治制度，如此，则失败可能性大。改革能否成功，实际上取决于宪政内容是否符合欲参与政治的其他人的利益，包括弱者。他们与慈禧一样也是利益人，也追求其自身的利益，这种宪政是否符合他们的利益，这才是决定性的。没有满足民众的制度改革要求，民众的不满与反抗将会继续，这将大大增加慈禧改革成功的难度。总而言之，慈禧一心一意欲重整皇帝制度雄风，按照千秋万代控制政权的目的进行制度改革，甚至打着宪政的旗号追求更加极端的一边倒政治利益，其失败的可能性是无限大。

当然，或者途中她意识到某些问题，认为应当更加进行改革开放，挽救这种失败，这也并非不可能。但对清廷来说不幸的是，此时慈禧已经意志消沉，"锐气尽消，专以敷衍为事，甚且仅求目前之安，期于及身无变而已，不遑虑远图矣"[1]。也就是说她已经处于随波逐流的状态，不可能更加开放。甚至打退堂鼓，她后悔当初实施预备立宪，将死之时，反复哀叹："不当允彼等立宪"，"误矣！毕竟不当立宪"[2]。固然，对预备立宪的维持来说，慈禧的寿命到了终点是一个问题，而更关键的是，在她生命到达终点之前推进改革的欲望已经先到达终点，如果这样，即使她在世还值得期待吗？所以，无论是从理论上，还是从事实上看，无论慈禧在不在世，预备立宪的成功概率

---

[1]　岑春煊：《乐斋漫笔》，中华书局 2007 年版，第 32 页。

[2]　国家清史编辑委员会编：《恽毓鼎澄斋日记》（2），浙江古籍出版社 2004 年版，第 561 页。

都是极为低下，而失败的可能性则是无限大。

二、慈禧既定政策的延续

在慈禧死去之后，新统治者颁布《重申仍以宣统八年为限实行宪政谕（光绪三十四年十一月初十日）》，"自朕以及大小臣工，均应恪遵前次懿旨……巩亿万年郅治之基"[1]。可以认为，慈禧的后继者，全面继承慈禧《若干基本原则》以及《钦定宪法大纲》等政策。他们继承慈禧的政策，也必定与慈禧时代一样，面临着民众的不满与反抗。

（一）民众不满与政策调整

如前所述，民众的尽早实施宪政的要求，在慈禧时代已经存在。慈禧死后，这种要求依然强烈。时任云南按察使汤寿潜等人提出要"提早（召开）国会"[2]。然而，载沣答复说应坚持慈禧九年预备立宪的既定方针，他虽也深切希望"议院早为成立，以固邦基"，但"国民智识程度又未画一，如一时遽开议院，恐反致纷扰不安，适足为宪政前程之累"。所以，他开导众人，"夫行远者必求稳步，图大者不争近功。现在各省咨议局均已举行，明年资政院亦即开办……俟将来九年预备业已完全，国民教育普及"，就召开议会[3]。这种答复无法平息民众的不满，咨议局议员孙洪伊等依然呈请要求缩短预备年限，速开国会。但朝廷固执地拒绝，重申九年预备立宪[4]。在宣统二年九月资政院开幕之后，民众要求缩短预备立宪的日期更加激烈，各省人民代表，甚至地方长官等也加入到要求及时开设议院的行列。清廷被迫将九年预备立宪缩短为五年[5]。

（二）民众反抗的延续

在慈禧刚死去时，海外的革命党人认为是一个好机会，他们准备进行武

---

〔1〕 故宫博物院明清档案部编：《清末筹备立宪档案史料》（上册），中华书局 1979 年版，第 69 页。

〔2〕《清实录》（第 60 册）（宣统政纪），中华书局 1987 年版，第 442 页。

〔3〕 中国第一历史档案馆编：《光绪宣统两朝上谕档》（宣统元年），广西师范大学出版社 1996 年版，第 253-254 页。

〔4〕 宣统二年五月二十一日发布《仍俟九年预备完全再定期召集议院谕》。故宫博物院明清档案部编：《清末筹备立宪档案史料》（下册），中华书局 1979 年版，第 644 页参照。

〔5〕 宣统二年十月初三日发布《缩改于宣统五年开设议院谕》。故宫博物院明清档案部编：《清末筹备立宪档案史料》（上册），中华书局 1979 年版，第 78-79 页参照。

装起义，但因为经费不足而作罢[1]。清朝统治者得到相关的情报，指示予以严厉镇压。[2]之后民众的反抗依然激烈。社会动乱往往"发端甚微，燎原颇巨"[3]。这种反抗持续不断，并且随着越来越多的民众觉醒，比以往更加激烈。"东洋留学生，党派甚多。各省皆有领袖，潜相句引，煽动四方。以洪秀全、杨秀清为英雄，以张汶祥、徐锡麟为义烈，托之文字诗歌，极口赞扬。内地学生遥相唱和"[4]。当时，尽管局势紧张，但局面依然处于一种可控的状态，而皇族内阁以及干线铁路国有政策的出台，掀起巨大波澜，局势全面失控[5]，导致朝廷以及预备立宪双双走向终结。

（三）预备立宪失败与慈禧政策是否存在某种关联

在慈禧死去三年多之后，预备立宪彻底失败。这种失败是否与慈禧的既定政策毫无关联？回答是否定的。由于《钦定宪法大纲》等刚刚出台慈禧就死去，慈禧如果在世预备立宪是否可以成功的假设，无法进行确证。但其实可以从慈禧死后，慈禧后继者在实施慈禧政策的过程中遭遇失败，从侧面证明慈禧的失败。

慈禧在《钦定宪法大纲》中，制定了"设官制禄及黜陟百司之权。用人之权，操之君上，而大臣辅弼之，议院不得干预"的决策规则。后来载沣等人，继承慈禧的遗志，按照慈禧的这种决策规则进行决策。早在宣统二年（公元1910年）十一月的时候，已经成立的资政院议员等，向朝廷上奏折，指责大臣不负责任导致难以展开工作的问题。当时朝廷对该指责感到愤怒，认为这是干涉皇帝的权力："朕维设官制禄，及黜陟百司之权，为朝廷大权，载在先朝《钦定宪法大纲》。是军机大臣负责任与不负责任，暨设立责任内阁事宜，朝廷自有权衡，非该院总裁等所得擅预"[6]。数个月之后的宣统三年

---

[1] 广东省社会科学院历史研究所等编：《孙中山全集》（第1卷），中华书局2011年版，第398页。

[2] "邦家不造，连遭大丧……乃近有不逞之徒，造言生事，煽惑愚蒙。更有海隅匪党，潜谋内渡，妄思构乱……遇有缉获上项匪犯，立匪讯明就地正法"[中国第一历史档案馆编：《光绪宣统两朝上谕档》（光绪三十四年），广西师范大学出版社1996年版，第265页]。

[3] 《清实录》（第60册）（宣统政纪），中华书局1987年版，第613页。

[4] 《清实录》（第60册）（宣统政纪），中华书局1987年版，第324页。

[5] "时事艰危，人心解体……鄂军之变，不及旬日，而响应者四起"[故宫博物院明清档案部编：《清末筹备立宪档案史料》（上册），中华书局1979年版，第94页]。

[6] 故宫博物院明清档案部编：《清末筹备立宪档案史料》（上册），中华书局1979年版，第547页。

（公元 1911 年）五月成立皇族内阁，同样是根据《钦定宪法大纲》的决策原则进行决策。当时有人激烈反对，认为皇族内阁不合立宪公例，要求另组责任内阁。[1]但载沣第二天就以"黜陟百司系君上大权，载在先朝《钦定宪法大纲》，并注明议员不得干预"为理由断然拒绝，并申明"朝廷用人，审时度势，一秉大公。尔臣民等均当懔遵《钦定宪法大纲》，不得率行干请，以符君主立宪之本旨"。[2]按照《钦定宪法大纲》规定，皇帝有权决定一切，他人无权置喙。载沣等人，显然是继承慈禧的遗志而进行决策。他们出台相关的极端利己的政策，实际上就是按照慈禧既定政策方针而进行决策的结果。

在戊戌变法中，慈禧为追求其完美的政治利益，而不愿意对光绪进行完全授权，导致光绪缺少权力无法展开变法。在预备立宪中，《若干基本原则》以及《钦定宪法大纲》的决策规则，也是她追求完美政治利益的一种表现，只不过因为死去，而没有看到失败的过程而已。慈禧即使多活几年，只要她固执于自身的完美利益，也将与后来的决策者同样进行决策而无法挽救这种危局。

总而言之，在慈禧死去之后，继承者基本上延续了慈禧时代的政策，包括《若干基本原则》以及《钦定宪法大纲》。民众也延续原来的不满与反抗。继承者甚至按照《钦定宪法大纲》的决策规则进行决策，出台了皇族内阁、铁路国有等政策，民众的反抗也更加激烈。最终，继承者因重蹈慈禧完美利益追求的覆辙，彻底垮台[3]。

上述的考证，可以证明张鸣、马勇、李泽厚等学者认为要不是慈禧死去预备立宪就可能成功看法，并不符合资料所揭示的事实。他们还认为后来继承者出台了皇族内阁、干线铁路国有政策等是违背慈禧意愿的看法，也与资料所揭示的事实相矛盾。其实，无论慈禧在世或者不在世，改革都难以成功，无论从哪个角度看，推翻清廷都是一个最佳的选择。到清朝被推翻为止的中国革命是成功的。之后中华民国成立，这本来是当时中国政治制度发展的最

---

〔1〕　故宫博物院明清档案部编：《清末筹备立宪档案史料》（上册），中华书局 1979 年版，第577 页。

〔2〕　故宫博物院明清档案部编：《清末筹备立宪档案史料》（上册），中华书局 1979 年版，第579 页。

〔3〕　继承者不愿出让既得利益，手段僵化造成失败，如果大胆放弃既得利益就能成功？这也是无法保证，处于那种状态之下，任何动作可能都是危险。但不出让则必败无疑。

好一条道路，但是由于袁世凯扭转政治制度发展方向而恢复帝制，又使中国政治制度改革陷入困境。这种政治困境无须与是否应当推翻清廷的问题扯上关系，只能从袁世凯等人的追求自身政治利益方式的问题上进行探讨。

　　皇帝制度罪恶深重，退出中国政治舞台是历史的必然。而慈禧携带着《若干基本原则》以及《钦定宪法大纲》，做着皇位永固的美梦，永远地沉睡了。载沣、奕劻等人紧跟着慈禧追梦去了。但他们的美梦依然以一首动听的歌曲留存于当代的中国。让我们记住这首在剧终的时候才好不容易地编好的大清帝国的国歌吧："巩金瓯，承天帱，民物欣凫藻，喜同袍，清时幸遭，真熙皞，帝国苍穹保，天高高，海滔滔"[1]。这首帝国国歌中"巩金瓯，承天帱……帝国苍穹保，天高高，海滔滔"的大意是，保住皇帝政权，巩固皇帝制度，天长地久，千秋万代。从这首歌曲对长久维持皇帝制度的声嘶力竭呐喊中，可以推测或许歌曲的作者在写词谱曲的时候，已经意识到清廷难保了。

---

〔1〕《清实录》（第60册）（宣统政纪），中华书局1987年版，第1080页。

第五部分　民初政治制度改革失败的
原因

第十章

民初政治制度改革失败原因的研究

——从袁世凯扭转政治制度发展方向的视角

　　如第一章所述，学者对民初政治制度改革失败的原因有各种的看法，在第三章对他们看法的问题进行了分析。在这一章，对笔者在第三章提出的民初政治制度改革之所以失败，根本原因在于袁世凯扭转政治制度发展方向的理论假设进行论证。

　　民初政治制度改革失败原因，远比清末政治制度改革失败原因复杂，但学者们很少从理论以及历史的角度进行研究。他们的研究最少存在如下两个问题：一是缺乏一种能够进行合理推论的理论工具，思路不稳定。二是缺乏对中国政治制度历史进行细致地考察，无法对政治制度发展方向形成较为明确的认识。这导致他们对袁世凯为实现其个人的最高利益，处心积虑地扭转政治发展大方向，恢复原来的政治利益非均衡导向制度的问题关注不够。

　　针对以往研究缺乏理论的问题，本研究将采用在作者自序中所提到的研究方法，也就是理论、点线结合的方法。这种研究方法，既符合制度的利益分析理论进行系统性分析的要求，同时也符合建立更完整的论证数据链条的要求。在这种研究方法之下，根据当时的各种资料，可以对民初政治制度改革失败的原因进行如下推理：袁世凯乘政治利益均衡导向制度尚未走上正轨、进入良性循环的机会，为完全控制权力，处心积虑地突破制度制约、扭转政治制度发展的大方向，恢复强者控制一切的皇帝制度。因为与其他任何制度相比，这种制度才是符合他个人的最大利益。这是民初政治制度改革失败的最根本原因。

　　以下按照利益人袁世凯、获取政治利益的目标、实现政治利益目标的手段的顺序，对这种理论推理进行事实考证。笔者认为，当时的议会政治失败、政党政治失败等问题，要与袁世凯控制权力与称帝的过程结合起来，放在同一个框架之内进行研究。袁世凯为追求个人政治利益、控制权力并最终称帝，是研究民初政治制度改革失败原因的一条主线，政党、议会等失败只是依附于这条主线上的一些支线而已。也就是说，如果袁世凯要获得皇帝般的权力，甚至围绕着称帝展开活动，那么追求民主政治的政党、议会等的运作必定失败。论证资料将采用笔者认为较为可靠的《袁世凯全集》等文献〔1〕。

一、利益人袁世凯

由于制度的利益分析理论把政治领域所有的行为者都假设为利益人，袁世凯当然也不例外。为了确认能否把袁世凯假设为利益人，先对袁世凯的行为事实进行确认。

袁世凯强调自己是毫不利己、一心一意为国为民的国家领导人。1912 年 1 月 23 日，袁世凯尚在交涉如何接任临时大总统的问题时，授权美联社发表声明，称"本人所有行为的出发点只有一个，即为了全中国老百姓的最大利益，而非革命党人的利益或者拥护帝制的那些人的利益。本人从不为一己之私出发，希望能够继续担任总理大臣，直到可以创建国会，选举产生议员，或者为大多数中国人探索出一条合适而正确的出路"〔2〕。他向全世界声明自己是一心为国的领导人。之后的 1912 年 2 月 15 日，通过艰苦的讨价还价，袁世凯被参议院确定接任临时大总统，但他向外声称，"盼大局早定，使凯得退为共和国之公民，则固平生之愿也"〔3〕。一年期限的临时大总统任期将要结束的 1913 年 1 月 3 日，由于选举正式大总统的日期逼近，他表态，"正式政府期限已近，希望得选最相当之总统接替，予亦得作自由公民，何幸如之"〔4〕。在暗杀宋教仁以及镇压"二次革命"等事件发生之后，袁世凯采用威胁手段强迫国会议员"选举"自己为正式大总统。1913 年 10 月 10 日，在正式大总

---

〔1〕 在《袁世凯全集》中，有的内容未必真实。举一例进行说明。1913 年 12 月 10 日，袁世凯颁布《任免段祺瑞职务令》。命令的内容如下："湖北都督事黎元洪呈称：因公来京，请派员代理等语。著段祺瑞暂兼代领湖北都督事"〔骆宝善、刘路生主编：《袁世凯全集》（第 24 卷），河南大学出版社 2013 年版，第 403 页〕。实际上，黎元洪是被胁迫来京，其背后有许多故事，在此却全部被隐瞒。但即使如此，也无法否定与袁世凯相关的各种资料中，《袁世凯全集》是最可靠的资料之一。

〔2〕 骆宝善、刘路生主编：《袁世凯全集》（第 19 卷），河南大学出版社 2013 年版，第 374 页。

〔3〕 骆宝善、刘路生主编：《袁世凯全集》（第 19 卷），河南大学出版社 2013 年版，第 578 页。

〔4〕 骆宝善、刘路生主编：《袁世凯全集》（第 21 卷），河南大学出版社 2013 年版，第 320 页。

统就职演说中，他说自己"极思解职归田，长享共和幸福，而国民会议群相推举……盖余亦国民一分子，耿耿此心，但知救国救民，成败利钝不敢知，劳逸毁誉不敢计，是以勉就兹职"[1]。在成为正式大总统两年之后，袁世凯准备登基当皇帝。在 1915 年 12 月 11 日，当天参加国民大会的代表共 1993人，全票推戴他成为皇帝。但他把推戴书送回国民大会，要他们"另行推戴"，并表明心迹，"前此隐迹洹上（1909-1911 年），本已无志问世，遭遇时变，谬为众论所推，不得不勉出维持，舍身救国……本大总统于正式被举就职（1913 年 10 月）时，固尝掬诚宣誓，此心但知救国救民，成败利钝不敢知，劳逸毁誉不敢计，是本大总统既以救国救民为重，固不惜牺牲一切以赴"[2]。这仅仅是一场表演，一切按照剧本编排好的情节有序进行，国民大会"另行推戴"的皇帝还是他。两天之后的 13 日，新皇帝袁世凯接受官员们拜见。他说，"余向以舍身救国，今诸君又逼我作皇帝，是舍家救国矣。从古至今，几见有皇帝子孙有好结果者"[3]。袁世凯似乎是被他人逼迫着、冒着子孙被斩草除根的危险，而当上皇帝。

与袁世凯舍己救国、舍家救国的主张相反，其他人指责他谋私害国。二次革命发生之后，孙中山在 1913 年 7 月 22 日发表《告全体国民促令袁氏辞职宣言》，称，"何图袁氏专为私谋，倒行不已，以致东南人民荷戈而逐"[4]。袁世凯称帝时，梁启超在《云贵檄告全国文》中，指责他"受国民付托之重，于兹四年，在政治上未尝示吾侪以一线之光明，而汲汲为一人一家估权固位之私计"[5]。

一方自我美化，对立一方攻击其极端自私。那么，袁世凯究竟是舍身为国的人，还是极端自私、损害国家利益的人呢？如果没有理论，将被这些相互矛盾的资料牵着鼻子走，无法进行有效地研究。学术研究不能把这些自吹自擂，或者相互攻击的言论作为研究的事实凭据。面对这些复杂的资料，学术研究必须有一套自己的追寻真理的方法，对政治领域行为者追求政治利益

---

〔1〕 骆宝善、刘路生主编：《袁世凯全集》（第 24 卷），河南大学出版社 2013 年版，第 41 页。

〔2〕 骆宝善、刘路生主编：《袁世凯全集》（第 33 卷），河南大学出版社 2013 年版，第 568 页。

〔3〕 骆宝善、刘路生主编：《袁世凯全集》（第 33 卷），河南大学出版社 2013 年版，第 597 页。

〔4〕 广东省社会科学院历史研究所等编：《孙中山全集》（第 3 卷），中华书局 2011 年版，第 66页。

〔5〕 梁启超：《梁启超全集》（第 5 册），北京出版社 1999 年版，第 2854 页。

的行为必须有一套更为严格的规定。根据制度的利益分析理论，政治领域的每一个行为者都必须假设为利益人。政治行为者必须是为追求个人的政治利益才参与政治，否则参与就没有意义。也就是，无论他们自私或者不自私，他们都必定追求其个人利益[1]。追求相对较大利益或者最大化利益，是政治领域行为者的行为规律。在这种前提之下，作为利益人的强者如果不受有效制度制约并掌握决策权，他将建立利益向其一边倒的政治制度，不择手段谋取其政治利益。他们将追求自身利益建立在损害他人利益的基础之上。这才是自私自利、欲壑难填。而弱者也是利益人，也追求自身相对较大的利益，他们为免受强者欺凌压迫而维护自身利益的行为，与自私自利没有关系，追求这种相对较大利益是合理的。所以，自私不自私必须与是否损人利己的问题结合起来探讨，才有真正的意义。

政治领域的每一个行为者都必须假设为利益人，包括袁世凯。可以在利益人假设的基础上对袁世凯的政治行为进行进一步的事实确认。理论上，袁世凯也必定具有这种追求相对较大利益或者最大化利益的行为选择倾向。像袁世凯这样获得最高政治地位的利益人，他的追求目标必定是最大化政治利益，而事实上也是如此。从1912年到1916年，袁世凯一直是国家最高领导人，其所担任的职务有，临时大总统、正式大总统、终身大总统、皇帝等。除了临时大总统是临时参议院决定之外，后三个职务基本上都是由袁世凯本人决定。他为何要不断地通过重新安排制度，变更后面三个政治职务？可以从这些政治职务所包含的政治利益的角度探讨。由临时参议院所任命的临时大总统，只有一年的任期，并且总统要受临时约法制约，无法随心所欲地使

---

〔1〕 政治领域的利益人，是指具有追求主观上认为相对较大或最大政治利益（均指权力地位、物质财富、名誉等具体化政治利益）的行为倾向，并且在具体行为实施之前主观认为自己所选择的手段符合自己的政治发展目标的行为主体（陈忠云：《超越不同形式政治制度的研究范式——制度的利益分析理论之魅力》，中国政法大学出版社2016年版，第38页）。第2章也提到该问题，就是利益人的这种行为特征，不能简单地理解为自私自利。就像并排着的两个商店，它们都销售某一种物品。两个店中的这种物品，质量相同但标价不同。某消费者在知道这些信息的情况之下，他将如何选择？没有理由选择标价高的那个商店，而让自己付出更高的代价。具有追求主观上认为相对较大或最大政治利益的行为倾向是人的本性，在这种情况之下，自私自利的人如此选择，不自私自利的人同样也是这种选择。自私自利更多的是指人们通过不正当手段、走歪门邪道而获得利益的行为倾向。这要结合制度的问题进行考察。

用最高权力。在这一年中，袁世凯对临时约法十分不满，发了很多牢骚。[1]在通过讹诈恐吓的手段成为正式大总统之后，控制全局，推翻国民党人制定的天坛宪草，制定政治利益完全向袁世凯一边倒的《中华民国约法》，按照自己的意图规定总统权力，包括统揽统治权，不设任期，只虚幻地规定大总统对"国民之全体负责任"等。相对于临时大总统，正式大总统更可以随心所欲地使用权力。然而正式大总统虽然不设任期，但如果不是明确规定，可能影响自己终身任职的企图。通过修改宪法，明确大总统的终身任期，进行制度化。并且终身大总统不但自己终身不用下台，而且还可以指定接班人，这种权力、利益远比正式大总统大。然而，尽管终身大总统可以指定儿子为接班人，但儿子要选择接班人可能又要重新指定。并且这种非制度化的做法，存在很大的不确定性，一旦发生波折，容易崩盘。而如果变成皇帝，按照皇帝继承制度，子子孙孙自动地继承权力。只要对这些最高位置的政治利益内容进行比较，便可知其一个比一个丰富，一个比一个更有利益魅力。正是这种政治利益引导着袁世凯不断前行。

　　然而，袁世凯多次声称要成为华盛顿。他当然也想成为华盛顿，因为"华盛顿为历史最有名人物"，美名传天下。利益人各种利益都想占有，权力地位、物质财富、名誉，但权力是最关键。一旦袁世凯子孙万世一系控制中国，袁世凯何尝没有华盛顿的美名？总而言之，在政治领域，理论上人人都是利益人，袁世凯也是，并且事实上也是这样。如果没有澄清这种事实，后续的分析就无法展开。

二、追求政治利益目标

　　如上所述，资料是复杂的，必须借助理论才能够进行有条理、有系统地分析。那么，如果袁世凯是一个具有追求主观上认为相对较大或最大政治利益（均指权力地位、物质财富、名誉等具体化政治利益）的行为倾向的利益人

---

　　〔1〕　1914年4月2日，袁世凯在怀仁堂宴请约法议员时提到，"两年来的（各种问题），其主要之原因，则在《临时约法》……此亦全国之公认也……责任不明，权限不清，实为国家受病之最大原因。立法部与行政部同为国家组织之机关，乃因约法不良之故，立法、行政两部，不互相推诿，即侵越权限"［骆宝善、刘路生主编：《袁世凯全集》（第26卷），河南大学出版社2013年版，第17页〕。但《临时约法》中的权力制约的思路是正确的，袁世凯也没有因为权力被某种程度制约而导致行政崩溃。后来发生战争，是袁世凯为控制权力而制造"宋案"所导致的，与《临时约法》无甚关系。

成立，在临时大总统、正式大总统、终身大总统、皇帝，一个职位比一个职位利益更大、权力更大的情况之下，他将如何选择？毫无疑问，他将最终选择成为皇帝[1]。皇帝是袁世凯最大的目标。但袁世凯该目标十分隐蔽[2]，即使在最后，他都已经当上了皇帝，却依然表示他并不想当皇帝，如前述，1915年12月13日，皇帝袁世凯在接受官员们拜见时说，"余向以舍身救国，今诸君又逼我作皇帝，是舍家救国矣。从古至今，几见有皇帝子孙有好结果者"。从理论上推理，虽然袁世凯口头上说不想当皇帝，但并不是他真正不想当皇帝，只是他认为需要隐藏他的目的，正如他在1911年12月17日所说，他赞成组织摄政会议，将其作为替代清廷的最高权力机关，只是事关机密，"一直秘藏于本人一己之胸中"[3]。袁世凯称帝策划或者也是如此，由于事关机密，"一直秘藏于本人一己之胸中"，以等待时机。

对袁世凯来说，成为皇帝的利益固然最大，但当时称帝条件并不成熟，他不可能跳过前面几个阶梯直接成为皇帝。如果是那样，欲速则不达，他可能更早就身败名裂。但要成为皇帝，临时大总统、正式大总统等几个关键职务是重要的，他志在必得。虽然他在1912年1月23日与1912年2月15日提及为国家不计个人利益等的豪言壮语，但他其实早已觊觎临时大总统的职务，认为他理所当然是首任该职。孙中山在1911年12月29日致电袁世凯说众人要组织以他为首的临时政府，虽然自己暂时被选为临时总统，但将"虚位以待"[4]袁氏，袁世凯仍极为不满[5]。后（1912年1月14日前后）通过多方渠道询问孙中山在"清帝退位之后，能否举袁为大总统"等的问题[6]，当孙中山确认"如清帝实行退位，宣布共和，则临时政府决不食言，文即可

〔1〕　十九岁的袁世凯就有强烈的控制权力的欲望，他写诗道："不爱金钱不爱名，大权在手世人钦"。在洹上隐居时，曾自题渔舟写真二首，其中有"百年心事总悠悠，壮志当时苦未酬。野老胸中负兵甲，钓翁眼底小王侯"等内容。参照毛翰："民国首脑们的诗"，载《书屋》2006年第5期。

〔2〕　袁世凯的密友徐世昌不了解袁世凯称帝意图（张国淦："洪宪遗闻"，载吴长翼编：《八十三天皇帝梦》，文史资料出版社1983年版，第298页），而心腹冯国璋也毫无所知。心腹朱启钤则认为1913年开始寻求帝制（张国淦："洪宪遗闻"，载吴长翼编：《八十三天皇帝梦》，文史资料出版社1983年版，第298页）。

〔3〕　骆宝善、刘路生主编：《袁世凯全集》（第19卷），河南大学出版社2013年版，第166页。

〔4〕　广东省社会科学院历史研究所等编：《孙中山全集》第1卷，中华书局2011年版，第576页。

〔5〕　骆宝善、刘路生主编：《袁世凯全集》（第19卷），河南大学出版社2013年版，第240页。

〔6〕　广东省社会科学院历史研究所等编：《孙中山全集》（第2卷），中华书局2011年版，第20页。

正式宣布解职，以功以能，首推袁氏"[1]，袁世凯这才放心。之后，袁世凯成为临时大总统并宣布实施共和制度，但不等于他真正信仰共和制度。1912年10月17日，袁世凯会见日本外事人员山座圆次郎。袁云："共和之于中国，虽然为期尚早，而满汉两族斗争的结果，终于采用斯制，乃不得已也"[2]。他认为实施共和制度为期过早。数天之后，他希望长子袁克定出使日本[3]。他一方面认为实施共和制度为期过早，另一方面希望长子袁克定出使实施天皇制度的日本，背后的意图或者是只可意会不可言传。

在成为临时大总统之后，他得陇望蜀。在正式大总统选举来临之前，他同样有非常漂亮的表态[4]，这只不过是声东击西的把戏。当时湖北商人裘治平，主张中止共和进行帝国立宪。1913年3月19日，袁世凯以"共和为最良之国体，治平之极轨"[5]为理由，下达惩办裘的命令。但这并不能证明袁世凯忠诚于共和。因为此时正式大总统选举在即，对正式大总统志在必得的袁世凯，正受到宋教仁等人的挑战，如果赞同称帝，不啻政治自杀。在关键的步骤上塌陷了，那么他的皇帝梦就泡汤。时机未到，这种主张是给袁世凯添乱。袁世凯十分谨慎，他表面上向人们表明他忠于他的诺言，不会称帝，背后里却参与策划、制造了宋案。在宋案发生之后的1913年5月11日，袁世凯重申他的曾经的承诺，是如此之动听，"余自国民举为临时总统，视事以来，一切措施，不避劳怨……岂期人民不谅，竟有以拿破仑疑我者……世界只有专制改为共和，断无既成共和，反可转为帝制之理。民国大总统不过全国代表而已，今日之总统即异日之公民。今日之公民，即异日之总统"[6]。7月12日李烈钧举起反旗进行二次革命后，袁世凯的言论更为动听。在1913年7月17日的《申斥欧阳武令》中提到，"共和国民，以人民为主体，而人民代表，以国会为机关。政治不善，国会有监督之责，政府不良，国会有弹劾之例。大总统由国会选举，与君主时代子孙帝王万世之业，迥不相同"[7]。袁

---

〔1〕 广东省社会科学院历史研究所等编：《孙中山全集》（第2卷），中华书局2011年版，第23页。
〔2〕 骆宝善、刘路生主编：《袁世凯全集》（第20卷），河南大学出版社2013年版，第519页。
〔3〕 骆宝善、刘路生主编：《袁世凯全集》（第20卷），河南大学出版社2013年版，第552页。
〔4〕 如前述的1913年1月3日表态。
〔5〕 骆宝善、刘路生主编：《袁世凯全集》（第22卷），河南大学出版社2013年版，第225页。
〔6〕 骆宝善、刘路生主编：《袁世凯全集》（第22卷），河南大学出版社2013年版，第464页。
〔7〕 骆宝善、刘路生主编：《袁世凯全集》（第23卷），河南大学出版社2013年版，第165页。

世凯也知道如果把自己打扮成共和国卫士，是最能够号召民众这个道理，竭力把自己打扮成保卫共和国的英雄。在成为正式大总统之后的 1913 年 10 月 30 日，他还"一再声明，决不作君主，亦不为专制"[1]。

袁世凯施放这种烟幕弹，从来就没有停止过。然而他真正的意图都表现在他的具体行动之中。他称帝的目的，除了在制度上、理念上与皇帝制度接轨之外，还通过封爵、祭天仪式、终身总统等大动作，淋漓尽致地体现出来。

三、实现政治利益目标的手段

如果没有有效的制度制约袁世凯追求最大化政治利益的行为，其目标必定是恢复皇帝制度，但是实现这种目标的环境不成熟的时候，阶段性的目标就成为其现实目标。对他来说，首先必须获得最高权力，不管是临时大总统还是正式大总统，并且完全控制这种最高权力，只有在这基础上才能够一步一个阶梯、步步为营地朝着最终的目标前进。在这个过程中，可以使用各种方法迷惑人们，包括口头上的美妙承诺、声东击西、施放烟幕弹等手段，以达到自己的目标。以下按照袁世凯为获得权力而接受共和民主制度、为完全控制权力而突破制度制约并扭转政治制度发展方向、称帝策略等的顺序进行论述。

（一）袁世凯为获得权力而接受共和民主制度

当初，作为清朝臣民的袁世凯，同样是向往民主制度[2]。袁世凯在戊戌变法期间的告密行为，得罪光绪。所以那时他更强烈希望通过立宪架空光绪皇帝，使自己不至于在慈禧死后遭到光绪直接地报复。所以 1908 年袁世凯强烈要求立宪[3]。甚至在他为镇压武昌革命重新出山之后，依然向往民主制度，

---

〔1〕　骆宝善、刘路生主编：《袁世凯全集》（第 24 卷），河南大学出版社 2013 年版，第 145 页。

〔2〕　1908 年 6 月 14 日美国记者采访袁世凯。袁世凯首先表示对美国总统的竞选感兴趣，接着在谈到国内民众对当时政治制度改革支持的情况时说："我们内部的管理体制必须从根本上加以改革……就民意支持的状况而论，我感到可以肯定的是，如果给我们时间再加上机遇，我们无论如何都能够实现改革的大部分目标"［郑曦原编：《帝国的回忆：〈纽约时报〉晚清观察记》（上册），当代中国出版社 2011 年版，第 165 页］。

〔3〕　袁世凯要求召开国会的说帖。他认为"专制之国，君民分隔，故力散而势弱；立宪之国，上下一心，故力聚而势强。盖立宪政体处常则君民共守其法制，处变则君民共任其艰难，至其要义所在，惟使人民与闻政事……惟人民与闻政事，亦不可不立范围，此议院之制所由起也……我之宣布立宪已历两年，而应行事项尚未实行，近日中外之请开国会者，责言日至"［许恪儒整理：《许宝蘅日记》（第 1 册），中华书局 2010 年版，第 196 页］。

在 1911 年 12 月 13 日，汪精卫与袁世凯见面。袁说，"国民会议，我极赞成，惟我站之地位，不便主张民主，乃係主君主立宪"[1]。1912 年 1 月 5 日在内阁给朝廷上《请速定大计折》中，袁世凯提到"彼众若狂，醉心民主，兵力所能平定者土地，所不能平定者人心"[2]。

1912 年 2 月 13 日，即将替代孙中山成为中华民国临时大总统的袁世凯，致电北方各督抚：此次制度变革，"非舍故君而代以新君，乃由帝政而变为民政。自兹以往，我中国之统治权，非复一姓所独擅，而为四百兆人所公有。我中华国民……由专制朝廷之臣仆一跃而为共和平等之人民"[3]。并且，人们对他翘首盼望，期待他成为中国的华盛顿。1912 年 2 月 15 日，在临时参议院给袁世凯的电报中提到，"本日开临时大总统选举会，满场一致，选公为中华民国临时大总统。查世界历史，选举大总统，满场一致者，只华盛顿一人。公为再见。同人深幸公为世界之第二华盛顿，我中华民国之第一之伟业，共和之幸福，实基此日"[4]。

而袁世凯似乎要用行动回答人们对他的期待[5]。他公开说最吸引他的就是美国，他希望政治制度设计也基本上按照美国的方式进行，效仿美国的民主政治制度。1912 年 3 月 7 日，在与人谈话中，袁世凯认为"将来选举总统拟应兼仿美国"。关于正式总统任期，他认为应"以十年为宜"，他自己因为年老体衰，"五年以后，必当退职"[6]。1912 年 3 月 23 日他致电黎元洪，称"将来两院制，上院为地方代表，议员应由地方议会及行政长官分别选派，下院为人民代表，代表一律由人民选举"[7]。

但袁世凯此时的政治地位，与慈禧、光绪在世的时候是不同的，甚至与1909 年、1910 年摄政王载沣控制权力的时候也是不同的。那时，他要求政治

---

[1] 骆宝善、刘路生主编：《袁世凯全集》（第 19 卷），河南大学出版社 2013 年版，第 151 页。
[2] 骆宝善、刘路生主编：《袁世凯全集》（第 19 卷），河南大学出版社 2013 年版，第 260 页。
[3] 骆宝善、刘路生主编：《袁世凯全集》（第 19 卷），河南大学出版社 2013 年版，第 567 页。
[4] 骆宝善、刘路生主编：《袁世凯全集》（第 19 卷），河南大学出版社 2013 年版，第 578—579 页。
[5] 袁世凯就任临时大总统誓词："民国建设造端，百凡待治，世凯深愿竭其能力，发扬共和之精神，涤荡专制之瑕秽，谨守宪法，依国民之愿望，达国家于安全完固之域，俾五大民族同臻乐利。凡此志愿，率履勿渝。俟召集国会，选定第一期大总统，世凯即行辞职，谨掬诚悃，誓告同胞"［蔡东藩、许廑父：《民国演义》（上），四川人民出版社 2017 年，第 38 页］。
[6] 骆宝善、刘路生主编：《袁世凯全集》（第 19 卷），河南大学出版社 2013 年版，第 619 页。
[7] 骆宝善、刘路生主编：《袁世凯全集》（第 19 卷），河南大学出版社 2013 年版，第 660 页。

民主可能是真心的，因为这涉及自己切身的利益问题。此时，他自己是最高统治者，是按照自身最高利益进行行为选择，还是按照民主的规则进行行为选择，如果从制度的利益分析理论的政治利益导向角度进行分析，如果缺乏对他进行有效制约的制度，他更可能按照前者，而不是按照后者进行行为选择。

（二）为完全控制权力而扭转政治制度发展方向

袁世凯刚刚成为临时大总统，就准备控制与皇帝一样的权力，并为此扭转政治制度发展方向。袁世凯的该行为，可从王芝祥督直事件、宋教仁事件、宋教仁事件之后的重新安排利益向自己一边倒的制度以及称帝之前的恢复皇帝制度的政治结构[1]等角度进行探讨。

1. 王芝祥督直事件

袁世凯就任临时大总统之后扭转政治制度改革方向的第一件大事，是干涉地方议会选举都督。在民国成立之初，南京临时政府颁布了《接收北方统治权办法》，其中规定，各省都督由该省人民公举，并限在一个月内召集临时大会，公选都督。当时直隶谘议局（省议会）公举南京第三军军长王芝祥（广西副都督）为直隶都督。由本省议会或者人民选举本省领导人，是当时地方议会、人民的普遍追求。然而若干星期之后的1912年3月11日，南京临时政府又颁布了《临时约法》，其中第34条规定，"临时大总统得任免文武职员，但任命国务员及外交大使，须得参议院议员同意"。第45条规定，"国务员于临时大总统提出法律案公布法律及发布命令时须副署之"。根据第34条规定，临时总统除了任命国务员及外交大使要征得参议院议员同意之外，任命其他文武职员的权力都被他一手掌握，包括任命地方官员。这项规定显然是违背当时地方议会、人民的意愿[2]，但他们都被蒙在鼓里。上述南京临时政府相互矛盾的政策制定，等于为袁世凯控制地方权力进行解锁，并敞开大门。袁世凯扭转制度发展方向的突破口，恰恰也就是从这里开始。他抢先一步，进行权力布局。同年3月15日他将直隶总督改名为直隶都督，并任命亲信张锡銮为直隶都督。由于之前直隶谘议局已经公举南京第三军军长王芝祥

---

[1] 称帝如果在皇帝制度的政治结构之下进行，就可能轻而易举地实现。

[2] 当时制定《临时约法》的责任者是宋教仁，该规定破坏了辛亥革命的成果。关于该问题，在第十一章也进行阐述。

为直隶都督，他们马上致电袁世凯，"各省都督尽由人民公举，直隶未便独异。刻本省舆论皆推王芝祥能胜任，应请收回前命，仍准王芝祥为直隶都督，以协舆情，而符政体。不胜迫切待命之至"[1]。

袁世凯拒绝直隶省议会的要求，于 3 月 18 日发布《地方官制制定公布前各省不得再另举都督》的命令，主张"从前各省自举都督，本为与中央离绝关系。现在全国已经统一，各省更无所谓独立……（如果再）另举都督，大局必更紊乱，显与统一之旨相背"[2]。他认为"现在全国已经统一"，就是统一于原来的皇帝制度之下，所有权力集中于中央，中央权力集中于他一人，定于一尊。

直隶省议会也向孙中山求援。3 月 20 日，孙中山亦致电袁世凯，转述参议员吴景濂、谷钟秀等的要求："公举都督，必须为一般所属望之人，始能胜任。昨接直隶谘议局来电，已公举驻宁第三军军长即广西副都督王芝祥为直隶都督，并径电袁大总统。即请电致袁大总统，照案加以委任，不胜祷盼之至"[3]。而当时的政治团体国民共进会，也要求袁世凯仿效南方各省公举都督，北方各省都督亦由公举产生。针对此要求，袁世凯于 1912 年 3 月 25 日回信拒绝，写道："美、瑞联邦皆由公举，盖其一州实同一国，自有主权，不受干涉，惟以宪法所载权限归于中央……且南方都督，为革命时代所拥戴，北方都督，乃从前督抚之改称，沿革不同，则军民此时对于都督之心理亦不同"[4]。袁世凯以与美国相比国情不同、国内南北民情不同[5]等的理由拒绝都督民选的请求。几天之后的 1912 年 4 月 5 日，民国首任内阁总理唐绍仪根据南京方面的要求向袁世凯提出折中方案，"准参议院咨文及各处函电，皆谓本省都督应先由人民公举，再由大总统委任"。他特别提及"王芝祥既经直人举为都

---

〔1〕 严昌洪主编：《辛亥革命史事长编》（第 9 册），武汉出版社 2011 年版，第 373 页。

〔2〕 骆宝善、刘路生主编：《袁世凯全集》（第 19 卷），河南大学出版社 2013 年版，第 644 页。

〔3〕 广东省社会科学院历史研究所等编：《孙中山全集》（第 2 卷），中华书局 2011 年版，第 266 页（据《临时政府公报》第 45 号）。

〔4〕 骆宝善、刘路生主编：《袁世凯全集》（第 19 卷），河南大学出版社 2013 年版，第 666 页。

〔5〕 而实际上，这些地方也要求民选。1912 年 8 月 6 日，袁世凯在致电奉天都督赵尔巽时称："今日奉直等省议会纷电，要求各项（省）长官由民人选举，事关利害，不得不慎详核查。共和国制，除纯粹联邦国家外，绝少选举地方长官之例。今以我新造之共和国，辄以先进诸国不敢出者毅然行之，必致有弊无益。且东南各省之选举长官，亦未得良好之结果。此界所乐者，未必为彼界所迎，甲党所推者，或将为乙党所拒，势必贻误国事……民选之制，此时万不可行"[骆宝善、刘路生主编：《袁世凯全集》（第 20 卷），河南大学出版社 2013 年版，第 258 页]。

督，应请速予发表。（并谓）前电一王芝祥督甘一事，万不可行"[1]。唐绍仪的各省都督先由人民公举再由总统委任的建议，实际上是一种调和的方法。并且唐绍仪也不同意将王芝祥从直隶都督调任为甘肃都督。然而，袁世凯1912年4月6日复电唐绍仪，强调各省自举都督，"万难承认"，坚决拒绝。并对唐绍仪动之以情晓之以理，"兄老矣，生死不足计。尚使大局从此糜烂，谁执其咎……此次改建民国，原欲求南北统一。若仍以破坏为宗旨，又何必举兄担任其事？"甚至说"惟有痛哭而已"[2]，情真意切。但持有即使"再发动一百场革命，也必须要保留共和制度"[3]思考的唐绍仪，有他的行为原则，不同意袁世凯持有皇帝般的权力。当袁世凯发现恳请手段无效的时候，就鼓动军界反对王芝祥督直。1912年4月28日《申报》报道，"北京军界不承认王芝祥督直，将取消前议"[4]。

6月15日，刚上任总理不久的唐绍仪出走。同盟会在解释此事时说，唐绍仪"自就职后，因所抱政策多不能行，郁郁不得志，屡欲求去。其最近原因则因为王芝祥都督一事。王被举时，唐在南方力荐于总统，请加任命，总统允其请，招王来京。王至而总统又以他故派王赴宁整理军队。唐以王既被公举，又系南产，任为直督可借以融洽南北感情，消除统一之障碍。且在南方与本党要约在先，更难失信，坚拒不肯副署。适王君（六月）十四日出京，唐见事不可挽回遂浩然有去志"[5]。

而地方议会认为都督民选是他们的权利，他们执着地追求这种权利。1912年8月上旬，直隶籍参议员谷钟秀等人受直隶省议会的委托，向袁世凯政府提出质询，质询中依然强调《接收北方统治权办法》中"有都督由人民公举一条"的问题。当时国务院根据袁世凯的指示，答复质询。在答复中，国务院认为确实在《接收北方统治权办法》中，"有都督由人民公举一条"，但该办法并无法律之效力，而具有法律效力的《临时约法》第34条规定，总

---

[1] 骆宝善、刘路生主编：《袁世凯全集》（第19卷），河南大学出版社2013年版，第699页。

[2] 骆宝善、刘路生主编：《袁世凯全集》（第19卷），河南大学出版社2013年版，第699页。

[3] 郑曦原编：《共和十年——〈纽约时报〉民初观察记》，当代中国出版社2011年版，第116页。

[4] 严昌洪主编：《辛亥革命史事长编》（第10册），武汉出版社2011年版，第23页。

[5] 朱宗震、杨光辉编：《民初政争与二次革命》（上编），上海人民出版社1983年版，第54-55页。

统具有任命地方都督的权力。所以，"各省以及直隶省选举都督实为违背约法之举"。国务院强调，总统厉行约法，为维护约法的尊严，必须予以断然拒绝[1]。在翌年二次革命发生之时，江西都督欧阳武称自己的权力是经过省议会公举、授权，在1913年7月17日袁世凯驳斥他，你说你经过省议会公举、授权，但"约法具在，无此明条；似此谬妄，欺三尺童子不足，而欲欺天下人民，谁其信之?"[2]

针对该问题，当时知情者已经在他们的回忆录中介绍该事件的来龙去脉[3]，并且现在的学者也对该事件进行学术探讨[4]，笔者不再赘述。但由于人们对该事件与推翻清朝皇帝制度的意义相关的问题少有关注，笔者着重于推翻皇帝制度的意义何在方面进行分析。

王芝祥督直事件的核心问题是，省督（省长）究竟是应当由省议会、省人民选举授权，还是应当由袁世凯任命授权？也就是谁掌握任命省长权力的问题。各个省的人民、人民议会主张他们掌握选择任命省领导人的权力，袁世凯则主张自己掌握选择任命省领导人的权力。该事件发生于1912年，在一

---

〔1〕 "国务院答复质问：选举都督问题"，载《民立报》1912年8月6日，第6版。

〔2〕 骆宝善、刘路生主编：《袁世凯全集》（第23卷），河南大学出版社2013年版，第165页。

〔3〕 与王芝祥有密切关系的耿毅，在他所撰的《癸丑讨袁回忆录》中，回忆他与王芝祥一起北上就职直隶省都督时的情形。我"随王芝祥到上海，乘海轮赴天津。天津警察厅厅长杨以德乱造谣言……叫天津人民反对王芝祥任直隶都督。此种举动皆系袁世凯授意。但是天津知识分子多表示欢迎王芝祥督直。双方开会，舌战激烈。王不便多住，遂转火车至京，寓宣武门外达智桥松筠庵。次日我随王谒袁，袁称誉不绝，并请吃饭，聘王为高等顾问……但不提王任直隶总督事。北方一般同盟会员……连日催总理唐绍仪发布命令。唐和袁商议，袁说：'王系革命党人，若使督直，不啻引狼入室，将来他和南方联合，我们还有余地吗？'唐说：'前既答应，现在何能食言？'袁说：'是你答应的，我并未预闻。'唐说：'这是责任内阁职权，我要发表。'袁说：'我不盖印，就能生效吗？'二人相持数日，终不能决。后袁竟不和唐商（量），任命王为南方裁军大员，并办理善后事宜，劝王南下。王亦觉自己督直一事，使他们常相争执，恐惹起大局扰乱，遂允任裁军事"［中国人民政治协商会议全国委员会、文史资料研究委员会：《辛亥革命回忆录》（第1集），中国文史出版社2012年版，第436-437页］。另一个是袁世凯的亲信唐在礼回忆录。他回忆，唐绍仪原是袁在北洋的老友，但他"竟想利用地位结交圈外势力，伸手要拿直隶，直隶就是北洋，也就是袁的老家底，绝对不许任何人染指干犯。谁要干犯，袁就必然要下狠手，所以他极其讨厌王芝祥督直这件事。由于唐说王是'北洋民意所归'，袁就用一个'北洋军意所归'反对，并且大张声势，摆出阵容。这样，不仅直隶绅士们被吓得偃旗息鼓，不敢露头，同时也使唐失信于同侪，而受到政治上直接的重大打击。就此一箭双雕，除了两个心腹之患，这是袁的得意之作。"（唐在礼："辛亥前后的袁世凯"，载吴长翼编：《八十三天皇帝梦》，文史资料出版社1983年版，第89页参照）。

〔4〕 参照陈明、张治江："民国元年都督选任之争"，载《安徽史学》2014年第6期等。

百余年之后重新思考该问题，或者可以更冷静、更理性一些。以下按照清朝被推翻的理由是什么、新政权应当如何吸取教训、前述袁世凯"尚使大局从此糜烂谁执其咎"的担心如何理解等顺序进行阐述。

一是清朝被推翻的理由是什么。掌权者的权力不受制度制约，过于贪婪。皇帝以及官员，都是利益人，他们都追求自己最大化的利益，或者相对较大的利益。在没有任何刚性制度可以制约他们的时候，他们将不择手段追求其最大化利益。所以，皇帝认为国家是他们的私产，并要亿万年控制全中国。官员同样控制着各种资源又不受有效制度制约，以权谋私的问题极为严重。他们贪婪，又为了满足他们贪婪的欲望采用极端的手段控制民众，如愚民术、文字狱、凌迟等。在这种极端的手段控制之下，国家毫无生机。最终，民众忍无可忍，把他们推翻。

二是新政权应当如何吸取教训。必须以制止权力胡作非为为核心，进行对权力形成层层制约的制度设计、安排。其具体的做法应当是对制度进行系统性改革，改善权力结构，地方权力归于地方议会、地方人民，地方领导人由地方议会、地方人民公选。当然，省级领导人公选只不过是其中一层而已，省级以下的各层次必须同样如此。这样才能对国家最高权力进行纵向制约的同时，也对地方各层次行政人员进行制约，而达到对全国各层次权力形成层层制约的目的。如果整个制度系统还是属于皇帝制度，单单在临时参议院中选举总统，实际上还是容易提供总统恢复皇帝制度的机会。

辛亥革命的真正意义，不在于驱除鞑虏，而在于对权力进行制约。明朝皇帝因为权力不受制约而胡作非为，让当时清朝统治者得到了获取权力的机会。清朝统治者同样因为缺乏有效的制度制约而胡作非为。当时的中国人对不受制约的邪恶权力忍无可忍。在刚刚推翻胡作非为清朝之后的民初，去旧迎新百废待举，要干的事情太多。但从政治制度发展的规律看，当时什么是政治制度改革最优先的课题，是明确的。根据重要性进行排序，权力制约是最优先的，其他问题理应在这个前提之下进行解决，包括当时的藏蒙问题以及所谓的地方涣散问题等[1]，不能让非优先解决的问题干扰改革大方向。某

---

〔1〕 藏蒙独立问题也必须要在权力制约的前提下进行解决。由于分分合合主要是利益驱使，如果制度搞好了，有吸引力了，即使暂时分开，人们也愿意进行重新聚合。如，在清末宣布独立的外蒙，在 1919 年又希望取消独立，重返中国怀抱（郑曦原编：《共和十年——〈纽约时报〉民初观察记》，当代中国出版社 2011 年版，第 90 页）。如果像清朝皇帝那样，依靠恐吓、暴力手段把他们捆绑在坏制

个国家人民不可能自动地凝聚在皇帝与贪官的淫威之下，能够控制权力的好制度，才可使国家更有魅力、更有凝聚力。在制度转型的过程中，会发生一些变化，但如果重新采用极端集权的办法，那么在皇帝制度之下所发生的掌权者胡作非为、人民受苦受难等各种问题，将会重新出现。

南京临时政府成立之初，地方议会强烈要求省长民选，当时制定的《接收北方统治权办法》，明确规定省长民选，就是对民众普遍请求的一种回应。并且省议会议员与省长都由民众的选票决定，这绝对是对原来选官制度的一种革命。这是吸取清朝衰败教训的一种正确的规定，也是推翻清廷的意义所在。省长由省议会选举或者由选民公选，地方权力由议会控制或者选民控制，与军阀的武装割据完全不同。军阀把地方私有化，他本人就等于土皇帝。而如果地方的最高权力属于地方议会，地方不再是私有，军阀为获取私人利益而进行武装割据就没有意义。

成立省议会由议员或者人民选举省领导人，是进行层层权力制约的绝佳机会，并且这种方式的政治在当时已经拥有深厚的实施基础，因为在清末武昌起义之后，不少地方成立了地方议会并制定了地方宪法。但这种制约权力的绝佳机会，被一纸《临时约法》破坏殆尽。如前述，《临时约法》第34条规定，"临时大总统得任免文武职员，但任命国务员及外交大使，须得参议院议员同意"。根据该规定，临时大总统除了任命国务员及外交大使要征得参议院议员同意之外，任命其他文武职员的权力都被他一手掌握，包括任命地方官员。在《临时约法》的所有条款中，这一条最关键，因为它决定了最高权力的权力具体行使方式。其他的条款大多都是虚的，如第2条"中华民国之主权属于国民全体"，如果临时大总统控制如此之大的权力，如何体现"中华民国之主权属于国民全体"？《临时约法》最主要的作用之一是对最高权力进行控制，但它不但没有起到制约袁世凯权力的作用，反而为袁世凯的胡作非为敞开大门。而这种令人扼腕的规定，与制定《临时约法》责任者宋教仁关系重大。该问题将在第十一章《对纵向层层制约制度的误解》一节中再提起。

（接上页）度之内，与牢狱何异？章永乐认为"民初最大的问题并不是中央过于集权，压迫地方，而是地方坐大，国家陷入涣散境地"，这样看来，袁世凯集权"有很大的合理性"（张晓波、周绍纲主编：《1913：革命的反革命》，中华书局2014年版，第15页），但清朝皇帝高度集权，其结果如何？他还认为袁世凯集权"有很大的合理性"，但袁称帝是否也是"有很大的合理性"？所以，没有理论，就不容易获得具有前瞻性的新思路，其具体观点也无法从窠臼中摆脱出来。而老旧、腐朽的思路将使中国永远陷于坏制度的泥沼而无法自拔。

三是如前所述的袁世凯提到"另举都督，大局必更紊乱，显与统一之旨相背""大局从此糜烂，谁执其咎"等的问题。他的这些思考并不合理，其理由可以列举若干：①他认识到清朝上上下下的权力极为腐败，但未认识到这种腐败是因为权力不受有效地制约而导致。②他认为"现在全国已经统一"，就是统一于原来的皇帝制度之下，误解了当初各省集中到南京商议统一的意愿。已经独立的各省，为何要重新聚集到南京选举全国总统？答案是明确的——国家统一是民心所向。当时人们需要全国统一，但他们不希望再由皇帝来任命省政府领导人，而是由省议会、省人民进行选举。这种统一，如果还是统一在类似于皇帝制度之下，辛亥革命有何意义？所以，变革是必须的。高度集权并不是国家统一的标志，不能以统一的名义恢复皇帝的那种完全集权的状态。但袁世凯恰恰认为高度集权才是国家统一的标志。他认为全国要完全控制在他的手中，国家才是一种出于可控的状态。事实上并不是那样，省领导人受省议会、省人民控制，同时也接受包括中央、其他省份的监督。这种多角度对地方权力的节制、监督，可以让国家最高领导人避免浪费很多的反权力腐败的精力与时间，并且这也是从人治向法治完全转变的好机会。如前所述，省长由省议会选举或者由选民公选，地方由议会控制，与军阀的武装割据完全不同，可以避免产生地方军阀对地方进行人治的问题。当然，国家最高领导人也同样要纳入服从法治的范围。③把自己想象得太伟大，无所不能，认为中国如果没有他的控制，就要在黑暗中徘徊，大局就要糜烂。他没有认识到人们的普遍追求，拒绝"本省都督应先由人民公举，再由大总统委任"等较为合理的折中方案。④他没有认识到国家已经从私有向民有的根本性转变。袁世凯曾经反复强调国家民有。既然承认国家民有，就不能以各种借口再像国家私有那样进行统治，不能从横向、纵向都放纵自己控制权力的无限欲望。权力地位是核心的政治利益。从制度的利益分析理论角度看，强者是利益人，如果他们不受有效的制度制约，他必定不择手段实现他的利益最大化。最高统治者往往倾向于无限集权，并且在集权之后能够制约最高统治者的制度就更少。袁世凯一旦获得不受制约的最高权力，那么从理论上分析，他是个利益人，他必将想方设法追求更大的利益，也就是说他最终必然走上恢复帝制的道路。通过上述简单的分析，可以认为袁世凯所谓的"大局从此糜烂"，其实只不过是他控权的借口而已。

所以，不能因为恶劣的环境，就迎合袁世凯无限集权的要求。袁世凯集权，与制度发展背道而驰，国家将重新陷入不幸，正如后来的事实所证明的那样。在他准备称帝的过程中，日本强迫他接受《二十一条》，同样也是他个人集权的失败。如果当时存在国会并且由国会决策，日本就不可能给袁世凯个人出这样的难题。

总而言之，袁世凯阻止地方议会决议、扭转政治制度发展方向的深层原因，是其追逐无限集权。这种个人无限集权的欲求，往往以国家统一等作为外包装。实际上，只有在权力被彻底制约前提下的国家统一，才具有符合人民利益的真正价值。而由地方议会、地方人民选举地方领导人，是对权力进行层层制约的根本制度。袁世凯否定地方议会的决议，是比后来称帝更严重的问题，因为他扭转了中国政治制度前进的方向。没有扭转方向，后来的称帝就不可能出现，扭转了方向，称帝只不过是这条线上的又一次表演而已。在这种历史的转折点上，强者的作用极为关键。强者为了维持既得利益，总是不愿让政治制度顺利地向前发展。因为一旦顺利地向前发展，就可能剥夺他的既得利益。在可能的情况之下，他将不择手段地控制，甚至扭转发展的大方向，恢复原来的政治制度。因为原来的政治制度对强者来说是最大利益之所在。

2. 宋教仁事件

阻止王芝祥督直是袁世凯追求无上权力而扭转政治制度发展方向的第一个极为重要的事件。同年八月份的张振武[1]事件，则是他在为所欲为追求无上权力过程中的继续展开的另一个事件。本来属于张振武与黎元洪之间的权力斗争，因袁世凯介入，并坚决站在黎元洪一边，而改变了某区域掌权者之间权斗性质，上升为国家层次暴力与阴谋的政治事件[2]。由于该案的案情较

---

〔1〕　张振武（1877-1912年），湖北罗田人，清末武昌起义主要策划者、领导人之一。

〔2〕　袁世凯在确认了黎元洪要求他抓捕、处死张振武之后，于1912年8月15日晚10点左右，在未经任何法律程序（即使军法也有军法的法律程序）之下，设伏抓捕张振武，两三个小时之后的8月16日凌晨1点左右即遭处决。当众人得到他被捕的信息在凌晨三点设法营救他时，已经太迟了。早上8点，参议院议员刘成禺、张伯烈、时功玖等人到总统府见袁世凯，袁说：“我明知道对不住湖北人，天下人必会骂我，我实不能救他”等［朱宗震、杨光辉编：《民初政争与二次革命》（上编），上海人民出版社1983年版，第115页］。1912年8月22日袁世凯接见时功玖等人。袁说了因为黎元洪数次请求杀张振武不得已杀之。时功玖答：“参议员无力维大局。惟政府数人既违法律上之手续，参议员为法律所缚，实欲委曲求全而终不能委曲。大总统遂无言”（骆宝善、刘路生主编：《袁世凯全集》（第20卷），河南大学出版社2013年版，第325页）。

为明了, 不多叙述。而第二年发生的宋教仁事件, 则是袁世凯追求无上权力而扭转政治制度发展方向的又一个极为重要的事件。由于该案情较为复杂, 可作为研究的重点。

宋教仁事件发生之前, 袁世凯欲成为正式大总统的愿望强烈。如本章第2节《追求政治利益目标》所述, 袁世凯对正式大总统职位志在必得, 因为这是成为皇帝的关键阶梯[1], 是袁世凯最高目标中的一个环节, 一旦这个环节失败, 成为皇帝的链条就可能中断。进入 1913 年, 虽然他口头上似乎依然是毫无野心的谦谦君子[2], 但随着选举大总统日期迫近, 他表面越洒脱, 背后却是越紧张。1913 年 2 月 22 日报刊刊登袁世凯在会议中的言论, "近阅各报, 多载有予与黄克强 (黄兴)、黎宋卿 (黎元洪) 等兢争正式总统之事, 实属可笑……予无此心, 敢信克强、宋卿亦无此念"[3]。其实他有强烈的继续执政欲望, 次日 23 日在他与人谈话中说, 在选举正式大总统后他将 "抱定不移宗旨, 按照法律, 实心办事。一面造就人才, 振兴商务, 提倡制造, 开辟利源"[4]。又希望在制定宪法之时能够获得更多的权力, 1913 年 2 月 28 日, 他在国务会议上提出对编订宪法的看法, "此次正式总统, 予之是否肯就, 尚在未定之数……若必偏重立法权, 断不能立国"[5]。

宋案 (1913 年 3 月 20 日) 发生之前的一段时间里, 袁世凯因为担心无法成为总统、获得权力, 情绪不稳定, 患得患失。在进入 3 月份后, 袁世凯或者担心到国民党可能不会积极配合自己获得正式大总统职位, 心里忧虑。1913 年 3 月 4 日, 某顾问对袁世凯说, 目前内忧外患, 正式总统还需要君担任, "惟国民党似仍有猜疑之处, 必须预行联络"。袁答, "予之对待各政党, 均取同一主义, 并无疏密关系…… (国民党中) 猜疑者, 不过少数之激烈派

---

〔1〕 1912 年 10 月, 袁世凯希望长子袁克定出使日本 [骆宝善、刘路生主编:《袁世凯全集》(第 20 卷), 河南大学出版社 2013 年版, 第 552 页]。要把长子送到天皇制度的日本去学习、体验生活, 而不是送到袁世凯口头上最羡慕的美国。其目的是什么, 联系袁世凯的前后行为脉络进行思考, 也大致可知。

〔2〕 1913 年 1 月 3 日, 袁世凯与国务员之谈话: "正式政府期限已近, 希望得选最相当之总统接替, 予亦得作自由公民, 何幸如之" [骆宝善、刘路生主编:《袁世凯全集》(第 21 卷), 河南大学出版社 2013 年版, 第 320 页]。

〔3〕 骆宝善、刘路生主编:《袁世凯全集》(第 22 卷), 河南大学出版社 2013 年版, 第 115 页。

〔4〕 骆宝善、刘路生主编:《袁世凯全集》(第 22 卷), 河南大学出版社 2013 年版, 第 116 页。

〔5〕 骆宝善、刘路生主编:《袁世凯全集》(第 22 卷), 河南大学出版社 2013 年版, 第 145 页。

而已。恐愈联络愈至误会。且予决不希望总统，亦无联络之必要"〔1〕。但他还是联络了，却没有得到积极的响应，1913 年 3 月 9 日，他致电黎元洪："目下正式政府成立在即，予与君及孙黄两君，均无竞争总统之心。惟党争方急，小则破坏秩序，大则牵动外侮。故亟欲与孙黄两君妥筹维持办法。乃两君延不来京，大有置身旁观之概，未知系何用意"〔2〕。次日，与某国外顾问交谈。顾问说，"言君不愿再任正式总统？"，袁答，"大总统之选举，其权操自议院。至予是否承认，须俟等待将来选举后查看情形始能确定，目下断难预定成见"〔3〕。

　　1913 年 3 月 14 日，袁世凯对拒绝来京的黄兴等人深感失望，他对国务总理赵秉钧说，"以后应无须再电催促。克强来不来，由其自便。人各有志，何必相强。其党见之潮流，只可听之而已"〔4〕。袁世凯数度邀请孙、黄来京，被置之不理，六天之后宋教仁被杀。袁是否认为曾经期待的国民党元老孙、黄的协助已经无法指望，只能自己动手处理宋教仁？而就在 1913 年 3 月 20 日，也就是在发生杀害宋教仁的当天，报刊刊登袁世凯与时任长江巡阅使谭人凤的谈话，他诉苦并表示不当总统了，"如孙、如黄、如黎、如宋，皆可出来担任（总统），以尝此滋味，不必累予一人"。但他又不是要放弃，他说，宪法需要给总统更大的权力，否则"即令正式选举仍属于吾，亦当视宪法之所规定以为进退"〔5〕。很明显，此时他对大总统的职位求而不得、去而不能、弃而不舍，心情极为矛盾。

　　从以上的资料中可以看出，袁世凯是否要担任总统的问题，在言论上变化无常。尽管在口头上的表态有时较为豁达，但他其实丝毫没有要放弃成为正式大总统的意思。如果他对大总统职位志在必得，又没有有效的制度对他的行为进行制约的时候，为达到目标而不择手段是必然的。

---

〔1〕　骆宝善、刘路生主编：《袁世凯全集》（第 22 卷），河南大学出版社 2013 年版，第 159 页。

〔2〕　骆宝善、刘路生主编：《袁世凯全集》（第 22 卷），河南大学出版社 2013 年版，第 177 页。

〔3〕　骆宝善、刘路生主编：《袁世凯全集》（第 22 卷），河南大学出版社 2013 年版，第 183 页。

〔4〕　骆宝善、刘路生主编：《袁世凯全集》（第 22 卷），河南大学出版社 2013 年版，第 208 页。

〔5〕　谭回答说："吾辈主张革命之计划，当时即有军政府五年之预定。以人凤之所见言之，今日吾国既为民主共和国，宪法根本法也，万不能与国体、政体之分为二者，但有一救济之方法，宪法制定后，其实行期或待以三四年，即时组织一强有力之政府，以办理共和事业，事事为国民之指导。此殆无不可者"［骆宝善、刘路生主编：《袁世凯全集》（第 22 卷），河南大学出版社 2013 年版，第 231 页］。

之后发生宋教仁案。由于宋教仁案[1]对袁世凯彻底扭转政治制度发展方向关系重大，在理解该问题时，有必要对下面问题进行了解，就是袁世凯本人多大程度参与"宋案"？关于袁世凯本人多大程度参与，张永认为袁世凯是否参与宋案存疑，主要是洪述祖、应桂馨两个小人物一手操纵造成宋教仁事件的巨大事变[2]。尚小明区分"宋案"与"刺宋案"的不同内容[3]，认为"宋案"的主要内容是构陷宋教仁，而"刺宋案"的主要内容是杀害宋教仁。袁世凯参与构陷宋教仁的"宋案"，但没有参与杀害宋教仁的"刺宋案"。尚小明举出各种具体理由，强调袁世凯不可能杀害宋教仁。第一，进入1913年后，随着临时政府期限即将结束，竞选正式大总统成为袁世凯的头等大事，而宋教仁既非竞争对手，又非竞选障碍，无杀害其人必要。第二，国民党虽然在国会选举中获得优势，但始终没有决定推举宋教仁组阁，因此，对袁世凯而言，宋教仁并非现实威胁，无杀害其人必要。而根据当时报刊等资料，黄兴组阁的可能性更大。第三，袁世凯欲对付的是整个国民党，是国民党欲实行的政党内阁主张，而非国民党中某个人，杀一人并不能从根本上解决袁世凯与国民党的政见分歧。国民党的核心主张之一，就是要建立政党内阁，实行政党政治。这并非宋教仁等少数人所主张，而是国民党绝大多数人的主张[4]。第四，尚小明为了证明袁世凯不可能杀害宋教仁，还把洪述祖向袁建议杀死一二人以警其余、袁回答"反对既为党，则非一二人之故，如此办法，实属不合"[5]等的言论作为证据。

尚小明上述的观点主要是利用当时的信件、报纸所提供的信息以及袁世凯本人的言论等进行推理判断。这种资料分析方法存在一定的问题。因为像王芝祥督直、张振武被杀等事件，情况本身较为透明，再加上记者深挖资料，

---

〔1〕 宋教仁（1882-1913年），湖南常德人。民初国民党主要领导人之一。在1913年3月20日准备前往北京时，在上海车站被受人指使的武士英开枪击伤，两天后死去。这就是民初的"宋案"。

〔2〕 张晓波、周绍纲主编：《1913：革命的反革命》，中华书局2014年版，第62页、第66页。

〔3〕 尚小明认为：百年宋案研究最大的问题，在于错将"宋案"等同于"刺宋案"。实际上，宋案是由收抚共进会、解散"欢迎国会团"、构陷"孙黄宋"、低价购买公债、刺杀宋教仁等多个环节次第演进而成的复杂案件。袁世凯主导了前三个环节，但与后两个环节无关。不仅原始证据可以证明这一点，当时政情也表明袁世凯无刺宋必要。（尚小明："'宋案'中之袁世凯——何曾主谋刺宋"，载《史学月刊》2016年第2期）。

〔4〕 尚小明："'宋案'中之袁世凯——何曾主谋刺宋"，载《史学月刊》2016年第2期。

〔5〕 朱宗震、杨光辉编：《民初政争与二次革命》（上编），上海人民出版社1983年版，第236-237页。

更加清晰的图像就展现在读者的面前。但宋教仁案，由于是暗室策划，包括记者在内的众人，不明真相的可能性大。由于袁世凯与刺宋策划者之一的洪述祖关系密切，并允许他单独前来见面[1]，见面时交代了什么，并非是新闻报纸的记者等所能够知悉，因此记者的一些记事的观点往往未必可靠。本研究为了使判断更接近于真相，采用下述两种研究手段。①尽量采用与当时当事人直接相关的资料。②采用制度的利益分析理论进行推断。

采用与当事人直接相关的资料，对问题判断的可靠性可能更大一些，并且可以发现尚小明判断的问题。首先，尚小明的宋教仁不是袁世凯掌握权力的主要障碍等判断，与下述的资料相矛盾。实际上，宋教仁的各种活动让袁世凯感到极大的威胁。1912年2月份，孙中山交卸总统，同年6月份唐绍仪、宋教仁等辞去内阁阁员。之后，同盟会党势不振，而宋教仁等人奔走各方、尽力招致，组成国民党[2]。袁世凯看到了宋教仁的活动能力，所以在同年10月份给宋教仁50万巨款[3]，但被宋拒绝。在之后举行的第一届国会选举中，国民党获得胜利。在此过程，宋教仁反复抨击袁世凯的政策，攻击其外交、内政政策的问题。虽然宋教仁可能认为这是发表政见，是和平权力竞争的一种方法。但袁世凯认为是对自己地位的直接威胁。所以，在宋教仁发表了对袁世凯时政进行抨击的言论之后，"京中乃有某氏者，匿名投稿各报，大肆辩驳"[4]。宋教仁亦于1913年3月15日发表《答匿名氏驳词》进行反驳[5]。显然，袁世凯与宋教仁之间并非像尚小明所说的那样没有什么矛盾，这些资料可以证实宋教仁是袁世凯完全掌握权力的重大阻碍。对袁世凯来说，涉及能否完全掌握权力的问题，是能否达到其最终目标的大问题，很容易上升到你死我活的高度。在此期间，宋教仁已经察觉到他们之间相互抱有敌意，并有某种不祥预感。1913年2月1日，宋教仁在演说中提到，现在选

[1] 1913年3月30日，京师警察厅总监王治馨在参加宋教仁追悼会发表演说时，透露了赵秉钧认为洪述祖时往总统府，杀害宋教仁可能是总统授意的信息[朱宗震、杨光辉编：《民初政争与二次革命》（上编），上海人民出版社1983年版，第236页]。
[2] 谢彬：《民国政党史》，中华书局2012年版，第40页。
[3] 陈旭麓主编：《宋教仁集》，中华书局2011年版，第426页。
[4] 陈旭麓主编：《宋教仁集》，中华书局2011年版，第476页。
[5] 又加上前述的1913年3月14日，袁世凯对拒绝来京的黄兴等人深感失望，这样的问题集中在宋教仁被杀之前的一周之内发生。而杀宋事件是在宋教仁北上北京时的上海车站发生，而不是到了北京之后发生，或者也是与周密策划不无关系。因为一旦到了北京之后，处理就更棘手。

举顺利进行，袁世凯看此情形，"（会）破坏我们、陷害我们。我们要警惕……他不久的将来，容或有撕毁约法背叛民国的时候。到了那个地步，我们再起来革命不迟"[1]。显然，袁世凯与宋教仁之间的矛盾是激烈的。当然，或者当时宋教仁还想不到报复的枪口是直接对准他个人，因为在他被暗杀时，黄兴等人也都在现场。

其次，在国民党中，确实黄兴与宋教仁的名望较为突出。无论是在国会选举之前还是之后，如果在该党中选拔内阁总理，这两个人都可能是主要候选人。国会选举之前，袁世凯曾邀请黄兴任内阁总理，但黄兴以实业重要为由拒绝[2]。同样袁世凯也邀请宋教仁组阁，但他是有条件的，也就是必须组成政党内阁，众人"劝余担任总理，余以组织内阁必与各国务员负连带责任，若仅更换总理，不能与各国务员一致进行，必不能成一强固之政府，且与国民党政党内阁之党议（矛盾）"[3]。而袁世凯从来认为这种政党内阁对自己是巨大威胁，他更希望是混合内阁、超然内阁。另一方面，袁世凯虽然也邀请黄兴任内阁总理，但其实他认为黄兴只是一个粗人，1912 年 8 月 13 日报刊刊登袁世凯评论孙、黄的性格特点的言论，"孙则富于理想，而所言多不能实现。黄则注重实行，而头脑颇觉其简单"[4]。显然，与黄兴相比，更让袁世凯感到威胁的是宋教仁。[5]

再次，尚小明认为袁世凯不可能杀害宋教仁的另外一个原因是，政党内阁是国民党的主张，"而非国民党中某个人，杀一人并不能从根本上解决袁世凯与国民党的政见分歧"[6]。确实，政党内阁是国民党"之党议"（上述），但这些"党议"的主要内容往往是组织领导人所主张的，就像《临时约法》的某些主要条款体现了制定约法负责人宋教仁的思想一样。1913 年 2 月 19日，宋教仁还在演说中强调建设政党内阁的必要性，并认为是"此吾人进行之第一步"[7]。宋教仁当时是国民党实际上的主要领导人，并且主张政党内

---

〔1〕　陈旭麓主编：《宋教仁集》，中华书局 2011 年版，第 457 页。

〔2〕　在 1912 年 10 月 7 日，宋教仁在回答记者的问题时提到，"黄与孙皆注重实业，尽力于社会，故不肯担任（总理）"（陈旭麓主编：《宋教仁集》，中华书局 2011 年版，第 423 页）。

〔3〕　陈旭麓主编：《宋教仁集》，中华书局 2011 年版，第 422 页。

〔4〕　骆宝善、刘路生主编：《袁世凯全集》（第 20 卷），河南大学出版社 2013 年版，第 301 页。

〔5〕　实际上，袁世凯对宋教仁是另眼看待的，否则不会大方地赠送宋教仁 50 万巨款。

〔6〕　尚小明："'宋案'中之袁世凯——何曾主谋刺宋"，载《史学月刊》2016 年第 2 期。

〔7〕　陈旭麓主编：《宋教仁集》，中华书局 2011 年版，第 463 页。

阁最强烈。袁世凯明白一旦是政党内阁，内阁阁员意见一致，对其完全控制权力将意味着什么。在 1912 年，他已经极力阻止政党内阁而组织混合内阁、超然内阁等，因为这种内阁阁员的意见不一致可以使其有效地控制内阁。现在，宋教仁再坚决主张政党内阁，显然让袁世凯感到其控制最高权力将受到空前的威胁。射人先射马、擒贼先擒王，这是古来的常识，袁世凯不会不懂得这个道理。确实，政党内阁是国民党的主张，"而非国民党中某个人，杀一人并不能从根本上解决袁世凯与国民党的政见分歧"，但即使袁世凯明白这些道理，也不能阻止他的杀伐。杀害其有力的领导人以杀鸡儆猴，给该党留下惨痛的教训，或者就是袁世凯所要得到的效果。

最后，尚小明把洪述祖向袁建议杀死一二人以警其余、袁回答"反对既为党，则非一二人之故，如此办法，实属不合"等的言论，作为宋教仁被杀与袁世凯基本上无关的主要证据[1]。实际上袁世凯等人是嘴里乾坤、千变万化，如刺宋之后，袁世凯表面上表示公正，口口声声要公事公办，坚决惩罚洪述祖为宋教仁报仇[2]，暗中却资助洪述祖逃走[3]。显然，袁世凯等人这类单方面言论的可信度很低，不能作为有效证据进行采信。并且，这句话实际上是袁世凯对赵秉钧怀疑的自我辩解。当时，赵秉钧看到洪述祖经常一个人到袁世凯处，因此"疑袁授意（杀害宋教仁）"[4]，也引出袁世凯上述的辩解。

洪述祖通过主张杀害宋教仁迎合袁世凯以获得更大的利益，这是可能的。而杀害宋教仁以完全掌握权力，这关系到袁世凯本人千秋万代的利益，他难道没有这种打算？可以认为通过杀伤、杀害宋教仁以获得更大的利益，或者是他们不约而同的一种想法，并且，洪述祖的行动可能得到袁的暗示或者默认。

---

〔1〕　尚小明也把洪述祖的一些言行作为袁世凯不可能杀害宋教仁的铁证。参照尚小明：《宋案重审》，社会科学文献出版社 2018 年版，第 246 页、第 248 页。

〔2〕　袁世凯在 1913 年 5 月 7 日发布洪述祖免官归案令，"宋案搜索证据，牵涉秘书洪述祖，免官归案"［骆宝善、刘路生主编：《袁世凯全集》（第 22 卷），河南大学出版社 2013 年版，第 444 页］。在 1913 年 5 月 11 日在与人谈话中提及，"宋案，在余毫不知晓……洪述祖国家毫不袒护，现在与德使交涉。（该案）盼望早日水落石出，以释众疑"［骆宝善、刘路生主编：《袁世凯全集》（第 22 卷），河南大学出版社 2013 年版，第 464 页］。

〔3〕　尚小明对此有较为深入的研究。参照尚小明："洪述祖——'刺宋案'唯一主谋"，载《史学集刊》2016 年第 1 期。

〔4〕　朱宗震、杨光辉编：《民初政争与二次革命》（上编），上海人民出版社 1983 年版，第 236 页。这种推理显然有其合理性。

　　总而言之，尚小明上述的宋教仁被杀与袁世凯无关的诸理由，基本上无一能够成立。

　　如果采用制度的利益分析理论进行分析，尚小明的袁世凯不可能杀害宋教仁的观点同样得不到支持。由于与宋教仁事件相关的问题主要是在暗室策划，因此人们难以掌握较多的与袁世凯是否参与"刺宋案"的相关资料。这有点类似于慈禧如果在世，预备立宪是否可以成功的问题。正是因为慈禧不在世，该问题纯粹变成假设，单单依靠资料无法进行正确推理，需要理论进行辅助研究。正是因为制造宋案是暗室策划，导致黑幕重重，如果要还原当时的现场，史料固然需要，但单单依靠史料无法进行正确推理，更需要一种能够框定当时相关行为者大致行为的理论框架。这种理论就是制度的利益分析理论。如果利用制度的利益分析理论进行分析，在权力斗争中，行为者一旦突破制度制约，包括袁世凯在内的所有掌权者，都可能为达到目的而不择手段，贬损、杀害对方都可能是选择项。按照理论，袁世凯如果一定要实现他的目标，他不可能不知道一种手段可能无法达到目的，必须有多种可选择的手段。在这多种可选择的手段中，袁世凯必须按照自己利益最大化目的进行手段选择排序，以最低成本达到最大目的。实际上，为获得正式大总统职位，袁世凯在有意无意中已经进行了手段选择的排序。显然达到目标的最佳手段是暗中收买，给宋教仁一笔钱，予以收买，既能消除心腹大患，又能够掩人耳目，这应当是第一手段。但这未必能够成功。他在 1912 年 10 月用 50 万的巨款对宋教仁进行收买的时候，就被拒绝。袁世凯理应知道他的第一手段可能失效，他如果一定要实现这个目标，必定有第二手段，这个手段就是构陷。构陷的目的是贬损权力竞争对手的名声，让其在民众心目中的形象变得丑恶而失去竞争能力。现在人们公认的可信度较高的资料，是袁世凯心腹幕僚张一麐言论，他说"宋案之始，洪述祖自告奋勇谓能毁之。袁以为毁其名而已，洪即嗾武刺宋以索巨金，遂酿巨祸。袁亦无以自白。小人之不可与谋也，如是"〔1〕。这条信息可以证实该手段的存在。由于袁世凯的目标只是确保自己能够成为正式大总统，确保自己能够真正地控制最高权力，如果不需剥夺对方的生命就能够达到这个目标，他理应是乐意采取这种手段。这种手

─────────

〔1〕　白蕉："袁世凯与中华民国"，载荣孟源等主编：《近代稗海》（第 3 辑），四川人民出版社 1985 年版，第 44 页。

段可使他缩小被攻击的目标，达到利益最大化。但即使是这种手段，也未必能够成功，袁世凯不会不明白这一点。他必定还有第三、第四手段。由于他的目标是要成为正式大总统并真正地控制最高权力，他必须要扫清达到目标路上的一切障碍，从理论上分析，显然杀伤宋教仁让他无法参加国会，甚至剥夺宋的生命必定也是一个选项。只不过，这是极为秘密的策划。甚至某些事情，心腹张一麐也未必能够知道。因为袁世凯不可能事事让张在身边出谋献策，包括他与洪述祖之间的密商。当然，在密商的过程中也不可能留下文字资料。但是即使不存在这方面的资料，从理论上推理，也无法否定这种手段的存在。因为如果袁世凯要成为正式大总统并真正地控制最高权力，又没有有效的制度制约他，他可能为达到目标而不择手段排除一切障碍。如前述，刺宋之后，袁世凯表面上表示公正，口口声声要公事公办，暗中却资助洪述祖逃走。其诡计多端，现在公开的资料也都可以证实。关于袁世凯庇护洪述祖不让他上法庭的问题，尚小明认为这并非因为袁世凯是案件的主谋，而是他要阻止另外的构陷等其他案情在法庭上公之于众的缘故[1]。当然，这是可能性之一，但不能确定就是如此。因为如果没有什么极大的利益关系，就没有必要构陷于他。一旦构陷，更进一步地杀伤、杀害只是咫尺之遥。有力的掌权者如果不受有效制度制约，当他必定要达到某种政治目标而其他手段无效的时候，最后的手段是什么，人人皆知，包括袁世凯与洪述祖。更何况，从以往的历史看，获取国家的利益巨大，权力争夺者往往不择手段，甚至不惜战争数十年、伏尸百万、流血千里。只要制度制约不足，在袁世凯之前或者之后的强者都如此，袁世凯理所当然不例外。如果他杀伤、杀死一个人就能踏上完全控制国家的道路，显然这是极低的成本。

所以，从理论上说，只要袁世凯强烈希望成为总统并完全掌握权力，就必须扫清一切障碍，收买、构陷、杀伤、杀害竞争对手，都可能是选择项。其在幕后操纵的方式，可以是策划、示意等。只要军队在他手中，他无须担心在杀伤、杀害宋教仁之后无法控制局面，他认为只要军事权力在握，一切问题都可以摆平。如在1913年7月15日，袁世凯在致黎元洪捉拿李钧烈的密电中，对黎表示："设有疑谤，凯能御之"[2]。当然，根据各种证据，杀伤、

---

〔1〕　参照尚小明："'宋案'中之袁世凯———何曾主谋刺宋"，载《史学月刊》2016年第2期。
〔2〕　骆宝善、刘路生主编：《袁世凯全集》（第23卷），河南大学出版社2013年版，第154页。

杀害宋教仁的幕后策划者，无限接近袁世凯，但没有明确证据证明是袁世凯直接指示。疑罪从无，这是在公正的制度之下，法官严格按照程序进行审理之后的判定。但是这个事件已经超出法律的范围，属于政治领域的暴力事件。正是因为是政治领域的暴力问题，兵不厌诈等手段是常见的[1]。所以，在制度的利益分析理论之下，没有直接证据，不妨害这种理论的推理。当然，这只是一个仅供参考的理论假说，也就是袁世凯不单单参与了构陷宋教仁，参与"伤宋、杀宋"的密谋也是个大概率事件。事实是否如此，还有待更为确切的证据，如果说从此找不到更为确切的证据，只能说由于掌权者善于掩盖，彻底消灭了相关证据[2]。

3. 宋案发生后的袁世凯

国民党领导人在"刺宋"案发生之后，认为杀害宋教仁的幕后凶手就是袁世凯。在他们强烈的追责之下，袁世凯使用了数种策略，包括任期已满却坚决不辞职、准备进行武力镇压以及把自己打扮成追求民主、主持正义的领导人。

一是任期已满却坚决不辞职、准备进行武力镇压。针对人们要求他任期已满[3]理应辞职的问题，他辩解自己不是贪恋权位者，之所以在任期已满之后却坚决不辞职，是因为国家与人民需要他继续掌权。他曾承诺在临时大总统的一年任职到期之后退隐山林[4]。但1913年4月18日，报刊刊载他致电孙文及各省都督等，称，"临时政府已经告终，本应即日辞职归田，以让贤

---

[1] 4月26日，袁世凯在向副总统及各省都督民政长通电中提及，"须知证据既在公堂，中外具瞻，谁能掩饰"[骆宝善、刘路生主编：《袁世凯全集》（第22卷），河南大学出版社2013年版，第401页]。但恰恰，这是人们所怀疑的。同日，黄兴在致袁世凯电中提及，"盖吾国司法难言独立，北京之法院能否力脱政府之藩篱，主持公道，国中稍有常识者必且疑之"[骆宝善、刘路生主编：《袁世凯全集》（第22卷），河南大学出版社2013年版，第404页]。

[2] 在宋教仁刚刚被杀害的时候，国民党就认为袁世凯是刺宋的幕后操纵者。但由于没有确凿的证据，导致后来的人们不断质疑。现在同样没有确凿的证据，但这种理论推理，理应对质疑者有较大的说服力。

[3] 临时大总统只有一年的任期，袁世凯在1913年3月10日任期结束。他于1912年2月15日被临时参议院选为临时大总统，同年3月10日宣誓就任临时大总统。

[4] 1912年9月2日，袁世凯致黎元洪电："俟临时满期，正式总统选出，我当与公同退山林，享国民之乐"[骆宝善、刘路生主编：《袁世凯全集》（第20卷），河南大学出版社2013年版，第355页]。同月5日，他又强调该问题，"临时政府期限转瞬即满，正式大总统选定后，余得以卸此钜任，退隐山林，养此余年，决意再不闻政事，入党思何为"（骆宝善、刘路生主编：《袁世凯全集》（第20卷），河南大学出版社2013年版，第372页）。

者。惟当次国事多艰，内忧外患，日益紧迫，而正式总统尚未选定。遽尔告辞，恐酿成无政府状态，有负群公及国民之意。至今日纷传鄙人留恋之意，未免不谅鄙人区区苦心"〔1〕。当时的报刊认为袁世凯制造了宋案又坚不辞职，开始对他进行攻击。1913 年 5 月 12 日，他向其秘书表示其强烈不满，"某党要求予辞职，固予所乐从。惟予是否与宋案有关涉，是否为主使之人，亦应俟予辞职后，对质后，判有确实之罪，方能加以所犯罪案之名。今报纸日以某逆、某贼等代名词，肆口谩骂。其为私心未逞，借题发挥可知。恐世界各国无此共和国，即专制国之君主，亦不能如此虐待下民也"〔2〕。这次就不说是国家与人民需要他继续掌权，而是说要证明自己是清白之后才辞职。5 月20 日，报刊刊载他向某顾问提及准备辞职之事，"若再南北自起内讧，外国干涉，国亡随之，将来追悔莫及……倘因余而起争执，余惟有即日引退，决不愿使我无辜国民再罹兵燹之苦也"〔3〕。但他只是嘴里乾坤千变万化，这也只是说说而已。他马上念头一转，决心拼死一搏，致电北方七省都督，要他们派员来京与议要政〔4〕。显然他已经决心准备采用武力解决问题。此后，他对和平调停的态度变得极为强硬，当天袁世凯会见前来调停纷争的时任海军第一舰队司令蓝建枢，说："宋案有法庭，借款有议会〔5〕，我亦无权可以容喙。君等亦同此理。至李督（李烈钧）等系行政长官，理应服从，乃跋扈至此。若尚言调停，则国事何赖。君系现役军人，尤不应言此"〔6〕。5 月 29 日他在会见某调停家时，态度同样极为强硬。该调停家要求袁世凯"仍认乱党为民党"，袁世凯回答说，"若以乱党而认为民党，以扰害民生而认为扩充民权，则非本大总统所敢闻命也"，某君语塞而去〔7〕。袁世凯此时已经决意实施武

〔1〕　骆宝善、刘路生主编：《袁世凯全集》（第 22 卷），河南大学出版社 2013 年版，第 374 页。
〔2〕　骆宝善、刘路生主编：《袁世凯全集》（第 22 卷），河南大学出版社 2013 年版，第 469 页。
〔3〕　骆宝善、刘路生主编：《袁世凯全集》（第 22 卷），河南大学出版社 2013 年版，第 562 页。
〔4〕　骆宝善、刘路生主编：《袁世凯全集》（第 22 卷），河南大学出版社 2013 年版，第 565 页。实际上他在四月份的时候已经开始准备战争［朱宗震、杨光辉编：《民初政争与二次革命》（上编），上海人民出版社 1983 年，第 305-306 页］。
〔5〕　其大借款方案被当时的参议院否决［朱宗震、杨光辉编：《民初政争与二次革命》（上编），上海人民出版社 1983 年版，第 263 页］。
〔6〕　骆宝善、刘路生主编：《袁世凯全集》（第 22 卷），河南大学出版社 2013 年版，第 570 页。
〔7〕　骆宝善、刘路生主编：《袁世凯全集》（第 22 卷），河南大学出版社 2013 年版，第 591 页。

力镇压[1]，并向国民党安徽都督柏文蔚等下最后通牒。6 月 21 日，袁世凯更动情地对军人进行战前动员："自前年（1911 年）九月以迄今，兹人民之颠连困苦……法制亟望规定而纷拿不决，政治遂碍于进行[2]。兼以党见纷歧，是非淆杂，用人掣肘，政府几空，骎骎焉成为暴民专制……所愿与我无罪之良民，洒一掬同情之泪者也"[3]。

　　1913 年 7 月 12 日李烈钧在江西起兵讨伐袁世凯，要求他下台。1913 年 7 月 22 日袁世凯收到孙中山、蔡元培等要求其辞职，以息战事的来电[4]。次日，他即下撤销孙中山的筹办全国铁路全权的命令，并回电蔡元培、汪兆铭、唐绍仪等人。回电内容如下："鄙人老矣，甚愿与公等同作平民，享自由之幸福。顾为约法所限，非有正式总统举定，不能违法弃职，付土地人民与一掷……鄙人有救国救民之责任，当此存亡危急，国民呼号请命之时，断不敢舍之而去，坐视乱党之荼毒生灵……鄙人惟有确守神圣之约法以从事，其他非所敢闻"[5]。袁世凯又重复他要为国家谋前途、为人民谋幸福，国家与人民需要他继续掌权等的说辞。不可否认，如果没有理顺这前后问题的脉络，他的这些豪言壮语，是可以打动人的。同月 26 日，袁世凯发出举国团结共同平叛的号令。他说："受事之日，父老既以此完全统一国家，托诸菲躬，受代之时，菲躬义当以此完全统一国家，还诸父老……一俟凶慝荡平，国基奠定，

---

　　〔1〕 其部下杨善德在 6 月 6 日密电陆军部长传达袁世凯的指示"密派劲旅"［骆宝善、刘路生主编：《袁世凯全集》（第 23 卷），河南大学出版社 2013 年版，第 19 页］。

　　〔2〕 袁世凯反复攻击国会决策迟缓问题，但"在立法机构中，仓促决议往往有害而无利。立法机构中意见的不同、朋党的倾轧，虽然有时可能妨碍通过有益的计划，却常可以促进审慎周密的研究"（［美］汉密尔顿、杰伊、麦迪逊：《联邦党人文集》，程逢如、在汉、舒逊译，商务印书馆 2007 年版，第 359 页）。民初中国同样如此。但独裁者国家由独裁者决策，往往导致一塌糊涂。这主要是独裁者往往根据自己的利益进行决策，或者瞎指挥，或者政策考虑未周却立即执行等有关。如果阅读《袁世凯全集》，可以发现袁世凯从 1913 年 10 月份成为正式大总统之后，到 1915 年 1 月份的一年余时间里的各种决策，几乎围绕着其个人利益展开，消灭革命党、任命自己亲信成为高官、从理念上、制度上与皇帝制度接轨等。尽管也进行反贪反腐，但毫无效果。邻国日本仔细观察袁世凯的极端自私行为，在 1914 年刚刚结束不久，就把二十一条强加到他的头上。如果是国会决策，可能因为讨价还价出决策结果要慢一些，但袁世凯就不可能围绕其个人利益进行决策，日本也不可能把二十一条强加到袁世凯个人头上。

　　〔3〕 骆宝善、刘路生主编：《袁世凯全集》（第 23 卷），河南大学出版社 2013 年版，第 63 页。

　　〔4〕 蔡元培等于 1913 年 7 月 22 日致电袁世凯，部分内容如下，"为公仆者，受国民反抗，利当引退，而以是非付诸后日。流天下之血，以争公仆，历史所无，知公必不出此，望公宣布辞职"［骆宝善、刘路生主编：《袁世凯全集》（第 23 卷），河南大学出版社 2013 年版，第 207 页］。

　　〔5〕 骆宝善、刘路生主编：《袁世凯全集》（第 23 卷），河南大学出版社 2013 年版，第 207 页。

行将自劾以谢天下"[1]。这实际上也是袁世凯向人民的尊严承诺，但后面将讨论，这同样是一种欺骗的手段。

以上是袁世凯任期已满却坚持不辞职、准备进行武力镇压的内容。

二是把自己打扮成主持正义追求民主的领导人。1913 年 5 月 11 日，报刊刊载袁世凯的言论，"余自国民举为临时总统，视事以来，一切措施，不避劳怨……岂期人民不谅，竟有以拿破仑疑我者……世界只有专制改为共和，断无既成共和，反可转为帝制之理。民国大总统不过全国代表而已，今日之总统即异日之公民。今日之公民，即异日之总统"[2]。在同年 7 月 7 日，他声称，"夷考共和政体，由多数国民代表，议定法律，由行政官吏依法执行，行不合法，国民代表，得而监督之，不患政治之不良……（革命党）种种暴乱，无非破坏共和，凡民国之义，人人均为分子，即人人应爱国家，似此乱党，实为全国人民公敌"[3]。7 月 17 日又称，"共和民国以人民为主体，而人民代表以国会为机关。政治不善，国会有监督之责；政府不良，国会有弹劾之例。大总统由国会选举，与君主时代子孙帝王万世之业，迥不相同"[4]。当时的民众最需要什么，袁世凯就打出什么旗号号召民众。他把自己打扮成共和国卫士、保卫共和国的英雄。甚至这个共和国的英雄表示自己将鞠躬尽瘁，死而后已，"本大总统年逾五十，衰病侵寻，以四百兆人民之付托，茹苦年余，无非欲黎民子孙，免为牛马奴隶。此种破坏举动，本大总统在任一日，即当牺牲一切，救国救民"[5]。数天之后的 21 日又强调，"本大总统老矣，六十衰翁，复何所求"[6]。他制造的这种悲壮苍凉的气氛，鼓舞着他的军队迅速打败当时的国民党军队。

4. 重新进行利益向自己一边到的制度安排

袁世凯在进行战争之时向人民表示的为人民、为国家等的豪言壮语，事实上，都可以视为是对人民的承诺。但这种承诺，在战争胜利之后，就完全被抛弃到九霄云外。趁着战争胜利、赢者通吃的机会，他完全按照自己的利

---

[1]　骆宝善、刘路生主编：《袁世凯全集》（第 23 卷），河南大学出版社 2013 年版，第 220 页。
[2]　骆宝善、刘路生主编：《袁世凯全集》（第 22 卷），河南大学出版社 2013 年版，第 464 页。
[3]　骆宝善、刘路生主编：《袁世凯全集》（第 23 卷），河南大学出版社 2013 年版，第 121 页。
[4]　骆宝善、刘路生主编：《袁世凯全集》（第 23 卷），河南大学出版社 2013 年版，第 165 页。
[5]　骆宝善、刘路生主编：《袁世凯全集》（第 23 卷），河南大学出版社 2013 年版，第 166 页。
[6]　骆宝善、刘路生主编：《袁世凯全集》（第 23 卷），河南大学出版社 2013 年版，第 190 页。

益重新进行政治制度安排。关于选举总统的制度安排，通常的做法是国会议员先制定宪法，制作一个控制总统权力的铁笼，后选总统，使总统处于宪法的控制之下。但袁世凯强行要求先选总统后制定宪法，他准备先让自己成为总统之后，再主导制宪，让自己的权力凌驾于宪法之上。

在国会进行总统选举之时，袁世凯等人强迫议员选举他为总统，与中世纪教皇选举丑剧如出一辙。靠种种卑污的手段，他终于成为正式大总统。然而，在1913年10月10日的《大总统莅任宣言布告》中，却又有如下的豪言壮语：在内乱戡平之后，我"极思解职归田，长享共和幸福，而国民会议群相推举，各友邦又以余被选之日，为承认之期……盖余亦国民一分子，耿耿此心，但知救国救民，成败利钝不敢知，劳逸毁誉不敢计，是以勉就兹职"〔1〕。听他说的，可以认为他具有完美的人格，但看他做的，其手段卑劣无比、不可提起，你无论如何都不会想到如此不同的两面却被天衣无缝地结合到同一个人的身上。"两面人"帝王在中国历史上不乏其人，但长江后浪推前浪，一代更比一代强。

袁世凯一旦完全控制了权力，就全面按照自己的意志重新进行政治制度安排。他为了让宪法的制定权处于自己的控制之下，驱逐国会国民党议员，解散地方议会、自治体机构，设立完全从属于自己的相关政治机构。1913年11月4日，袁世凯颁发《解散国民党取消国民党议员资格令》，指责国民党议员"阳窃建设国家之高位，阴预倾覆国家之乱谋，实已自行取消其国会组织法上所称之议员资格，若听其长此假借名义，深恐生心好乱者，有触即发，共和前途之危险，宁可胜言"〔2〕。其巧妙的做法是以共和的名义消灭共和。此后有一系列的相关动作，从上到下对议会、自治会等进行彻底清理〔3〕。

在上下顺从的政治环境之下〔4〕，开始重新进行制定宪法。1914年4月2日，袁世凯在怀仁堂宴请约法议员时发言：弱国民众"不但在外国不能受本

〔1〕 骆宝善、刘路生主编：《袁世凯全集》（第24卷），河南大学出版社2013年版，第41页。

〔2〕 骆宝善、刘路生主编：《袁世凯全集》（第24卷），河南大学出版社2013年版，第171页。

〔3〕 1914年1月颁布《停止国会议员职务令》、并颁布命令对所有属于国民党的省议会议员追缴议员证书。1914年2月颁布《停办各省地方自治会令》《解散各省省议会令》《停办京师各级地方自治会令》（以上内容均见《袁世凯全集》（第25卷））。

〔4〕 1914年3月19日，袁世凯在会见约法议会正副议长孙毓筠、施愚时说，"望各议员眼光放大，注意将来增修约法不可过于拘束，致碍政务之进行"。两议长唯唯〔骆宝善、刘路生主编：《袁世凯全集》（第25卷），河南大学出版社2013年版，第536页〕。本来立法院是产生总统权力的机关，现在被袁世凯控制，变成御用机构。两议长变成唯唯诺诺的驯服工具。

国之保护,即在本国,亦为人之奴隶牛马……(中国)不可不以弱国之前车为鉴。鄙人老矣,本无向世之思想。惟以国家兴亡,匹夫有责,即不为四万万人民计,亦当为自身计。倘不幸中国而有亡国灭种之祸,鄙人亦受祸之一分子。两年来的(各种问题),其主要之原因,则在《临时约法》。此亦全国之公认也……责任不明,权限不清,实为国家受病之最大原因。立法部与行政部同为国家组织之机关,乃因约法不良之故,立法、行政两部,不互相推诿,即侵越权限"[1]。袁世凯反复抨击《临时约法》,并动之以情晓之以理,要立法议员按照他个人集权的意愿进行制宪。其实,《临时约法》确实有问题,但其权力制约的思路是没有错误的,袁世凯也没有因为权力被某种程度制约而导致行政崩溃。导致袁世凯与国民党之间的战争,也不是《临时约法》所导致,而是袁世凯为了维持权力而制造宋案所导致。此时,袁世凯为了获得不受制约的权力,竭力攻击《临时约法》,把本来属于他自己的错误,完全归罪于《临时约法》。

1914 年 5 月 1 日,在公布《中华民国约法》的同时,也公布了由袁世凯签署的介绍《中华民国约法》产生过程的《中华民国约法之布告》。该布告称,《临时约法》中"凡可以掣行政之肘,如官制、官规之须经院议,任命国务员、外交官以及普通缔结条约之须得同意等项,皆与删除"[2]。同日,特任徐世昌为国务卿[3],变内阁制为皇帝式的总统制,而不是美国式的总统制。

虽然袁世凯强调"救国但出于至诚,毁誉实不敢计及"[4],从后来的局势发展看,名为救亡、图国家之长治久安,实为突破一切制度制约,逐步走向极端。在 1914 年 5 月 1 日颁布的《中华民国约法》中,没有规定大总统的任期。后在 1914 年 12 月 29 日公布了《修正大总统选举法令》。该令第二条规定大总统任期十年得连任;第三条规定大总统推荐三人大总统候选人,亲书于嘉禾金简,钤盖国玺,密贮金匮,于大总统府特设尊藏金匮石室尊藏之[5]。

---

〔1〕 骆宝善、刘路生主编:《袁世凯全集》(第26卷),河南大学出版社2013年版,第17页。

〔2〕 又接着保证,"总之,我国改建共和政体,既有种种特别情形,势必施行特别制度,而后可以图国家之长治久安,当为国内外有识者所公认。本大总统……处民国建设之时期,责任虽有所难宽,职权窃虞其过重。惟事关国家根本大法,究非一人所敢得而私,亦非本大总统所敢滥用"[骆宝善、刘路生主编:《袁世凯全集》(第26卷),河南大学出版社2013年版,第212页]。

〔3〕 骆宝善、刘路生主编:《袁世凯全集》(第26卷),河南大学出版社2013年版,第209页。

〔4〕 骆宝善、刘路生主编:《袁世凯全集》(第26卷),河南大学出版社2013年版,第212页。

〔5〕 骆宝善、刘路生主编:《袁世凯全集》(第29卷),河南大学出版社2013年版,第636页。

在同日公布的《约法会议议决修正大总统选举法之布告》，对修正大总统选举法的理由进行说明，特别是针对上述法令的第二条、第三条。袁世凯认为对大总统任期的修正是必要的，因为"南美共和诸国，每遇选举总统之年，辄有国内战争之祸……（美国）每届选举总统，举国皇皇，数月之间，百业停滞"，特别是，该《修正大总统选举法令》强调修正是为了防止政治野心家们"不顾国家之安危，不计民生之休戚，私心自用，糜烂其民"[1]，但袁世凯把自己排除在政治野心家之外。尽管袁世凯认为其修正的理由很充分，但从宪法制约最高权力的神圣功能角度看，一旦蜕化为最高权力的擦脚布，毫无疑问，这是一种重大的政治倒退。

人们设立制度的目的是什么？是让人们贯彻制度，内化为自律性的制度化行为。但这对制度的内容有较为严格的要求。这种制度最少包括下列两项内容。首先是制度公正。只有公正的制度才能够深入人心。人们认为这种制度利益均衡、合理，不损害自己利益才可能遵守。即使部分人不关心，但他不认为这种制度损害自己的利益，也不至于要对这种制度进行破坏。其次是公正制度的刚性、稳定性、权威性。公正制度只有具备刚性、稳定性、权威性的特点，才能够逐渐潜移默化地影响人们的行为。所以，政治制度必须兼备公正性与刚性。皇帝制度不公正，刚性没有用。皇帝制定皇帝制度，不合理地要求世代世袭维持亿万年，这种制度如果是刚性，对国家、对人民是灾难。选举制度不刚性，即使公正合理也没有用。而已经建立起来、并且已被人们逐渐接受的公正制度，一旦被掌权者破坏，那么，人们原来的制度化信心完全被破坏，之前已经在某种程度上形成的自律性制度化行为，也重新全部归零。这种不受制约的权力，对国家的公正制度建设的破坏力是不可估量的，其恶劣的影响将是深远的。有人开了有了权力就改变规则的先河，后来者就紧紧跟上，复制粘贴，甚至影响原来持有民主救国思想的孙中山[2]。丛林规则将重新支配人们的行为，虚假、欺骗将沉渣泛起，贪官污吏更层出不穷。并且，袁世凯为何要破坏这种公正的制度？他目的是为了恢复不公正的旧制度。而这种旧制度本来就是因为损害人们的利益而被唾弃，重新恢复，只能重新使天下陷入大乱，重新带来巨大的灾难。

---

〔1〕 骆宝善、刘路生主编：《袁世凯全集》（第29卷），河南大学出版社2013年版，第653页。
〔2〕 该问题笔者将另文研究。

(三) 称帝策略

根据制度的利益分析理论进行推理，只要可能，成为皇帝从来就是袁世凯的伟大梦想。但在追梦的过程中，他没有采用一步到位的方式称帝，而是采取渐进的方式称帝，从临时大总统起步，到正式大总统、终身大总统，再到皇帝。这种渐进方式，好处是不容易引起他人的关注，以逐步实现自己的目标，但时间漫长，须具备耐心。并且每一步都关键，每一步都不能退却，寸步不让、寸利必争，遇到阻力都必须以坚忍不拔的意志克服。当然口头上不妨高呼豪言壮语、甚至可以进行各种虚假的承诺，但就是不能退却，因为一旦退却就前功尽弃。因此，袁世凯虽然反复强调自己在就任临时大总统以来，承受各种的痛苦煎熬[1]，但他丝毫没有要让出这份痛苦给别人承受的打算。而据说以前尧等人在掌握统治天下大权时，因为整天劳作感到痛苦，就巴不得把权力禅让给别人，以摆脱这种痛苦的生活[2]。从利益人角度看，袁世凯绝不可能是一个毫不利己、专门利人而愿意承受这种痛苦的人。他死皮赖脸地赖在大总统的位置上，必有更大的利益诱惑。下面从四个方面对袁世凯迈上皇帝道路的策略进行分析。一是低调地、毫不声张地在政治理念、政治制度上与皇帝制度进行接轨。二是布下迷魂阵，尽管在行动上恢复皇帝制度，但他从没有声称自己要称帝，而是反复强调自己绝不称帝。三是原形渐露，大胆推进。四是预先筹划在称帝失败时的应急预案。

一是低调地、不动声色地在政治理念、政治制度上与皇帝制度接轨。在政治理念上，破除自由平等等思想，提倡原来在皇帝制度之下的"孝悌忠信"等控制民众思想的法术。在 1912 年 9 月 20 日，他发布《申诰国人恪循礼法令》，称"前据南京留守黄兴电陈，民国肇造以来，年少轻躁之士，误认共和真理，以放恣为自由，以蔑伦为幸福。纲纪隳丧，流弊无穷。请讲明孝悌忠信、礼义廉耻（八德），以提倡天下，挽回薄俗"[3]。袁世凯的做法极为巧

---

〔1〕 如袁世凯在 1913 年 7 月 17 日所说的当总统"艰辛困苦，尤无权利之可言"。骆宝善、刘路生主编：《袁世凯全集》（第 23 卷），河南大学出版社 2013 年版，第 166 页。

〔2〕 韩非子认为尧、禹等人虽掌握统治天下大权，但整天辛苦劳作，其生活与奴隶一样困顿，所以他赶紧把权力禅让给别人以摆脱痛苦的生活。张觉等撰：《韩非子译注》，上海古籍出版社 2007 年版，第 676 页。

〔3〕 骆宝善、刘路生主编：《袁世凯全集》（第 20 卷），河南大学出版社 2013 年版，第 420 页。

妙，他是借口黄兴的主张进行，以革命党人之言，堵塞革命党人反对之口，让革命党人哑口无言。同时，为了向人们表明他忠于共和，又附加如下的一些说明，"共和国体，惟不以国家一姓之私产，而公诸全体之国民。至于人伦道之原，初无歧异……此八德者，乃人群秩序之常，非帝王专制之规也"[1]。在"刺宋"案发生之后，袁世凯决心对国民党人进行镇压时（前述的《宋案发生后的袁世凯》一节参照），对民众的思想加紧了控制。1913 年 6 月 2 日公布《整饬全国学校学风令》，称各学校学生"大都敷衍荒嬉，日趋放任，甚至托于自由平等之说，侮慢师长，蔑视学规"[2]。十几天之后（6 月 20 日前后）又通令各省教育司严定管理学生规则，称，"近来各校学生，多误解平等自由之真诠。对于职教各员，稍有不合，即群起反抗"[3]。如其所称，学生"误解平等自由之真诠"，并没有否定自由平等的政治理念。紧接着在 6 月 22 日，他更具体地指出人们误解平等自由的问题，即"法守荡然，以不服从为平等，以无忌惮为自由"，并以"民德如斯，国何以立"为理由，颁布《重行祀孔典礼令》[4]。

在镇压二次革命之后，袁世凯对平等自由政治理念的攻击更加激烈。1913 年 12 月 15 日，袁世凯在政治会议的训词中，对自由平等进行猛烈攻击[5]。1914 年 4 月 2 日，指责学生"身在学龄，妄干政治，徒拾平等自由之余唾，堕失爱亲敬长之良知"[6]。同年 5 月 24 日，颁布《法律保障平等自由违法乱纪不可曲宥令》，强调中国"古者治国，刑赏且共……何尝不平等，何尝不自由……近年以来，浅学之士但凭耳食（传闻），往往谓平等自由诸义为吾国所本无，欲举之以废弃吾所固有。不逞之徒，复从而煽之，倡为邪说……举一

---

〔1〕 骆宝善、刘路生主编：《袁世凯全集》（第 20 卷），河南大学出版社 2013 年版，第 420 页。
〔2〕 骆宝善、刘路生主编：《袁世凯全集》（第 23 卷），河南大学出版社 2013 年版，第 2 页。
〔3〕 骆宝善、刘路生主编：《袁世凯全集》（第 23 卷），河南大学出版社 2013 年版，第 62 页。
〔4〕 骆宝善、刘路生主编：《袁世凯全集》（第 23 卷），河南大学出版社 2013 年版，第 67 页。
〔5〕 如平等，"一般人民以国体既改，国民均属平等，于是乎子抗其父，妻抗其夫，属员抵抗长官，军士抵抗统帅，以抵抗命令为平等，以服从命令为奇辱，而政治遂不能收统一之效。不知所谓平等者，系在国法上之平等，即无所谓贵族平民等阶级是也，非谓一讲平等即无权力服从之关系"。并且，"而自辛亥革命以来，共产共妻之说，腾诸国人之口，则抢劫人之财产，奸淫人之妻妾，及其他种种强盗行为，几视为法律所许而莫敢过问者也"［骆宝善、刘路生主编：《袁世凯全集》（第 24 卷），河南大学出版社 2013 年版，第 431 页］。
〔6〕 骆宝善、刘路生主编：《袁世凯全集》（第 26 卷），河南大学出版社 2013 年版，第 9 页。

切法纪礼教而悉灭之"[1]。如前所述，袁世凯屡次强调民国之前的皇帝把国家占为私有的不公正不平等问题，而在此却把皇帝制度之下的中国人民描绘成"何尝不平等，何尝不自由"，把在专制制度之下中国描绘得尽善尽美。1914 年 9 月 25 日，颁布《举行祀孔典礼令》[2]，在该令中，又将追求平等自由的民众大骂一通："自国体变更，无识之徒，误解平等自由，逾越范围，荡然无守，纲常沦弃，人欲横流，变成为土匪、禽兽之国"[3]。然后称，举行祀孔典礼可以使民众"以道德为重"，共同迈上"大同"的阳光大道，最后表示了对国民的期待，"本大总统有厚望焉"[4]。"朕有厚望焉"是以往皇帝对子民表示殷切期待的常用语。袁世凯在细节之处也模仿皇帝，这也是其十分注重与皇帝制度进行无缝对接的一例。

袁世凯对平等自由的仇视跃然于纸上。而他依然觉得不解恨，又于 1914 年 11 月 3 日借颁布《注重道德教化令》机会痛骂"桀黠之徒（指要求平等自由的人），利用国民弱点，遂倡为无秩序之平等，无界说之自由。谬种流传，人禽莫辨，举吾国数千年之教泽，扫地无余。求如前史所载忠、孝、节、义诸大端，几乎如凤毛麟角之不可多得"。紧接着又提出他的厚望焉，"愿吾国民，将忠、孝、节、义之嘉言懿行、可歌可泣者，父诏其子，兄勉其弟，涵濡渐渍，以养成艰苦卓绝之美风"。袁世凯把自己所痛恨的，以及自己所希望的民众行为都提出之后，再对民众的选择进行严厉警告，"由其道而行之，即古所谓忠臣、孝子、节义之士。反其道而行之，即古所谓乱臣、贼子、狂悖之徒。邪正之分，皆由自取"[5]。并要求将此令在醒目的地方张贴悬挂，使其家喻户晓。

袁世凯对平等自由政治理念看法转变十分明显。在镇压二次革命之前，他虽然对平等自由政治理念相当不满，但还是相对克制，虽然认为学生"误解平等自由之真诠"，并没有否定自由平等的政治理念。在镇压二次革命之后，对平等自由政治理念的攻击趋于激烈，却认为"法律保障平等自由，违

---

〔1〕　骆宝善、刘路生主编：《袁世凯全集》（第 26 卷），河南大学出版社 2013 年版，第 444 页。

〔2〕　在 1914 年 2 月 7 日，已经发布祭孔令。骆宝善、刘路生主编：《袁世凯全集》（第 25 卷），河南大学出版社 2013 年版，第 246 页。

〔3〕　骆宝善、刘路生主编：《袁世凯全集》（第 28 卷），河南大学出版社 2013 年版，第 437 页。

〔4〕　骆宝善、刘路生主编：《袁世凯全集》（第 28 卷），河南大学出版社 2013 年版，第 438 页。

〔5〕　骆宝善、刘路生主编：《袁世凯全集》（第 29 卷），河南大学出版社 2013 年版，第 264 页。

法乱纪不可曲宥"。而在 1914 年 7 月 28 日公布《文官官秩令》、明确采用文官等级制度之后，对平等自由政治理念的抨击就更加猛烈。

几乎与痛击平等、自由政治理念同时期，也出台了褒扬孝子节女令、祭天令等。在 1914 年 3 月 11 日，公布《褒扬条例令》，褒扬的对象是孝子、节女等[1]。而稍前的 1914 年 2 月 7 日，发布《定祀天为通祭令》，把祭天定为全国通祭，也就是上至大总统，下至一般的家庭，都可举行祭天礼仪[2]。但当时的人们表示反对，认为这些做法是恢复帝制的前兆，有悖于民主制度[3]。所以袁世凯在 1914 年 12 月 20 日发布《举行冬至祀天典礼令》中，辩称"古之莅民者，称天而治……与民主精神，隐相翕合"[4]。他主张祭天不但没有违背民主制度，而恰恰体现了与民主协调一致的正能量，并决定在三天后的 12 月 23 日冬至那天举行祀天典礼。其实，这些都是传统的愚民术，都是皇帝控制民众的一套老办法。

上述的内容主要是在政治理念上与皇帝制度进行接轨，而更为露骨的是在制度上与皇帝制度进行接轨。在完全控制政权并出台《袁氏约法》[5]之后的 1914 年 6 月 24 日，公布了《虚衷纳谏令》[6]。纳谏是皇帝统治国家的一种方式，如史书称唐太宗就善于纳谏。虚衷纳谏只是一种柔性制约，纳不纳谏由皇帝本人判断，与国会弹劾、解职等刚性制约的程序完全不同。显然，这是袁世凯在塑造自己的绝对权力，是其恢复帝制的又一步骤。而后面的措施，则是吹响了正式迈上称帝道路的进军号。1914 年 7 月 28 日公布《文官官秩令》。文官分为上卿、中卿、少卿、上大夫、中大夫、少大夫、上士、中士、少士等 9 个等级[7]。袁世凯在说明公布《文官官秩令》的理由时称，"人怀非分之念，士存干进之心……因无明试之阶，遂多出位之想……或以平

---

[1] 骆宝善、刘路生主编：《袁世凯全集》（第 25 卷），河南大学出版社 2013 年版，第 472 页。

[2] "礼莫重于祭，祭莫大于祀天……祭天为通祭，自大总统之国民皆可行之"［骆宝善、刘路生主编：《袁世凯全集》（第 25 卷），河南大学出版社 2013 年版，第 245 页］。

[3] 袁世凯说，"改革以来，群言聚讼，辄谓尊天为帝制所从出，郊祀非民国所宜存"［骆宝善、刘路生主编：《袁世凯全集》（第 29 卷），河南大学出版社 2013 年版，第 570 页］。民众认为袁世凯恢复祭天、封爵等，实际上就是恢复帝制。

[4] 骆宝善、刘路生主编：《袁世凯全集》（第 29 卷），河南大学出版社 2013 年版，第 570 页。

[5] 即 1914 年 5 月 1 日公布的《中华民国约法》。

[6] 骆宝善、刘路生主编：《袁世凯全集》（第 27 卷），河南大学出版社 2013 年版，第 219 页。

[7] 骆宝善、刘路生主编：《袁世凯全集》（第 27 卷），河南大学出版社 2013 年版，第 559 页。

民制度本无阶级为词，不知平等之说，系以法律为范围，而任用之途，应以资格为标准。秩序所在，中外攸同"[1]。经过数个月的准备，在 1915 年 1 月 1 日正式封徐世昌为上卿、杨士能等为中卿，等等。而在此两三天前的 1914 年 12 月 29 日，袁世凯公布的《修正大总统选举法令》，该令第 2 条规定大总统任期十年得连任；第 3 条规定大总统推荐三人大总统候选人。这是让他成为终身制总统的决定。实际上，袁世凯从称帝的外围开始，逐渐进入制度的核心，向皇帝制度无限接近，此时就差没有皇帝的称号而已。

二是布下迷魂阵，说一套做一套。从理念上、制度上与皇帝制度进行对接，称帝已经是不言自明的一件事。但袁世凯声东击西、神出鬼没，辩称自己没有称帝的政治野心、绝不称帝。

如前述，在 1912 年 10 月，袁世凯虽然存在共和之于中国为期尚早的思考，但在公开的场合却是小心翼翼，不敢越雷池半步。1912 年 10 月 10 日，袁世凯在《国庆日宣言书》中称，"一人专制之旧政，已不存于中国矣……溯自共和肇基，政府之崭新政策有此发生，更无帝制自为者。夫国家者，民之公产也"[2]。在镇压二次革命之后，袁世凯在恢复帝制的问题上，虽然已经表现出一种大胆的、无所顾忌的行为倾向，但也尽量用一些豪言壮语进行掩饰，依然与镇压二次革命之时一样，把自己打扮成主持正义、追求民主的领导人。在解散议员民选的国会之后的 1914 年 1 月 15 日，他与某要人的谈话中提及，"民间望有好国会，此心理正复相同。此亦不关乎程度幼稚。盖世界潮流所趋，不尊重民权，何以立国。谓予不要国会者，亦明知予必不出此，特欲借此作材料耳"[3]。同年 2 月 11 日，在回答某国公使所提问的中国是否再设立立法机关的问题时，袁世凯说，"中国国体已永诀为共和，自不能无立法机关。惟各旧机关既不良善，自不能不舍旧图新"[4]。同年 3 月 10 日，报刊刊载他与某洋顾问谈制定宪法的问题时的言论，"中国以五千年之专制政体，一朝改变而为五族共和，欲于此时间而制定适合国情之宪法，实非容易。如

---

[1]　骆宝善、刘路生主编：《袁世凯全集》（第 27 卷），河南大学出版社 2013 年版，第 558 页。这是恢复帝制的公开的信号，当时的人们也都如此认为。所以，袁世凯在 1915 年 6、7 月份与冯国璋见面时承认"外间或以封爵即为改革国之先声"［骆宝善、刘路生主编：《袁世凯全集》（第 32 卷），河南大学出版社 2013 年版，第 66 页］。

[2]　骆宝善、刘路生主编：《袁世凯全集》（第 20 卷），河南大学出版社 2013 年版，第 485 页。

[3]　骆宝善、刘路生主编：《袁世凯全集》（第 25 卷），河南大学出版社 2013 年版，第 117 页。

[4]　骆宝善、刘路生主编：《袁世凯全集》（第 25 卷），河南大学出版社 2013 年版，第 275 页。

民国成立之始，一时盛唱地方分权之说者，迄今遂至主张不可不行中央集权。又最初倡言内阁制者，至今又主张总统制最为适当"[1]。在同年 12 月 6 日，也就是在正式称帝约一年前，报刊刊载他与客人谈到称帝问题时的表态，"共和制之果适于中国国情与否，姑不具论，惟余并无为皇帝之资格。若余敢为皇帝，是欺前清之寡妇孤儿也。且余儿等皆愚，不具一国元首之资格。段祺瑞、王士珍等均系前清将士，余若为皇帝，则此等诸将，必当不复与余共国政。纵令举国劝余为皇帝，余决不受之"[2]。

其实，在 1913 年 10 月他成为正式大总统之后，其称帝目标虽依然隐蔽，但相关言论已经相对大胆。该年的 12 月 2 日，报刊刊载他与某省都督的谈话，"我国初由专制进共和，国人羡慕自由、民权之说，行动逾越范围，与国家前途实生影响。余意现在非有强有力政府，不足以统一全国，整齐民俗，故处事宁出于专制国家。只自信不为皇帝而变更国体，其他敢负责做去，惟求将来见谅于国人"[3]。他的"处事宁出于专制国家"的意思是，他要按照专制皇帝的治国方式治理国家，阻止人们对平等自由的追求，但他强调自己不会变成皇帝。1914 年 3 月 18 日，在他成为临时大总统两周年之际，报刊刊载他的谈话，"二年来，余困心积虑，始得至有近日之景象。今者，既无立法机关之掣肘，各省长官亦皆能绝对服从。此后政府之设施，能一一实行于以统一全国，振兴实业，恢复财政，庶几逐渐有效。余誓以牺牲一切之宗旨，处处从国家幸福方面着手。及国强民富，必有能谅我心者。万一时势日迫，国事日棘，我辈既尽力为之，亦可告无罪与国民。至于日前之毁誉，实所不恤"[4]。在谈话中，他又强调之前的态度，也就是即使其他人说三道四，他也将按照皇帝制度的言出法随、号令如山的方式治理国家。当时，他通过各种手段取缔了国会驱逐了议员之后，似乎他已经完全巩固政权，进入了顺境。1914 年 5 月 1 日，公布了由袁世凯签署的介绍《中华民国约法》产生过程的《中华民国约法之布告》，进一步确认此方针。该布告中提到，"民国元年大总统就职宣言，曾经郑重声明，不使帝制复活，皇天后土，实鉴苦心。此后关于政务进行，但能擎总揽之实权，企国家于强盛，应请大总统……毋庸自远

---

[1] 骆宝善、刘路生主编：《袁世凯全集》（第 25 卷），河南大学出版社 2013 年版，第 463 页。
[2] 骆宝善、刘路生主编：《袁世凯全集》（第 29 卷），河南大学出版社 2013 年版，第 485 页。
[3] 骆宝善、刘路生主编：《袁世凯全集》（第 24 卷），河南大学出版社 2013 年版，第 369 页。
[4] 骆宝善、刘路生主编：《袁世凯全集》（第 25 卷），河南大学出版社 2013 年版，第 531 页。

嫌疑，稍涉顾忌"〔1〕。袁世凯声称只要不称帝，只要目的是为国家谋前途、为人民谋幸福，那么就可以大胆地使用各种威权手段。他以此为借口，明修栈道，暗度陈仓。如上述，实际上他在 1914 年 7 月 28 日公布《文官官秩令》准备进行封爵之后就已经吹响了称帝的进军号，继而在同年 12 月 23 日祭天、12 月 29 日成为终身制总统、1915 年 1 月 1 日封秩封爵。在此期间，其子袁克定也极为活跃，于 1915 年 1 月份在北京北郊小汤山召见梁启超商讨国体变更的问题，又召见交通系的贪官梁士诒，恐吓性地要他支持恢复帝制。由于在两三个月前的 1914 年 10 月，京兆尹王治馨刚刚因为贪污，而被袁世凯以《官吏犯赃治罪条例》第 2 条"枉法赃至五百元以上处死刑"的规定处死，要认真起来交通系不少人都要杀头。梁士诒等人商量之后认为"赞成不要脸，不赞成就不要头"，强烈的恐惧感使他们决定协助袁氏父子称帝〔2〕。

然而，就在 1915 年 1 月份，螳螂捕蝉黄雀在后，在袁世凯以为国家、为人民的名义恢复皇帝制度、牺牲中国人民利益的阴谋背后，另一场损害中国人民利益的阴谋也在展开。同月 18 日，日本向袁世凯提出损害中国人民利益的秘密条款二十一条。日本趁火打劫，要加入袁世凯吞噬中国人民利益的饕餮大餐。他们看准袁世凯称帝的企图，估计他为了顺利登基可能允许日本分享大餐。日本的要求，确实让袁世凯烦恼了三四个月。最终为了自己能够顺利地登基，在某种程度上允许他们分享大餐。同年 5 月 8 日，袁世凯在最高国务会议讲话中提及，接受日本通牒真是奇耻大辱〔3〕，但第二天就签署了相关协议。又在同月 14 日，秘密下达了《告诫百官密谕》，一方面告诉百官他因为接受日本通牒而"痛心疾首，愤惭交集，（但）往者已矣，来日方长"，现在只能以屈求伸。另一方面，他也对中国的问题进行反思，"我国官吏积习太深，不肖者竟敢假公济私……文恬武嬉，变成风气"〔4〕，他认为是中国历史上遗留下来的官员贪污腐败问题给了日本机会，而没有提到他自己准备称帝的行为，为日本传递了某种信息、提供了某种机会。他还在《告诫百官密

---

〔1〕 骆宝善、刘路生主编：《袁世凯全集》（第 26 卷），河南大学出版社 2013 年版，第 212 页。
〔2〕 张国淦："洪宪遗闻"，载吴长翼编：《八十三天皇帝梦》，文史资料出版社 1983 年版，第 297 页。
〔3〕 骆宝善、刘路生主编：《袁世凯全集》（第 31 卷），河南大学出版社 2013 年版，第 288 页。
〔4〕 骆宝善、刘路生主编：《袁世凯全集》（第 31 卷），河南大学出版社 2013 年版，第 335 页。

谕》中感叹"予老矣，舍身救国，天哀其志"，又一次向人们表明他的鞠躬尽瘁、死而后已的决心。另一方面，他在下达了此谕之后，没有从中吸取中国因为被他自己践踏而引来他人一起践踏的教训，反而马上卸下包袱、轻装上阵，初心不改，重新踏上恢复皇帝制度准备称帝的征程。

但日本在 1915 年 5 月份与袁世凯签订了条约之后，又把他当猴子耍，大爆其准备称帝的信息。袁卖国卖己，十分尴尬，在 1915 年 6 月 16 日左右，发表了关于日本报纸刊载其将登帝位问题的谈话，辩称"革命风潮最烈时，清皇族有建议禅位于予者，予誓死不肯，今乃改初志耶。且当时系为大局皇室计，牺牲此身以任斯局。若因而取之，是欺凌孤寡，不仁不义，予决不为。古帝王更代之际，子孙每无噍类（活人）。即立宪君主，亦因人而变生隆替。天下之至愚，无过求作皇帝者。予为救国计，已牺牲一身，不愿更牺牲子孙"[1]。

虽然袁世凯极力辩解，但由于他从理念上、制度上与皇帝制度进行接轨，这种期望水到渠成等的做法极为露骨，尽管他百般辩解，人们也是将信将疑。他的亲信冯国璋于此之后拜访他，确认此事的真假。然而，他对冯国璋说："以余今日之地位，其为国家办事之权能，即改为君主亦未必有以加此！且所谓君主者，不过为世袭计耳，而余之大儿子克定方在病中，二儿子克文，不过志在做一名士，三儿子更难以担任世务，余者均年极幼稚。余对于诸子，纵与以一排长之职，均难放心，乃肯以天下重任付之耶？且自古君主之世传不数世，子孙往往受不测之祸，余何苦以此等危险之事，加之吾子孙也！"[2]也就是他反复强调说称帝的最终结果可能是灭族，对他、对他子孙来说没有丝毫利益，他绝不可能称帝。

其实，袁世凯从当时官员传递的信息中，已经知道自己的所作所为是不得人心的。1915 年夏秋间，费树蔚在呈袁世凯的文章中提及，失人心"自国会、省会之消灭始"[3]，而国会、省会是在 1913 年年末至 1914 年年初被消灭的。袁世凯对是否能够成功称帝没有信心，他行为上初心不改、一直朝着恢复帝制靠拢，但当人们质疑的时候，他就向人们保证百分之百不称帝，就

---

〔1〕 骆宝善、刘路生主编：《袁世凯全集》（第 31 卷），河南大学出版社 2013 年版，第 583-584 页。

〔2〕 骆宝善、刘路生主编：《袁世凯全集》（第 32 卷），河南大学出版社 2013 年版，第 66 页。

〔3〕 骆宝善、刘路生主编：《袁世凯全集》（第 32 卷），河南大学出版社 2013 年版，第 476 页。

这样反反复复[1]。

从上述的布下迷魂阵等内容看，袁世凯使用的是连环骗术、一骗、再骗、三骗、四骗，没完没了，其句句话都不离为国家谋前途、为人民谋幸福，救国救民等内容。但这些假大空的豪言壮语背后，隐藏着极端无耻的个人私欲。

三是原形渐露，大胆推进。从上述的内容看，从 1912 年下半年到 1915 年 6 月份为止，袁世凯称帝的准备都是在"明修栈道、暗度陈仓"等的骗术之下进行。此之后，袁世凯抱着一种孤注一掷的赌徒心态，强行进入了进行称帝最后阶段的拼搏战。该年 7 月份，也就是在袁世凯告诉冯国璋他绝不会称帝的同一时期，张罗君主立宪制度正式紧锣密鼓地登场。这个月 1 日，袁世凯发布《命参议院推举委员令》，命令参政院推举委员、起草《中华民国宪法》[2]。同月 6 日，参政院推举李家驹、梁启超、杨度、施愚、严复、汪荣宝、达寿、马良、王世澂、曾彝进为宪法起草委员[3]。同月 21 日，他对制宪委员施愚、杨度提及他对制定宪法草案的一些看法，"勿以揣摩而有所遵循……勿违背时势徒尚高远"等[4]，要因时制宜[5]。同 7 月份，深刻领会袁世凯意图的杨度等人，就在石驸马大街（现北京西城新文化街）酝酿帝制[6]，在其牵头之下，8 月 14 日成立鼓吹帝制的筹安会。在这段时期，袁世凯出演多出戏，扮演多种角色，表演自如。已经进入走火入魔状态的杨度、梁士诒、袁克定、袁世凯等人，他们各有自身利益，虽然各心怀鬼胎，却为了共同的利益，拧成一股绳、抱成一个团，众志成城、团结一致地奔向末路。

1915 年 8 月 31 日，袁世凯决定国民会议议员初选举于 1915 年 10 月 20

---

[1]　这种躲躲闪闪的欺骗性态度，一直保持到1916年3月22日发布《撤销承认帝位案停止筹备事宜令》为止。该令的内容有，"中国数千年来，史册所载帝王子孙之祸，历历可征。予独何心，贪恋高位"［骆宝善、刘路生主编：《袁世凯全集》（第34卷），河南大学出版社2013年版，第767页］。或者他从来就没有十分的成功把握，此时撤销筹备帝制倒也爽快。

[2]　骆宝善、刘路生主编：《袁世凯全集》（第32卷），河南大学出版社2013年版，第2页。

[3]　骆宝善、刘路生主编：《袁世凯全集》（第32卷），河南大学出版社2013年版，第38页。

[4]　骆宝善、刘路生主编：《袁世凯全集》（第32卷），河南大学出版社2013年版，第154页。

[5]　在1915年夏，袁世凯确实题了"因时制宜"的词。骆宝善、刘路生主编：《袁世凯全集》（第32卷），河南大学出版社2013年版，第227页。

[6]　唐在礼："辛亥前后的袁世凯."，载吴长翼编：《八十三天皇帝梦》，文史资料出版社1983年版，第89页参照。

日举行[1]，同日颁布《命参政院代行立法院职权令》[2]，也就是在立法院成立之前，参政院代行立法院的职权，参政院有权讨论、决定是否允许袁世凯恢复帝制的问题。一个星期之后的9月6日，在参政院讨论袁世凯称帝的问题时，杨士琦手持袁世凯的《宣言书》到参政院宣读，"本大总统受国民之付托，居中华民国大总统之地位，四年于兹矣……深望接替有人，遂我初服……近见各省国民，纷纷向代行立法院请愿，改革国体，于本大总统现居之地位，似难相容。然本大总统现居之地位，本为国民所公举，自应仍听之国民。且代行立法院，为独立机关，向不受外界之牵掣，今大总统固不当向国民有所主张，亦不当向立法机关，有所表示。惟改革国体，于行政上有绝大之关系……本大总统有保持大局之责，认为不合时宜。至国民请愿，不外乎巩固国基，振兴国势，如征求多数国民之公意，自必有妥善之上法"[3]。该宣言书虽然扭扭捏捏，但他主张"如征求多数国民之公意，自必有妥善之上法"，实际上还是可以看出袁世凯示意参政院要扩大恢复帝制的合法性范围，让他变成一个民选皇帝[4]。

当袁世凯看到称帝运动被鼓动起来之后，他似乎要退隐到幕后，让其他人在前面为他冲锋陷阵。1915年9月13日，报刊刊载他的言论，"一部分人民，主张君主之说，暗潮鼓荡，已非一日，前车之鉴，可为寒心"[5]。似乎之前的鼓动恢复帝制的活动跟他本人毫无关系，而是袁世凯的另外一个替身。

自1914年5月1日，袁世凯废除内阁制，任命徐世昌为国务卿那天起，原先的内阁制就变成总统制，但不是美国式的总统制，而是中国皇帝式的总统制。在恢复帝制紧锣密鼓地展开的时候，他的想法又有一些改变，又准备恢复内阁制。在1915年9月18日，报刊刊载他与制宪成员的谈话，"无宪法则政无系统，无国会则行政官无所督促……元首为行政首长，本一时权宜。为国家立永久之规，自以内阁负责为善"[6]。同月20日，报刊又刊载他和某

---

[1] 骆宝善、刘路生主编：《袁世凯全集》（第32卷），河南大学出版社2013年版，第472页。

[2] 骆宝善、刘路生主编：《袁世凯全集》（第32卷），河南大学出版社2013年版，第471页。

[3] 骆宝善、刘路生主编：《袁世凯全集》（第32卷），河南大学出版社2013年版，第527页。

[4] 唐在礼："辛亥前后的袁世凯"，载吴长翼编：《八十三天皇帝梦》，文史资料出版社1983年版，第90页参照。

[5] 骆宝善、刘路生主编：《袁世凯全集》（第32卷），河南大学出版社2013年版，第585页。

[6] 骆宝善、刘路生主编：《袁世凯全集》（第32卷），河南大学出版社2013年版，第620页。

人谈到宪法与责任内阁的问题，"国会与行政机关对立，督促进行，作用极大。前以国基初立，不得已取总统制总揽一切，以救危亡。若长行此制，虽余亦不能办理下去。故内阁负责，国会监督，实为今日立国不易之规"。假设国家的担子是一百斤，他认为"内阁负责八十斤，元首仅负二十斤"〔1〕。表面上这是一种责任分割的方式，但更重要的是其背后的利益分配方式。袁世凯这二十斤当然是含金量最高的二十斤，是国家属于他个人、他家族所有的二十斤。其他的八十斤，则是打工仔的八十斤。其实，之前宋教仁所设计的内阁制，总统与内阁的责任分割也相当于这八十斤、二十斤，为何袁世凯要把它推翻？那就是因为其背后的利益分配方式不符合袁世凯的要求，这二十斤不是国家属于他个人、他家族所有的二十斤，另外的八十斤也不是打工仔的八十斤，而是掣肘的八十斤。袁世凯重提内阁责任制，除了利益分配方式有了重大的变化之外，还与他个人情况密切相关。其一，在他完全控制了权力之后准备垂拱而治，以便更轻松、更幸福地享受皇帝生活〔2〕。其二，袁世凯设计的内阁制，还可能是为他儿子准备的一种皇帝制度。如前所述，在1914年12月，袁世凯曾提到，"余儿等皆愚，不具一国元首之资格"〔3〕。虽然他儿子无法独当一面，但采用这种内阁制则可以解决该问题，使他的子孙将来能够更容易地控制中国。

　　袁世凯称帝行动正在如火如荼地展开时，美国等一些国家感到忧虑。袁世凯为了解除这些国家的忧虑，于1915年8月发表《对美宣言》。该宣言除了表示决心在国内进行经济建设以及普及教育、使人民人人皆知为公民之责任等之外，特别强调的是中美"两国人民处于同样国体之下，共抱共和之意义，今而后当更巩固亲密矣"〔4〕。宣言告诉美国他绝对不会称帝。在此前后，他刻意进行一些制度安排。如地方自治制度的安排。1915年7月21日颁布《筹办京兆地方自治事宜令》，同年9月28日颁布《筹办京兆地方自治令》。但他搞这些表面文章还担心失控，决定这种自治必须是"自治与官治相济而

---

〔1〕　骆宝善、刘路生主编：《袁世凯全集》（第32卷），河南大学出版社2013年版，第649页。

〔2〕　他女儿袁静雪提到袁世凯身边的伺候者，除了复数的姨太太之外，还有其他年轻丫头。袁静雪认为这事涉猥亵，不愿多谈。袁静雪："我的父亲袁世凯"，载吴长翼编：《八十三天皇帝梦》，文史资料出版社1983年版，第33页参照。

〔3〕　骆宝善、刘路生主编：《袁世凯全集》（第29卷），河南大学出版社2013年版，第485页。

〔4〕　此为美国杂志刊登的宣言译文。骆宝善、刘路生主编：《袁世凯全集》（第32卷），河南大学出版社2013年版，第475页。

成"，甚至"欲谋地方自治之发达，必先以官治"[1]。在 1915 年 10 月中旬，
袁世凯又对美国《独立周刊》记者说："说我赞同恢复帝制，希望成为皇帝的
论调，并不是由我的朋友，而是由我的敌人制造的。如果当初我继续相信我
们的国家适合帝制，我就会站在朝廷一边，但是我看到变革是不可避免
的……我站在民主一边，结果民主制度赢了"。他还说，"中华民国是否会失
败？现在我申明，不会"[2]。但同时期，他在背地里完全是另一套的说法。
1915 年 10 月 2 日，袁世凯在和英国驻华公使朱尔典密谈中谈到，"大隈伯对
我驻日陆公使言：关于君主立宪事，请袁大总统放心去做，日本甚愿帮助一
切"。他又说，"余为皇帝不过数十年，惟于我子孙甚有关系。中国历代以来，
王子王孙，年深日久，无有不弱之理，是亦不可不虑也"[3]。所以他要考虑
在千秋万代控制中国的过程中，如何让子孙一直强大。虽然之前袁世凯也是
人前一套人后一套，但他还是尽量地进行掩盖，不藏头露尾。而此处则原形
毕露，可以从理论上、事实上对袁世凯存在说一套做一套的行为进行完美地
证明。当然，袁世凯当时依然认为自己把此事做得天衣无缝，因为他与朱尔
典的谈话是一份绝密文件。

在 1915 年 10 月中旬袁世凯对美国《独立周刊》记者说自己不赞同恢复
帝制、不希望成为皇帝的时候，帝制恢复的工作实际上已经进入到终盘。1915
年 10 月 8 日，袁世凯颁布《组织国民代表大会决定国体令》。该令提到，全国
各地"前后请愿前来，咸以为中国二千余年以君主制度立国，人民心理久定一
尊。辛亥以后，改用共和，实于国情不适，以致人无固志，国本不安"[4]。
不但国民等请愿，而且王士珍、刘冠雄等高官，也要求改变国体，定于袁世

---

　　[1]　骆宝善、刘路生主编：《袁世凯全集》（第 32 卷），河南大学出版社 2013 年版，第 703 页。
　　[2]　骆宝善、刘路生主编：《袁世凯全集》（第 33 卷），河南大学出版社 2013 年版，第 167 页。
　　[3]　骆宝善、刘路生主编：《袁世凯全集》（第 33 卷），河南大学出版社 2013 年版，第 19—20 页。
　　[4]　骆宝善、刘路生主编：《袁世凯全集》（第 33 卷），河南大学出版社 2013 年版，第 62 页。
该令还提及，"共和制度元首以时更替，国家不能保长久之经划，人民不能定专一之趋向。兼之人希
非分，祸机四伏，或数年一致乱，或数十年一致乱，拨乱尚且不遑，致治何由可望。南美、中美十余
国，坐此扰攘，几无宁岁。而墨西哥尤为尤甚，四稔纷竞，五主相残，人民失业，伤亡遍地。前车之覆，
可为殷鉴。我国迭经乱故，元气未复，国家政治，亟待进行，人民生计，亟待苏息。惟有速定君主立
宪，以期长治久安，庶几法律与政治互相维持，国基既以巩固，国势亦以振兴，全国人民深思熟虑，
无以易此。即外之政治学问名家，亦多谓中国不适共和，惟宜君宪。足见人心所趋，即真理所在。
全国人民迫切呼吁，实见君主立宪为救国良图，必宜从速解决"。尽管此时袁世凯依然扭扭捏捏，但
他已经从原形渐露发展到原形毕露，开始亲自举旗号召。

凯一尊，他们认为"共和不宜于中国，无可讳言，惟有俯顺舆情，速定君主立宪"。袁世凯认为，即使全国上下呼吁恢复帝制，但根据《约法》，"中华民国主权本之国民全体，解决国体自应听之国民"[1]，应听候参议院的决议。

1915 年 10 月 18 日，袁世凯认为，根据客观情况，中国必须要恢复帝制，很凑巧、很偶然，这个伟大的时刻又是处于他当政的时候，中国人又一次面临着数千年一遇的决定政治命运的重大转折。在这伟大的时刻，他将责无旁贷地担负起他应负的历史责任[2]。为了纪念该伟大的时刻，同月 31 日，他告诉内史监阮忠枢，"此次国体变更，为中国数千年来历史所罕有，关系大局前途，至为重要。应即将所有经过各手续，如公民请愿及各项电报等项，分别门类，编辑实纪，以资将来考证，而成新帝国纪元之纪念"[3]。也就是要把所有的民众恳切要求他登基成为皇帝的资料全部收集起来，作为他答应人民的请求、迫不得已地成为人民皇帝的历史见证。从他很有远见的这一招可以看出，他其实对推进恢复帝制的工作并不自信，因此暗留一手，如果以后有人要对他进行秋后算账，他就可以搬出这些历史见证来反驳他们。

其实，袁世凯知道人们强烈反对他称帝。但千秋万代私占中国的伟大政治理想，使他义无反顾地推进称帝计划。为确保万无一失，他小心翼翼，进行严密的部署。与上述 1915 年 10 月 18 日同日，报刊刊载他密电部下，"当此国体未发表以前，及将来甫定之际，首以维持地方秩序为最要。否则稍有摇动，不免匪党生心，外人藉口，关系至为重要。应再严责各地方官担负完全责任"[4]。数日之后的 10 月 22 日，他再次致电各省最高负责人，提及"国民代表大会不日即组织成立，国体问题之解决，既卜诸人民，必能得正当之办法。拟此后关于国体之主张，以及讨论研究此事之举动一律停止。望各以维持地方秩序，保卫人民财产为重"[5]。之所以此时他如此干脆果断，显然他已经知道在国民代表大会是否恢复帝制的决议中，他将稳操胜券。1915

---

[1]　骆宝善、刘路生主编：《袁世凯全集》（第 33 卷），河南大学出版社 2013 年版，第 81 页。
[2]　"国体前途，因迫于大势所趋，不得不归变更。予既适当其冲，无所推诿"［骆宝善、刘路生主编：《袁世凯全集》（第 33 卷），河南大学出版社 2013 年版，第 157 页］。
[3]　骆宝善、刘路生主编：《袁世凯全集》（第 33 卷），河南大学出版社 2013 年版，第 270 页。
[4]　骆宝善、刘路生主编：《袁世凯全集》（第 33 卷），河南大学出版社 2013 年版，第 156 页。
[5]　骆宝善、刘路生主编：《袁世凯全集》（第 33 卷），河南大学出版社 2013 年版，第 185 页。

年 11 月 8 日，袁世凯在收到湖南都督汤芗铭电报，获悉谭人凤、黄兴等人派员秘密到湖南准备造反但已被歼灭的情况，非常高兴，特批赏给出力人员一万元大洋，并赏给汤芗铭七狮军刀一柄〔1〕。又根据有人准备暴动的情况，于11 月 12 日下达《告百姓毋附乱党各安生业令》。该令攻击孙文、黄兴等人"谬解平等自由之学说，倡为公妻公产之妄谈。颠倒是非，妖言惑众"，并告诫民众不要追随他们，否则"重典自蹈，追悔已迟"〔2〕。

1915 年 12 月 11 日，国民代表大会通过恢复帝制决议。在此之前，各方已经提前为袁世凯登基进行各种筹备工作。关于登基典礼费用问题，在 1915年 11 月 6 日前后，袁世凯告诫部下要"力戒铺张，以惜物力"〔3〕。而亦约在此时，湖南都督汤芗铭在致电袁世凯时，用"皇帝陛下圣鉴"做他的电报开头，电报中还有"仰赖皇帝天威""伏乞训示"等句〔4〕。在参政院通过了恢复帝制的决议当天（12 月 11 日），参加国民大会的代表共 1993 人，全票推戴他成为皇帝。当时身为参政的王锡彤，在他的著作《抑斋自述》中写道，在通过恢复帝制决议之前，梁士诒向参政院议员"人人致意，勉嘱赞成。待议案宣读后，孙毓筠、胡瑛等皆大呼皇帝万岁，和者亦少"〔5〕。两天后的 12 月13 日，官员们赴新华门觐贺新皇帝。但袁世凯一反常态，又布下之前的说一套做一套迷魂阵，竟然说，"余向以舍身救国，今诸君又逼我作皇帝，是舍家救国矣。从古至今，几见有皇帝子孙有好结果者"〔6〕。在回家的路上，王锡彤问周辑之，"新皇帝出此不祥语，诸公在前者何无一人进宽慰之词者？"周辑之回答，"有何可对语，若必欲置对，只好曰：诚如圣谕而已"〔7〕。显然，前述的参议院全票赞成恢复帝制，并不证明袁世凯的倒行逆施深得人心，而主要是对议员施加各种压力所致。议员们并不真正支持帝制，他们在私下里聊天时都不知道把贪婪的袁世凯骂了多少遍。

四是预先设想的称帝失败的应急预案。虽然恢复帝制困难重重，一旦成功，国家就变成他所有并且可以千秋万代维持。这巨大利益使他挺身而出、

〔1〕 骆宝善、刘路生主编：《袁世凯全集》（第 33 卷），河南大学出版社 2013 年版，第 337 页。
〔2〕 骆宝善、刘路生主编：《袁世凯全集》（第 33 卷），河南大学出版社 2013 年版，第 362-363 页。
〔3〕 骆宝善、刘路生主编：《袁世凯全集》（第 33 卷），河南大学出版社 2013 年版，第 315 页。
〔4〕 骆宝善、刘路生主编：《袁世凯全集》（第 33 卷），河南大学出版社 2013 年版，第 337-338 页。
〔5〕 王锡彤：《抑斋自述》，河南大学出版社 2001 年版，第 215 页。
〔6〕 王锡彤：《抑斋自述》，河南大学出版社 2001 年版，第 215 页。
〔7〕 王锡彤：《抑斋自述》，河南大学出版社 2001 年版，第 216 页。

奋力争夺，但同时也准备了应急预案，预先设计一条一旦称帝失败的逃生之路。袁世凯把儿女送到欧美国家接受教育，把钱存到外国银行，并且也做好了沉船与跳船的准备。袁世凯五、六、七子等到英国留学，九、十、十一、十二子到美国留学[1]。他本人数次提到要到欧美国家生活[2]。特别是前述的与冯国璋交谈时提到，"余之四、五儿（袁克瑞、袁克权）在英留学，余已饬在英国购有少许田园，设他日有以此等事逼余者，则余惟有迳赴外邦，营菟裘（退隐）以终老耳"。老谋深算的袁世凯说"设他日有以此等事逼余者"这句话，其实是反着说，其真正的意思是，要是称帝失败了其他人要逼我承担责任，我就远走海外。为此，他在法国银行存款 200 万法郎，准备做旅居法国的费用[3]。

恢复帝制的谋划最终失败，但他没有逃走，因为他当时并没有处于他想象中的那种或者逃走，或者被杀死二者择一的状态。然而，在 1916 年 3 月 22 日发布的《撤销承认帝位案停止筹备事宜令》中，他决定不当皇帝了，但又自称本大总统[4]。被日本人当猴子耍的袁世凯，却把当时的中国人当傻瓜玩弄，随心所欲，不当总统当皇帝，当不成皇帝又当回总统，把中国人骗得团团转。甚至在此之前的 1916 年 3 月 4 日，他下达《晓谕人民爱国令》，重施欺骗人民的法术，"中国者非一人之国，乃四万万人共有之国也"[5]，完全忘了在 1915 年 10 月与朱尔典密谈中，欲把国家私有化并进行长久控制的言论。甚至把维持其个人权力、保守其个人安全，上升到保国保种的高度，向人民呼吁，"方今时局危迫，险象环生，非万众一心，无以保国保种"[6]。笔者在阅读这些资料的时候，对这种愚蠢的骗术感到无语，只能引用我们的"十全老人"乾隆大帝因为认为自己的骗术不够高明而被戳穿时的哀叹，"是

〔1〕　袁静雪："我的父亲袁世凯"，载吴长翼：《八十三天皇帝梦》，文史资料出版社 1983 年版，第 54 页参照。

〔2〕　如在 1913 年 2 月，某君问袁世凯，公如退职，将再归彰德？袁答"作欧洲游耳"。骆宝善、刘路生主编：《袁世凯全集》（第 22 卷），河南大学出版社 2013 年版，第 53 页。

〔3〕　他的儿子袁克齐说，"我父亲做总统后，看到中国政局变幻不安，考虑退路，曾在法国银行存过 200 万法郎，准备做旅居法国的经费"（袁克齐："回忆父亲二三事"，载吴长翼编：《八十三天皇帝梦》，文史资料出版社 1983 年版，第 87 页）。

〔4〕　骆宝善、刘路生主编：《袁世凯全集》（第 34 卷），河南大学出版社 2013 年版，第 767 页。

〔5〕　骆宝善、刘路生主编：《袁世凯全集》（第 34 卷），河南大学出版社 2013 年版，第 588 页。

〔6〕　骆宝善、刘路生主编：《袁世凯全集》（第 34 卷），河南大学出版社 2013 年版，第 588 页。

可笑、亦可悯也"[1]。民众都已经被袁世凯反复欺骗到觉醒了，但他还想用同一种手段进行继续欺骗？看到此，读者们不认为此时的袁世凯，其实不过是政治低能儿的晋惠帝司马衷再世吗？当然，或者此时的袁世凯已经黔驴技穷，除了这种愚蠢的欺骗法术之外，再也没有其他的办法。

为何在新旧制度转折点上，制度改革如此之艰难？从制度的利益分析理论分析，旧制度最适合于强者追求个人利益，最容易使他实现个人利益最大化。对掌权者来说，皇帝制度有很多优点，否则他们就不会采用愚民术欺骗中国人数千余年、不会对挑战者施加凌迟之类的酷刑。但是他也认识到其他制度的优点，否则他就不会把子女送到国外留学，把钱存到外国银行，甚至自己在跳船的时候也跳到海外的那条船。特别是他们的子女更是向往相对自由自在的海外生活。称帝的千秋万代的利益太诱人了，但自由世界的生活也不错。由于不受有效制度制约的利益人，具有把一切利益都占有的特性，他们存在希望把国内国外的利益都占有的意图。如果要得到这两种制度之下的好处，两全其美，最好的做法就是一家两制。一方面享受依靠权力所获取的国内资源，一方面转移财产、享受西方民主自由的利益。

一家两制、狡兔三窟。财产转移，随时开溜。皇帝制度给他们带来的利益魅力太大，他们即使明知这种制度将给中国带来动乱、战争等灾难[2]，却依然强行恢复皇帝制度。当然，一旦发生战争，他们立刻脚底抹油溜之大吉，留下跑不了的千千万万普通人坠落深渊。如果谁都跑不了，从长期看，维持这种制度，对他们的子孙也是不利，他们或者会考虑变革。但一家两制使掌权者没有推动国内制度变化的利益动力。对他们来说，两种制度都有优点。他们不希望国内也实现民主，因为皇帝制度最有利于这些统治者攫取国内资源，不改变国内制度的好处最大。如果自己的国家也变成新制度，权力就要严格受到限制，就断了财路。而一家两制，则可使他们随时随意地到国外去享受西方民主制度的好处。他们来去自由，要享受自由生活就到国外，要作威作福就回到国内。所以，袁世凯的长子袁克定强烈希望成为二世皇帝。其实他们也到欧美旅游过、生活过，并非不知道民主对国家对人民的好处，但

---

〔1〕 中国第一历史档案馆编：《乾隆朝上谕档》（第 2 册），档案出版社 1991 年版，第 484 页。乾隆说这句话，是嘲笑他自己，还是嘲笑戳穿他骗术的人，这也是一个谜案。

〔2〕 如前述，袁世凯反复强调"帝王更代之际子孙每无噍类（活人）""从古至今几见有皇帝子孙有好结果者"，担心自己的子孙在皇帝制度之下的动乱中被铲草除根。

是民主不符合他们的个人利益。在政治利益面前，掌权者的政治良心往往是脆弱、黑暗的。

通过大量阅读关于袁世凯的资料，可以认识到，他是一个极为愚蠢与极为狡猾的结合体。认为他愚蠢，是因为他没有认识到政治制度发展的大方向，在人民普遍觉醒的情况下，他却追求腐朽，将国家与人民推下万丈深渊。认为他狡猾，是因为整个称帝过程中，他不露声色，尽管随着时间的推移，行为上已经逐步走向明朗，狐狸的尾巴已经逐步显露，却到称帝那一天，他依然没有承认是自己要称帝，而是坚称人民需要他称帝、国家需要他称帝、国会每一个议员要求他称帝，他是民选的皇帝。他愚蠢赛过晋惠帝，狡猾赛过王莽。

总而言之，由袁世凯执导并领衔主演、大批人员参演的称帝世纪大戏，到了 1916 年 4 月份，包括原来心腹亲信在内的人们逼他退任总统的时候，就落下帷幕。如上所述，袁世凯在称帝过程基本上采用了欺骗的策略。但他在称帝大戏中用谎言所塑造大公无私、为国家为人民鞠躬尽瘁死而后已的光辉形象[1]，在落幕卸妆之后也露出真容，其实他个人的身家性命才是最重要的。1916 年 4 月 12 日，他与徐世昌、段祺瑞等人密商退位问题，说，"善后办法，一为退位后余个人及子孙、族戚应如何维护，不使生危险之虞。二为退位后，财产一切，除国有外，应归本人享受者，不得有丝毫损害"[2]。同日，他与国务卿徐世昌谈到哪些人是最让他感到愤怒的问题。其中提到"举兵发难者，大半皆属赞成帝制之人"[3]。他认为这种人在你掌握权力的时候，趋炎附势、推波助澜，一旦在你可能失去权力的时候就落井下石。4 月 18 日，他认为自己因时运不济、接手烂政权而导致自己遗臭千古、身败名裂，"处此时艰，揽此危殆政权，遗臭千古，对内对外身败名裂"[4]。

袁世凯在世的时候已经意识到自己将遗臭千古、身败名裂，但此时他还不知道在他身后将给国家、给人民带来何种的巨大灾难。为了控制国家、把国家私有化，袁世凯取消国会，解散地方议会、地方自治体，派遣亲信控制地方。因为地方议会、自治体被解散，这些亲信到了地方不受任何制度制约，

---

〔1〕　如前述的"余向以舍身救国，今诸君又逼我作皇帝，是舍家救国矣"。
〔2〕　骆宝善、刘路生主编：《袁世凯全集》（第 35 卷），河南大学出版社 2013 年版，第 160 页。
〔3〕　骆宝善、刘路生主编：《袁世凯全集》（第 35 卷），河南大学出版社 2013 年版，第 161 页。
〔4〕　骆宝善、刘路生主编：《袁世凯全集》（第 35 卷），河南大学出版社 2013 年版，第 208 页。

组织自己的武装，把地方私有化。张一麐说，"帝制萌芽，民国四年之初各将军纷纷添募军队。一日余谓朱君启钤、周君自齐曰藩镇之势已成，此后中央命令恐不能行于地方，两君然之"〔1〕。张一麐、朱启钤、周自齐均为袁世凯的心腹，他们都很熟悉当时的情况，并都持有共同的见解。在袁世凯认为已经控制全局，准备全面开始恢复帝制的时候，他派出的这些亲信也都已经成为地方上的土皇帝。一旦地方被私有化，控制地方进行武装割据的军阀们就有通过暴力不断扩大领土、追求最大化利益的欲望。后来降临到中国人头上的军阀战争等的各种灾难，袁世凯难辞其咎。王芸生也认为"袁氏之自误，已无足惜，而贻祸于国家者，实无涯量。强邻侵略原已告一段落，袁氏使之复燃。国内军人本皆听命政府，袁氏教之离叛。并利其拥戴，使其自悟枪杆有力量，武人能干政。此后之分崩离析，以及军阀割据之无穷内乱，虽谓皆种因于此役，亦不为过言。袁世凯之自误误国，其罪大矣"〔2〕。袁世凯在没有认识到自己身后给国家、给人民带来灾难时，给自己的评价是"遗臭万年、身败名裂"。如果知道，他该如何评价自己？袁世凯及时地得病死去，当时的北洋政府还为他举行隆重的葬礼，让袁世凯风风光光地告别他的府邸中南海，这对他个人来说也算是个好结局。只不过其在位时胡作非为所遗留的问题，并没有随他死去而了结，而是给国家、给人民带来巨大的灾难。民初许多令人扼腕叹息的政治事件已经发生，无可挽回。但是为何发生，不能是糊涂账。为追求权力而破坏制度的袁世凯，他自己也认为自己将遗臭万年，而现在一些人却极力为他翻案。在国家民有的观念普遍树立之前，欲私占国家的政治野心家都有可乘之机，如果都是糊涂账，类似的问题还会反复发生。探讨该问题的来龙去脉，让他负其应负的历史责任，这或者是阻止政治野心家私占国家的有效手段之一。

世界上，没有哪一个国家是不适合于实施政治利益均衡导向制度的，该制度只是不适合于某些国家中欲独占政治利益的强者，对尝尽弱肉强食甜头的强者来说，如果实施政治利益均衡导向制度，将使他的利益受到一定的损失，他可能因此百般阻拦。民初中国，如果按照从利益非均衡导向政治制度

---

〔1〕 张一麐：《心太平室集》，文海出版社 1966 年版，第 573 页。
〔2〕 王芸生编著：《六十年来中国与日本》（第 7 卷），生活·读书·新知三联书店 2005 年版，第 2 页。

向利益均衡导向政治制度发展的规律，制定公正制度，按部就班地坚守公正制度，制度建设就可以逐步发展。人们也从原来的对旧制度仇恨而进行破坏，变成对新制度的憧憬而充满期待。一旦制度建设倒退，人心混乱，行为失去凭据，丛林规则又卷土重来，重新支配人们的行为。事实上，人心是很敏感的，他们对倒行逆施充满厌恶，但当时别无和平手段让袁世凯下台，只能通过战争来解决问题。袁世凯对制度建设的破坏所造成的恶果难以估量。

历史潮流滚滚向前，以人民利益为中心的政治制度改革，终究阻挡不住。但袁世凯的欲望确实使他变成中国政治制度发展道路上的搅屎棍。这根搅屎棍把国家搅得一塌糊涂，给国家、给人民带来巨大的灾难。这种灾难往往要到数年、数十年之后才告一个段落。人民在这巨大灾难面前能够活下来的，也是遍体鳞伤，他们要等到灾难平息之后，才能够带着肉体上尚未平复的累累伤痕以及精神上的巨大创伤，忍辱负重，又重新出发、踏上改革的征途。考虑到一个人的错误决策，导致国家、人民要承受长期的、巨大的灾难，完全可以断定，在袁世凯决定并且实施走回头路政策的那一刻，他在中国政治历史中的地位已被决定，他将作为一个极端自私的政治小丑而载入史册。

第十一章

制宪后美国政治成功与民初中国政治失败原因的比较

在已出版的拙作《超越不同形式政治制度的研究范式——制度的利益分析理论之魅力》[1]中,笔者采用制度的利益分析理论对古希腊雅典民主与英国民主制度形成的问题进行了研究。是否也可以将美国制宪过程的问题纳入制度的利益分析理论的解释范围?是否也可以将制宪后美国政治成功与民初中国政治失败原因的比较,纳入制度的利益分析理论的解释范围?笔者认为完全可以进行这种尝试。

独立(1776年)之后、制宪(1787年)之前的美国,与民初(1912年)中国同样困难、混乱,但他们通过制定民主的国家宪法并且促使政治制度改革走向成功,而民初中国借鉴《美国宪法》等而制定《临时约法》,却使政治制度改革走向失败,其关键的原因是什么?这本来是一种极有学术魅力的政治制度比较课题,但笔者在查阅相关研究成果的时候,却没有发现这一类制度比较研究的作品。这让我感到极为纳闷。后来意识到这大概是学者们认为这是两种不同的政治制度系统,没有花费大量时间、精力进行相互比较的意义[2]。有一些学者进行这种研究,也是从制度以外的视角进行,如有学者

---

〔1〕 陈忠云:《超越不同形式政治制度的研究范式——制度的利益分析理论之魅力》,中国政法大学出版社 2016 年版,第 14 章、第 16 章参照。

〔2〕 如赵小平、刘青华、高伟、王建华、张鸣、汪朝光、杨天宏等人都认为,中西政治制度是不同的两种制度系统,民初中国因为移植西方政治制度、导致水土不服而失败。赵小平认为"为什么三权分立制度在欧美能运行自如,而到了中国就寸步难行呢?表面看来,这只是个政体形式问题,但实质原因却无疑要从蕴藏在它背后的整个经济、政治、军事实力中去寻找……它的失败,标志资产阶级代议制在中国移植的破产";刘青华认为"照搬欧美各国(制度),不顾本国的具体国情和实际状况,搞硬性移植,是导致民初民主政治失败"的重要原因;高伟认为之所以民初从美国移植过来的政治制度陷入失败,"主要原因是民初的中国根本不具备发展民主共和制度的经济基础、真正的法制和普遍的

认为具有妥协精神是美国制宪成功的关键原因，而缺少妥协精神是民初政治制度改革失败的主要原因[1]。这种观点在某种程度上不算错，但不是深层次的原因。要进行更深层次的研究，还是只能从制度入手。而如果没有制度的利益分析理论进行研究导航，这种比较研究展开的难度极大。这大概也是很少人去涉及这个课题的主要原因。

中西政治制度是不同的两种制度系统、欧美政治制度不适合于民初中国的观点，至少已经统治中国思想界一百年。2015 年，杨天宏还认为中西政治制度是"南橘北枳"的两种制度系统，而整整一百年前的 1915 年，袁世凯正在运动称帝的时候，该观点已经风靡当时的中国。[2] 1915 年 8 月份，古德诺发表《共和与君主论》，认为"□国百姓，习于君主，鲜有知大总统者，故君主恒为人所敬"。[3] 也是在同年 8 月份，杨度等人策划的筹安会成立。成立之后声明，"中、美（制度）情殊，不可强为移植"。[4] 同年 10 月份，袁世凯颁布《组织国民代表大会决定国体令》。该令提到，全国各地"前后请愿前来，咸以为中国二千余年以君主制度立国，人民心理久定一尊。辛亥以后，改

（接上页）民情"；王建华认为"民初政党失败的深层原因是中西政治精神的巨大差异。建立在契约关系基础上的西方政治，强调'多元共存'的共和精神；建立在伦理关系基础上的中国政治，强调权力独占与以礼节情的道德力量"；张鸣认为"其实一个有两千年帝制传统的国度，骤然引进一个最先进的制度，难免消化不良"。汪朝光认为民初民主制度之所以失败，"盖因当时的中国，无论是政治、经济、文化状况，还是民众素质与历史传统，均不具备实行西式民主之条件。民国的创立者以其美好理想而引入之西式民主，虽经短暂实验，而终因水土不服"而失败；杨天宏认为"中国国会存在时间如此短暂，与移植代议政制的主客观条件不成熟，南橘北枳，异化质变，暴露出诸多弊端，遭到国人唾弃有关"。上述观点的出处，参照本书第 1 章。

〔1〕　胡丽娟："妥协缺席：中美比较视野中民初第一次制宪会议的败因"，载《中共杭州市委党校学报》2011 年 02 期。

〔2〕　在更早的 1898 年，张之洞也认为中美政治制度是两种不同的制度系统，他认为中国人无须羡慕美国民主制度，其弊端不可胜数，"美国人来华者，自言其国议院公举之弊，下挟私，上偏徇，深以为患。华人之称羡者，皆不加深考之谈耳"。而民权思想更不可取，张之洞痛斥道"近日摭拾西说者甚至谓人人有自主之权，益为怪妄…… 若人皆自主，家私其家，乡私其乡……子不从父，弟不尊师，妇不从夫，贱不服贵……环球万国必无此政，生番蛮獠亦必无此俗"〔（清）张之洞：《劝学篇》，广西师范大学出版社 2008 年版，第 39-40 页〕。当时，张之洞欲通过贬斥民主制度以及民权，来强化皇帝制度，促进民众的忠君精神。

〔3〕　白蕉："袁世凯与中华民国"，载荣孟源等主编：《近代稗海》（第 3 辑），四川人民出版社 1985 年版，第 128 页。

〔4〕　白蕉：《袁世凯与中华民国》，四川人民出版社 1985 年版，第 130 页。

用共和，实于国情不适，以致人无固志，国本不安"[1]。显然，其后主张中西是两种不同的政治制度系统的学者们，都是他们忠实的跟随者。但这距离不是十年八年，而是一百年，随着时代的推移，人们可以接触到更多的、更接近事实的资料，为何这种观点到现在依然没有改变？可能至少有如下几个原因。一是形成窠臼，他们或者认为美国的学术权威古德诺都认为中西政治制度是两种不同系统的制度，跟随他准不会错。二是绝大多数中国人接受西方原始民主理论中的西方民主是天生的观点，这种观点强化了他们的这种错误认识。三是没有新理论，无法开辟新跑道。如果不跟在袁世凯、杨度等人的屁股后面跑，停下来了谁能够为他们提供新跑道？所以，他们虽然在这个跑道上已经跟跑了一百余年，但到目前为止，依然没有要停下来的迹象。

但是今天，制度的利益分析理论可以提供另外一种思路。人们可以比较选择，看看哪一种思路，或者哪一条跑道更适合于你。在这篇文章，读者可以先跟随笔者，穿过重重迷雾去认识真相。这种迷雾背后的真相就是：美国之所以成功、民初中国之所以失败，不是因为两种不同的政治制度系统问题，而是权力是否得到有效控制的问题。

其实，探讨政治制度领域的问题，在制度的利益分析理论之下、以政治利益为导向的分析更为合适。该理论认为，在政治领域，无论是美国人还是中国人，他们都是利益人，都追求自己的政治利益。如果说美国人更有理性，这种理性并非是天生的特殊环境所造就的，而是在与强者的反复抗争中，积累更多的有效地争取自身利益的经验而已。但这种理性的智力基础，全世界人都具备，这种理性的程度，全世界人都可以达到。

在这种理论之下理解中美胜败的关键原因，可以认为，美国之所以能够成功，是因为其政治权力被《美国宪法》严密设计的制度所控制，民国初中国尽管借鉴《美国宪法》等制定了《临时约法》，却因为约法本身的缺陷以及当时中国掌权者无限集权的欲望，突破了这种制度制约，而最终失败。以下，按照被严密制度设计所控制的美国权力、突破制度制约的民初中国权力的顺序进行阐述。

一、被严密设计的制度所控制的美国权力

美国走向成功的核心内容是，宪法制定者在制宪过程中明确地意识到不

---

[1] 骆宝善、刘路生主编：《袁世凯全集》（第 33 卷），河南大学出版社 2013 年版，第 62 页。

受制约权力的胡作非为问题，因而着力于设计严密的制度对权力进行制约，改革成功背后显示其权力制约的智慧。

（一）政治制度改革的必要性

1776 年 7 月 2 日美国签署《独立宣言》。独立之后的美国，为了有效抵御外来侵略以及克服州与州之间的矛盾等问题，九个州联合起来制定了《邦联条例》，1777 年 11 月 19 日会议通过该条例，1781 年 3 月 1 日生效。当初他们认为该条例将长久有效，所以该条例的全称是《邦联和永久联合条例》。该条例所设计的邦联，是一个松散联盟，各州有充分的自治权，但他们也是一个命运共同体，在有事的时候相互支援。《邦联条例》第 2 条规定，"各邦保留自己的主权、自由与独立、每项权力、管辖范围和权利，邦联议会召开期间通过这项结盟明确授予联邦者除外"。第 10 条规定，"邦联议会休会期间，授权邦际委员会，或任何九个邦，执行邦联议会召开期间邦联的权力，取得九个邦同意，每隔一段时间可以考虑必需的授权；但是，未经邦联议会召开期间联邦内九个邦的同意，不得授权上述委员会执行邦联条款规定的任何权力"〔1〕。在邦联条约之下形成的美国联盟，虽然有一个合众国委员会，但没有独立的行政部门与司法部门，也没有征税权。这使美国面临着困境，包括邦联债务、邦联政府缺乏有效行使权力的手段、邦联内部不和、人们欲拥立美国国王等，各种问题困扰着当时的美国。

第一，无征税权使邦联政府负担沉重，债务变得十分虚弱。当时，邦联政府所负担的公共债务超过 40 000 000 美元。按计划，从 1781 年到 1786 年，他们要向各州征收的款项是 15 570 000 美元，但收上来仅仅 2 419 000 美元，是总额的七分之一。〔2〕

第二，邦联政府缺乏有效行使权力的手段。《联邦党人文集》的作者们对此大倒苦水，他们指出邦联政府的明显缺点"是它的法律完全缺乏支持。现在组成的合众国没有权力通过罚金、停止或剥夺权利或以任何其他合法方式来强制人民服从决议或惩罚违犯决议的人"〔3〕。

〔1〕［美］麦迪逊：《辩论：美国制宪会议记录》，尹宣译，译林出版社 2014 年，第 713 页、第 719 页。

〔2〕John H. Ferguson Dean E. McHenry: *Elements of American government*, McGraw-Hill, 1958, p. 10.

〔3〕［美］汉密尔顿、杰伊、麦迪逊：《联邦党人文集》，程逢如、在汉、舒逊译，商务印书馆 2007 年版，第 101 页。

第三，各种原因导致邦联内部不和。《邦联条例》存在不合理的规定，比如不论州的人口多少，其投票权一律平等，这导致邦联大小各邦形成意见对立。大邦对此规定不满，他们认为"平等投票权的运用违反了共和政体的基本准则，该原则的要求是，多数的意见应该占优势"[1]。邦联内部也存在各邦之间边界的矛盾。各邦与"其他大多数互相接壤的国家一样，它们不是经常卷入领土争夺和战争，就是经常生活于惟恐发生领土争夺和战争的状态之中"[2]。

第四，部分人要拥立美国国王，这威胁着美国政治发展的将来。该问题，我们可以直接引用当时当事人的记述进行考察。"1776 年 12 月，我们的处境十分艰难，众议院有人建议拥立一个独裁者，由他掌握立法、行政和司法大权，民政和军政大权以及对我们人身财产的生杀大权。1781 年 6 月，又是在困难情况下，又提出了同样的建议，而且只差几票就被通过"[3]。也就是说，在 1781 年 6 月，就差一点点，美国国家就诞生一个独裁者——美国国王。他们不但采用和平的投票手段拥立国王，甚至要采用暴力的政变手段拥立国王。1783 年 3 月，没有领到工资的军人们在纽堡酝酿政变，打算夺取邦联议会的政权，取消文官政府，建立军政府。他们要拥立华盛顿为美国国王，但是华盛顿并不领情，责备他们："对此，我极为憎恶并严加斥责，使我困惑不解的是，究竟我有哪些举措足以鼓励你向我提出这种请求"[4]。之后的岁月，该问题同样严重。1786 年 8 月 1 日，华盛顿致信约翰·杰伊，亦提及该问题，"短短数年，变化竟如此惊人。据闻，即使德高望重的人物也在无所顾忌地谈论君主政体。言论出自思想，再进一步即往往成为行动。这一步却是无法挽回和重大的一步"[5]。华盛顿在对待该问题上，头脑十分清醒，他知道美国人民追求的是平等自由，而不是拥立国王，他在 1787 年 3 月 31 日致信詹姆斯·麦迪逊时，提到，"我有充分理由认为，倾向于建立君主政体的人，或者是不

〔1〕 ［美］汉密尔顿、杰伊、麦迪逊：《联邦党人文集》，程逢如、在汉、舒逊译，商务印书馆 2007 年版，第 108 页。

〔2〕 ［美］汉密尔顿、杰伊、麦迪逊：《联邦党人文集》，程逢如、在汉、舒逊译，商务印书馆 2007 年版，第 21 页。

〔3〕 ［美］杰斐逊：《杰斐逊选集》，朱曾汶译，商务印书馆 2011 年版，第 246 页。

〔4〕 ［美］麦迪逊：《辩论：美国制宪会议记录》，尹宣译，译林出版社 2014 年版，第 4 页。

〔5〕 ［美］华盛顿：《华盛顿选集》，聂崇信、吕德本、熊希龄译，商务印书馆 2012 年版，第 218 页。

了解公众的意向"[1]。

上述问题使当时的美国人面临着严峻的政治环境，他们纷纷要求对邦联制度进行改革，制定新宪法替代《邦联条例》。1787 年 5 月份，人们聚集到费城制定《美国宪法》。随着 1787 年 9 月 17 日《美国宪法》制定完成，1789 年 3 月生效，《邦联条例》也就完成了其历史使命。

当初，人们制定《邦联条例》的时候，有足够的信心让该条例长久维持，所以将该条例命名为《邦联和永久联合条例》，但没有预料到仅维持几年。而后来制定的《美国宪法》，宪法制定者们对它能维持多长时间没有信心。在《美国宪法》制定完成，需要人们签字时，富兰克林在恳请全体代表进行签字时发言："我进而相信，这一次可能治理得好若干年，不过最后还是会以专制收场，和以前的一些共和形式结局一样，人们（官员）一旦过于腐化，就需要专制政府，没有能力建成其他形式"[2]。而参与制定宪法的成员乔治·梅森则拒绝签字，他的理由是：宪法没有公民权利宣言，"分散在各邦宪法里的公民权利宣言，（就）没有保障。人民没有保障，连习惯法的好处也享受不到"[3]。并且他不看好在这种宪法之下成立的政府，"这个政府将从温和的贵族制开始，目前还不能预见，在其运作过程中，是变成君主制，还是腐败的、虐政的（压迫的）贵族制；他多半会在二者之间摇摆若干年，然后以这种或那种形态告终"[4]。他们都是基于对这部宪法无法对掌权者胡作非为问题进行长期有效控制的担心。但没有想到的是，《美国宪法》一直维持到今天，而且越发有魅力。当然，中间进行了几次修正，包括增加制宪时期梅森等人所建议的公民权利条款等。以下将对美国人围绕着制约权力而成功地制定《美国宪法》的智慧进行阐述。

（二）改革成功背后的权力制约的智慧

如上所述，无论是富兰克林还是梅森，他们都担心《美国宪法》无法控

---

[1] [美] 华盛顿：《华盛顿选集》，聂崇信、吕德本、熊希龄译，商务印书馆 2012 年版，第 222 页。两千多年前，古希腊雅典民众对僭主的仇恨，使梭伦感到恐员，他如实地表白放弃成为僭主机会的原因，"我当然也曾愿意获得（僭主）这个权力，和无数的财富，在雅典做不过一日的僭主，然后我被剥皮，我的后代被消灭。"[古希腊] 普鲁塔克：《希腊罗马名人传》，黄宏煦主编，陆永庭、吴彭鹏等译，商务印书馆 1990 年版，第 181 页。

[2] [美] 麦迪逊：《辩论：美国制宪会议记录》，尹宣译，译林出版社 2014 年版，第 698 页。

[3] [美] 麦迪逊：《辩论：美国制宪会议记录》，尹宣译，译林出版社 2014 年版，第 694 页。

[4] [美] 麦迪逊：《辩论：美国制宪会议记录》，尹宣译，译林出版社 2014 年版，第 696 页。

制住胡作非为的权力。实际上，美国人集中到费城讨论制宪问题时，核心话题之一就是如何对权力进行控制。而恰恰，《美国宪法》成功就在于其对权力的充分制约。可以利用制度的利益分析理论对该问题进行分析。该理论的主要内容有利益人假设、不受制度制约掌权者的不择手段谋私的可能性，以及克服权力胡作非为问题的制度设计等。美国人在设计其宪法的时候，恰恰都关注到这些问题。

关于利益人假设。人，就是普通的人。美国人也是普通人，无须把他们假设得太高尚。因为"如果人人都是天使，就不需要任何政府了；如果天使统治人，就不需要对政府有任何外来或内在的控制了"[1]。这些利益人为了让自己更好地生存与发展，追求政治利益，包括权力地位。在制宪会议上，可以看到参会者对这种问题的明确认识。富兰克林认为，人都是"爱权与爱钱"，总统职位的利益大，人人追求，"天上地下都趋之若鹜"[2]。而梅森也认为，"从人的本性出发，我们可以有把握地说，人们一朝权在手，只要还能抓得住，就绝不会放手"[3]。并且，利益人都有追求相对较大利益的行为倾向，美国人也一样，"每一州都有某一类的人，他们的明显利益在于反对一切变化，因为那些变化有可能减少他们在州政府中所任职位的权力、待遇和地位；另外还有一类人，他们出于不正常的野心，或者希望趁国家混乱的机会扩大自己的权力，或者认为，对他们来说在国家分为几个部分邦联政府的情况下，要比联合在一起有更多向上爬的机会"[4]。

制宪的参与者们对政治方面的人性把握十分到位。这也反映出制度的利益分析理论的正确性。对于这种具有追求自身较大利益倾向的利益人，如果没有有效制约他们行为的制度，他们可能不择手段追求自身的利益。在制宪会议上，人们对不受制约权力的胡作非为问题具有强烈的危机感。"西部新邦也和普通人一样，一朝权在手，就会滥用权力"[5]。"如果让议会选举总统，就

---

〔1〕 ［美］汉密尔顿、杰伊、麦迪逊：《联邦党人文集》，程逢如、在汉、舒逊译，商务印书馆2007年版，第264页。

〔2〕 ［美］麦迪逊：《辩论：美国制宪会议记录》，尹宣译，译林出版社2014年版，第39页。

〔3〕 ［美］麦迪逊：《辩论：美国制宪会议记录》，尹宣译，译林出版社2014年版，第273页。

〔4〕 ［美］汉密尔顿、杰伊、麦迪逊：《联邦党人文集》，程逢如、在汉、舒逊译，商务印书馆2007年版，第4页。

〔5〕 ［美］麦迪逊：《辩论：美国制宪会议记录》，尹宣译，译林出版社2014年版，第296页。

会被暗中搞鬼、策划于密室的政客集团、派别把持，就像教皇选举一样"[1]，而"罗马教皇至今没有一个较好的选举方法"[2]。并且，"（参议院）任期太长可能逐渐侵权，力图延长任期，先弄成一个终身制的机构，最后变成一个世袭制的机构[3]。甚至议员"把称职的官员挤走，为自己制造空缺"[4]。在美国，如果一个人当家作主，同样"他会很自然地想搞终身制，然后就会安排他的子孙继位"[5]，以长久控制政权。

从上述的资料可知，无论何处，作为利益人的掌权者，如果他们不受有效制度制约都将胡作非为。制宪之前的美国掌权者，他们以权谋私的欲望也是极为强烈，与中国清朝掌权者的欲望没有什么两样，只不过清朝统治者的手段更加极端，他们采用凌迟等手段将民众控制住，然后对他们进行人格摧残，要他们跪拜、匍匐在自己的脚下。美国人对权力胡作非为问题的恐惧，也不单单局限于美国人掌权者。他们也对原来宗主国的英国人在美国控制权力之时胡作非为问题感到心有余悸，"大不列颠当今国王的历史，就是反复伤人和篡权的历史……他大肆设职封官，派来的官员蜂拥成群，骚扰民众，侵吞民脂民膏"[6]。美国独立之前的 1735 年，发生"曾格审判案"。曾格是印刷商，因自由言论的问题被从英国派来的官员逮捕。律师汉密尔顿在为曾格辩护时，谴责胡作非为的权力："权力好比一条大河。如果控制在应有的范围内，它既美丽又有益。但若河水漫出河岸，就会如野马脱缰，难以控制；它会吞噬面前的一切，所到之处无不留下毁灭与荒芜……从古到今，不法权力曾为其张狂的欲望和无止境的野心而使多少精英鲜血流淌"[7]。正是这些从英国派来官员胡作非为的问题，导致美国人奋起反抗，这种"对君主制压迫的仇恨，已经带领人民经历了一场刚刚过去的（独立）革命"[8]。

〔1〕［美］麦迪逊：《辩论：美国制宪会议记录》，尹宣译，译林出版社 2014 年版，第 314 页。

〔2〕［美］麦迪逊：《辩论：美国制宪会议记录》，尹宣译，译林出版社 2014 年版，第 369 页。

〔3〕［美］麦迪逊：《辩论：美国制宪会议记录》，尹宣译，译林出版社 2014 年版，第 196 页。

〔4〕［美］麦迪逊：《辩论：美国制宪会议记录》，尹宣译，译林出版社 2014 年版，第 174 页。

〔5〕［美］麦迪逊：《辩论：美国制宪会议记录》，尹宣译，译林出版社 2014 年版，第 367 页。

〔6〕［美］麦迪逊：《辩论：美国制宪会议记录》，尹宣译，译林出版社 2014 年版，第 709 页。

〔7〕 George Clack：*Historians on America*：*Decisions That Made A Difference*，dot1q Publishing，2010，p. 13. 翻译参照美国驻华使馆博客，载 http://blog.sina.com.cn/s/blog_ 67f297b00102drkw.html，访问日期：2016 年 3 月 2 日。

〔8〕［美］麦迪逊：《辩论：美国制宪会议记录》，尹宣译，译林出版社 2014 年版，第 53 页。

无论哪个国家，如果强者不受制度制约，都将可能给国家、给人民带来灾难。美国人认识到不受制度严密制约的权力容易胡作非为的问题，思考应当如何对权力进行制约以保护国家与人民的利益。但谁来帮助美国人对掌权者进行控制？"理性告诉我们，我们不过是人，我们不指望上苍对我们特别眷顾"〔1〕，并且宗教也同样无法帮助人们，甚至"宗教本身也能变成迫害与压迫的动机，这些现象已为古往今来各国历史所证实"〔2〕。要建设较为合理的政治制度，只能依靠他们自己，只有他们自己才能够设计有效的制约权力的制度，建设具有强大凝聚力的美国。正是人们对更好政治制度的追求，美国宪法制定者集中于费城，讨论如果要形成一个统一的美国，如何克服权力胡作非为等问题，并进行相关的制度设计。

美国最高领导人应如何产生，是制宪会议中最重要的议题之一。在讨论总统究竟是由人民还是由议会选举产生的问题时，部分参会者反对总统由议会选举产生。其理由是，如果总统由议会选举产生，那么总统与议员之间可能相互勾结，"总统为了连任，将与议员进行暗中交易……腐败问题将层出不穷"〔3〕。如前述，他们还认为"如果让议会选举总统，就会被暗中搞鬼、策划于密室的政客集团、派别把持，就像教皇选举一样"，所以他们建议，或者设计选举人团制度"由人民推举选举人选举"，或者"由人民直接选举"〔4〕，二者择一。但他们担心如果由人民直接选举总统，可能同样容易发生操纵与腐败，以及社会震动等，因此建议采用前一种方法，也就是设计选举人团制度"由人民推举选举人选举"。这种选举方式的好处是，"选出若干人，组成一个选举人的居间机构，比起选举一个人，作为公众寄望的最终对象，就不那么容易造成震动整个社会的非常的、暴乱性的运动……最应寄予希望的是，要采取一切实际可行的步骤去反对结党营私、阴谋诡计、贪污腐化……会议未使总统的任命依靠任何现成的组织，因为这种组织的成员有可能在事先受到贿赂而出卖其选票，而是从一开始就诉之于美国人民的直接行动"〔5〕。中

---

〔1〕 ［美］麦迪逊：《辩论：美国制宪会议记录》，尹宣译，译林出版社 2014 年版，第 236 页。

〔2〕 ［美］麦迪逊：《辩论：美国制宪会议记录》，尹宣译，译林出版社 2014 年版，第 68 页。

〔3〕 ［美］麦迪逊：《辩论：美国制宪会议记录》，尹宣译，译林出版社 2014 年版，第 38 页、第 86 页、第 334 页等。

〔4〕 ［美］麦迪逊：《辩论：美国制宪会议记录》，尹宣译，译林出版社 2014 年版，第 376 页。

〔5〕 ［美］汉密尔顿、杰伊、麦迪逊：《联邦党人文集》，程逢如、在汉、舒逊译，商务印书馆 2007 年版，第 347 页。

国民国初期在选举时所发生的贿选等问题，美国也同样可能发生，但他们通过制度设计进行有效控制。

参会者在探讨总统能否连任等问题时，也是把总统假设为必定追求自身利益的利益人进行推理，"如果总统不能连任，他将利用短暂的时光，积累财富，犒劳朋友"[1]，他会"利用现有一切机会，不择手段地采取恶劣手法，尽量在有限任期内侵吞中饱"[2]。这类似于中国官场上的"59岁现象"。这种因制度导致短期行为问题，在美国同样可能发生，但他们设计严密的制度进行应对。他们将该问题与上述的总统究竟是由人民还是由议会选举产生的问题联系起来思考，认为如果总统由议会选举则不能连任，因为连任极容易造成总统与议会议员之间相互勾结。但总统不能连任，容易发生短期行为的问题。为了避免这些问题，"实现总统可以连任的目的，由人民选出选举人，再由选举人选举总统"[3]。他们认为"总统每次当选任期四年，只要合众国人民认为他可信就可以多次连选连任"[4]。

如何选举总统，是制宪会议的最大难点之一，人民选举、各邦议会选举、各邦行政官选举、人民推选选举人团选举，甚至有人提出采用抽签的办法，他们"探讨总统产生的各种办法，但无一令人满意"[5]。讨论总统的产生的过程十分曲折，最终决定由人民推选选举人团选举。

通过设计严密制度堵塞贪腐漏洞而选举出来的总统，人们还担心他们在就任之后可能因权力制约不足而胡作非为。"他们把总统的表征大加文饰，似乎比英国国王还要庄严显赫。他们把总统描述成似乎冕旒加额、紫袍罩身。他们把总统安置在宝座上，左右拥护着宠臣嬖姬，召见外邦使节，简直威严骄慢不可一世。为了竭力夸张，他们简直全盘搬用了亚洲专横暴君穷奢极侈的形象"[6]。他们对总统的这种忧虑，促成了对当选之后总统的权力进行严

---

[1]　[美]麦迪逊：《辩论：美国制宪会议记录》，尹宣译，译林出版社2014年版，第331页。

[2]　[美]汉密尔顿、杰伊、麦迪逊：《联邦党人文集》，程逢如、在汉、舒逊译，商务印书馆2007年版，第368-369页。

[3]　[美]麦迪逊：《辩论：美国制宪会议记录》，尹宣译，译林出版社2014年版，第334页。

[4]　[美]汉密尔顿、杰伊、麦迪逊：《联邦党人文集》，程逢如、在汉、舒逊译，商务印书馆2007年版，第350页。

[5]　[美]麦迪逊：《辩论：美国制宪会议记录》，尹宣译，译林出版社2014年版，第381页。

[6]　[美]汉密尔顿、杰伊、麦迪逊：《联邦党人文集》，程逢如、在汉、舒逊译，商务印书馆2007年版，第342页。

格限制。他们采取三权分立的办法对总统权力进行横向制约。如人事任命权，"总统提名并根据或征得参议院之意见并取得其同意，任命大使、其他使节、领事、最高法院法官及本宪法未就其任命程序作有其他规定之合众国一切官员……（他们认为）很难设想（有）较这更为完善的遴选合众国官吏的方式"〔1〕。这样可以"形成对总统用人唯视（唯亲、唯宠）的制约，有利于防止出于本州乡土观念、家庭关系、个人情感或哗众取宠等不良动机而作出不合宜的委任……总统提名时因有被驳回的可能必将使其更加审慎，事关总统令（名）誉，且其作为民选行政首脑亦事关其政治前途，必将使其怯于徇情与取宠，以免使之暴露于对全国舆论有巨大影响的参议院的众目睽睽之下。因而他亦将耻于，并且怯于将名利肥缺委之于同乡关系、个人关系或碌碌无能、唯唯诺诺之辈"〔2〕。从这些内容，可以逆推当时的美国掌权者以权谋私问题之严重，以及设计的制约权力制度之严密。所以，任何地方不受有效制度制约的掌权者，都将胡作非为，都需要严密的制度进行制约，不管他是美国人或者中国人。

并且议会可以对总统进行弹劾，因为"总统滥用权力的可能性极大，当公共钱财都掌握在他手中的时候"〔3〕。如果议会没有对总统渎职进行弹劾的规定，那么手握公共钱财的总统，或者可能贪污，或者可能为让自己成为世界人民的伟大领袖而不顾国内存在重大的经济问题去四处抛撒钱财。所以美国人认为，为了防止总统滥用财政权力，议会必须掌握财政预算权，同时，宪法必须规定议会具有对总统滥用权力的问题进行弹劾的权力。

制约总统权力的方法，除了横向制约之外，还有纵向的层层制约。他们首先按照人民主权的原则，彻底理顺政治结构，让人民选择其最信任的各个层次掌权者。由人民选举来改善权力结构，阻止权力腐败。在制宪会议上就有人建议，"用老百姓层层筛选的办法，来净化官员队伍"〔4〕。他们"希望建立一个良好的全国政府，同时又把相当份额的权力保留给各邦政府"〔5〕，

---

〔1〕［美］汉密尔顿、杰伊、麦迪逊：《联邦党人文集》，程逢如、在汉、舒逊译，商务印书馆2007年，第382-383页。

〔2〕［美］汉密尔顿、杰伊、麦迪逊：《联邦党人文集》，程逢如、在汉、舒逊译，商务印书馆2007年，第385页。

〔3〕［美］麦迪逊：《辩论：美国制宪会议记录》，尹宣译，译林出版社2014年版，第342页。

〔4〕［美］麦迪逊：《辩论：美国制宪会议记录》，尹宣译，译林出版社2014年版，第26页。

〔5〕［美］麦迪逊：《辩论：美国制宪会议记录》，尹宣译，译林出版社2014年版，第69-70页。

总统无权插手各邦的政治事务，让各邦人民自行对当地的政府官员进行选举、监督。

美国人民还认为国家最高权力，不仅仅是总统的行政权力，还包括立法权力。他们认为这些权力的持有者都必须由民众选举产生。众议院议员不但要由人民选举，而且还要经常性地进行选举，他们"应该直接依赖人民，对人民有亲密的同情。经常的选举，无疑是有效地获得这种依赖和同情的唯一方针"[1]。他们认为，"一条很有根据的公认原则是在没有其他情况的影响下，权力越大，权力的期限应该越短；反之，权力越小，延长权力的期限就越安全"[2]。而参议院议员的任期也不能太长，"因为任期太长可能逐渐侵权，力图延长任期，先弄成一个终身制的机构，最后变成一个世袭制的机构"[3]。在选举产生权力的时候，他们就考虑到这些权力可能相互勾结的问题，认为"众议院直接由人民选举，参议院由州议会选举，总统由人民为此目的而选出的选举人选举，这样就没有什么可能会有一种共同利益把这些不同部分结合起来，偏袒任何一个阶级的选举人"[4]。宪法制定者的基本思考方式是，在作为利益人的候选人必定追求其自身利益的前提之下，探讨他们在何种环境下将采用何种方式谋私，以何种制度对他们的权力进行有效制约。思前想后，考虑周密，压缩权力为所欲为的空间，把人民主权、权力被严格制约的中央集权，以及地方政治分权很好地结合在一起。在自由讨论的环境之下，人们对如何制约权力的想象力非常丰富。他们在不受制度制约掌权者必定为所欲为假设的前提下，设计如何对这样的权力进行制约的公正制度。

美国制宪成功的背后还有其他各种因素支撑。如，手段灵活，虽是对《邦联条例》进行重大的制度改革，但没有脱离原来的邦联议会。因为只有与邦联议会保持一种连续性，邦联议会才有权批准。如果不保持这种连续性，那么相关问题要提交人民批准，各邦又要召开制宪会议，这又可能重起炉灶，

---

[1] [美] 汉密尔顿、杰伊、麦迪逊：《联邦党人文集》，程逢如、在汉、舒逊译，商务印书馆2007年版，第269页。

[2] [美] 汉密尔顿、杰伊、麦迪逊：《联邦党人文集》，程逢如、在汉、舒逊译，商务印书馆2007年版，第271页。

[3] [美] 麦迪逊：《辩论：美国制宪会议记录》，尹宣译，译林出版社2014年版，第196页。

[4] [美] 汉密尔顿、杰伊、麦迪逊：《联邦党人文集》，程逢如、在汉、舒逊译，商务印书馆2007年版，第305页。

文山会海，影响制定宪法的这个核心问题[1]。还有换位思考，他们将心比心，相互妥协。由于参加制宪的各邦，人口、经济条件等各不相同，大邦弗吉尼亚的自由人数是 454 983 人，小邦特拉华的自由人数是 50 209 人，相差近 10 倍[2]。大邦、小邦都极力争取自己尽可能多的利益，但他们都能够在公正、平等、自由的政治理念之下进行妥协。随着讨论的进行，大邦、小邦在议会中的地位问题成为重要的讨价还价砝码。小邦代表认为，应当继承《邦联条例》中的各邦平等表决权，他们把洛克等人关于平等的语录作为主张的依据[3]。大邦认为，如果人口众多的大邦与人口较少的小邦持有同等的表决权，显然是不合理。当时的妥协案是采取第一院按人口比例安排席位，第二院每邦席位平等。但大邦也不同意第二院每邦席位平等，因为他们认为邦联之所以无能，就是因为席位平等[4]，由于第二院内大邦、小邦席位分配问题无法解决，在 7 月 16 日有人提议进行无限期休会[5]，制宪面临着夭折的可能。此时，小邦的立场已经固定不动，现在是大邦让步还是不让步的问题[6]。最终大邦让步，这让步被后来宪法史家称为"伟大的妥协"[7]。

从制度的利益分析理论看，美国并非是个特殊国家，美国人并非是一群特殊的政治行为者。但是他们对不受制约权力将胡作非为的问题有较为明确、合理的认识，因此制定较为严密的制度对这些权力进行制约。参会者也没有一味地以各种借口追求自身最大化利益，能够进行换位思考，相互妥协。其实，他们都意识到，他们的最大化利益，是蕴藏于统一的美国之中。而防止发生制度性政治腐败，是美国政治最大的成功之处。

二、突破制度制约的民初中国权力

从美国 1787 年制宪那一年算起，125 年之后的 1912 年，中国的中华民国成立。同年在参考《美国宪法》等的基础上制订了《临时约法》。但是这场

---

〔1〕　〔美〕麦迪逊：《辩论：美国制宪会议记录》，尹宣译，译林出版社 2014 年版，第 151–152 页。
〔2〕　〔美〕麦迪逊：《辩论：美国制宪会议记录》，尹宣译，译林出版社 2014 年版，第 796 页。
〔3〕　〔美〕麦迪逊：《辩论：美国制宪会议记录》，尹宣译，译林出版社 2014 年版，第 203 页。
〔4〕　〔美〕麦迪逊：《辩论：美国制宪会议记录》，尹宣译，译林出版社 2014 年版，第 302 页。
〔5〕　〔美〕麦迪逊：《辩论：美国制宪会议记录》，尹宣译，译林出版社 2014 年版，第 306 页。
〔6〕　〔美〕麦迪逊：《辩论：美国制宪会议记录》，尹宣译，译林出版社 2014 年版，第 307 页。
〔7〕　〔美〕麦迪逊：《辩论：美国制宪会议记录》，尹宣译，译林出版社 2014 年版，第 308 页。

政治改革彻底失败并造成巨大灾难。关于改革失败的原因是什么，学者们的看法五花八门，但从制度的利益分析理论的政治利益导向角度分析，改革失败的根本原因是掌权者个人权欲泛滥所致。

（一）政治制度改革的必要性

1912 年，清廷被推翻，皇帝制度被终结。当时这种政治制度改革极具必要性。清朝皇帝制度是极端自私的不合理政治制度，他们为了长久维持统治，采用凌迟、跪拜、打板子等极端的手段对人们进行控制。终于在 1912 年，这种制度在利益觉醒民众的反抗中寿终正寝。这种政治利益一边倒的制度被政治利益均衡制度所取代，是政治制度发展的历史必然。在推翻旧制度之后，他们参考《美国宪法》等文献制定了《临时约法》，建立新制度。《临时约法》具体内容，按照国家性质、人民权利、三权分立等进行结构安排，基本上与美国宪法相同。如，约法第 1 章第 2 条所规定的国家性质是"中华民国之主权属于国民全体"等。第 19 条规定，参议院具有"议决一切法律案"的权力等。然而，已经具备相对公三的政治利益均衡导向制度的中华民国，却在袁世凯的"英明"领导下走向失败。为何导致这种失败，可以通过失败的路线图进行认识。①袁世凯一接手临时大总统，就开始追求号令如山、一体遵行的皇帝权力，他利用《临时约法》对地方分权规定的漏洞，欲控制省领导人的任命权。其中较为突出的是否定直隶地方议会决议由王芝祥任直隶都督的事件。②为获得正式大总统职位以及权力不被架空，他采用阴谋手段制造"宋案"，排除主张政党内阁、可能挑战其权力的宋教仁，并在之后镇压二次革命。如果说在王芝祥督直的事件上，袁世凯已经显示出欲扭转政治制度发展方向的意图，那么在制造"宋案"、镇压二次革命之后，他实现了这种意图，并恢复利益一边倒政治制度。③在政治理念与政治制度上与皇帝制度进行接轨，试图按照水到渠成的方式进行称帝。

从具体的细节看，各种事实证明他从接任临时大总统之后就有要当一个超然领袖的意图。他欲像君主立宪国家的英国女王、日本天皇一样，全国拥立，超立于党派之上，成为国家的超然领袖。最初，唐绍仪组织多派内阁，党派斗争矛盾重重。当时，同盟会等要求组织政党内阁，以理顺关系。但袁世凯拒绝组织政党内阁，他担心如果内阁阁员同心协力，他可能就无法操纵内阁，甚至内阁可能把他彻底架空。并且，如果像美国总统由政党拥立那样，袁世凯本人也须加入某一政党，又可能站在其他政党的对立面，这与袁世凯想成为超然总统的目的不符〔1〕。特别是，政党拥立就意味着要像美国总统那样参加竞选。他知道美国总统进行四年一次竞选的辛苦，并且这短暂的四年总统任期，与他欲建立千秋万代的皇帝大业意图完全不相符。

民初政治制度改革失败，尽管有民主不成熟等问题，如《临时约法》制定的问题等，但归根结底是袁世凯不择手段追求最大化利益，扭转政治制度发展方向导致民主失败。

（二）改革失败背后的权欲泛滥

导致改革失败的原因主要是权力腐败，包括袁世凯称帝的权力腐败、官员以权谋私的权力腐败等。

1. 袁世凯称帝的权力腐败

袁世凯本人是旧制度的过来人，旧制度之下掌权者所具有的腐败特征，他也都有。他通过贿赂奕劻而得到种种好处，众所周知。深知内幕的溥仪之叔载涛在他的《载沣与袁世凯的矛盾》文章中提到，"奕劻是被袁世凯用金钱'喂饱'的人"〔2〕。袁世凯与奕劻同样，边贪腐边高升。

如果把腐败定义为以权谋私，袁世凯称帝理应是最大的权力腐败。他要把中国千秋万代占为己有，这种贪欲、野心，是任何一个贪官贪索权力地位、物质财富的欲求，都无法比拟的。其他任何官员，通过任何腐败手段所获得的任何利益都不如袁世凯恢复帝制所获得的利益大。并且，在恢复帝制的过程中，各种制度逐步与皇帝制度重新接轨，导致制度性政治腐败的问题卷土重来。所有官员在袁世凯滥用权力行为的带动之下，照葫芦画瓢，必然同样以权谋私。

2. 袁世凯的反腐败措施

袁世凯毫无疑问也是一只"大老虎"。但他成为临时大总统之后摇身一变，成为"打虎"的角色。他在 1912 年 3 月 12 日颁布《整饬官邪令》，其中提到"近岁以来，贿风炽甚。除授如市，道路骇闻。用者为人择官，官者为绅择利。政治窳（腐）败，民怨滋深。现民国创兴，必须涤荡秽恶，以正百

---

〔1〕"上年中山克强诸公亦曾力劝，惟因入甲党则乙党为敌，入乙党则丙党为敌，实不敢以一己之便安而起国中之纷扰。昔英国有女王终身不嫁，人问之，则曰：吾以英国为夫。鄙人今日亦曰：以中华民国为党"（陆纯编：《袁大总统书牍汇编》，文海出版社 1967 年版，第 239 页）。

〔2〕中国人民政治协商会议全国委员会、文史资料研究委员会编：《晚清宫廷生活见闻》，文史资料出版社 1982 年版，第 79 页。

官而惩乱本。所有苞苴（亦指贿赂）贿赂，亟应一体禁绝。此后如有尝试及招摇者，饬所司执法严绳，绝不宽贷"〔1〕。次日又颁发《通谕百僚令》，强调"再有钻营奔竞（走后门等）情事，必当重予惩戒"〔2〕。尽管袁世凯刚就任临时大总统，就颁布《整饬官邪令》等，但他自己以权谋私、追求不受制约的皇帝权力，治理官员以权谋私的行为也就不可能有成效，他只能一如既往地高调反腐败。1912 年 12 月 2 日，他颁布《整顿吏治通令》："政府成立半载有余，起而环顾吾民生计，竟日趋于困穷，元气遂日沦于凋敝，寇扰者不绝于道……推源祸始，则吏治不修，法度不立，实为地方政治腐败之原"〔3〕。他承认是缺少有效制度制约，导致发生严重腐败的问题。但袁世凯自己以权谋私、追求不受制约的权力，却责备他人滥用权力、贪赃枉法，这种做法本身就极为矛盾。〔4〕

在发生"宋案"以及镇压二次革命等事件之后，袁世凯通过强迫手段，让国会议员选举他为正式大总统。在他完全掌握权力之后，似乎要认真整顿官场腐败问题。但他取消国会、地方议会、地方自治机构，并推进与皇帝制度进行接轨的制度建设，基本上恢复到前清时代的制度环境。在这种制度环境之下，遍地都是贪官污吏的问题又重现。虽然他知道缺少有效制度制约，将导致发生严重腐败的问题，但这些认识无法阻止他对不受制约权力的追求。甚至在完全控制权力之后，相关的思考也发生改变。在取消国会、地方议会等期间的 1914 年 1 月 20 日，报刊刊登袁世凯言论，"用人者善于操纵，使人不敢为非耳。中国人服役于西人，弊端颇少，即先例也"〔5〕。这句话的意思是，西方国家也是善于对人进行控制，所以西方人贪污腐败的问题较少，包括在西方国家控制之下的中国海关等单位服务的中国人。显然，此时他认为，减少贪污腐败的问题，主要是依靠人为控制，而不是依靠严格、刚性的制度进行控制。这种认识将使他更加肆无忌惮地追求不受制约的权力。

---

〔1〕　骆宝善、刘路生主编：《袁世凯全集》（第 19 卷），河南大学出版社 2013 年版，第 632 页。

〔2〕　骆宝善、刘路生主编：《袁世凯全集》（第 19 卷），河南大学出版社 2013 年版，第 633 页。

〔3〕　骆宝善、刘路生主编：《袁世凯全集》（第 21 卷），河南大学出版社 2013 年版，第 152 页。

〔4〕　1913 年 1 月 13 日，袁世凯发布《申儆京外有职人员令》："自吏道隳坏，贿赂公行，剥民脂膏，以官为市，社会不平之气，郁久必泄…　…况平民政治，官吏所受俸给，不啻佣人之封于主人。此外，妄取丝毫，即干重典"［骆宝善、刘路生主编：《袁世凯全集》（第 21 卷），河南大学出版社 2013 年版，第 386 页］。

〔5〕　骆宝善、刘路生主编：《袁世凯全集》（第 25 卷），河南大学出版社 2013 年版，第 151 页。

在腐败的主干制度之下的惩贪枝叶制度，无法对官员贪污腐败的问题进行有效控制。权力不受有效制度制约，权力地位的利益魅力最大。在这种情况之下，人人欲做官[1]，真正当了官则人人是贪官。当时，由于官员的任命权被上级控制，欲当官者只能通过各种渠道向上级贿买。江西民政长汪瑞闿在1913年12月3日发电报给袁世凯，提到贿买知事二案。"一为，陈子意介绍张蔼臣，向周庆镜贿买二等知事，议价三千六百元，业经书立票据。二为，杜灿辉介绍欧阳熊，向舒葆乾贿买二等知事，议价一千七百元，已交洋八百元，由舒葆乾手收"。他还认为，"此等不法之徒，决不止周庆镜、舒葆乾两人"[2]。各级官员也通过各种手段追求物质财富的政治利益。他们收受回扣[3]，借故刁难、勒索。1914年2月18日，袁世凯颁发《严行禁革请托贿赂恶习令》，提到"上级官署，对于所属以公文请求之件，承办员往往籍故刁难，任意延搁。启请托之端，开贿赂之门"[4]。正如上述袁世凯所反复斥责，各级官员贪污腐败层出不穷，这是一种制度性的全面腐败。

为了制止各种政治腐败的蔓延，袁世凯认为应当从县知事（县长）入手进行控制，从中间切断上下腐败的链条。他在手批文电中认为，"由知事（县长）吏治入手，是根本之事"[5]。以知事吏治入手，袁世凯也基本上采用与清朝同样的奖惩、考核等方法。以下对袁世凯从1913年年末到1915年年初的、以县知事吏治为中心的各种反腐败措施进行考察。

1913年年末的短短一个多月内就出台了不少相关措施。1913年11月30日，发布《考察各县知事令》，同年12月2日公布《知事试验暂行条例》，规定考试资格等事项，阻止走后门上位。并将奖惩规则明文化，1913年12月31日公布《知事奖励条例》，分第一等奖励，第二等奖励等，具体奖励内容包括勋位、勋章、晋级、加俸等。同日公布《知事惩戒条例》，分第一种惩戒、第二种惩戒等，具体惩戒内容包括免官、减俸等。在公布各种条例同时，也立即实施对各

---

〔1〕 袁世凯在1913年10月10日与人交谈时提到"余以为中国之病源，在人人欲做官"［骆宝善、刘路生主编：《袁世凯全集》（第24卷），河南大学出版社2013年版，第45页］。

〔2〕 骆宝善、刘路生主编：《袁世凯全集》（第24卷），河南大学出版社2013年版，第387页。

〔3〕 1914年2月11日，袁世凯批复同意"熊希龄呈借款将次开议，请饬经手官吏不得收受回扣"报告［骆宝善、刘路生主编：《袁世凯全集》（第25卷），河南大学出版社2013年版，第274页］。

〔4〕 骆宝善、刘路生主编：《袁世凯全集》（第25卷），河南大学出版社2013年版，第307页。

〔5〕 骆宝善、刘路生主编：《袁世凯全集》（第24卷），河南大学出版社2013年版，第625页。

省县知事的奖惩令。1913 年 11 月 27 日颁发《奖惩河南省各县知事令》，由河南民政长张凤台对各县知事进行观察、考核之后，报送国务总理之后由袁世凯发布奖惩结果。同年 12 月 26 日颁发《奖惩浙江知事令》[1]。

袁世凯认为只要对县知事这一级官员进行严密控制，阻止他们胡作非为，就可以解决国家吏治腐败的问题。但实际上，全国的各个层级官员都在特定的制度覆盖之下，单单控制其中的某一层级，根本无法控制腐败的蔓延。

1914 年更进一步，各种手段并举，包括奖惩令、考绩等。该年 1 月 15 日，发布对吉林、直隶的县知事进行奖惩命令等[2]。2 月 10 日，袁世凯认为"查吏之法，考绩为先。溯自民国成立以来，各省吏治之腐败，财政之废弛，殊有出人意料之感"[3]。如何考绩，他要国务员详议。他又于同年 4 月 18 日左右电令各省查报吏治成绩。在该令中，他提及"自民国改革以来，用人冒滥。吏治之坏，已达极点"。并要求考查吏治成绩必须"每三个月，报中央一次。各该路观察使，则将所属各县，一个月呈报民政长一次"[4]。但从理论上看，这种知事奖惩、考绩等的背后不知有多少猫腻，因为掌权者不受有效的制度制约，几乎都是贪官污吏，官官相护的问题必定严重。同年 4 月 2 日，袁世凯承认，"当局者恒滥用威权，同列者辄扶同徇隐。用人以爱憎为取舍，而公论不彰"[5]。清朝存在严重的官员骄横跋扈、官官相护等问题，袁世凯治下的中华民国同样无法避免。

甚至袁世凯为了表示反腐败的决心，亲自出马对官员进行政治思想教育，他在同年 5 月 15 日第一次县知事觐见训词中说，"民为邦本，本固邦宁。固本之责，惟在官吏，而官吏之责任最重者，犹莫如县知事。盖知事为亲民之官，于人民之安危利病，关系特切……而其主要关键，仍不出清、慎、勤三字也"[6]。也就是要求县知事要廉洁、谨慎等。但袁世凯内心对他们极为失望。一个月后的 6 月 14 日，他与某要人交谈时说，"县知事不能得人，无论如何，决难得良好之内治。中国自改革（民国成立）以来，吏治大坏。各县

---

〔1〕 以上内容均在《袁世凯全集》（第 24 卷）。
〔2〕 骆宝善、刘路生主编：《袁世凯全集》（第 25 卷），河南大学出版社 2013 年版，第 115 页。
〔3〕 骆宝善、刘路生主编：《袁世凯全集》（第 25 卷），河南大学出版社 2013 年版，第 270 页。
〔4〕 骆宝善、刘路生主编：《袁世凯全集》（第 26 卷），河南大学出版社 2013 年版，第 126 页。
〔5〕 骆宝善、刘路生主编：《袁世凯全集》（第 26 卷），河南大学出版社 2013 年版，第 8 页。
〔6〕 骆宝善、刘路生主编：《袁世凯全集》（第 26 卷），河南大学出版社 2013 年版，第 351 页。

知事非滥竽充数，即嗜利无耻"[1]。

上述的训词中还提到"因暴民横行，将自治机关暂时停止"[2]。自治机关停止，实际上等于又少了一个制约这些官员的制度。如果官员们不受任何有效制度制约，无论如何教导他们要廉洁自律，都没有效果。因为作为利益人的他们，人性不可能改变，在本质上不可能改变对自身利益的追求，最多只是策略性改变，也就是变成两面人官员。

但袁世凯为了表示其治贪的决心，让贪官们不能贪、不敢贪、不想贪，又特设审理行政诉讼和官吏违法行为的平政院，主要是为了对官员贪污腐败问题进行专项治理。平政院内设肃政厅，有官员肃政史（相当于前清的御史）若干人。1914 年 5 月 26 日，特任周树模为平政院院长[3]。同日，袁世凯在"训诫肃政史之演词"中提到，"前清末造非无御史台（反贪机构）也，而官常之败坏，至今言之，犹有余痛，考其原因，虽有多端，而御史不称其职，亦其中最大原因也"[4]。同年 6 月 6 日，报刊刊载袁世凯在接见平政院人员之时的言论，"前清都察院（反贪机构）……遇事受贿，及迎合权要之意旨说话……用人不当，官吏贪污溺职，未有不亡国者。前清之亡，实亡于卖官卖缺，贿赂公行"[5]。

但如果走回头路，将当时的政治制度与皇帝制度重新进行接轨，那么御史台、都察院、平政院、肃政厅等机构再多都无法起作用，多了只是增加人民的负担，人民又多养了一群贪污分子。这期间，递到袁世凯案上贪污腐败的信息，有贪污万余元的江苏兴化县知事李学诚、贪污潜逃的顺天府房山县知事边金声、胡作非为的广西义宁县知事黄恩帱等[6]。袁世凯大失所望，因此加大反腐力度。1914 年 5 月 23 日出台《峻法严惩贪官污吏令》。该令称，按照旧法，枉法赃至八十两，不枉法赃至一百二十两，皆绞监候。在改定的

---

〔1〕 骆宝善、刘路生主编：《袁世凯全集》（第 27 卷），河南大学出版社 2013 年版，第 146 页。
〔2〕 骆宝善、刘路生主编：《袁世凯全集》（第 26 卷），河南大学出版社 2013 年版，第 352 页。
〔3〕 骆宝善、刘路生主编：《袁世凯全集》（第 26 卷），河南大学出版社 2013 年版，第 472 页。
〔4〕 骆宝善、刘路生主编：《袁世凯全集》（第 26 卷），河南大学出版社 2013 年版，第 479 页。
〔5〕 骆宝善、刘路生主编：《袁世凯全集》（第 27 卷），河南大学出版社 2013 年版，第 63 页。
袁世凯又说"关于诉讼文件，前清末季，运动贿赂之风盛行，往往行贿者直，不行贿者曲。如此则人民之有钱者，诉讼类皆胜利，可以任意横行，无钱者诉讼每多失败"（同上）。
〔6〕 骆宝善、刘路生主编：《袁世凯全集》（第 26 卷），河南大学出版社 2013 年版，第 319 页、第 344 页、第 360 页。

新法出台之前，按照旧法严惩贪官污吏[1]。同年 6 月 5 日，《官吏犯赃治罪条例》出台，第二条规定"枉法赃至五百元以上处死刑"，第三条规定"不枉法赃至一千元以上处无期徒刑"[2]。同年 9 月 17 日，枉法得赃二千五百元以上的霸县知事刘鼎锡按《官吏犯赃治罪法》第二条进行枪毙[3]。

尽管出台了各种制度，但上有政策下有对策，如前所述，在 1914 年 4 月 2 日，袁世凯指责官员们骄横跋扈以及官官相护等问题，同年 8 月 19 日，又出台了《官吏违令惩罚令》以及《促令遵行<官吏违令惩罚令>之令》。后者提到"自改革以来，纪纲陵替，沄守荡然……（地方官吏们）专擅固为，渎职敷衍"[4]。但如何对地方权力进行有效制约，废除地方议会以及地方自治组织机构的袁世凯，实际上是束手无策。无可奈何，他于 1914 年 11 月 22 日颁布《著各道尹切实考查秉公举发令》，责令各道尹（省之下县之上的行政机构长官）监督县知事[5]。袁世凯除了让人民用选票控制的方法之外，搜肠刮肚，把所有能够想到的手段都用了一遍，最终又只能又回到原来的采用人治的方式进行治国理政。结果是，谁来监督各道尹、谁来监督肃政史、谁来解决官官相护等的问题依然存在。袁世凯的独裁专制，又让制度陷入这种恶性循环之中。显然，在推进皇帝制度之下的反腐败，权力不可能受到有效的制度制约，反腐败不可能有效果。宗教改革之前的罗马教会也是采用这种方式反腐败，结果反了一千多年，却越反越腐败。[6]

采用人治的方式进行治国，无法消除腐败。袁世凯对高官王治馨、梁士诒两个人问题的不同处理，也可以准敲出某些问题。据说王治馨因为宋教仁事件得罪袁世凯[7]，被袁世凯作为选择性反腐败的对象，在 1914 年 10 月按前述的《官吏犯赃治罪条例》第二条"枉法赃至五百元以上处死刑"的规定处死。而梁士诒贪污腐败的问题更严重，袁世凯却为他辩护。两人都是高官，

---

　〔1〕　骆宝善、刘路生主编：《袁世凯全集》（第 26 卷），河南大学出版社 2013 年版，第 434 页。

　〔2〕　骆宝善、刘路生主编：《袁世凯全集》（第 27 卷），河南大学出版社 2013 年版，第 44 页。

　〔3〕　骆宝善、刘路生主编：《袁世凯全集》（第 28 卷），河南大学出版社 2013 年版，第 386 页

　〔4〕　骆宝善、刘路生主编：《袁世凯全集》（第 28 卷），河南大学出版社 2013 年版，第 158 页。

　〔5〕　骆宝善、刘路生主编：《袁世凯全集》（第 29 卷），河南大学出版社 2013 年版，第 393 页。

　〔6〕　陈忠云：《超越不同形式政治制度的研究范式——制度的利益分析理论之魅力》，中国政法大学出版社 2016 年版，第 11 章参照。

　〔7〕　张国淦："近代史片断的记录"，载中国社会科学院近代史研究所近代史资料编辑部编：《近代史资料》（第 37 册），知识产权出版社 2006 年版，第 159 页参照。

都曾服务于北洋，王治馨"曾供差北洋多年，尚称得力"〔1〕，梁士诒则"前在北洋，充予幕僚"〔2〕。然而，两人被区别对待。实际上，袁世凯为梁士诒辩护是另有原因，据徐世昌说，梁为袁"公私两方面筹挪款项"〔3〕，显然，袁是梁贪污腐败的合作者。由此也可以看出，虽然袁世凯表面上强调"法者天地大典"〔4〕，实际上是说一套做一套。他的权力凌驾于法律之上，甚至可以凭据个人喜好决定谁死谁活。

进入 1915 年，袁世凯在反腐败方面似乎已经失去了 1914 年那种热情，而专心致志地进行他的称帝计划。1914 年 7 月 28 日，他公布爵位令《文官官秩令》准备进行授爵，1915 年 1 月 1 日就正式开始授爵，授徐世昌为上卿、杨士琦为中卿等。海内外都认识到这是袁世凯称帝的前奏〔5〕。在他个人私欲极度膨胀、在称帝道路上高歌猛进之时，日本也在蠢蠢欲动。在正式授爵十几天之后的 1 月 18 日，日本就泼了他一盆冷水，向他提出二十一条。同年 5 月 9 日，他签订了条约。但在二十一条协议上签字之后的 5 月 21 日，他颁发《去弊救亡令》。在该令中，他不提自己欲称帝践踏自己的国家而引来他人践踏的问题，把责任推到贪官污吏身上，认为之所以内政不修，引来日本践踏，是因为贪官污吏太多的缘故，所以要"勿咎人之侮我、而思我之何以受侮"，要"慎选爱民之良吏"〔6〕。但如何选择爱民的良吏？只要袁世凯个人紧紧控制官员任命权，就难以选出爱民的良吏。袁世凯在为何引来日本践踏明显事实的因果关系之下，却把责任推卸给别人，其人格是卑劣的；又在如何选择良吏明显事实的因果关系之下睁眼说瞎话，其人格是虚伪的。同年 7 月 2 日前后，他对如何进行反腐败似乎再也想不出更好的办法来，对亲信阮中枢说"予对于官吏，已不啻三令五申，大约徒托空言，必无效力。嗣后拟决专绳之

---

〔1〕 骆宝善、刘路生主编：《袁世凯全集》（第 29 卷），河南大学出版社 2013 年版，第 178 页。

〔2〕 骆宝善、刘路生主编：《袁世凯全集》（第 32 卷），河南大学出版社 2013 年版，第 147 页。

〔3〕 张国淦："洪宪遗闻"，载全国政协文史和学习委员会：《八十三天皇帝梦》，中国文史出版社 2016 年版，第 262 页。而袁世凯的儿子袁克齐则认为，因为王治馨贪污五百元被袁世凯处死，梁士诒很害怕，就想通过拥立袁世凯称帝来建功赎罪（袁克齐："回忆父亲二三事"，载全国政协文史和学习委员会：《八十三天皇帝梦》，中国文史出版社 2016 年版，第 70 页）。

〔4〕 骆宝善、刘路生主编：《袁世凯全集》（第 29 卷），河南大学出版社 2013 年版，第 178 页。

〔5〕 袁世凯后来提到，"外间或以封爵即为改革国体之先声"〔骆宝善 刘路生主编：《袁世凯全集》（第 32 卷），河南大学出版社 2013 年版，第 66 页〕。即，人们认为封爵实际上就是称帝的前奏。

〔6〕 骆宝善、刘路生主编：《袁世凯全集》（第 31 卷），河南大学出版社 2013 年版，第 386 页。

以法，以儆官邪，不再为无味之训告"[1]。多人贪官都已经被枪毙但都吓不倒他们，老调重弹的绳之以法，实际上也只是在奈何桥上叹奈何。只要还是无法对权力进行有效制约的旧制度，官员们的贪腐行为就不会改变。7 月 22日，袁世凯引用日本报刊的文章说，中国"虽成空前之大革命，而其内容之腐败堕落，实与前清无异，贿赂之公行，赌博之炽盛，真为可惊，新国气象，毫不存在"[2]。制度性政治腐败使清朝掌权者以权谋私的问题极为严重，进入民国时代，如果制度不变，制度性政治腐败问题必然依旧。由于袁世凯控制权力的方法都与前清无异，权力腐败的问题也与前清基本一致。

从表面上看，在 1913－1914 年，似乎袁世凯从各种角度铸造一种要关住权力的制度铁笼，但这铁笼是袁世凯自己制作的，专门关别人用的，而他自己则可以为所欲为。如果主干制度是腐败的专制制度，其配套的枝叶制度无论如何也构筑不成有效的制度铁笼，也就是主干制度与配套制度完全不相契合，导致任何反腐败制度都是无效。罗马教皇曾经反腐败反了一千多年，却越反越腐败[3]，就是因为他们构建的反腐败制度铁笼也是这种模式。只要袁世凯只想关别人，不想关自己，那么官员腐败的问题不是袁世凯几句豪言壮语或者几项制度就可以轻易控制的。

民初改革失败不仅仅是因为袁世凯称帝而失败，更为重要的是他扭转政治制度发展方向，又造成类似于前清的制度性政治腐败问题而导致的失败。人的欲望本身不是罪过，利益人都有欲望。罪过是不受制度制约的人的欲望，这主要是制度设计者的问题。监督官员的权力，必须要还给民众，由民众进行层层筛选、层层制约。不还给民众，任何措施都是无效的。以任何借口，阻止还权于民的行为，都对国家不利。老虎与老虎之间的打架，一般只是因为占有配偶、食物、山头等原因所导致，而不可能上升到为国为民的层次。从制度的利益分析理论角度看，由于所有的人都是利益人，无论谁掌握较少受到制约的权力，都可能胡作非为，不但袁世凯如此，其他人同样如此。作为利益人的掌权者追求自身利益的欲望不会改变，如果要避免此问题重演，

---

　　[1]　骆宝善、刘路生主编：《袁世凯全集》（第 32 卷），河南大学出版社 2013 年版，第 17 页。

　　[2]　骆宝善、刘路生主编：《袁世凯全集》（第 32 卷），河南大学出版社 2013 年版，第 156 页。又称，"予老矣，受诸前清而亡诸我躬，其忍心乎"？但他为恢复帝制则老当益壮。

　　[3]　陈忠云：《超越不同形式政治制度的研究范式——制度的利益分析理论之魅力》，中国政法大学出版社 2016 年，第 218 页。

无论谁掌权，都必须接受严格的制度制约。

三、决定成功与失败其他因素的探讨

如上所述，是否存在对权力进行有效制约的制度，是决定制宪后美国政治成功与民初中国政治失败的决定性因素。当然其他一些因素的影响也不可忽视。在此，主要探讨民初中国对纵向层层制约制度的误解、如何理解托克维尔的文化与民情作用等问题。

（一）民初中国对纵向层层制约制度的误解

美国是一个联邦国家，其全称是美利坚合众（联邦）国。其实，从制度的利益分析理论看，美国联邦不联邦，只是名称上的问题，并不重要。重要的是，因为地方分权、层层政治选举而形成逐级的权力制约制度，对权力进行层层制约。当初参加制宪的代表们集中到费城讨论如何进行制宪的时候，麦迪逊等人提出要建立非联邦的大一统"全国政府"[1]、并且要"否定各邦立法"[2]。但代表们出于对权力滥用的担心，否定了他的提议，而保留地方分权、层层政治选举以及各邦宪法。正是美国人对权力滥用极为警惕，在建立统一美国的时候，基本上建立了一套从下到上有效制约权力的制度。这种政治制度实际上有效地克服制度性政治腐败问题，把政治腐败问题降到最低。

中国在清末武昌起义之后，各省纷纷独立，不少地方还成立了地方议会并制定了地方宪法。地方宪法主要有鄂州临时约法、沪军都督府条例、江苏军政府临时约法、蜀军政府政纲、浙江军政府临时约法、江西省临时约法、广西军政府临时约法、贵州省宪等。[3]在各省派代表到南京商讨成立全国临时政府的同时，也对国家将来的发展蓝图进行规划。他们回应民众的省长民选的要求，在制定《接收北方统治权办法》，明确规定省长民选。但接下来出台的《临时约法》中，却出现由临时大总统任命地方官员的政策制定。这种相互矛盾的规定并非是政策制定者的一时疏忽，因为在此之前，主持制定

---

〔1〕 "由拥有主权的邦之间建立的联盟，总不过是联邦，建立全国政府的使命一旦提上日程，这种状况就应该终止"（［美］麦迪逊：《辩论：美国制宪会议记录》，尹宣译，译林出版社 2014 年版，第 22 页）。

〔2〕 ［美］麦迪逊：《辩论：美国制宪会议记录》，尹宣译，译林出版社 2014 年版，第 81 页。

〔3〕 夏新华：《近代中国宪政历程：史料荟萃》，沪旭晟整理，中国政法大学出版社 2004 年版，第 605 页等参照。

《临时约法》的宋教仁与总统府秘书长胡汉民之间，关于中央集权与地方政治分权的问题曾经有过激烈的争论。在临时约法草案尚未拟定前，孙中山曾向临时参议院提出《中华民国临时政府组织法草案》。1912 年 2 月 7 日，参议院召集会议讨论该草案。议员们对总统制或内阁制，中央集权或地方分权等看法不一。为此，孙中山特邀同盟会籍议员及干部共同研商，而"总统府秘书长胡汉民与法制局长宋教仁，各寺不同意见，辩论颇烈"[1]。宋教仁主张中央集权，胡汉民主张地方分权。宋主张，"起义以来，各省纷纷独立，而中央等于缀旒（虚置），不力矫其弊，将成分裂，且必中央有大权，而国力乃可以振复，日本倒幕，是我前师"。胡反驳，"中国地大，而交通不便，满清末造，惟思以中央集权，挽其颓势，致当时有'中央有权而无责，地方有责而无权'之讥……且中国变君主为共和，不能以日本为比。美以十三州联邦，共和既定，即无反复。法为集权，而黠者乘之，再三篡夺，我宜何去何从？况中国革命之破坏，未及于首都，持权者脑中惟有千百年专制之历史，苟其野心无所防制，则共和立被推翻，何望富强"。宋辩解，"君不过怀疑于袁氏耳。改总统制为内阁制，则总统政治上权力至微，虽有野心者，亦不得不就范，无须以各省监制之"[2]。胡再驳，"内阁制纯恃国会，中国国会本身基础，犹甚薄弱，一旦受压迫，将无由抵抗，恐蹈俄国 1905 年后国会之覆辙。国会且然，何有内阁？今革命之势力在各省，而专制之余毒，积于中央，此进则彼退，其势力消长，即为专制与共和之倚伏。倘更自为削弱，噬脐之悔，后将无及"[3]。从上述的主要内容可知，宋教仁主张国家的统一与发展要在中央全面集权之下进行，不会因为中央全面集权而发生最高掌权者滥用权力的问题，因为由总统制改为内阁制已经削弱袁世凯的权力。他因此认为，无需担心袁世凯滥用权力，也无需各省对袁世凯的权力进行纵向制约。

胡汉民主张以地方分权制约袁世凯，但宋教仁始终没有同意。后来由宋教仁主持制定的《临时约法》，基本上反映了他个人的意志，改总统制为内阁制，并将任命地方领导人的权力赋予临时大总统。胡汉民主张地方政治分权的意见，人民要求省长民选的意见等，都没有反映在《临时约法》中。这使

---

〔1〕　李守孔：《民初之国会》，台北中正书局 1977 年版，第 76 页。

〔2〕　胡汉民：《胡汉民自传》，中华书局 2016 年版，第 109-110 页。

〔3〕　胡汉民：《胡汉民自传》，中华书局 2016 年版，第 110 页。

人民失去选举省长的权力，失去对层层权力进行制约的难得机会。宋教仁的这种不成熟的专断制度设计，给袁世凯提供了扭转政治制度发展方向的突破口。美国差几票就变成君主制，而中国因宋教仁坚决主张与坚持，放弃地方政治分权，放弃地方省长民选，维持清朝皇帝任命地方高级官员的惯例。差一点点，美国走回旧制度；差一点点，民初中国突破旧制度的桎梏、真正走向新制度。

后宋教仁辞去内阁阁员职务，但依然坚持中央极端集权的主张。1912 年 7 月 4 日，他在回复孙武劝其不要从内阁辞职的信函中称，我"潜观宇内大势，默筹治国方策，窃以为廿世纪之中国，非统一国家，集权政府，不足以图存于世界。而当兹丧乱之后，秩序败坏，生计凋敝……（非）集中行政权力，整理军队，励行救急财政计划，不足以治目前之危亡"[1]。他没有意识到权力过分集中导致极端政治腐败的问题。殷鉴不远，仅仅数个月之前，清廷因为权力极端集中、极端政治腐败而退出政治的历史舞台。宋的这种不成熟的思考到了后来似乎变得更加混乱不堪。1913 年 2 月 19 日，他以"内阁不善而可以更迭之，总统不善则无术更迭之"为理由主张内阁制，同时似乎放弃了之前的中央完全集权的思考，主张省长民选。关于省长民选，他的具体意见是，"省长归中央简任者，予则不赞成。盖吾国今日为共和国，共和国必须使民意由各个方面发现。现中央总统国会俱由国民选出，而中央以下一省行政长官，亦当由国民选举，始能完全发现民意"[2]。

宋教仁突然间来了个 180 度转弯，其观点与胡汉民相当一致。之所以他一反常态地主张省长民选，可能与他突然间意识到高度集权导致严重制度性政治腐败的问题有关。1913 年 3 月 9 日，他提到，现在有政治"维持现状"之说，而维持现状等于让"前清之腐败官职，荒谬人物，皆一一出现"。还有，"道府制，即观察使等官制，实为最腐败官制，万不能听其存在"[3]。他或者也意识到制度性政治腐败的问题，意识到他所认为的高度集权优点，可能在制度性政治腐败之下变成国家灾难的问题。但仅仅三天之后的 1913 年 3 月 12 日，他又发生脑筋急转弯，认为"地方官，则以中央任命为宜，惟目

---

〔1〕　陈旭麓主编：《宋教仁集》，中华书局 2011 年版，第 405 页。
〔2〕　陈旭麓主编：《宋教仁集》，中华书局 2011 年版，第 460 页。
〔3〕　陈旭麓主编：《宋教仁集》，中华书局 2011 年版，第 467 页。

下情形，恐不能实行，当暂用民选"[1]。宋教仁在 1913 年 3 月 20 日遭到暗杀，显然，就在宋教仁被杀的几天之前，他对政策的思考依然很不稳定，不成熟的政治思考支配他的思想，他公开的表态也是反复无常。

宋教仁主张将总统制改为内阁制、坚持中央全面集权，以及相关思考混乱不堪等，或者都与其个人利益相关，因为早前他曾经要"（拥）戴（黄兴）为总统，己为总理"[2]，他对自己的组织能力较为自信。在 1913 年 3 月 15 日，他发表《答匿名氏驳词》，提及有人认为他要成为总理的问题。他这样回答，"夫人之志为总理，岂恶事哉？而乃非笑之如是，吾实不解。国家既为共和政治，则国民人人皆应负责任。有人焉自信有能力愿为国家负最大之责任，此国家所应欢迎者"[3]。当然，有能力为国家出力自然是好事，但如果对重要问题认识不清、思考混乱，给国家出坏主意带来灾难，未必是好事。在该驳词中，他还提及"美国小学生立志欲为总统，传为佳话……人苟可以自信，则不妨当仁不让"，用美国的例子表明心志。但他没有考虑到美国是何种的政治制度，甚至似乎连一些基本问题都不了解，比如，在前述他提到"总统不善则无术更迭之"，难道美国总统不善也无术更迭之？[4]当然，他可能并非不懂得这些基本问题，而主要他有自身的目的。

1913 年 3 月 20 日，也就是在他被暗杀的当天，他是准备到北京。国会第一大党的领导人的职位正等待他走马上任，他即将成为国家新的政策制定者。在高度集权的问题上，他的思考与袁世凯不谋而合、高度相似[5]。或者正是因为他们这种治国理念高度相似，反而使袁世凯认为一山不容二虎，必欲去之而后快。因为决策者权力大、利益大，他舍不得与其他人分享。显然，这种高度集权的模式，实际上更接近于清朝的皇帝制度，而这是一种已经被唾

---

〔1〕　陈旭麓主编：《宋教仁集》，中华书局 2011 年版，第 471 页。在此前后又强调相关问题，"吾党主张以省长委任制为目的，而以暂行民选制为逐渐达到之手段"（陈旭麓主编：《宋教仁集》，中华书局 2011 年版，第 489 页）。

〔2〕　胡汉民：《胡汉民自传》，中华书局 2016 年版，第 95 页。

〔3〕　陈旭麓主编：《宋教仁集》，中华书局 2011 年版，第 484 页。

〔4〕　美国宪法第 2 条第 4 款：合众国总统、副总统及其他所有文官，因叛国、贿赂或其他重罪和轻罪，被弹劾而判罪者，均应免职。

〔5〕　当时主张高度集权的不乏其人，如梁启超也在 1912 年强烈支持建立高度集权的政府，认为"建设强有力之中央政府，实今日时势最大之要求"［梁启超：《梁启超全集》（第 4 册），北京出版社 1999 年版，第 2500 页］。或者他们在主观上确实认为此术可以强国，但显然他同样没有认识到清朝走向极端腐败的原因，没有要通过对权力层层制约去克服政治腐败的问题意识。

弃的不合理制度。袁世凯正是利用高度集权的条件，最终走上恢复帝制的道路。虽然宋教仁因为在走马上任之际就被暗杀，我们无法确认他是否将是第二个袁世凯，但如果是坏制度，它将使好人也变成坏人，他要是没有被暗杀，将在民国的政坛上扮演什么角色也可想而知。实际上，他滥用权力、独裁的迹象早就显现出来，他不成熟的决策所造成的祸害，也早就发生。他是制定《临时约法》的责任者，《临时约法》第34条规定国家领导人如何具体地行使权力，如此重要的国家决策，却体现的是他个人的意志。当时，各地地方议会强烈要省长民选，而南京临时政府制定的《接收北方统治权办法》，其中规定省长民选，就是对地方议会的这种要求的明确回应。宋教仁却轻率地将它们推翻，搞得地方议会都被蒙在鼓里，非常被动。地方议会执着地认为他们有选举本省领导人的权力，不断地与袁世凯进行抗争。直隶省议会从1912年3月份就强烈要求袁世凯承认他们所选举的省领导人，他们派代表进京直接向袁世凯申诉，或者通过孙中山向袁世凯说情等间接手段都无效。在被反复拒绝之后，直隶省议会依然不放弃，在同年8月份再次质询袁世凯，在《接收北方统治权办法》中明明白白写着"都督由人民公举一条"，而你袁世凯为何拒绝地方议会决议？当时国务院答复是《接收北方统治权办法》中确实"有都督由人民公举一条"，但该办法无法律之效力，而具有法律效力的《临时约法》第34条规定，总统具有任命地方都督的权力，所以"各省以及直隶省选举都督实为违背约法之举"[1]。这些问题在当时是全国皆知，却没有看到当事人宋教仁出来做一些解释。实际上，直隶省议会不但应当质问袁世凯，更应当找出宋教仁，质问他为何如此胡乱决策？而到了第二年，江西都督欧阳武还认为自己是人民、议会选举出来的，是合法的。而袁世凯则反驳说这是不合法，因为它不符合宋教仁的《临时约法》[2]。如此重大的决策，宋教仁既没有听取胡汉民的意见，也没有听取地方议会的意见而进行独裁，而这种独裁的决策，恰恰完全违背人民利益、人民意愿。宋教仁利用制定《临时约法》负责人的地位，塞进私货，是典型的公权私用。1787年，美国人在制宪时，他们都知道应当严格按照票数进行决策，才可以把矛盾降得最低。而在美国制宪100多年之后的民初，曾经长期追求自由民主的宋教仁，居然在国家重大问题的

〔1〕 "国务院答复质问：选举都督问题"，载《民立报》1912年8月6日，第6版。
〔2〕 骆宝善、刘路生主编：《袁世凯全集》（第23卷），河南大学出版社2013年版，第165页。

决策上放弃民主投票而进行独裁。这种独裁决策而发生贻害人民的重大错误，至今很少人探讨。实际上，宋教仁因为死得早，使他得到了民主先驱的好名声，否则按照他的一贯作派，他将是袁世凯第二，基本上是没有疑问的。

而胡汉民也继续坚持他的主张，他支持有限中央集权，反对全面中央集权。1912 年 6 月份，他认为临时约法已经颁布，但"中央与各省权限仍未规定。凡百施行，无所适从。长此纷遂，其何能国？窃谓：必先解决此根本问题，一切制度乃有可言。爰（于是）斟酌时势，采合集权分权两学派定为有限制的集权说，为中国今日建设之方针"[1]。他还从外交、财政等角度阐述实施有限集权制度的必要性。同年 7 月份，他致电李烈钧，李转发阎锡山等，"近得京友确报，中央现主极端集权，实行军民分治，收军权财权，暨一切重大政权……此后救济之法，惟有联络东西北各省反对、力争，或可补救一二"。阎复电支持地方分权，他认为"政府与地方互相维持，互相监督，庶政府之野心不萌，而各省亦不至逾权越限"[2]。胡汉民又致电阎，"中央政府如能实力图治，则拥护维持之，如仍照前补苴敷衍之支持，或有不当之举措，足危民国者，则联合力争之，务使心志齐一，方能举监督之实效"[3]。他们强调地方监督中央，进行纵向制约。

其他国民党人也持有与胡汉民相近的看法。戴季陶极力主张省长民选、地方分权，称"省长民选与否，实吾国今日存亡强弱之一大关键"[4]。他认为省长民选有两层重大意义，"自国家言，则人民应有之参政权；自地方言，必如此而后可以言自治制"，如果不是省长民选，则"共和为伪共和"[5]。血儿针对当时十六都督反对省长民选的问题发表见解，认为如果"国家以民为主体，都督何物？公仆也。国民以为是则公仆不得独曰非，国民以为非则公仆不得独曰是"。并且，"夫省长民选，非与中央集权绝对不相容也。不过省长民选，则中央集权为有限制之集权，非无限制之集权耳。夫国家之机体，纯中央集权不能成立，纯地方分权亦不能成立，必可以集权则集之，可以分权

---

〔1〕　胡汉民："粤都督之治国策"，载《民立报》1912 年 6 月 8 日，第 6 版。
〔2〕　何智霖编注：《阎锡山档案》（第 1 册），国史馆 2003 年版，第 3—6 页参照。
〔3〕　何智霖编注：《阎锡山档案》（第 1 册），国史馆 2003 年版，第 9 页。
〔4〕　桑兵、黄毅、唐文权编：《戴季陶辛亥文集》（下），香港中文大学出版社 1991 年版，第 1269 页。
〔5〕　桑兵、黄毅、唐文权编：《戴季陶辛亥文集》（下），香港中文大学出版社 1991 年版，第 1267 页。

者则分之"[1]。当时，众人的相关思考相当合理。

同盟会之外也有人认识到权力制约的重要性，主张分权，支持由本省人民、省议会对本省领导人进行选举授权，他们认为，"中央集权者，专制之代名也，天下惟专制之国始有所谓中央集权，若夫民主之国，则以民权为重，欲巩固民权则在于发达地方自治，欲发达地方自治，则不可不行地方分权"[2]。支持地方分权的人，他们或多或少都有美国的那一种以人民利益为中心的"层层筛选"的认识，对官员的权力进行有效的制约避免其胡作非为。

孙中山、袁世凯的相关思考也需一提。在建立民国之前以及之后的一段时间，孙中山也曾经主张省长民选。1911 年 11 月份，他认为"用北美联邦制度实最相宜。每省对于其内政各有其完全自由，各负其整理统御之责；但于各省之上建设一中央政府，专管军事、外交、财政，则气息自联贯矣。此新政府之成立，不必改其历史上传来之组织，如现时各省本皆设一督或一抚以治理之，联邦办法亦复如是。但昔之督抚为君主任命，后此当由民间选举。即以本省人民，自为主人。形式仍旧，而精神改变，则效果不同矣"[3]。然而，在两三个月之后制定《临时约法》时，他的这种观点却没有反映在该约法中[4]。但在 1912 年 3 月 20 日，他写信要求袁世凯按照直隶议会的决议任命王芝祥为直隶都督。同年 8 月 28 日，他在答记者问时回答，"各省人心多趋向民选（省长），若任命则必群起反对"[5]。他又在同年 11 月 3 日，致信袁世凯劝其实施省长民选制度，称"惟对于省行政长官，则有大多数人民主张公选，谓矢志力争，期于必达。……故文意各省行政长官，不若定为民选，使各省人民泯其猜疑，且示中央拥护民权之真意，于统一大有效力"[6]。但孙中山后来对该问题的看法发生很大的变化，这是笔者今后研究的课题之一，在此暂不详述。

---

[1] 血儿："省长民选无可反对之理由"，载《民立报》1912 年 11 月 8 日，第 2 版。
[2] 籍忠寅："论中央集权与地方分权"，载《庸言》（第 1 卷第 5 号），中华书局 2010 年版，第 812 页。
[3] 广东省社会科学院历史研究所等编：《孙中山全集》（第 1 卷），中华书局 2011 年版，第 562 页。
[4] 在 1921 年时，他提到，"在南京订出来的民国约法里头，只有'中华民国主权属于国民全体'的那一条，是兄弟所主张的，其余都不是兄弟的意思，兄弟不负这个责任"[广东省社会科学院历史研究所等编：《孙中山全集》（第 5 卷），中华书局 2011 年版，第 479 页]。
[5] 广东省社会科学院历史研究所等编：《孙中山全集》（第 2 卷），中华书局 2011 年版，第 417 页。
[6] 广东省社会科学院历史研究所等编：《孙中山全集》（第 2 卷），中华书局 2011 年版，第 539 页。

而决策者袁世凯，口头上也曾经对美国政治制度充满向往。1912 年 3 月 7 日，与人谈话时，袁世凯认为"将来选举总统拟应兼仿美国"。关于正式总统的任期，他认为应"以十年为宜"，他自己年老体衰，"五年以后，必当退职"[1]。口头上虽然向往美国的政治制度，但在具体的操作中，他实际上要控制类似于皇帝的权力，反对联邦制、主张集权的单一制。同年 7 月 5 日，他称"省之区域，暂拟仍旧，然究应适用何种制度乎，若称适用联邦制度，若美若德，号称联邦者，均由历史发生。吾国数千年以来之历史，均是单一国，非联邦国，则联邦制度万难采取"[2]。但当时民众以及地方议会普遍要求省长民选，同年 8 月 6 日他在致电奉天都督赵尔巽时称，"今日奉直等省议会纷电，要求各项长官由民人选举，事关利害，不得不慎详核查。共和国制，除纯粹联邦国家外，绝少选举地方长官之例。今以我新造之共和国，辄以先进诸国不敢出者毅然行之，必致有弊无益。且东南各省之选举长官，亦未得良好之结果。此界所乐者，未必为彼界所迎，甲党所推者，或将为乙党所拒，势必贻误国事……倘不固结团体，必致豆剖瓜分。民选之制，此时万不可行"[3]。曾经声称向往美国政治制度的袁世凯，一旦控制政权之后，却认为中国如果实施联邦制可能导致分裂，只有他掌握与皇帝一样的权力对地方官员进行简任，才可避免国家豆剖瓜分。

如果从政治利益均衡角度看，联邦不联邦，只是称呼的问题，用什么名词也都可以，但因为它层层选举、层层制约，在实质上是一种权力受到较为充分制约的制度。笔者认为，由于联邦制容易成为阻止政治制度改革的借口，研究民初中国政治问题应慎用联邦制一词。联邦制国家使人联想到国家不是统一的，而是拼合的，说离就离。或者当初的民主共和联邦制国家确实是如此，但一旦拼合起来人人认识到它的好处之后，就也再也无法分开，民主共和联邦制国家事实上就变成民众选举的单一制国家。而原来是高度集权的单一制国家，在思考如何防止政治腐败问题的时候，层层选举、层层权力制约是唯一的一条可行之路，但这又和民主共和联邦制国家的选举做法相似。所以人们就担心这是从单一制走向联邦制，有分裂国家之虞。这是错误的。在

---

〔1〕　骆宝善、刘路生主编：《袁世凯全集》（第 19 卷），河南大学出版社 2013 年版，第 619 页。

〔2〕　骆宝善、刘路生主编：《袁世凯全集》（第 20 卷），河南大学出版社 2013 年版，第 147 页。

〔3〕　骆宝善、刘路生主编：《袁世凯全集》（第 20 卷），河南大学出版社 2013 年版，第 258 页。

制度的利益分析理论的意境中，权力层层制约是政治利益均衡导向制度的核心内容，体现权力层层制约意义的具体做法之一就是权力层层选举，这与联邦不联邦没有很大关系。原来是民主共和联邦制的国家，一旦采用层层选举的制度之后，实际上也变为民主选举的单一制国家，而原来是专制的单一制国家进行层层民主选举，为何就变成联邦制国家？其实，单一制并没有改变，改变的只是制度，原来是皇帝制度之下的单一制，现在是民主制度之下的单一制。人类社会政治制度的走向总是殊途同归，走上层层选举、层层权力制约的政治道路是历史的必然。制度改革无须拘泥于名称，而必须重视实质性的制度改革。袁世凯正是因为不愿意进行实质性的制度改革，所以在联邦制、单一制的名称上做文章。

国家无论大小，对权力的制约都必须彻底。地方议会、地方自治体的存在，对各个层级的权力进行制约极为关键。任何一级权力，假如没有有效的制度制约，掌权者都可能滥用权力为己谋私。毫无疑问，辛亥革命是一次培育有效制约层层权力制度的好机会。而顶层决定一切，这是一种典型的政治利益非均衡导向制度。如果地方官员由上级个人任命，权力滥用的政治腐败是必然的。

（二）如何理解文化与民情的作用

部分学者认为美国民主制度之所以能够成功，是其特殊的国情、民情所致。其中一人是法国人托克维尔。托克维尔在 1831 年 5 月到 1832 年 2 月，花了 9 个月时间对美国民主制度的运营情况进行考察，并写出《论美国的民主》一书。从考察的时间上看，与美国制宪以及第一届总统选举相隔 40 年余。在该书中，作者反复强调美国的特殊民情，特别是他在比较了北美与南美的政治情况之后认为，"美洲其他国家的繁荣致富的自然条件，与英裔美国人的完全相同，但它们的法制和民情不如英裔美国人的。这些国家现在都很贫困。因此，英裔美国人的法制和民情是使他们强大起来的特殊原因和决定性因素"。[1] 又认为，由于英裔美国人长期实行民主管理制度的经验和习惯，"逐渐深入到人们的习俗、思想和生活方式，并反映在社会生活的一切细节和

---

〔1〕〔法〕托克维尔：《论美国的民主》（上卷），董果良译，商务印书馆 2013 年版，第 390-391 页。"我已经说过，美国之能维护民主制度，应归功于地理环境、法制和民情"〔法〕托克维尔：《论美国的民主》（上卷），董果良译，商务印书馆 2013 年版，第 389 页。在"民情"的注解中，作者这样解释，"在这里，我请读者回想一下我所说的'民情'一词的一般含义。我把这个词理解为人在一定的社会情况下拥有的理智资质和道德资质的总和"。

法制方面……人民的书本教育和实际训练最为完善，宗教最富有自由色彩。这些习惯、思想和习俗的总体，如果不是我所说的民情，又是什么呢"〔1〕。他很肯定地认为美国民主制度之所以能够成功，是英裔美国人特殊的民情所致。然而，这份特殊的民情从何处来？他似乎断定是从先天的自然状态而来〔2〕。这种看法在当时较为流行，制宪时期的美国人也认为英国民主宪政是从日耳曼原始森林里生长出来〔3〕。

但笔者不支持日耳曼民主制度是先天存在，而英国民主宪政是从日耳曼森林里出来的观点。如果日耳曼民主确实存在，它与易洛魁氏族民主〔4〕形成的过程相似，即，血缘关系使他们在与外族争斗时保持团结，但是血缘关系逐渐疏远导致亲情被日益激烈的利益冲突所取代，族群内部强者多占的问题突出。族群内部弱者在自己的利益受到损害时将感到不满甚至奋起反抗，结果强者、弱者相互妥协而形成民主制度。事实上，如果英国宪政是"从日耳曼丛林中生长出来"，英国民众在争取自由民主的过程中就不会如此曲折。其实，英国民众体系化的自由、平等、公正的政治理念，并在此基础上设计制约权力的制度，主要是在17世纪的英国革命期间进行，这是对当时英国国王胡作非为反抗的结果〔5〕。同样，美国的民情如果是从森林里从来，美国就没有必要为控制权力而在费城进行艰苦的制度设计。这种制度设计，其实只是控制胡作非为权力的对策而已。可以认为，托克维尔所观察到英裔美国人的民情，并非是特殊的、天生的，而是与弱者对强者、非掌权者对掌权者的抗争有千丝万缕的联系。

---

〔1〕　[法] 托克维尔：《论美国的民主》（上卷），董果良译，商务印书馆2013年版，第392页。

〔2〕　他认为"共和在我看来适应于（英裔）美国人的自然状态"（[法] 托克维尔：《论美国的民主》，董果良译，商务印书馆2013年版，第504页）。英文翻译："A republic seems to me the natural state for (Anglo-) Americans" (Tocqueville: *Democracy in America: and Two essays on America*, translated by Gerald E. B, London: Penguin, 2003, p. 464.)。

〔3〕　他们认为，"英国宪政的这个组成部分，是直接从日耳曼丛林中生长出来的"（[美] 麦迪逊：《辩论：美国制宪会议记录》，尹宣译，译林出版社2014年版，第180页）。

〔4〕　陈忠云：《超越不同形式政治制度的研究范式——制度的利益分析理论之魅力》，中国政法大学出版社2016年版，第14章参照。而美国制宪会议九十年之后、托克维尔提出共和适应于（英裔）美国人自然状态的观点四十余年之后，摩尔根的《古代社会》1877年出版。摩尔根在这部专著中主张存在先天的原始民主，这种观点也引起当时的马、恩关注，成为他们理论的源头之一。

〔5〕　陈忠云：《超越不同形式政治制度的研究范式——制度的利益分析理论之魅力》，中国政法大学出版社2016年版，第16章参照。

　　笔者认为，如果从制度的利益分析理论角度对托克维尔的思考进行重新组织，他的思考其实也是符合该理论的逻辑。首先，他认为民众必定追求自己的利益，在特定的环境之下有特定的追求利益的方式；其次是判断如果没有制度制约，可能产生不择手段追求利益的问题。再次是在这种判断之下设计与此相应的制度具体内容。

　　首先，制度的利益分析理论认为利益人必定追求自身的利益，在特定的环境之下有特定的追求利益的方式。而托克维尔同样认为民众必定追求自身的利益，在特定的环境之下有特定的追求利益的方式，"乡镇，即日常生活关系的中心，才是人们的求名思想、获致实利的需要、掌权和求荣的爱好之所向"[1]；"他们热爱自己的乡镇，因为他们不能不珍惜自己的命运。他们把自己的抱负和未来都投到乡镇上了，并使乡镇发生的每一件事情与自己联系起来"[2]。在乡镇自治的情况之下，民众认为在本地追求相关利益才是最佳的方式。其次，制度的利益分析理论认为如果没有有效的制度制约，利益人将产生不择手段追求利益的问题。而托克维尔也如此判断，追求较大或者最大化利益的行为倾向，往往使人们"喜欢趋炎附势"[3]，还存在权力滥用的问题，如美国总统也存在"想用自己的私人利益代替全国的普遍利益"[4]的行为倾向。最后，如果利用制度的利益分析理论进行分析，一般是在上述的前提预设之下展开分析。托克维尔也同样，他在上述判断之下展开分析并设计与此相应具体的制度内容，"在美国的乡镇，人们试图以巧妙的方法打碎权力，以使最大多数人参与公共事务"[5]。他们把政府"权限的行使分给许多人。他们想以此加强权威而削弱官吏，以使社会永远秩序井然而又保持自由"[6]。

　　如上所述，托克维尔认为，分解权力，让更多的人分享权力，可以防止掌权者滥用权力胡作非为。而对这种权力进行有效制约的是人民主权制度，因为"个人是本身利益的最好的和唯一的裁判者，（这是）人民主权原则的必

---

　　〔1〕　〔法〕托克维尔：《论美国的民主》（上卷），董果良译，商务印书馆 2013 年版，第 83 页。
　　〔2〕　〔法〕托克维尔：《论美国的民主》（上卷），董果良译，商务印书馆 2013 年版，第 84 页。
　　〔3〕　〔法〕托克维尔：《论美国的民主》（上卷），董果良译，商务印书馆 2013 年版，第 82 页。
　　〔4〕　〔法〕托克维尔：《论美国的民主》（上卷），董果良译，商务印书馆 2013 年版，第 168 页。
　　〔5〕　〔法〕托克维尔：《论美国的民主》（上卷），董果良译，商务印书馆 2013 年版，第 83 页。
　　〔6〕　〔法〕托克维尔：《论美国的民主》（上卷），董果良译，商务印书馆 2013 年版，第 88 页。

然结果"〔1〕。"把乡镇政权同时分给这么多公民的美国制度，并不害怕扩大乡镇的职权。我们有理由认为，在美国，爱国心是通过实践而养成的一种眷恋故乡的感情"〔2〕。即使是美国，如果从顶层到基层，都是由官员操纵、控制，民众的利益也必定受到损害。根据制度的利益分析理论中的利益人假设，民众理所当然希望自己能够参与其中，进行自己的利益表出，避免官员损害自己的利益。美国民众正是参与这种地方自治，感觉到自己是地方的主人。并且为了爱护这种自治的环境，关心国家大事，产生强烈的爱国思想。这种爱国思想，既是爱国家也是爱自己。笔者认为托克维尔的这种分析、推理十分合理，符合政治利益导向的分析方法。显然，美国人先成为地方的主人，后上升成为国家的主人。

但虽然托克维尔认识到美国民主制度的形成与制约权力的某种关系，却又极力强调英裔美国人特殊民情对美国民主制度形成的作用，如何认识这种矛盾的判断？是否两方都与美国民主制度形成有关系？当然，托克维尔不可能对这些矛盾的判断进行解释，因为他在其专著中所撰写美国民主制度的形成与制约权力的某种关系，只是笔者在笔者理论的基础上去追寻他的另一条思路的踪迹而已。托克维尔发现这些事实，也仅仅是阐述这些事实而已，他本人并没有持有类似于制度的利益分析理论的理论，就不可能对这方面问题有清晰的认识，不可能发现这些事实背后的原理。所以，他只强调英裔美国人特殊民情对美国民主制度形成的作用。但如前所述，他这种特殊民情是先天的自然状态的认识是错误的。也就是托克维尔正确认识的部分，却因为没有理论无法展开；而错误认识部分，却作为重点展开分析，这又容易使他犯上连环错误。如他认为，如果将英裔美国人的"民主制度审慎地移植于一个社会，而它在这个社会里又能逐渐地渗入到人民的习惯，逐渐地深入到人民的思想，那么，在美国以外的其他地方，也能建立起这种民主制度"〔3〕。显然，这种能够成功的解释是随意的。如果英裔美国人特殊民情是近似于一种先天存在的自然状态，那么没有这种条件的国家，等于是零基础的制度移植。要解释零基础移植却能够成功，岂能够一句话两句话带过？由于前提是错误

〔1〕　[法] 托克维尔：《论美国的民主》（上卷），董果良译，商务印书馆2013年版，第79页。
〔2〕　[法] 托克维尔：《论美国的民主》（上卷），董果良译，商务印书馆2013年版，第83页。
〔3〕　[法] 托克维尔：《论美国的民主》（上卷），董果良译，商务印书馆2013年版，第395页。

的，解释与前提错误相关的问题往往很随意。没有对政治制度产生与发展的问题进行原理性研究，相关的解释都可能是主观的。作者用一句话、两句话对这种问题进行解释，解释的时候很容易、很轻松，但是后遗症很严重，因为这些解释只是让读者感到困惑，并且这种谬误观点目前还在流传。

与权力腐败相关的问题，中国有的，美国也都有，如前述的美国人认为总统可能任人唯亲、唯宠，"出于本州乡土观念、家庭关系、个人情感或哗众取宠等不良动机而作出"相应的委任等。没有这种事实的存在，就不会有这些认识。所以，不顾这些存在的事实或者淡化这种事实的存在，而去过分强调特殊民情等其他因素，这种思考存在重大的问题。按照制度的利益分析理论，其实不存在先天的特殊民情，如果说英裔美国人在追求政治利益方面较为特殊，那就是他们在争取自身利益方面先行一步、经验更多而已，但这种状态是全世界人都可以达到。人们对自身政治利益的追求，全世界一致，人同此心心同此理。

在前述的内容中已对美国成功与民初中国失败的原因进行了探讨。美国成功的原因至少有如下几点。一是明确的问题意识。美国人认识到，权力如果不受制约，掌权者将胡作非为、损害民众利益，因此他们认为必须制定严密的制度对权力进行制约。二是他们多管齐下地设计制度对权力进行有效制约，主干制度以及配套的枝叶制度都服务于对权力进行有效制约的目的。主干制度就是彻底理顺政治结构，选择掌权者的权力归于民众，人民主权，从最基层选民的意向开始，对权力进行控制。配套制度，实际上就是对权力进行多角度的制约，包括从纵向、横向角度对顶层权力进行制约。纵向是剥夺顶层权力对地方权力的任命权，具体体现主权在民的政治理念，由选民对各个层次的掌权者进行选举、层层制约；横向是设计顶层权力相互制约的三权分立制度。主干制度以及配套的枝叶制度互相配合，把权力关进制度的笼子里。美国人不是特殊的，但美国的制度是严密的。三是公正、平等、自由等的政治理念，也同样是服务于对权力胡作非为问题进行制约，一切为了使民众不受到权力迫害，没有额外的、附加的、欺骗性的政治口号、政治理想。四是美国人认为"政府（掌权者）若采取民主的形式，与之俱生的就是麻烦与不方便，人们（官员）之所以指责民主，原因就在这里"[1]。但官员必须

---

〔1〕 麦迪逊：《辩论：美国制宪会议记录》，尹宣译，译林出版社 2014 年版，第 67 页。

要克服这些"麻烦与不方便"，而且事实证明，这是完全能够克服的。五是华盛顿尽管也不是完人，但他清晰地认识到民众对政治利益一边倒君主制度、对国王等的特殊权力的反感，拒绝恢复君主制度，拒绝成为国王，全力配合、促成美国联邦民主共和制度的形成。

民初中国失败的原因至少有如下几点。一是与美国的主干制度、配套的枝叶制度都服务于对权力进行制约这种目的相反，民初中国的袁世凯野心勃勃，依然希望获得与以前皇帝一样的权力。他突破各种制度制约，扭转政治制度发展方向，把民有的国家重新变为私有，把制约权力的制度重新变为服务于他个人利益的制度。美国总统在《美国宪法》之下的限制性集权，与民主共和制度是兼容的，是一种双赢的常和博弈。而袁世凯要无限集权，则压制民初民主制度，这是一种零和博弈。他欲达到长久私占中国的目的而恢复帝制，把民有国家重新变为私有国家。而该问题是民初民主政治失败的最关键原因。在政治制度转型期，民主政治成功与失败相当程度上决定于制度设计的内容与掌权者欲望，在具体操作的过程中又以最高领导人配合的程度而决定。如果最高领导人有意导向民主制度，他将阻止君主制度再出现的可能，如果最高领导人有意导向皇帝制度，则民主制度必败。二是由于宋教仁等人在制定《临时约法》时，在地方分权事项上存在认识不足、私心作怪等问题，没有制定对袁世凯进行纵向制约的制度。他们只要有制定制度的权力，就利用这种权力偷梁换柱、贩卖私货。三是袁世凯本人争取不受制约的权力，上梁不正下梁歪，导致大大小小的掌权者欲望泛滥，上上下下掌权者皆腐败。

在政治制度发展方向的问题上，掌握方向盘的国家领导人有时作用是决定性的。把满车客人载到他们想去的地方，皆大欢喜。而把他们载到他们不想去的地方，悲剧从此开始。其实，无论是华盛顿还是袁世凯，他们在控制最高政权之后，民众的利益觉醒都已经让他们失去了称帝的土壤，华盛顿理智、顺从、强烈的荣誉感等使他洁身自好，拒绝君主制而造福于美国人民。而袁世凯则不识时务，利欲熏心，扭转政治制度发展方向，导向皇帝制度，给中国国家、人民带来巨大的灾难。从制度的利益分析理论角度进行推理，美国没有必定成功的理由[1]，民初政治制度改革没有必然失败的理由。问

----

〔1〕　如果如前述就差几票就变成君主制，美国历史就要改写。

题出在政治强者的欲望以及具体的操作上。民初民主失败的最根本原因是强者个人利益欲望太大的原因所致。权力不受制约的掌权者，将变着花样实现其个人政治利益最大化的伟大梦想，而把民众推入万丈深渊。人们明知国家领导人在豪言壮语之下的各种做法极为自私，却没有有效的制度手段阻止他。

无论政治制度变革的道路如何曲折，政治利益非均衡导向制度必将被淘汰。这种制度与政治利益均衡导向制度的两种制度之间，存在着劣质制度与优质制度的巨大差异。如果我们把这两种制度想象成建筑物，那么政治利益非均衡导向制度的外在形状，其实就是一座没有根基的歪歪斜斜的危楼。组成这座危楼的材料因为没有经过精心选择，材质是次的，并且歪瓜裂枣，各种形状都有。这样的环境也极容易生长蛀蚀建筑物的白蚁。由于在这种制度之下的政治利益分配方式是不公正、不平等的，社会因此经常处于动荡不安之中。所谓维稳就是要用各种柱子支撑住这座危楼，维持这种利益严重偏向的不公正的、不平等的政治制度。政治利益均衡导向制度的外在形状，则与歪歪斜斜的危楼完全不同，是一座根基牢固的方方正正、四平八稳的建筑物。建筑材料也是经过精心选择，材质优秀，形状也规整。在这种制度之下，政治利益分配方式较为符合公正平等的政治理念，并且一系列配套制度对政治权力形成较为严密的监督，在这种制度之下的社会不需要进行政治维稳。所以，民主制度有问题，是政治利益均衡导向之下的问题，通过微调即可解决。而专制制度有问题，是政治利益非均衡导向之下的问题，微调无法解决问题，只能进行推翻重建。

一个国家是否具有凝聚力，决定于公正平等的政治信念以及公正平等的政治制度。根据前述托克维尔的观察，美国村镇自治，使美国人有强烈的主人公意识，并且为了营造、维持自己是国家主人公的政治环境，他们有强烈的国家意识。但如果在一个国家内，强者横行霸道，弱者唯恐避之不及，谁还会维护这个国家呢？人都是利益人，这是万古不变的，过去是这样、现在是这样、将来还是这样。公正平等的政治制度不是某个国家某个地区（西方）固有的，而是在弱者的强烈要求之下，顺应民心而变化过来的。如果以制度不变求人性改变，这是本末倒置，注定要失败。所以要变得是制度而非人性。人们对政治利益的追求是共同的、对符合人民利益的公正政治制度的追求是共同的。彻底制约权力是民心所向，殊途同归，无论是美国人还是中国人。

如上所述，美国官员同样讨厌选举、定期选举的民主制度，希望能够长久、不受制约地控制权力，他们认为"采取民主的形式，与之俱生的就是麻烦与不方便"〔1〕。但他们顺应历史发展的潮流，克服了这些麻烦与不方便。其他国家即使像一些人所强调的那样，国家间存在一些不同的情况，也必须调整国情，去对权力进行彻底的制约。

---

〔1〕　[美] 麦迪逊：《辩论：美国制宪会议记录》，尹宣译，译林出版社 2014 年版，第 67 页。

古代中国的皇帝制度能否带来社会稳定
——与《作为制度的皇帝》作者苏力的商榷

一、导言

苏力论文《作为制度的皇帝》[1]的论点十分明确，就是在古代中国，除了皇帝制度，没有其他任何可以选择的政治制度，并且，也只有皇帝制度才能救当时的中国。作者还在文末写道，他知道他的观点会有争议，但他期待"对于我们的古代社会和制度能有更多的争论，反思和批评，从而引出更多更好的研究"。在具体观点的方面我们可能很不相同，但在这一点上我们有共同语言。因为我在拙作《超越不同形式政治制度的研究范式》的序言中写道，"真理越辩越明，希望拙作能够起到抛砖引玉的作用，让学术争鸣更加活跃、出现更为合理的思想，为读者提供更加丰富、精美的精神食粮"。[2]为了给读者提供多个角度的思考，形成更有理性的认识，笔者执笔写作此文。以下按照苏力的研究方法与具体观点、质疑、历史事实、皇帝制度形成并非必然性等的顺序，进行论述。

二、苏力的研究方法与具体观点

笔者通读苏力的《作为制度的皇帝》大作，在消化该作品的内容之后，为了方便学术争鸣，按照笔者的理解重新整理文章脉络，对一些内容的前后顺序进行调换，以前提预设、核心观点、证明该核心观点成立的具体理由，

---

　　[1]　苏力："作为制度的皇帝"，载《法律和社会科学》2013年第2期。由于本文专门针对《作为制度的皇帝》的问题进行商榷，下面内容所提及的苏力观点，皆出自该篇论文。
　　[2]　陈忠云：《超越不同形式政治制度的研究范式——制度的利益分析理论之魅力》，中国政法大学出版社2016年版，序言第2页。

等的顺序对其主要内容进行抽取。

第一是前提预设。进行展开分析的前提预设，是苏力主要的研究方法之一。开国皇帝是天生的为国为民的圣贤，就是他的前提预设。[1]作者认为，"特别是开国皇帝……他代表的是治国平天下的事业"。这个圣贤满怀"治国平天下"的豪情壮志，意志坚强（具有"'将沙子攥成团'的意志"），无所不能（甚至可以"无中生有"），为子民提供"人们生产生活繁衍后代必需的最基本的和平秩序"。

第二是核心观点。作者在前提预设之下引出核心论点。作者认为，皇帝制度是古代中国"社会秩序的保障，有着无可替代的社会功能。甚至皇帝制对于古代中国的意义都很难说是大国治理的宪制选择，因为选择必有其他可能的替代，而古代中国从来没有其他替代"。这是作者的核心论点。该观点十分明确：由于古代中国的特殊条件，除了皇帝制度之外，没有任何可以选择的其他制度，要维持一个较为稳定的和平状态，皇帝制度是必须、必然、唯一的选择，非皇帝制度无法救中国。

第三是作者从四个角度收集证据证明该核心论点成立，包括将古代中国与古代西方进行比较的角度、从古代中国缺乏实施民主制度具体操作条件的角度、从经济学理论角度、从学者思考的角度等。

首先，将古代中国与古代西方进行比较的角度。作者认为，并不是国家规模小就容易出现民主制度，而是要看其是否存在共同体。之所以古希腊雅典能够出现民主制度，就是因为他们存在共同体，这种共同体使他们产生一种共同的归属感，而这是民主制度发生的基本条件。但古代中国缺乏这种共同体的条件。关于该问题，作者进一步自问自答："早期中国也曾是小国，为什么……（没有）有关民主制的传说？还有，西周时期的许多诸侯国也不大，西汉'文景之治'年间也曾（有过）'推恩令'，'众建诸侯以少其力'，却为什么……（就没有）准民主制的实践呢？"这是因为，古代中国缺乏这种产生民主制度的共同体条件，由于古代中国"农耕生产方式注定了他们只能聚居在很小的自然村落"，"这种一盘散沙般的农业社会的组织结构注定了农耕者

---

〔1〕 从读者的角度看，该论文这种前提预设是存在的，无论作者本人是否意识到。类似的前提预设还有"作为制度的皇帝"（题目）。作者把皇帝制度中的皇帝与制度两个词倒置，目的是把皇帝制度作为不可置疑的论述前提。

高度自我关注，只了解、只愿了解和关照自己的亲属和同村居民"。"而只要没有共同体，没有与之相伴的共同归属感，民主制的前提（兼顾全城邦的利益）就不存在，就不可能有民主制的有效运转"。如上所述，作者认为古代中国缺乏共同体的条件，而呈一盘散沙的状态，这样的国家即使规模不大，也难以产生民主制度。

其次，从古代中国缺乏实施民主制度具体操作条件的角度进行探讨。他认为古代中国不但缺乏共同体，还缺乏实施民主制度具体操作条件。如，候选人"如何走遍这块土地，让所有有选举权的成年人都了解他？在一个没有出生年月记录的社会中，甚至如何确认和验证'成年'？甚至如何让这块土地上都知道并能遵守这个有关'成年'的标准"？

再次，从经济学理论角度。作者要通过该角度证明皇帝制度长期存在的合理性。作者认为，"从经济学理论上看，仅仅个人私欲不足以构成一个长期的制度"，"人类历史上的任何制度，只要是长期的实践，就很少可能只是罪恶或愚昧，而更可能是，相对当时的社会条件，已是足够的明智或合理"。作者的意思是，从经济学理论角度看，如果某种制度长期存在，就当时的具体条件而言，就有其合理性，而皇帝制度在中国存在数千年，其合理性自不待言。所以，"皇帝制在中国发生和持续2000多年，不可能是我们祖先的愚蠢或错误，不可能是他们持续了2000多年的执迷不悟和软弱无能；事实上，同欧洲相比，在这近2000年间，中国的和平时期更为长久，经济文化也长期发达"。

最后，从学者思考的角度。作者要通过该角度证明皇帝制度存在的必要性。作者引用他认为是支持皇帝制度的西方学者观点，"即便是近代以来第一个为民主高唱赞歌的思想家卢梭，即便是最早提出现代三权分立理念的孟德斯鸠，都一致认为民主不是大国的宪制选项；大国只能采用君主制。"作者也引用他认为是支持皇帝制度的古代中国学者与民众的观点，到了春秋战国，"所有有为的政治思想家都希望建立一个强大的中央政权……此后的历史也一再表明，只要不是中央集权，就必定会逐鹿中原，只要没有足够强悍的中央集权，游牧民族就会纵马中原。'宁为太平犬，不为乱世人'，（这是）中国亿万百姓的……共同心声"。

如上所述，为了证明古代中国没有实施民主制度的任何条件，皇帝制度是必须、必然、唯一选择的观点成立，作者从各个方面展开分析。[1]但它们都存在较大的问题。

三、质疑

苏力认为目前人们对皇帝制度看法相当偏颇，该制度"除了接受抨击批判外，几乎成了政治学、法学界研究不允许有其他答案的问题。皇帝成了中国的罪恶、愚昧的代表，是近代落后挨打之渊源……尽管（该制度）已废除了100多年了，今天所有的中国人对于帝制都没有记忆，而一遇到某些社会问题，还往往是社会中上层人士，不仅是政客，还常常包括大大小小的知识人，不管有没有根据，有多少根据，总是先拖出皇帝鞭尸。"[2]因此他要在事实的基础上进行研究，纠正人们这种偏颇的看法。但阴差阳错，他的皇帝制度是必须、必然、唯一的选择，非皇帝制度无法救中国等观点恰恰是缺少事实依据，是错误的。以下以"皇帝制度是必须、必然、唯一的选择"观点为中心，按照对前提预设的质疑、对具体证据的质疑的顺序展开分析。[3]

第一是对前提预设的质疑。论文分析的前提假设，一般是建立在可观察事实的基础之上。但苏力的开国皇帝是天生为国为民圣贤的前提预设，是一种随意、主观、无限拔高的前提预设。因为笔者反复查找资料，无法找到能够证明苏力这种预设具有事实基础的具体资料。相反，与开国皇帝为追求个人最大化利益而私占国家相关的资料却不少。比如秦始皇创立皇帝制度并宣布

---

[1]　易中天在其《帝国的终结》（复旦大学出版社2013年版）的作品中，有"集权是一种必然"（第43页）、"制度是历史地形成"（第43页）、皇帝制度"如果当真一无是处"为何能够延续数千年（第9页）等观点。这些观点与苏力如出一辙。但虽然易中天的观点更早出现，由于没有按照严谨的程序进行论证，只能算是较为随意的猜测，而不是学术作品。因此还是以苏力的作品作为商榷对象。

[2]　但事实似乎相反，《汉武大帝》《唐太宗》《康熙大帝》《乾隆大帝》等赞颂皇帝、皇帝制度的戏剧、电影、小说充斥人们的生活，即可说明此问题。

[3]　从制度的利益分析理论视角进行质疑。这种理论对行为者（强者与弱者）进行利益人假设。该理论对皇帝制度的形成与发展的基本观点是：皇帝制度是在暴力之下建立起来的，由于在这种制度之下，缺乏对强者（皇帝、官员等）行为进行有效制约的手段，导致他们胡作非为，损害弱者的利益。但弱者也是利益人，他们在自己的利益反复受到损害的情况之下，追求公正平等的政治理念，并且要求设立与此相应的政治制度，因此政治利益非均衡导向的皇帝制度必定被公正平等的政治利益均衡导向制度所替代。陈忠云：《超越不同形式政治制度的研究范式——制度的利益分析理论之魅力》，中国政法大学出版社2016年版，第48-49页参照。

"六合之内,皇帝之土","人迹所至,无不臣者"[1],而且还要千秋万代维持这种状态,"朕为始皇帝。后世以计数,二世三世至于万世,传之无穷"[2]。刘邦在夺取政权完全把国家占为私有之后,得意地对其父亲说,"始大人(其父)常以臣无赖,不能治产业,不如仲力(其兄)。今某之业所就孰与仲多?"[3]被认为是千古一帝的唐太宗,确实有不少感人的言论,但多是虚假,[4]而下面这句才是他的大实话:"朕尊为帝王,富有四海"[5]。苏力把开国皇帝预设成天生为国为民的圣贤,与古代资料所提供的历史事实不符[6]。

在前提预设中,作者还把开国皇帝预设为一个神秘的、超然的存在。作者认为,"古代中国的君主制首先是要,几乎可以说是要无中生有,以'将沙子攥成团'的强力意志,通过当时可行的某种政治架构将一块足够大的疆域内无数散落的农耕村落都'拢'在一起,规定人们生产生活繁衍后代必需的最基本的和平秩序"。这种神秘的、超然的前提预设,错误更明显。其实,无论是哪一个开国皇帝,包括秦始皇、汉高祖、唐太宗等,没有一个具备"将沙子攥成团""无中生有"等能力。如果具备这些能力,他们就无须通过"伏尸百万、流血千里"等恐怖手段夺取政权。神秘的、超然的开国皇帝是不存在的,但他们有强大的欲望。大一统的私有国家,符合强者的最大化政治利益。对强者来说,自己所占有国家的国土越大利益就越大,追求最大化利益的行为倾向,使他在可能的情况之下必定有意导向大一统。周公东征、秦国统治者的大一统作战,都是在他们的无止境欲望之下进行。

关于前提预设,除了上述把开国皇帝假设为圣贤,以及神秘的、超然的存在以外,还可以从题目中看出类似问题的存在。前面在注释中也提到,作者把大作的题目命名为"作为制度的皇帝",把皇帝制度中的皇帝与制度两个

---

〔1〕 (西汉)司马迁:《史记》,中华书局 1999 年版,第 174 页。

〔2〕 (西汉)司马迁:《史记》,中华书局 1999 年版,第 168 页。

〔3〕 (西汉)司马迁:《史记》,中华书局 1999 年版,第 272 页。

〔4〕 陈忠云:《超越不同形式政治制度的研究范式——制度的利益分析理论之魅力》,中国政法大学出版社 2016 年版,第 193 页参照。

〔5〕 (唐)吴兢撰:《贞观政要》,葛景春、张弦生注译,中州古籍出版社 2008 年版,第 244 页。

〔6〕 实际上,开国皇帝们的这种欲千秋万代控制中国的言行,与制度的利益分析理论中的利益人假设相符。他们都是主观上追求最大化利益的行为者。他们的行为很现实,私占国家、并欲千秋万代控制国家才是他们真正的追求,而"治国平天下"只是一句空洞的豪言壮语,不可能支配他们的行为。

词倒置，目的是把皇帝制度作为不可置疑的论述前提。他认为不是开国皇帝建立皇帝制度，而是在皇帝制度之中诞生秦始皇、刘邦等开国皇帝。[1]这种看法显然同样是因为缺乏正确理论的导航而产生思路上的错误。实际上，利益一边倒的皇帝制度是后天形成的，这种制度建立者必定是某行为者。如果认真地去追溯某个政治行为者为何要建立皇帝制度，往往可以发现他存在很具体的想法与行为的资料。根据这些资料，可以对相关问题进行追根究底。如果反过来，认为在皇帝制度中产生秦始皇等人，推理逻辑就无法理顺。

第二是对具体证据的质疑。苏力还通过收集具体证据证明其核心论点成立。但在该方面，苏力存在严重的误读、漏读资料等问题。

首先，是将古代中国与古代西方进行比较的方面。苏力认为，并不是国家规模小就容易出现民主制度，而是要看其是否存在共同体。共同体的存在是民主制度发生的基本条件。但古代中国一盘散沙，缺乏这种条件。然而，苏力所提到的"一盘散沙"，指的是什么时代的中国？是旧石器时代还是与古希腊雅典同时代的两千余年前的春秋战国时代？旧石器时代人口稀少，一盘散沙是可能的，但春秋战国时代就不是这样。当时的繁华都市已经不少，其中之一是临淄。"临淄之中七万户，……甚富而实，其民无不吹竽鼓瑟，弹琴击筑，斗鸡走狗，六博蹋鞠者。临淄之涂，车毂击，人肩摩，连衽成帷，举袂成幕，挥汗成雨，家殷人足，志高气扬"[2]。这样城市的民众是一盘散沙？并且，当时的中国与古希腊雅典一样，程序化的市场经济制度已经形成，[3]人们不是"只能聚居在很小的自然村落"没有经济交流，而是可以进入到程序化程度较高的经济市场进行自由交易。人们经济活动也不是仅仅局限于当地，而是四出做买卖，甚至进行远程交易，他们"倍道兼行，夜以继日，千里而不远"[4]，"虽有关梁之难，盗贼之危，必为之"[5]。当时雅典民众的

〔1〕 皇帝制度是从王权制度发展过来，但还是与王权制度有一定的不同。陈忠云：《超越不同形式政治制度的研究范式——制度的利益分析理论之魅力》，中国政法大学出版社 2016 年版，第 104 页。
〔2〕 (西汉) 司马迁：《史记》，中华书局 1999 年版，第 1782 页。
〔3〕 陈忠云：《超越不同形式政治制度的研究范式——制度的利益分析理论之魅力》，中国政法大学出版社 2016 年版，第 254 页。
〔4〕 谢浩范、朱迎平注译：《管子全译》，贵州人民出版社 2009 年版，第 541 页。
〔5〕 周才珠、齐瑞端译注：《墨子全译》，贵州人民出版社 2009 年版，第 453 页。

经济活动也大致如此。[1]

事实上，某地方的民主制度形成与否，与其说是是否存在共同体的原因，不如说是强者对弱者进行控制的原因。[2]先秦时代商鞅（约公元前 390 年–公元前 338 年）禁止民众旅行、演讲，汉代眭弘在汉昭帝元凤三年（公元前 78 年）上书要求汉朝皇帝"求索贤人，禅以帝位"，结果被套上"妖言惑众，大逆不道"的罪名处死[3]。禅让的要求居然被处死，汉朝皇帝还能允许存在其他的皇帝利益挑战者？汉朝确实实施过分割诸侯封地的"推恩令"，但不等于这些小型封地就不处于皇帝或者皇家权贵的控制之下。而不在皇帝严密控制之下的边境地区，同样存在利益均衡导向的政治方式。当时的乌桓族群（今内蒙古赤峰附近）就是一个例子。在乌桓的族群中"有勇健能理决斗讼者，推为大人，无世业相继。邑落各有小帅，数百千落自为一部。……大人以下，各自畜牧营产，不相徭役"[4]。这些地区没有"普天之下莫非王土、率土之滨莫非王臣"的观念，民众经济独立，并且积极参与政治。

其次，是苏力认为古代中国缺乏实施民主制度具体操作条件的方面。苏力认为古代中国没有户籍制度，在一个没有出生年月记录的社会中，如何确认和验证"成年"？如何让这块土地上的人们都知道并能遵守这个有关"成年"的标准？并且，如果实施民主选举，由于国土广袤，候选人"如何走遍这块土地，让所有有选举权的成年人都了解他"？所以，他认为当时缺少实施民主制度的最起码条件，根本无法进行具体操作，因此断言，实施民主制度，"在古代，在大国，从一开始就注定不可能"。从上述几个问题，可以确认苏力误读、漏读资料的情况严重。事实恰恰相反，古代中国的户籍制度很早就形成，"四境之内，丈夫女子皆有名于上，生者著，死者削"[5]。当时男子成年礼是"男子二十冠而字"[6]。并且，当时的民众热衷于演讲，他们到处

---

〔1〕 陈忠云：《超越不同形式政治制度的研究范式——制度的利益分析理论之魅力》，中国政法大学出版社 2016 年版，第 255 页。

〔2〕 陈忠云：《超越不同形式政治制度的研究范式——制度的利益分析理论之魅力》，中国政法大学出版社 2016 年版，第 325 页。

〔3〕 （东汉）班固：《汉书》，中华书局 1999 年版，第 2359 页。

〔4〕 （南宋朝）范晔撰：《后汉书》，中华书局 1999 年版，第 2015 页。

〔5〕 石磊译注：《商君书》，中华书局 2012 年版，第 140 页。

〔6〕 杨天宇撰：《礼记译注》，上海古籍出版社 2004 年版，第 16 页。

宣传自己的观点，所以，商鞅对此进行了强力控制，禁止旅行、关闭旅馆[1]。像户籍、成年人规定、热心于政治的人四处演说等，都在《商君书》《礼记》等这些著名资料之中。对研究先秦问题的学者来说，这是基本资料、是常识。显然，并非是苏力所提到的这些问题能够成为形成民主制度的阻碍，而是强者的控制才是形成民主制度的最大阻碍，正如商鞅关闭旅馆、阻止人们巡回演说一样。

再次，是从经济学理论角度进行证明方面。作者认为，如果某种制度长期存在就有其合理性，这符合某项经济学理论的原理。但作者所说的经济学理论，不知是哪一部分或者哪一条原理，能够明确地解释政治领域利益一边倒的皇帝制度长期存在的理由。经济学理论的核心内容包括等价交换、以价格调节的市场供需均衡等。也就是在经济市场制度之下，某行为者欲追求一边倒的利益是不可能的，而要关照其他人的利益，取得双赢。但王权制度规定"普天之下莫非王土、率土之滨莫非王臣"，皇帝制度规定"六合之内，皇帝之土"，"人迹所至，无不臣者"。皇帝制度规定皇帝可以独占国家的一切，这与追求双赢的经济市场制度有什么共同之处？实际上，皇帝制度与市场经济制度的利益内涵完全不同，是性质完全不同的两种制度。根据制度的利益分析理论，无论是经济领域还是政治领域，只有利益均衡的制度才可能长久维持。皇帝制度不可能像市场制度那样能够自动地长久维持，而必须是强者使用特殊手段控制弱者并加以维持。2000 余年来，统治者不断升级对弱者的控制，思想控制的愚民术从汉初的以孝劝忠发展到宋元时代树立二十四孝典型榜样；镇压方式从唐初的腰斩发展到后来的凌迟，就是这种问题的深刻说明。

苏力认为"皇帝制在中国发生和持续 2000 多年，不可能是我们祖先的愚蠢或错误，不可能是他们持续了 2000 多年的执迷不悟和软弱无能"。从制度的利益分析理论角度进行分析，强者独占国家、设立利益向自己一边倒的政治制度，不可能是愚蠢，而是追求自身利益绝对聪明的做法。皇帝制度为何能够维持 2000 余年？也是强者欲望的问题。并非是皇帝制度有某种存在的必然性，而是任何强者在夺取政权之后，为获取最大化利益，都希望延长自己的统治，而对制度进行自我锁定。强者一方面采用愚民术抑制人们利益觉醒，

---

[1] 石磊译注：《商君书》，中华书局 2012 年版，第 14 页、第 17 页、第 18 页参照。

一方面采用凌迟等极端残暴手段对反抗者进行镇压。从市场经济理论的角度看，极端自私的商人就没有顾客，就办不成事、赚不了钱，所以他必须遵循关照别人利益的利他利己的原则。但在皇帝制度之下，皇帝对不屈服者、不服从者就采用剥夺他的一切财产，并对他进行斩草除根灭其全族等手段。皇帝完全以其个人利益为标准而采取极端的手段。反抗者个人可能早已把自己的生死安危置之度外，但他不可能不顾及家中的幼小儿女。在残杀灭族、斩草除根的镇压之下，任何有理性的拖家带口的人都可能忍辱负重、都可能屈服。所以皇帝制度能够断断续续维持数千年，并非是我们的祖先软弱无能，而是强者太残暴，是中国人在强者欲望之下的千年磨难。

苏力还认为，"事实上，同欧洲相比，在这近 2000 年间，中国的和平时期更为长久，经济文化也长期发达"。我们很希望看到能够证明这些判断的具体资料，但苏力并没有提供[1]。相反，笔者看到的具体资料是，在 1793 年（乾隆时期）西方人进入中国的时候，他们所看到的中国只是一个未开化、半开化的史前国家。[2] 100 余年后的 1895 年，美国《纽约时报》刊登这样内容的文章，"清国官场腐败危及人类道德。在当今世界的秩序下，大清国的继续存在对世界和平来说永远是一种威胁。在我们的地面上，大清国是一个既污秽又丑恶的国度，它的存在是一种时代错误。（它是一个）受贿者兼掠夺者的国度"。[3] 这些欧美人在对比他们本国与清国的政治情况之后，进行如此令人触目惊心的判断。这些资料如何证明"中国的和平时期更为长久，经济文化也长期发达"的问题？

---

〔1〕 笔者未知苏力这种观点是否受到西方一些研究古代中国经济学者所提供数据的影响，但这些数据可能是随意的猜测，或者是捏造的（〔英〕麦迪森：《世界经济千年史》，伍晓鹰等译，北京大学出版社 2003 年版，第 34 页）。

〔2〕 在恶劣的政治环境之下，中国政治社会呈未开化、半开化的野蛮状态是铁的事实。"一名官员趴在地上，等待比他只高一级的官员下令打板子……而且打完后，挨打的还要卑躬屈膝触摸打他的板子……我估计，杖刑必定是中国最古老的刑罚之一。我们难以想象它怎能在一个已开化的社会中存在，而不是仅留在社会的原始阶段"〔英〕乔治·马戛尔尼、约翰·巴罗：《马戛尔尼使团使华观感》，何高济、何毓宁译，商务印书馆 2013 年版，第 344 页）。另一个相关资料如下："今日外人之侮我，虽由我国势之弱，亦由我政体之殊，故谓为专制，谓为半开化"〔载泽："出使各国考察政治大臣载泽奏请宣布立宪密折（光绪三十二年）"，载故宫博物院明清档案部编：《清末筹备立宪档案史料》（上册），中华书局 1979 年版，第 175 页〕。

〔3〕 郑曦原编：《帝国的回忆：〈纽约时报〉晚清观察记》（上册），当代中国出版社 2011 年版，第 126 页。

最后，是从学者思考角度的方面。如前述，作者引用他认为是支持皇帝制度的西方学者观点，也引用他认为是支持皇帝制度的古代中国学者与民众的观点。然而，即使西方学者确实认为"大国只能采用君主制"，但如前面所分析，如果国家可以私有，那么人人将都是政治野心家，即使是大国，也将必然分裂，以重新调整利益格局。在国家私有的前提之下，是大国还是小国，本身就摇摆不定，如何就能一步到位地确定古代中国必然"只能采用君主制"？并且，周朝的大一统私有国家，在春秋战国时期走向分崩离析，民众已经开始考虑国家所有制度的问题。此时的中国为何还需要在暴力控制之下的大一统私有国家？所以，未考虑到因为国家私有容易导致国家分崩离析的问题，而预先一步到位地把中国设定为一个大一统大国，论法本身就存在错误。大一统私有国家的制度，包含制度性政治腐败等问题，是最恶劣的政治制度之一，分崩离析是其必然的结果。

作者在引用古代中国学者的观点时强调，先秦"所有有为的政治思想家都希望建立一个强大的中央政权"。确实，当时不少学者都持有类似于孔子、孟子的"天无二日，民无二主"的思考。但各个学者提出这种看法的背景各不相同。孔子等提出"天无二日，民无二主"[1]，是因为他没有意识到周天子的"普天之下莫非王土、率土之滨莫非王臣"的政治野心是众人都有（包括那些诸侯），"礼崩乐坏"是这种大一统王权制度发展的必然结果，反而认同利益向周天子一边倒的政治制度，主张"天下有道，则礼乐征伐自天子出"[2]。但他向往被他认为是美好社会的夏商周"三代"[3]，并主张"从周"[4]。而后来的荀子提出"君者，国之隆也……隆一而治，二而乱"[5]。此时，已经是处于秦孝公、商鞅，秦惠王、张仪等人所挑起的大规模战争时期。或者当时学者只能无奈地在战争或者集中权力以阻止战争的选择项中二者择一。两害相权取其轻，结果人们倾向于主张集中权力以制止战争。但即使荀子提出"隆一"，也不是主张隆于秦始皇的皇帝制度。他同样向往三王时代，认为古

---

〔1〕 金良年撰：《孟子译注》，上海古籍出版社 2004 年版，第 199 页。

〔2〕 金良年撰：《论语译注》，上海古籍出版社 2004 年版，第 198 页。

〔3〕 金良年撰：《论语译注》，上海古籍出版社 2004 年版，第 190 页。

〔4〕 原句是，孔子说，"周监于二代，郁郁乎文哉，吾从周"（金良年撰：《论语译注》，上海古籍出版社 2004 年版，第 25 页）。

〔5〕 蒋南华、罗书勤、杨寒清注译：《荀子全译》，贵州人民出版社 2009 年版，第 246 页。

代三王善于治理国家。[1]他在《王制》中，明确主张"君人者，欲安，则莫若平政爱民"，而如果是"聚敛者，（则）召寇、肥敌、亡国"[2]，自取灭亡。对照荀子的理解，后来秦始皇是聚敛者的角色，他恰恰走上一条搜刮民财自取灭亡的道路。荀子不可能认同由"聚敛者"一类的角色通过极为残暴的手段对中国进行统一。所以，虽然这类言论的出现各有具体的社会背景，但他们主要是向往他们认为圣王辈出的三代时期，而不是要求实施秦始皇式残暴的中央集权、皇帝制度。

苏力为了证明皇帝制度存在的必要性，又引用了"宁为太平犬，不为乱世人"等民众观点的资料。似乎这是民众呼唤皇帝制度的有力证据。但这是何时的观点，是皇帝制度之前的先秦时代的观点，还是在皇帝制度之下的人们谴责皇帝制度带来灾难时的观点？这句话一看就不像是先秦时期的语言，一查果然如此。这句话的出处是元代施惠《幽闺记》第十九出"宁为太平犬，莫作乱离人"。[3]元代的政治制度难道不是皇帝制度？不但是皇帝制度，而且如果从秦始皇算起，元代的皇帝制度已经是一个1000多岁的老家伙了。皇帝制度如何，不是我们当代的这些学者，而是在皇帝制度之下生活的施惠等人的言论最有说服力。皇帝制度给中国人民带来了巨大的灾难，也因此让人们感悟到"宁为太平犬，不为乱世人"。如果用诉说皇帝制度时代战乱痛苦的证据，证明皇帝制度存在的必要性，显然这种论证方法存在很大问题。这些论据实际上是作者对自己的观点进行自我否定。

当然，苏力的"宁为太平犬，不为乱世人"，也可能还针对外族入侵的问题而言。但绝不是唯有国家私有的大一统王朝，才能够有效的抵御外敌骚扰或者入侵的问题，实际上春秋战国时期的各诸侯国之间，就已经建立起相互合作、共同御敌的同盟关系。而国家私有的皇帝制度与社会内乱，本身就是一对孪生兄弟。由于在皇帝制度之下必定产生内乱，边境民族很多时候都是

---

[1] "言治者予三王"（蒋南华、罗书勤、杨寒清注译：《荀子全译》，贵州人民出版社2009年版，第492页）。荀况曾在公元前260年左右到秦国进行走马观花式的考察，当时他认为秦国是"古之民、古之吏、古之士大夫、古之朝"（蒋南华、罗书勤、杨寒清注译：《荀子全译》，贵州人民出版社2009年版，第289页），具有古代三王时代民风的美好国家。显然，他对因商鞅残暴统治而留下的问题理解不足。还有一种可能的情况是，因为这是荀子与秦国丞相范雎的对话，不否定存在他讨好当时秦国当权者的可能。

[2] 蒋南华、罗书勤、杨寒清注译：《荀子全译》，贵州人民出版社2009年版，第124页。

[3] 黄竹三、冯俊杰：《六十种曲评注》（第6册），吉林人民出版社2001年版，第118页。

趁乱骚扰或者入侵，甚至可能借机成功地替代旧皇帝而成为新皇帝。而仇恨旧皇帝胡作非为的中国民众，还把这样的外族新皇帝认为是大救星，如清初唐甄认为，"凡为帝王者皆贼也。大清有天下，仁矣"〔1〕。

如上述，苏力在列举资料进行论证方面纰漏很多。甚至该问题，从他文章的开编第一句话就开始出现。在开编第一句，他引用了《吕氏春秋》的"乱莫大于无天子。无天子则强者胜弱，众者暴寡，以兵相残，不得休息"〔2〕的观点。这句话给读者以只有皇帝制度才能够救中国的巨大震撼。但《吕氏春秋》的主编是谁啊？如果要确认他的身份，他是秦国丞相、秦始皇的生父吕不韦（公元前292年–公元前235年）。〔3〕这些言论显然是为宣传秦始皇的正确、光荣、伟大而制造舆论。实际上，在春秋战国时期，最大的作乱者是谁？就是秦国的秦孝公、商鞅、秦惠王、张仪、秦始皇、吕不韦这批人，他们发动战争，搅乱社会却把屎盆子扣到别人头上。

如上所述，《作为制度的皇帝》论文，由于缺乏理论推理产生逻辑错误，从题目就已经开始；缺少斟酌产生资料引用错误，从论文的第一个句子就已经开始。正是这种思路以及资料斟酌上的问题，导致苏力虽然从古今中外大量地引经据典，但整篇论文的大部分观点、资料都是真真假假，似是而非，令人眼花缭乱。总而言之，在《作为制度的皇帝》论文中，证明核心论点成立的前提预设、具体证据等，都经不起推敲。既然证明核心论点的前提预设、具体证据等都不成立，那么，作为核心论点的由于古代中国的特殊条件，皇帝制度是必须、必然、唯一的选择，非皇帝制度无法救中国的观点，同样不能成立。

四、历史事实

苏力的《作为制度的皇帝》，较少以历史事实为依据进行论述。笔者在此

〔1〕（清）唐甄：《潜书校释》，黄敦兵校释，岳麓书社2011年版，第252页。当然，这是错误的认识。事实证明，清朝同样是残暴的王朝。这也从另外一个侧面反映，假如没有有效的制度制约，所有的帝王都不可能是好东西，不管他是什么地方出生的人。

〔2〕关贤柱、廖进碧、钟雪丽译注：《吕氏春秋全译》，贵州人民出版社2009年版，第319页。

〔3〕"吕不韦取邯郸诸姬绝好善舞者与居，知有身。子楚从不韦饮，见而说之，因起为寿，请之。吕不韦怒，念业已破家为子楚，欲以钓奇，乃遂献其姬。姬自匿有身，至大期时，生子政。子楚遂立姬为夫人"〔（西汉）司马迁：《史记》，中华书局1999年版，第1953页〕。当然吕不韦是否是秦始皇的生父，无须严格考证，但他是秦国丞相，可以断定他与秦始皇有较为亲密的关系。

列举一些历史事实,以揭示皇帝制度的真面目,证明皇帝制度是必须、必然、唯一的选择,非皇帝制度无法救中国等观点是错误的问题。以下按照皇帝制度的建立是秦始皇军事胜利的战利品、维持皇帝制度的社会代价巨大等的顺序进行论述。

(一) 皇帝制度的建立是秦始皇军事胜利的战利品

皇帝制度的建立,其实只不过是秦始皇军事胜利的战利品,其过程是白骨累累。[1]没有军事胜利就没有大一统的私有国家以及皇帝制度。而秦始皇能够取得军事胜利,又与秦孝公、商鞅、秦惠王、张仪等人关系重大。这些人消停,天下就和平,这些人如果上蹿下跳,天下就大乱。时人感慨地说,"公孙衍、张仪……一怒而诸侯惧,安居而天下熄"[2]。在血腥残暴方面,商鞅的所作所为令人骇异,而商鞅之后的秦国将领们与商鞅相比也是有过之而无不及[3]。

显然,因为这些人作乱,破坏了当时结盟国家之间的相对均衡与稳定,他们又通过极为凶狠残暴的手段打了胜仗,建立了大一统的私有国家以及皇帝制度。

(二) 维持皇帝制度的社会代价巨大

建立皇帝制度的过程是血腥的,维持皇帝制度的社会代价也是巨大的。这可以从强者的欲望与皇帝制度是社会动乱的主要根源、在皇帝制度之下对民众的生命以及他们所创造财富进行不断毁灭的战争问题、历代贪官污吏普遍存在的问题、民众心理状态的问题,等四个方面进行阐述。

首先,是强者的欲望以及皇帝制度是社会动乱的主要根源。皇帝制度规定国家属于皇帝私有。[4]如果国家可以私自占有,那么人人都希望获得,人

---

〔1〕 "皇帝制度的形成只是秦始皇在军事全面胜利之下的个人决策,程序很简单,但是要取得军事胜利却很困难,如果从秦孝公开始计算,到秦始皇为止最少也需要一百多年"(陈忠云:《超越不同形式政治制度的研究范式——制度的利益分析理论之魅力》,中国政法大学出版社 2016 年版,第 105 页)。

〔2〕 金良年撰:《孟子译注》,上海古籍出版社 2004 年版,第 126 页。

〔3〕 陈忠云:《超越不同形式政治制度的研究范式——制度的利益分析理论之魅力》,中国政法大学出版社 2016 年版,第 103 页参照。

〔4〕 皇帝制度是维护皇帝政治利益的一种根本制度,它包含一束为维护皇帝的具体利益而设计的制度,如皇帝为了使自己的江山千秋万代永不变色,设计了嫡长继承等皇位继承制度;为了确保国家政权永远掌握在血统纯正的自己人的手中,设计了宦官制度,后宫制度等;为了让人们彻底丧失挑战皇家利益的胆量,他们设计了诛灭三族、腰斩、凌迟等刑罚制度。陈忠云:《超越不同形式政治制度的研究范式——制度的利益分析理论之魅力》,中国政法大学出版社 2016 年版,第 136 页。

附录：古代中国的皇帝制度能否带来社会稳定——与《作为制度的皇帝》作者苏力的商榷

人都成为政治野心家。国家属于私有，就意味着没有任何有效的刚性制度可以制约掌权者。这是属于制度性政治腐败的问题。并且，由于强者彻底控制了弱者，民众没有任何政治选择机会，任由大大小小的掌权者胡作非为。民众只能在忍无可忍的时候进行暴动、以死抗争。皇帝制度刺激产生更多的野心家、阴谋家的同时，也刺激产生大量以死抗争的反抗者。所以，大一统的私有国家必定支离破碎，分分合合、恶性循环是一条铁律。

其次，是在皇帝制度之下对民众的生命以及他们所创造财富进行不断毁灭的战争问题。在中国的史书中，记述着中国也曾经存在一些相对较为安定、富裕的时代。[1]但即使存在，也不是皇帝制度所赋予的。如果没有社会动乱，这是人民为追求自己的美好生活而进行财富创造的常态。人民为追求自己幸福的生活而努力工作，增加家庭财富，这实际上就是增加社会财富的过程。所以这些财富是人民自己创造的，而不是某个人、某集团赐予的。但在皇帝制度之下，由于掌权者胡作非为以及遍地都是政治野心家等问题，导致国家屡屡陷入战乱，屡屡变成焦土。西汉末的战争，导致"百姓虚耗，十有二存"[2]。"十有二存"意为人口仅剩原总人口的五分之一。唐初百姓在"承丧乱之后，比于隋时才十分之一"[3]，隋唐之间的战乱使人口减少十分之九。一轮又一轮的战乱，意味着对人民的生命以及他们所创造的财富进行一轮又一轮的毁灭[4]。

再次，是贪官污吏存在的问题。没有有效的制度对最高统治者进行制约，也没有刚性制度对大大小小掌权者的谋私行为进行制约，他们贪婪、暴虐。该问题从先秦到清末一直存在。在先秦时代，"大夫多贪，求欲无厌"[5]。

---

〔1〕 如，贞观之治等。但根据现有的资料，可以发现在唐太宗时代同样是压政，民众的生活同样是极为痛苦，甚至出现自残的"福手福足'等问题。陈忠云：《超越不同形式政治制度的研究范式——制度的利益分析理论之魅力》，中国政法大学出版社 2016 年版，第 186 页。

〔2〕 (南朝宋) 范晔撰：《后汉书》，中华书局 1999 年版，第 2308 页。

〔3〕 (后晋) 刘昫等撰：《旧唐书》，中华书局 1999 年版，第 1767 页。

〔4〕 唐末，"贼 (黄巢) 围陈郡三百日，关东仍岁无耕稼，人饿倚墙壁间，贼俘人而食，日杀数千。贼有舂磨寨，为巨碓数百，生纳人于臼碎之，合骨而食，其流毒若是。" (刘昫等撰：《旧唐书》，中华书局 1999 年版，第 3671 页)。元末明初，陶宗仪 (1329 年-约 1412 年) 在《南村辍耕录》中《想肉》一节写道，"天下兵甲方殷。而淮右之军嗜食人，以小儿为上，……或使坐两缸间，外逼以火。或于铁架上生炙。或缚其手足，先用沸汤浇泼，却以竹帚刷去苦皮。或盛夹袋中，入巨锅活煮。或男子止断其双腿，妇女则特剜其两乳，酷毒万状，不可具言"〔(明) 陶宗仪：《南村辍耕录》，中华书局 1959 年版，第 113 页〕。虽仅举上述数例，也足以说明在皇帝制度之下国家私有、社会动乱给人民带来巨大灾难的问题。

〔5〕 李梦生撰：《左传译注》，上海古籍出版社 2004 年版，第 891 页。

严重的权力腐败，导致人民生活痛苦、国家衰败，"国家之败由官邪也，官之失德宠赂章也"〔1〕。而孟子（前 385-前 304 年，一说前 372 年-前 289 年）也提到"暴君污吏"〔2〕的问题。在秦汉时代，上上下下掌权者的胡作非为问题更严重。即使在厉行吏治〔3〕的汉文帝时代，地方官员也是"以货赂为市，渔夺百姓，侵牟万民。县丞，长吏也，奸法与盗盗"〔4〕。这种状态一直延续到清朝。康熙说，"由朕躬不德，……（导致）大臣不法、小臣不廉"，"今见（你们）所行、愈加贪黩、习以为常"〔5〕。康熙自我批评说是他缺德贪欲的原因，导致其他官员习以为常地贪污腐败。这也算是大实话。乾隆说，"侵贪之员比比皆是"〔6〕，"吏治之坏至于此极"〔7〕。"侵贪之员比比皆是"说明其普遍性，"吏治之坏至于此极"说明其严重性。从先秦到清末，由于国家私有、没有任何有效制度制约掌权者，如果认为某些朝代的官员较为清廉，如"雍正一朝无官不清"等，在理论上是不成立的。

并且这些贪官污吏，为了能够更顺利地从民众手中掠夺财富，常常是"以暴济贪""以酷济贪"。"太原府知府赵凤诏……专用酷刑、以济贪壑"〔8〕。"各省吏目典史署内捕役，挐锁乡民……纵差勒索，棰楚不堪，此等以酷济贪"〔9〕。"民闲稍有不遵，即刀割其鼻，用绳穿孔，鱼贯游街示儆"〔10〕。"贵州遵义县知县邓尔巽，在任办理捐输，私置站笼（立枷）数年之久，监毙不可胜计"〔11〕。在皇帝制度之下，贪官污吏多如牛毛，以酷济贪的问题同样多如牛毛，在此虽仅举数例，也足以说明在皇帝制度的制度性政治腐败之下普

〔1〕 李梦生撰：《左传译注》，上海古籍出版社 2004 年版，第 52 页。

〔2〕 金良年撰：《孟子译注》，上海古籍出版社 2004 年版，第 106 页。

〔3〕 汉元帝时代的贡禹吹捧汉文帝："孝文皇帝时，贵廉洁，贱贪污，贾人赘婿及吏坐赃者皆禁锢不得为吏……海内大化"〔（东汉）班固：《汉书》，中华书局 1999 年版，第 2306 页〕。

〔4〕 （东汉）班固：《汉书》，中华书局 1999 年版，第 108 页。

〔5〕 《清实录》（第 4 册）圣祖仁皇帝实录（一），中华书局 1985 年版，第 1050~1051 页。

〔6〕 《清实录》（第 12 册）高宗纯皇帝实录（一三），中华书局 1985 年版，第 760 页。

〔7〕 中国第一历史档案馆编：《乾隆朝上谕档》（第 3 册），档案出版社 1991 年版，第 110 页。

〔8〕 《清实录》（第 6 册）圣祖仁皇帝实录（二），中华书局 1985 年版，第 176 页。

〔9〕 中国第一历史档案馆编：《嘉庆道光两朝上谕档》（道光十六年），广西师范大学出版社 2000 年版，第 220 页。

〔10〕 中国第一历史档案馆编：《咸丰同治两朝上谕档》（同治元年），广西师范大学出版社 1998 年版，第 415 页。

〔11〕 中国第一历史档案馆编：《咸丰同治两朝上谕档》（同治三年），广西师范大学出版社 1998 年版，第 110 页。

通民众的悲惨生活。

最后是民众心理状态的问题。在皇帝制度之下，任何强者一旦获得政权，他们都想方设法长久把持政权[1]，并对民众进行强力控制。控制民众的法术有凌迟[2]、愚民术、打板子[3]、跪拜等。特别是凌迟，这是人类史上最残暴、最惨无人道的刑罚。统治者宁可把自己变成毒蛇猛兽，也要采取这种手段维持自己的政权。上述数种狡猾、残暴的手段相辅相成，迫使国民屈服。这就是皇帝制度之所以能够维持二千余年的秘诀。这种控制术让民众形成了奴性与嗜权的病态国民性格。奴性，是畏惧权力，在掌权者面前跪拜、讨好乞怜。嗜权，是因为权力带来的利益最大，只要掌握权力，尽管他也同样要在上级面前跪拜、讨好乞怜，但在百姓面前就是人上人。所以民初袁世凯认为，"余以为中国之病源，在人人欲做官"。[4]如前述，从维持皇帝制度最终结果来看，在清朝的中国政治社会呈未开化、半开化的野蛮状态。毫无疑问，这种状态，之前是持续存在的。只是由于统治者严密控制、残暴镇压，多数国人不敢怒不敢言，或者因为"入鲍鱼之肆，久闻不知其臭"，除了一些人思考其不公正不平等的问题之外，基本上处于万马皆喑的状态。

五、皇帝制度形成并非必然性

上述从理论以及历史事实等的角度对苏力的论点进行了商榷。现在剩下最后一个问题，历史是否只给中国人唯一的选择皇帝制度的机会？如果只给这么一种选择机会，那么这篇商榷论文的学术意义不大，上节对皇帝制度问题进行探讨的价值也很低，因为即使皇帝制度问题再多，民众要承受再多的苦难，也是无可奈何，从宿命论看，这是命运注定的，无法改变的。但历史恰恰不是这样。历史资料所提供的事实是，在皇帝制度形成之前，已经有人探讨此类政治制度（王权制度等）的问题，并积极商讨解决这种问题的方法。

---

〔1〕 "制治未乱，保邦未危"［《清实录》（第6册）圣祖仁皇帝实录（三），中华书局1985年版，第536页］。

〔2〕 类似于这种惨无人道的刑罚，还有桶枷、立枷等。

〔3〕 官员可以随时随意实施该非正式的刑罚。"从第一品到第九品的政府官，都以父权为基础按己意当场对人施以杖刑……有如长辈责罚晚辈"（［英］乔治·马戛尔尼、约翰·巴罗：《马戛尔尼使团使华观感》，何高济、何毓宁译，商务印书馆2013年版，第343页）。

〔4〕 刘路生、骆宝善主编：《袁世凯全集》（第24卷），河南大学出版社2013年版，第45页。

（1）当时的民众发现国家私有的不合理性，并探讨如何解决这种问题。之所以周天子王权制度的大一统私有国家，到春秋战国就陷入分崩离析状态，就是因为人们认为周天子没有理由一个人或者一家子独占天下。如果周天子一个人或者一家子可以独占天下，为何其他人不能这样？因此当时否定国家私有的声音很大。"天下非一人之天下，乃天下人之天下也"。[1]甚至当时为秦始皇制造舆论的吕不韦等也持这种看法。[2]强者不能把国家占为己有，是当时多数学者所持有的看法。在治理国家的问题上，他们认为政治参与应开放，能者上位，不能设置血缘壁垒[3]。

（2）民众自身的权利意识。在当时豪强"横私天下之物"[4]的时代，一个叫做杨朱的人主张个人权利，要捍卫自己的利益，即"阳生（杨朱）贵己"[5]。实际上，早在杨朱之前，在对强权的反抗中维护自身利益的事件已经反复发生。西周时期的周厉王，因为损害民众的利益，遭到民众的反对。然而，"王怒，得卫巫，使监谤者，以告，则杀之。国人莫敢言，道路以目……三年，乃流王于彘。"[6]周厉王因为滥杀无辜，民众忍无可忍，奋起反抗，驱逐了周厉王。还可以看到春秋时期的与同情弱者反抗强权相关的资料。卫国国君因为胡作非为被愤怒的民众赶走，晋国大夫师旷支持民众的反抗，认为这样的君主"困民之主，匮神乏祀，百姓绝望，社稷无主，将安用之？弗去何为？……天之爱民甚矣。岂其使一人肆于民上，以从其淫，而弃天地之性？必不然矣"[7]。他认为损害民众利益的君主本来就应该被打倒。

随着民众的政治利益觉醒，民众日益提高自己的权利意识。由于强者规定"普天之下莫非王土，率土之滨莫非王臣"，在国家的人事安排上，周天子以及各诸侯，都是以自己的亲友作为统治国家的班底，其他官员也是一人得道

〔1〕 徐玉清、王国民注译：《六韬》，中州古籍出版社2008年版，第46页。

〔2〕 如"天下，非一人之天下也，天下之天下也"（关贤柱、廖进碧、钟雪丽译注：《吕氏春秋全译》，贵州人民出版社2009年版，第19页），"天无私覆也，地无私载也，日月无私烛也"（关贤柱、廖进碧、钟雪丽译注：《吕氏春秋全译》，贵州人民出版社2009年版，第24页）等。

〔3〕 陈忠云：《超越不同形式政治制度的研究范式——制度的利益分析理论之魅力》，中国政法大学出版社2016年版，第272页参照。

〔4〕 叶蓓卿译注：《列子》，中华书局2011年版，第201页。

〔5〕 关贤柱、廖进碧、钟雪丽译注：《吕氏春秋全译》，贵州人民出版社2009年版，第491页。

〔6〕 黄永堂注：《国语全译》，贵州人民出版社2009年版，第11页。

〔7〕 李梦生撰：《左传译注》，上海古籍出版社2004年版，第716页。

鸡犬升天。当时，一个叫做子叔疑的人，自己当了官，"又使其子弟为卿"〔1〕，让他的兄弟、儿子也当官。这种掌权者垄断权力地位的做法，引起了人们强烈不满，孟子斥责他们说，"人亦孰不欲富贵？而独于富贵之中有私龙断焉。"〔2〕掌权者胡作非为的问题不但反映在对权力控制的方面，也反映在经济方面。虽然名义上周天子一个人独占国家，但实际上财物产权混乱，大大小小掌权者借机侵占民众利益，如当时农地划分"经界不正，……（导致）暴君污吏，必慢其经界"〔3〕，产权不清晰，给了贪官污吏极大的贪腐机会。因此孟子认为确定经界，明确民众的产权，阻止贪官污吏侵害民众的利益才是最大的仁政。比孟子更早的慎子（约前390年～前315年），同样持有这种观点。他认为"一兔走街，百人追之，贪人具存，人莫之非者，以兔为未定分也。积兔满市，过而不顾，非不欲兔也，分定之后，虽鄙不争。"〔4〕慎子认为如果产权不明确，给了贪官污吏贪腐的各种理由。

（3）民众除了上述针对强者贪得无厌的问题，主张国家民有化、确定民众财产的产权等之外，还已经存在丰富的政治运作技术。当时具有共同利益目标的人经常聚集〔5〕，演说游说、集会议政论政、召开会议商讨以及多数表决、抽签等政治运作方式都已经存在。并且，对国家领导人的角色定位以及择优选拔的技术等也存在。之所以这些政治技术没有进一步发展，与强者的强力控制相关〔6〕。

（4）先秦并非不存在发展民主制度的条件，退一步说，即使不存在也不绝望，因为这并非是制约权力的唯一手段。制约权力的方式有种种。在国家被强者私占的情况之下，复数的专制诸侯国存在，它们之间适度的紧张与对立，往往对君主形成巨大的威胁，他们只能时刻保持警惕，为自保而讨好、

〔1〕 金良年撰：《孟子译注》，上海古籍出版社2004年版，第94页。
〔2〕 金良年撰：《孟子译注》，上海古籍出版社2004年版，第94页。
〔3〕 金良年撰：《孟子译注》，上海古籍出版社2004年版，第106页。
〔4〕 许富宏撰：《慎子集校集注》，中华书局2013年版，第79页。慎子反对周天子私有天下，认为"立天子以为天下，非立天下以为天子也；立国君以为国，非立国以为君也；立官长以为官，非立官以为长也"（许富宏撰：《慎子集校集注》，中华书局2013年版，第16页）。显然，他"追兔"的观点应当不是指国家应当由某个人或者某一家族独自占有。财产可以私有，而国家不能私有。
〔5〕 孔子说君子"群而不党"（金良年撰：《论语译注》，上海古籍出版社2004年版，第189页）。
〔6〕 陈忠云：《超越不同形式政治制度的研究范式——制度的利益分析理论之魅力》，中国政法大学出版社2016年版，第13章参照。

依赖本国民众。[1]这其实也是制约国君权力的一种方式。更重要的是，多国相持，相对宽松的政治环境促使思想争鸣，促进思想进步。受之影响的统治者，也可能进行自我救赎而对政治制度进行改革，或者哪一个国家可能逐渐形成一种新的更为合理的政治利益均衡导向制度、走向政治资源共享。

（5）皇帝制度出现的历史偶然性。春秋战国时期的多个诸侯国之间虽然也是矛盾不断，但它们形成一种松散的联盟并由盟主维持秩序，[2]以保持较为均衡的状态，某种程度的紧张不影响这种均衡的维持。但这种相对均衡的状态到了秦孝公、商鞅时代就完全改变。年仅二十岁的秦孝公认为秦国"僻在雍州，不与中国诸侯之会盟，夷翟遇之"[3]。他认为自己被结盟诸国看不起，因而感到莫大耻辱，"诸侯卑秦，醜莫大焉"[4]，并欲通过军事行为进行报复。

秦始皇皇帝制度的成立是依托于战争胜利，又穷又弱的秦国为何能够取得战争的胜利，有很大的偶然性。这与商鞅采用极端的手段进行强军关系重大。公元前361年，商鞅自魏入秦。在取得秦孝公的信任之后，他使用极端的手段控制民众，并强迫他们参与作战。其实，春秋战国时代的中国，是处于政治制度发展的十字路口，这情形就像是处于行人较多十字路口的弃婴。他可能被好人收养，被培养成大学生，成为人才。也可能被恶棍收养，被砍断手脚，送到景区乞钱，成为坏蛋的取款机。这弃婴的人生发展方向充满不确定性。尽管在这人来人往的十字路口中，恶棍出现的可能性极少，但如果这个婴儿运气不佳，同样可能落入魔爪。先秦思想家不少，但像商鞅这样，认为控制民众要达到随心所欲的地步——就像冶炼工手中的小金属块、陶工手中的一块陶泥，[5]如此极端的人并不多。机缘巧合，商鞅成为政客，他的

---

[1] 梁惠王曰："寡人之于国也，尽心焉耳矣！河内凶，则移其民于河东，移其粟于河内；河东凶亦然。察邻国之政，无如寡人之用心者；邻国之民不加少，寡人之民不加多，何也？"（金良年撰：《孟子译注》，上海古籍出版社2004年版，第4页）。

[2] 如当时发生与晋国相关的侵占城邑的问题，晋国主动把城邑归还。"文子言于晋侯曰：'晋为盟主。诸侯或相侵也，则讨而使归其地。今乌余之邑，皆讨类也，而贪之，是无以为盟主也。请归之！'"（李梦生撰：《左传译注》，上海古籍出版社2004年版，第882页）。

[3] （西汉）司马迁：《史记》，中华书局1999年版，第145页。

[4] （西汉）司马迁：《史记》，中华书局1999年版，第145页。

[5] 商鞅认为"胜民之本在制民，若冶于金、陶于土也"（石磊译注：《商君书》，中华书局2012年版，第131页）。

思想、政策主宰了当时的秦国。他在彻底控制秦国民众的基础上，逼迫他们作战、掠夺，闹得各结盟诸侯国天翻地覆。在商鞅死去之后，秦国继续推行商鞅政策，并最终取得战争的胜利。我们只能说，这个命运不佳的弃婴，完全落入了一群坏蛋的手中，任他践踏、蹂躏。

（6）皇帝制度的建立是中国政治制度发展的倒退。实际上，在周初强者为私占国家而进行大一统作战的过程中，已经给人民带来巨大的灾难。如写作于公元前 1113 年前后的一首诗，记述了这样的事实，"周公东征，四国是皇"〔1〕，其意是周公发动东征的大一统战争，使当时的民众四处逃难、极端恐惧等。并且，在私有的大一统国家中，无论是王权制度还是皇帝制度，统治者都不受有效制度制约，强者胡作非为的问题都极为严重，国君、王室成员如此，官员亦不例外。如当时资料提及"王室如毁（意同苛政猛于虎）"〔2〕以及周厉王对说三道四的人进行杀戮等问题。而在官员方面，他们官官相护、贪污腐败，"惟官，惟反，惟内，惟货，惟来"〔3〕，并且这是一种普遍现象，"四国无政，不用其良"〔4〕。在这种恶劣政治制度之下，民众生活悲惨，甚至人吃人〔5〕。

在大一统的私有国家的制度性政治腐败之下，受苦受难的人到处都是，政治野心家也到处都是。这种大型的私有国家，走向分崩离析，是历史的必然。所以，春秋战国实际上是政治制度发展的新阶段，当时的民众已经认识到国家私有所产生的问题，并且产生强烈的国家民有的意识。政治运作已经朝制约权力、探讨建立更为合理政治制度的方向发展。但秦始皇等秦国统治者，强力扭转政治制度发展方向，以极端野蛮的手段重新建立大一统的私有国家。毫无疑问，这是政治制度发展的重大历史倒退。假如没有秦始皇等人开历史的倒车，从理论上推理，不排除可能产生一种更为合理的政治制度。复数的诸侯国在相持之中，或者新制度也在酝酿之中。因为人的理性总是会使人们推陈出新，建立更为合理的政治制度。但是，在秦始皇把中国重新变成他的大一

---

〔1〕 程俊英撰：《诗经译注》，上海古籍出版社 2004 年版，第 238 页。

〔2〕 程俊英撰：《诗经译注》，上海古籍出版社 2004 年版，第 16 页。

〔3〕 李民 王健注译：《尚书译注》，上海古籍出版社 2004 年版，第 405 页。即"依仗权势随意处理，乘机报恩报怨，畏惧高位强权，不敢秉公执法，勒索财物，接受请托，贪赃枉法"。

〔4〕 程俊英撰：《诗经译注》，上海古籍出版社 2004 年版，第 314 页。

〔5〕 "知我如此，不如无生！羘羊坟首，三星在罶。人可以食，鲜可以饱！"（程俊英撰：《诗经译注》，上海古籍出版社 2004 年版，第 403 页）。

统私有国家之后，他以及他之后的皇帝都不择手段地欲千秋万代维持这种状态。皇帝制度不是唯一的选择，但皇帝控制了国家之后，他们的欲望使整个社会失去了制度选择的机会。中国进入制度倒退的黑暗时空隧道，数千年间难见光明。

六、结语

如前述，苏力论文核心的观点是，在古代中国，皇帝制度是必须、必然、唯一的选择，非皇帝制度无法救中国。作者从两个方面对该论点进行论证。一是前提预设。古代中国的开国皇帝天生是为国为民的圣贤，这是他的前提预设。二是收集具体证据进行论证。主要从四个角度收集证据，包括与古代西方进行比较的角度、从古代中国缺乏实施民主制度具体操作条件的角度、从经济学理论角度、从学者思考的角度等。但无论从前提预设还是收集具体证据，都存在较大的问题。因为论文分析的前提预设，必须建立在客观的可观察事实之上，但苏力论文的前提预设却认为开国皇帝是天生的为国为民的圣贤。这种无限拔高的研究假设，与古代资料所提供的历史事实完全相反。在收集证据方面，又存在误读、漏读资料等问题。这些问题的存在，使其整篇文章漏洞百出。

苏力也强调要在事实的基础上对皇帝制度的问题进行研究，但他在该研究中，核心观点以及支持核心观点的前提预设、各项具体证据、理由，都远远地偏离了历史事实，并且相关的错误从题目与论文的第一句判断就已经开始。为何发生这种研究目标与研究结果完全偏离的情况？笔者认为主要原因之一是缺乏某种合适的理论进行导航。缺少理论导航，无法进行严密的逻辑推理，往往不单单是一个观点，而是整个思路存在问题。一旦思路存在问题，那么判断越多，条理越不清晰，错误越多。苏力论文《作为制度的皇帝》，恰恰陷入这种困境。在学术研究中，合适理论导航的重要性可见一斑。

参考文献

中文类

1. 中国第一历史档案馆编:《雍正朝汉文谕旨汇编》,广西师范大学出版社 1999 年版。

2. 中国第一历史档案馆编:《雍正朝汉文朱批奏折汇编》,江苏古籍出版社 1991 年版。

3. 中国第一历史档案馆编:《乾隆朝上谕档》,档案出版社 1991 年版。

4. 中国第一历史档案馆编:《嘉庆道光两朝上谕档》,广西师范大学出版社 2000 年版。

5. 中国第一历史档案馆编:《咸丰同治两朝上谕档》,广西师范大学出版社 1998 年版。

6. 中国第一历史档案馆编:《光绪宣统两朝上谕档》,广西师范大学出版社 1996 年版。

7. 中国第一历史档案馆编:《清代军机处随手登记档》,国家图书馆出版社 2013 年版。

8. 中国第一历史档案馆编:《光绪帝起居注》,广西师范大学出版社 2007 年版。

9. 史式:《清实录》,中华书局 1987 年版。

10. (清)赵尔巽等撰:《清史稿》,中华书局 1977 年版。

11. (清)雍正皇帝编纂:《大义觉迷录》,张万钧、薛予生编译,中国城市出版社 1999 年版。

12. 上海书店出版社编:《清代文字狱档》(增订本),上海书店出版社 2011 年版。

13. 向达等编:《太平天国》,神州国光社 1952 年版。

14. 太平天国历史博物馆编:《太平天国文书汇编》,中华书局 1979 年版。

15. 王庆成编注:《天父天兄圣旨——新发现的太平天国珍贵文献史料》,辽宁人民出版社 1986 年版。

16. 翦伯赞等编:《戊戌变法》,神州国光社 1953 年版。

17. 国家档案局明清档案馆编:《戊戌变法档案史料》,中华书局 1958 年版。

18. (清)翁同龢:《翁同龢日记》(第5册),陈义杰整理,中华书局 1997 年版。

19. (清)翁同龢:《翁同龢日记》(第6册),陈义杰整理,中华书局 1998 年版。

20. 黄鸿寿编:《清史纪事本末》,北京图书馆出版社 2003 年版。

21. 故宫博物院明清档案部编:《清末筹备立宪档案史料》,中华书局 1979 年版。

22. ［美］德龄、容龄：《在太后身边的日子》，紫禁城出版社 2011 年版。

23. （清）恽毓鼎：《恽毓鼎澄斋日记》，史晓风整理，浙江古籍出版社 2004 年版。

24. 岑春煊：《乐斋漫笔》，中华书局 2007 年版。

25. 许宝蘅：《许宝蘅日记》第 1 册，中华书局 2010 年版。

26. 骆宝善、刘路生主编：《袁世凯全集》（第 10 卷），河南大学出版社 2013 年版。

27. 中国社会科学院近代史研究所中华民国史研究室等编：《孙中山全集》，中华书局 2011 年版。

28. 陈旭麓主编：《宋教仁集》，中华书局 2011 年版。

29. 石芳勤编：《谭人凤集》，湖南人民出版社 1985 年版。

30. 白蕉编著：《袁世凯与中华民国》，人文月刊社 1936 年版。

31. 中国史学会主编：《辛亥革命》，上海人民出版社 1957 年版。

32. 全国政协文史和学习委员会编：《八十三天皇帝梦》，中国文史出版社 2016 年版。

33. 郑曦原编：《帝国的回忆：〈纽约时报〉晚清观察记（1854-1911）》，当代中国出版社 2011 年版。

34. 郑曦原编：《共和十年：〈纽约时报〉民初观察记（1911-1921）》，当代中国出版社 2011 年版。

35. 凤冈及门弟子编：《梁士诒年谱》，广东人民出版社 2014 年版。

36. 朱宗震、杨光辉编：《民初政争与二次革命》，上海人民出版社 1983 年版。

37. 谢彬撰、章伯锋整理：《民国政党史》，中华书局 2011 年版。

38. 王锡彤：《抑斋自述》，河南大学出版社 2001 年版。

39. 严昌洪主编：《辛亥革命史事长编》（第 9 册），武汉出版社 2011 年版。

40. 严昌洪主编：《辛亥革命史事长编》（第 10 册），武汉出版社 2011 年版。

41. 中国人民政治协商会议全国委员会、文史资料研究委员会编：《辛亥革命回忆录》，中国文史出版社 2012 年版。

42. 白钢主编：《中国政治制度史》（第 3 版），天津人民出版社 2016 年版。

43. 陈忠云：《超越不同形式政治制度的研究范式——制度的利益分析理论之魅力》，中国政法大学出版社 2016 年版。

44. 高放等：《清末立宪史》，华文出版社 2012 年版。

45. 汤志钧：《戊戌变法史》，上海社会科学院出版社 2015 年版。

46. 张鸣：《重说中国近代史》，中国致公出版社 2012 年版。

47. 杨天石：《帝制的终结》，岳麓书社 2013 年版。

48. 茅海建：《戊戌变法史事考》，生活·读书·新知三联书店 2005 年版。

49. 茅海建：《戊戌变法的另面："张之洞档案"阅读笔记》，上海古籍出版社 2014 年版。

50. 萧功秦：《危机中的变革：清末政治中的激进与保守》，广东人民出版社 2011 年版。

51. 黄彰健：《戊戌变法史研究》，上海书店出版社 2007 年版。

52. 袁伟时：《帝国落日：晚清大变局》，江西人民出版社 2003 年版。

53. 高旺：《晚清中国的政治转型：以清末宪政改革为中心》，中国社会科学出版社 2003 年版。

54. 迟云飞：《清末预备立宪研究》，中国社会科学出版社 2013 年版。

55. 杨绪盟编著：《移植与异化———民国初年中国政党政治研究》，人民出版社 2009 年版。

56. 张晓波、周绍纲主编：《1913：革命的反革命》，中华书局 2014 年版。

57. 江勇振：《舍我其谁：胡适》，浙江人民出版社 2013 年版。

58. 杨奎松：《谈往阅今》，九州出版社 2012 年版。

59. ［美］戴维·伊斯顿：《政治生活的系统分析》，王浦劬译，华夏出版社 1999 年版。

60. ［美］蒋中一：《数理经济学的基本方法》，商务印书馆 2004 年版。

61. ［德］柯武刚、史漫飞：《制度经济学：社会秩序与公共政策》，韩朝华译，商务印书馆 2000 年版。

62. 薛晓源、陈家刚主编：《全球化与新制度主义》，社会科学文献出版社 2004 年版。

63. ［美］加里·格尔茨、詹姆斯·马奥尼：《两种传承：社会科学中的定性与定量研究》，刘军译，上海人民出版社 2016 年版。

64. 马德勇：《中国乡镇治理创新——10 省市 24 乡镇的比较》，南开大学出版社 2014 年版。

65. 张建业主编：《李贽全集注》（第 6 册），社会科学文献出版社 2010 年版。

66. 陈晨编：《秋瑾徐锡麟轶事》，人民日报出版社 2014 年版。

67. ［美］汉密尔顿、杰伊、麦迪逊：《联邦党人文集》，商务印书馆 2007 年版。

68. ［英］麦肯齐：《泰西新史揽要》，［英］李提摩太、蔡尔康译，上海书店出版社 2002 年版。

69. ［美］阿尔蒙德、鲍威尔：《比较政治学——体系、过程和政策》，曹沛霖等译，东方出版社 2007 年版。

70. 李民、王健撰：《尚书译注》，上海古籍出版社 2004 年版。

71. 张世亮、钟肇鹏、周桂钿译注：《春秋繁露》，中华书局 2012 年版。

72. （东汉）班固：《汉书》，中国文史出版社 1999 年版。

73. 谢浩范、朱迎平译注：《管子全译》，贵州人民出版社 2009 年版。

74. （北宋）司马光编著：《资治通鉴》，中华书局 2009 年版。

75. 王栻主编：《严复集》（第 4 册），中华书局 1986 年版。

76. 马国川：《告别皇帝的中国》，上海世界图书出版公司 2011 年版。

77. ［美］塞缪尔·P. 亨廷顿：《变化社会中的政治秩序》，王冠华等译，上海人民出版社 2008 年版。

78. 梁启超：《梁启超全集》，北京出版社 1999 年版。

79. 基督教历代名著集成系列：《不列颠宗教改革思潮》，中国基督教两会 2007 年版。

80. （清）唐甄：《潜书校释》，黄敦兵校译，岳麓书社 2011 年版。

81. 蒋兆成、王日根：《康熙传》，人民出版社 2014 年版。

82. 冯尔康：《雍正传》，人民出版社 2014 年版。

83. 唐文基、罗庆泗：《乾隆传》，人民出版社 1994 年版。

84. 杨光斌：《制度变迁与国家治理——中国政治发展研究》，人民出版社 2006 年版。

85. 中国历史研究社编：《扬州十日记》，上海书店出版社 1982 年版。

86. 中国第一历史档案馆编：《纂修四库全书档案》，上海古籍出版社 1997 年版。

87. 田涛、邓秦点校：《大清律例》，法律出版社 1999 年版。

88. ［意］利玛窦、［比］金尼阁：《利玛窦中国札记》，广西师范大学出版社 2001 年版。

89. ［英］乔治·马戛尔尼、约翰·巴罗：《马戛尔尼使团使华观感》，何高济、何毓宁译，商务印书馆 2013 年版。

90. 中国人民政治协商会议全国委员会、文史资料研究委员会编：《晚清宫廷生活见闻》，文史资料出版社 1982 年版。

91. 中共中央文献研究室编：《毛泽东文集》（第 3 卷），人民出版社 1996 年版。

92. 程俊英撰：《诗经译注》，上海古籍出版社 2004 年版。

93. 王明编：《太平经合校》，中华书局 1979 年版。

94. 王明校注：《无能子校注》，中华书局 2010 年版。

95. 张建业主编：《李贽全集注》（第 14 册），社会科学文献出版社 2010 年版。

96. （明）吴承恩：《西游记》，岳麓书社 2006 年版。

97. （南朝宋）范晔：《后汉书》，中华书局 1999 年版。

98. （明）黄宗羲：《明夷待访录》，段志强译注，中华书局 2011 年版。

99. ［英］弥尔顿：《论出版自由》，吴之椿译，商务印书馆 1958 年版。

100. 王彬主编：《清代禁书总述》，中国书店 1999 年版。

101. 爱汉者等编，黄时鉴整理：《东西洋考每月统记传》，中华书局 1997 年版。

102. ［日］松浦章等编著：《遐迩贯珍》，上海辞书出版社 2005 年版。

103. 李天纲编校：《万国公报文选》，中西书局 2012 年版。

104. 林乐知主编：《万国公报》（第 34 册），华文书局股份有限公司 1968 年。

105. ［德］花之安：《自西徂东》，上海书店出版社 2002 年版。

106. （清）梁廷枏：《海国四说》，中华书局 1993 年版。

107. （清）徐继畬：《瀛寰志略》，上海书店出版社 2001 年版。

108. （清）魏源：《海国图志》（卷 59）、《魏源全集》（6），岳麓书社 2011 年版。

109. 刘东主编：《近代名人文库精萃：洪秀全 洪仁玕》，太白文艺出版社 2012 年版。

110. 罗尔纲、王庆成主编：《太平天国》（9），广西师范大学出版社 2004 年版。

111. 广西师范学院历史系《金田起义》编写组：《金田起义》，广西人民出版社 1975 年版。

112. 罗尔纲：《罗尔纲全集》（第 13 卷），社会科学文献出版社 2011 年版。

113. （清）梁廷枏：《海国四说》，中华书局 1993 年版。

114. ［美］加里·金等：《社会科学中的研究设计》，陈硕译，上海人民出版社 2014 年版。

115. 王芸生编著：《六十年来中国与日本》（第 3 卷），生活·读书·新知三联书店 2005 年版。

116. ［美］德龄：《我和慈禧太后》，译林出版社 2014 年版。

117. （清）冯桂芬：《校邠庐抗议·汇校》，上海社会科学院出版社 2015 年版。

118. （清）张之洞：《劝学篇》，广西师范大学出版社 2008 年版。

119. 黄鸿寿编：《清史纪事本末》，北京图书馆出版社 2003 年版。

120. 金易、沈义羚：《宫女谈往录》，紫禁城出版社 2010 年版。

121. 张鸣：《再说戊戌变法》，陕西人民出版社 2013 年版。

122. ［英］濮兰德、白克好司：《慈禧外纪》，陈冷汰译，紫禁城出版社 2010 年版。

123. 张觉等撰：《韩非子译注》，上海古籍出版社 2007 年版。

124. ［美］杰斐逊：《杰斐逊选集》，朱曾汶译，商务印书馆 2011 年版。

125. ［美］詹姆斯·麦迪逊：《辩论：美国制宪会议记录》，尹宣译，译林出版社 2014 年版。

126. ［美］乔治·华盛顿：《华盛顿选集》，聂崇信等译，商务印书馆 2012 年版。

127. ［古希腊］普鲁塔克：《希腊罗马名人传》，黄宏煦主编，陆永庭等译，商务印书馆 1990 年版。

128. 陆纯编：《袁大总统书牍汇编》，文海出版社 1967 年版。

129. 中国人民政治协商会议全国委员会、文史资料研究委员会编：《晚清宫廷生活见闻》，文史资料出版社 1982 年版。

130. 李守孔：《民初之国会》，台北正中书局 1977 年版。

131. 胡汉民：《胡汉民自传：要电录存》，中华书局 2016 年版。

132. 何智霖编注：《阎锡山档案》（第 1 册），国史馆 2003 年版。

133. 桑兵等编：《戴季陶辛亥文集》，中文大学出版社 1991 年版。

134. 尚小明：《宋案重审》，社会科学文献出版社 2018 年版。

135. 梁启超：《庸言》，中华书局 2010 年版。

136. ［法］托克维尔：《论美国的民主》，董果良译，商务印书馆 2013 年版。

137. 易中天：《帝国的终结：中国古代政治制度批判》，复旦大学出版社 2013 年版。

138. 黄竹三、冯俊杰主编：《六十种曲评注》（第 6 册），吉林人民出版社 2001 年版。

139. （后晋）刘昫等：《旧唐书》，中华书局 1999 年版。

140. （明）陶宗仪：《南村辍耕录》，中华书局 1959 年版。

141. 徐玉清、王国民注译：《六韬》，中州古籍出版社 2008 年版。

142. ［英］安格斯·麦迪森：《世界经济千年史》，伍晓鹰等译，北京大学出版社 2003 年版。

143. 李学通主编：《近代史资料》，中国社会科学出版社 2004 年版。

144. ［日］深泽秀男：《西太后：清末动乱期的政治家群像》，东京山川出版社 2014 年版。

145. 耿茹："近十年来戊戌变法失败原因研究综述"，载《历史教学》2003 年第 5 期。

146. 李喜所："梁启超对戊戌变法的反思——兼评百年来学术界对变法失败原因的考察"，载《河北学刊》2001 年第 3 期。

147. 郭世佑："百年戊戌变法研究回顾"，载《学术研究》1998 年第 9 期。

148. 王毅："戊戌维新与晚清社会变革——纪念戊戌变法 110 周年学术研讨会综述"，载《清史研究》2009 年第 2 期。

149. 董方奎："论戊戌变法的策略错误——九十年前的改革教训值得注意"，载《华中师范大学学报（哲学社会科学版）》1988 年第 3 期。

150. 陈志勇："操之过急 功败垂成——戊戌变法失败主观原因探析"，载《南京政治学院学报》1991 年第 1 期。

151. 沈茂骏："戊戌变法失败原因新解"，载《学术研究》1990 年第 4 期。

152. 徐临江："康有为文化个性和维新运动的失败"，载《上海交通大学学报（社会科学版）》2001 年第 3 期。

153. 王也扬："戊戌变法：近代中国唯一可能成功的改革"，载《浙江社会科学》2000 年第 3 期。

154. 骆宝善："再论戊戌政变不起于袁世凯告密兼与赵立人先生商榷"，载《广东社会科学》1999 年第 5 期。

155. 房德邻："戊戌政变之真相"，载《清史研究》2000 年第 2 期。

156. 邱涛：" '戊戌政变过程论' 与戊戌变法研究"，载《教学与研究》2013 年第 3 期。

157. 吴磊、于春江："近年来国内清末新政研究概述"，载《阿坝师范高等专科学校学报》2010 年第 2 期。

158. 崔志海："建国以来的国内清末新政史研究"，载《清史研究》2014 年第 3 期。

159. 萧功秦："清末新政中的保守主义思潮——立宪运动百年的反思"，载《天津社会科学》2004 年第 4 期。

160. 张继良、梁小惠："中西文化冲突与清末宪政模式之选择"，载《河北法学》2006 年第 8 期。

161. 吴春梅："宪政改革：晚清新政的误区"，载《江苏社会科学》1998 年第 2 期。

162. 张玉光："清末立宪运动与商人的宪政诉求"，载《贵州社会科学》2006 年第 1 期。

163. 李昊鲁："从清末立宪反思宪政之根基"，载《中国石油大学学报（社会科学版）》2011 年第 5 期。

164. 侯宜杰："预备立宪失败的原因"，载《史学月刊》1991 年第 4 期。

165. 侯宜杰："清朝何以速亡"，载《清史参考》2012 年第 26 期。

166. 谢俊美："清末新政失败论议"，载《历史教学》1995 年第 11 期。

167. 蒋德海："清末立宪，丑剧还是悲剧"，载《探索与争鸣》2009 年第 5 期。

168. 秦晖："'演员'越来越清晰，'剧本'越来越模糊"，载《南方周末》2011 年 7 月 21 日 D24 版。

169. 谢红星："论清末立宪从官制改革入手之误"，载《中南大学学报（社会科学版）》2014 年第 2 期。

170. 马勇："《宪法十九信条》出台始末"，载《财经杂志》2013 年第 15 期。

171. 马勇："晚清政治改革：逻辑与困境"，载《决策探索》（下半月）2014 年第 3 期。

172. 崔志海："清末十年新政改革与清朝的覆灭"，载《社会科学辑刊》2013 年第 2 期。

173. 田志凌："张鸣：仓促革命断送了温和政改之路"，载《南方都市报》2011 年 3 月 24 日，第 RB16 版。

174. 赵小平："论民初国会的失败"，载《四川大学学报（哲学社会科学版）》1995 年第 2 期。

175. 刘青华："论民初民主共和政治的失败"，载《贵州社会科学》1998 年第 4 期。

176. 高伟："论民初民主共和政治失败的必然性——读托克维尔《论美国的民主》"，载《经济与社会发展》2006 年第 8 期。

177. 王建华："共和精神的缺失——民初政党失败再思考"，载《人文杂志》2007 年第 1 期。

178. 汪朝光："历史上特定情境下罕见之个案——民初西式民主政治夭折的缘由"，载《北京日报》2014 年 3 月 31 日，第 19 版。

179. 杨天宏："民初国会存废之争与民国政制走向"，载《近代史研究》2015 年第 5 期。

180. 孙宏云："再析民初政党政治失败的原因"，载《中山大学学报（社会科学版）》1999 年第 1 期。

181. 朱勇："论民国初期议会政治失败的原因"，载《中国法学》2000 年第 3 期。

182. 袁伟时："民初政格局崩毁再审视——以袁世凯和国民党为中心的考察"，载《徐州师范大学学报（哲学社会科学版）》2011 年第 4 期。

183. 萧功秦："辛亥革命是 20 世纪多灾多难时代的开端"，载《探索与争鸣》2011 年第 8 期。

184. 许纪霖："自美国革命始，于法国模式终：辛亥后制度转型为何失败？"，载《东方早报》2011 年 4 月 24 日（书评）。

185. 马勇："民初政党政治失败原因说"，载 2018 年《团结》杂志编辑部会议论文集。

186. 孙永兴："也谈袁世凯功过——与祝曙光教授商榷"，载《探索与争鸣》2004 年第 10 期。

187. 祝曙光："袁世凯功过辨"，载《探索与争鸣》2004 年第 1 期。

188. 母书鹏："民国初期袁世凯走向帝制之路的原因探析"，载《兰台世界》2011 年第

25 期。

189. 邓亦武、张宪文："论民初袁世凯新权威主义政治"，载《菏泽学院学报》2007 年第 4 期。

190. 朱仁显、李凯、卢碧珍："戊戌变法失败原因新探：一个路径依赖的视角"，载《天府新论》2011 年第 4 期。

191. 史成虎："新制度主义视阈下戊戌变法失败的反思"，载《山西师大学报（社会科学版）》2012 年第 4 期。

192. 史成虎、张晓红："清末新政失败原因新解——以路径依赖为视角"，载《石河子大学学报（哲学社会科学版）》2012 年第 5 期。

193. 李立："运用新制度主义理论研究中国古代制度史"，载《中国社会科学院院报》2003 年 03 月 27 日，第 2 版。

194. 胡荣："农民上访与政治信任的流失"，载《社会学研究》2007 年第 3 期。

195. 邱国良："转型时期我国农民的政治信任及其重建"，华中师范大学 2011 年博士学位论文。

196. 袁训利：" '思想者是幸福的' ——著名学者萧功秦教授访谈录"，载《历史教学》2004 年第 10 期。

197. 魏天悦："寄生虫会控制你的思想"，载《羊城晚报》2011 年 03 月 17 日，第 b4 版。

198. 秦富民："瑞典的民生：从摇篮到坟墓"，载《决策与信息》2010 年第 4 期。

199. 侯宜杰："预备立宪失败的原因"，载《史学月刊》1991 年第 4 期。

200. 谢俊美："清末新政失败论议"，载《历史教学》1995 年第 11 期。

201. 袁飞："雍正朝王士俊开垦小议"，载《兰州学刊》2008 年第 4 期。

202. 李秀清："清朝帝制与美国总统制的思想碰撞——以裨治文和《中国丛报》为研究视角"，《法商研究》2011 年第 5 期。

203. 徐焰："从太平天国的腐败谈起"，载《百年潮》2000 年第 12 期。

204. 潘旭澜："还洪秀全的历史真面目"，载《探索与争鸣》2004 年第 9 期。

205. 潘旭澜："再论《天朝田亩制度》与《资政新篇》"，载《探索与争鸣》2005 年第 4 期。

206. 李喜所："洪秀全拜上帝：'师夷长技' 以 '称帝'——兼析政治宗教的独裁本质"，载《广东社会科学》2012 年第 3 期。

207. 方志钦："帝王之志 救世之心——论洪秀全的反清动机"，载《广东社会科学》1987 年第 2 期。

208. 肖堂炎："略论洪秀全理想社会的矛盾性"，载《重庆师院学报（哲学社会科学版）》1993 年第 3 期。

209. 章启辉："洪秀全社会理想述评"，载《湖南大学学报（社会科学版）》1997 年第 1 期。

210. 彭国兴："洪秀全的封建情结及其恶果"，载《西安电子科技大学学报（社会科学版）》2002 年第 1 期。

211. 王戎笙："扼杀戊戌变法的慈禧为何也搞新政"，载《炎黄春秋》2000 年第 11 期。

212. 陈明、张治江："民国元年都督选任之争"，载《安徽史学》2014 年第 6 期。

213. 尚小明："'宋案'中之袁世凯——何曾主谋刺宋"，载《史学月刊》2016 年第 2 期。

214. 毛翰："民国首脑们的诗"，载《书屋》2006 年第 5 期。

215. 胡丽娟："妥协缺席：中美比较视野中民初第一次制宪会议的败因"，载《中共杭州市委党校学报》2011 年第 2 期。

216. 苏力："作为制度的皇帝"，载《法律和社会科学》2013 年第 2 期。

217. 林贤治："戊戌维新———一场资产改"，载 http://blog. sina. com. cn/s/blog-4acod295 0100yyws. html #common Commment，访问日期：2017 年 6 月 13 日。

218. 禆治文：《美理哥合省国志略》，刘路生点校，载 http://www. doc88. com/p-243817287 2752. html，访问日期：2018 年 7 月 9 日。

219. 浙江大学历史系："中国社科院崔志海研究员讲座报道"，载 http://www. ch. zju. edu. cn/index. php? c＝index&a＝detail&id＝12519&web＝lishi，访问日期：2017 年 6 月 17 日。

220. 李泽厚："再议辛亥革命"，载 http://book. ifeng. com/yeneizixun/detail_ 2012_ 11/26/19537794_ 0. shtml，访问日期：2016 年 6 月 9 日。

221. 张永："解密民国初年议会政治失败的真正原因"，载 http://view. news. qq. com/a/20130926/004636. htm，访问日期：2013 年 9 月 26 日。

222. 杨琳："杨天宏：袁世凯改制未必为圆'皇帝梦'"，载 http://cul. qq. com/a/2015110 4/034087. htm，访问日期：2016 年 3 月 1 日。

223. 萧功秦："近代国人对立宪政治的文化误读及其历史后果"，载 http://www. aisixiang. com/data/36306. html，访问日期：2017 年 6 月 18 日。

224. 孝文、秋凌："揭秘入侵大脑的八种寄生虫及其宿主"，科学网，载 http://news. sciencenet. cn/htmlnews//2008/9/211333. html，访问日期：2014 年 8 月 7 日。

225. 资中筠："中国一定要进行根本性制度改革"，载 http://www. aisixiang. com/data/36097. html，访问日期：2016 年 6 月 3 日。

226. 资中筠："文化与制度——鸡与蛋的关系"，载 http://www. aisixiang. com/data/54193. html，访问日期：2018 年 3 月 24 日。

227. 秦晖："文化无高下，制度有优劣"，载 http://news. ifeng. com/history/zhuanjialunshi/qinhui/detail_ 2010_ 02/23/352534_ 0. shtml，访问日期：2017 年 5 月 23 日。

228. 张弘、徐鹏远："刘再复：我和李泽厚的告别革命不是否定革命"，载 http://culture. ifeng. com/a/20151111/46204888_ 0. shtml，访问日期：2018 年 3 月 24 日。

229. 《如此体制：天国王爷贪如狼、多如狗》，载 http://view. news. qq. com/original/legacy-

intouch/d105. html，访问日期：2014 年 3 月 7 日。

230. 《如此恶果：7000 余万人死于天国之乱》，载 http://view. news. qq. com/original/lega-cyintouch/d106. html，访问日期：2014 年 3 月 10 日。

231. 《太平天国：以道愚民、以术杀人》，载 http://view. news. qq. com/original/legacyintouch/d107. html，访问日期：2014 年 3 月 11 日。

232. 雷颐："'天国'悲剧"，载 http://www. eeo. com. cn/2014/0729/264185. shtml，访问日期：2016 年 10 月 31 日。

233. 王韬："弢园笔乘（二）——记忠贼事"，载 http://article. netor. cn/article/memtext_121886. html，访问日期：2016 年 9 月 6 日。

外文类

1. Immanuel C. Y. Hsu，*The Rise of Modern China*，New York：Oxford University Press，1999.

2. Meribeth E. Cameron，*The Reform Movement in China*，1898~1912，New York：Stanford University Press，1963.

3. Andrew J. Nathan，*China's Transition*，New York ：Columbia University Press，1997.

4. Jeffrey A. Witmer，*Data Analysis*：*An Introduction*，Prentice Hall，1992.

5. John H. Ferguson，Dean E. McHenry，*Elements of American Government*，McGraw-Hill，1958.

6. George Clack，*Historians on America*：*Decisions That Made A Difference*，dot1q Publishing，2010.

7. Alexis de Tocqueville，*Democracy in America and Two essays on America*，translated by Gerald Bevan，London：Penguin Classics，2003.

后　记

　　现在，我在研究写作中使用的是制度的利益分析理论，以此理论作为我学术研究的先导。在我研究的体验中，该理论是一种导航系统，在具体某项的研究中，它从研究开始到研究结束，也就是从出发点到目的地，不断地提醒我修正航向，而最终到达目的地。

　　制度的利益分析理论，已经构思十余年。如果从 2011 年在《思想战线》发表论文《从利益角度构建新的制度理论》[1]算起，它真正问世也已七八年。并在此理论之下，已经写出两部理论系列专著。[2]正如读者在书中所看到的那样，利用该理论对具体问题的分析，可以不断出现与众不同的、更为合理的新观点。可以认为该理论的具体运用已经较为成熟。在第二部专著完成之后，我想借助写后记的机会，推广制度的利益分析理论，让更多的学者、学生们知道在学术研究中理论的必要性以及分享制度的利益分析理论所带来的学术效益。关于制度的利益分析理论的重要性的问题，在本书第二章已经提及，在此不重复。以下，仅按照当初为何要构建该理论，到目前为止该理论究竟探讨了哪些学术问题、形成哪些新的学术思想，该理论的前景预测，理论体系化困境与笔者再就职愿望等几个方面展开阐述。

　　一是，当初为何要构建该理论。当初构建该理论，实际上是我欲走出学术研究困境的一种尝试，是我在学术上走投无路的时候，突破困境而发展出来的。我原来是研究当代政治问题，后来转换成研究古代政治问题。长期的学习研究，使我认识到理论的重要性，我个人认为，尽量要使每一项的具体研究都要有一种理论作为先导。不但当代政治问题的研究需要理论，古代政

---

　　[1]　发表在《思想战线》2011 年 02 期。
　　[2]　即：《超越不同形式政治制度的研究范式——制度的利益分析理论之魅力》《清末民初政治制度改革失败原因的研究——制度的利益分析理论系列研究之二》。

治问题研究更需要理论，因为人们有更多的手段研究当代问题，例如作者不但可以收集各种资料，而且他自身也可以对现实进行深入观察，或者进行个案分析，或者采集数据（包括大数据、随机抽样数据等）进行量化分析等。但对于古代，人们基本上只能通过资料分析对古代问题进行研究，所以理论更为重要。有了理论，无论是研究古代还是当代，都多了一项极为关键的判断选择标尺。当初首先想到的是利用政治学新制度主义理论进行研究。但是如果要研究古代政治制度问题，政治学新制度主义理论无法提供有效的支持，只能自己琢磨，在反复试错之后构建出制度的利益分析理论。

笔者阅读文献的范围较广，接受各种知识的熏陶。但在构建制度的利益分析理论时，属于单兵作战。一个人力量毕竟单薄，能够成功地构建制度的利益分析理论，实属幸运。我想，促使这种成功最少包含下面若干种机遇。首先，它是我折腾人生的副产品。反复折腾的人生道路，促使我思索社会政治的问题，对政治领域行为者的行为规律观察得更深刻；反复折腾的学术道路，使我对政治制度的问题有更为独特的认识，从当代研究转换成古代研究，反而促进了我对历史、现实政治问题的系统认识。从而激发了我长期以来积累知识的交融，化蛹成蝶，成功地构建出一套可以对具体问题进行有效分析的理论。其次，我得到与众不同的机会。这个机会就是，长期在国外生活并学习各种知识，回国之后又给了我进行实地考察以及大量接触中国古文献的机会。再次，走坚实的学术道路，不投机、不取巧，坚守底线。由于这种研究方式出成果慢，即使出了一些成果，按照正常的渠道进行论文投稿，往往也发表不了。当时非常焦虑，特别是在考评的时候，要承受巨大的精神压力。甚至我曾经做过从副教授岗位被"转进"[1]到讲师岗位，再调剂到"人才"交流中心、最后送到后勤部打杂的噩梦。实际上我也有这种心理准备，没有投机取巧的能力，只能在学术方面进行努力，一旦学术失败、生活上走哪一条道路都无所谓，我都将坦然面对。博士称号只不过证明你曾经有过这样一段的学习经历，而不证明你必定有这种能力。但是包括博士课程的学习阶段在内，长期的学习经验使我知道，只要是真正地钻研学术，构建理论是必由之路。就我个人来说，只要有构建理论的能力，无论代价多大，都要构建理论，因为这是建立自己研究的基础。正是这种背水一战、放手一搏，将自己

---

〔1〕 "转进"在军事上是撤退的意思。如蒋介石转进台湾。

置之死地而后生的勇气，让我突破了学术困境。毫无疑问，该理论挽救了我的学术生命。

二是，到目前为止该理论究竟探讨了哪些学术问题、形成哪些新的学术思想？利用该理论进行分析，使我对古代、近代的每一个事件的研究，都有新发现。在第一部专著《超越不同形式政治制度的研究范式——制度的利益分析理论之魅力》中，如果没有制度的利益分析理论，在今后的十年内，不会有如下的学术突破：①等级礼制在中国实施了数千年来，关心该制度问题的学者众多，但是，他们几乎没有意识到等级制度与等级礼制之间的差异，没有区分这是两种不同的制度概念。而有了制度的利益分析理论，该问题就得到破解，这些不同的概念得到了清晰的区分。等级礼制与等级制度是不同的，等级礼制只是等级制度的次级制度，它的作用是维护等级制度。从制度的利益分析理论角度分析，这是很容易区别的问题，为何学界却如此长期无人突破，我认为并不是以前的学者没有努力，而是因为没有制度的利益分析理论而无能为力。对这些关键的问题，没有制度的利益分析理论就无法发现，这恰恰表明了制度的利益分析理论之研究魅力。考虑到三千年来居然无人突破这一问题的情况，可以断定，如果没有制度的利益分析理论，最起码在今后十年内，该问题依然不会有人突破。②对西周统治者的"制礼作乐、敬德保民"等策略真正目的的研究，如果没有制度的利益分析理论，在今后十年内，无法得到合理的说明。③如何评价王莽是一桩历史悬案。王莽因胡作非为而给国家、人民带来巨大灾难的问题众所周知，但由于他的"新政"中似乎包含有向弱势群体利益倾斜的"耕者有其田、禁止奴婢买卖"等主张，导致后人对王莽及其新政进行评价时矛盾重重，甚至有学者认为他是壮志未酬的悲剧性英雄。但念念不忘"普天之下，莫非王土；率土之滨，莫非王臣"的王莽，他同情弱势群体的理由是什么？在制度的利益分析理论之下，结合他的独特目标进行研究，无论从理论上还是从事实上，都可以发现王莽同情弱势群体的豪言壮语的背后，隐藏着极端的个人私欲。在制度的利益分析理论的这面照妖镜之下，王莽原形毕露。而如果没有制度的利益分析理论，长期以来对王莽的争论在这十年内将不会出现新的突破。该研究在制度的利益分析理论之下的细腻、翔实的分析，毫无疑问是该理论分析的一个范本，将经得起时间的考验、历久弥新。④对"千古一帝"的唐太宗，依然有人质疑，但如果没有制度的利益分析理论，十年内不会有人系统地阐述他的问题。⑤针对罗马教会反腐败却越反越腐败的问题，中国国内的学者也抱有极大的关心，但如果没有制度的利益分析理论，十年内不会有人系统地阐述该问题。⑥关于西方民主制度产生原理，基本上是原始民主遗风学说统治学术舞台。偶尔出现一些似乎要挑战这种学说的见解，如基督教二元论，但因为该见解同样缺乏理论支撑，不可能撼动原始民主遗风的学说。并且该见解也没有对西方民主制度产生的学说进行专门的学术梳理，或者作者从一开头就没有明确地要挑战原始民主遗风学说的问题意识。要挑战、撼动原始民主遗风观点，重要的方法之一是揭开其源头的摩尔根原始民主以及日耳曼原始民主等观点的错误所在，才能够建立新观点。而如果没有制度的利益分析理论，就无法发现摩尔根把具有亲密的血缘关系的家庭制度理解为先天的原始民主制度，混淆了制度类型的概念问题〔1〕。也不可能去细细琢磨塔西佗在《日耳曼尼亚志》中给人们提供的除了"小事由酋帅们商议；大事则由全部落议决。人民虽有最后决议之权，而事务仍然先由酋帅们彼此商讨"〔2〕以外的各种信息。总而言之，如果没有制度的利益分析理论，如何揭开这些错误源头颇为棘手，可以断定在十年内不会有人敢于挑战这种学说。⑦无论是东方还是西方，自由、公正、平等、法治的政治理念存在已久，人们也都极为熟悉。但究竟其产生的原理是什么，如果没有制度的利益分析理论，得到合理说明的难度较大。而在该理论之下，主要从政治领域的强者、弱者之间政治利益矛盾的角度对该理念的产生进行说明。作为利益人的强者，在采用暴力手段控制全局的时候，假设没有有效的制度制约，其个人意志体现在国家的决策之上，那么他必定不择手段以权谋私，包括建立利益向自己一边倒的政治制度。而且，千秋万代维持这种制度是每一个皇帝追求的目标，他们必定采用愚民术、残暴的镇压等手段对弱者进行控制。他们不可能主动地提出自由、公正、平等的政治理念，与弱者平等地分享政治利益。甚至在不自由、不公正、不平等的政治制度之下，权贵由于不受任何刚性制度的制约，往往胡作非为，弱者的利益因此受到严重的损害。但弱者也是利益人，他们对此感到不满。他们为了打破不公正、不平等的政治制度，追求自由、公正、平等政治理念，并

〔1〕 陈忠云：《超越不同形式政治制度的研究范式——制度的利益分析理论之魅力》，中国政法大学出版社 2016 年版，第 173 页。

〔2〕 〔古罗马〕塔西佗：《阿古利可拉传·日耳曼尼亚志》，马雍、傅正元译，商务印书馆 2010 年版，第 52 页。

在此理念的基础上设计制约权力的公正、平等政治制度，促使原来的政治利益非均衡导向制度向政治利益均衡导向制度转化。在这个过程中，弱者往往首先追求自由，包括言论自由、思想自由，在自由之下酝酿更为合理的政治理念、设计更为合理的政治制度。所以说，自由、平等、公正政治理念只是弱者的主张，他们主张这些政治理念的目的是摆脱强者的控制、更为合理地追求自身利益。⑧古代东西方民众都对民主政治进行热烈追求，但结果不同。其原因何在？实际上，世界的每个角落，都有培育让每个人享有尊严生活的民主政治制度的土壤。先秦中国与古希腊雅典都不例外。但是古希腊雅典民众追求公正平等的政治制度而最终成功，先秦中国民众虽然也不懈地追求公正平等的政治制度而最终失败。当时两地掌权者追求政治利益的主观欲望与维护既得利益的客观统治手段的差异，是导致形成两种不同结果的主要原因。由于欲望是主观的，它随着统治手段是否有效而波动，因此统治手段尤为重要。先秦中国权贵采用愚民术、斩草除根式的镇压等极为狡猾、残暴的手段，迫使民众放弃追求自己利益的努力并彻底屈服，权贵的专制制度不但得到维持而且被继续强化。古希腊雅典权贵控制民众的手段远不如先秦中国权贵狡猾、残暴，影响了统治手段的效果，也影响了其欲望，他们安于现状形成了小国寡民的城邦。但正是这种小国寡民的城邦，为直接民主提供了客观的条件。可以认为，掌权者统治手段的差异，是先秦中国与古希腊雅典形成两种不同的政治制度的决定性原因。[1]⑨上述所列举的只是该书中一部分的内容。而实际上，由于制度的利益分析理论的分析贯穿全书，使每一章都有与众不同的新内容，都存在新的学术突破。上述所列举的只是该书中一部分的内容。而实际上，由于制度的利益分析理论的分析贯穿全书，使每一章都有与众不同的新内容，都存在新的学术突破。

　　虽然《超越不同形式政治制度的研究范式——制度的利益分析理论之魅力》仅是一部 30 万字左右的小著，因为有了制度的利益分析理论，却包含着丰富的学术新信息，是大量新观点的汇编。新理论与新思路、新观点的前因后果关系非常明显。当然，前述的如果没有制度的利益分析理论，在相关问题上十年内可能没有学术突破等，其实只是一种谦虚内敛的说法，考虑到等

---

　　[1] 陈忠云：《超越不同形式政治制度的研究范式——制度的利益分析理论之魅力》，中国政法大学出版社 2016 年版，第 11 页。

级礼制、王莽悬案、西方先天存在的原始民主等都是千年、百年的古老积案，十年内假如没有出现类似于制度的利益分析理论的理论，要突破这些思想难题恐怕远远不止十年。已经悬了千年的王莽悬案，还不知道要再悬多少年。但是有了制度的利益分析理论，今天，就让读者接触到另一种更有力的对立学说。我所提到的这些内容，读者们可以从拙作中一一进行确认。即使就以上几点而论，制度的利益分析理论对学术贡献之大，也是明了的。对于这种理论，人们不应当因为它出生贫寒、无权无势而忽视它，不应当因为它的作者不善于自我包装、默默无闻而拒绝给它应有的评价。

第二部专著《清末民初政治制度改革失败原因的研究——制度的利益分析理论系列研究之二》，也就是这部书。2012 年是辛亥革命 100 周年，相关课题的研究曾经热闹非凡。但我只能按照原来的计划，在 2014 年 8 月份完成《超越不同形式政治制度的研究范式——制度的利益分析理论之魅力》之后，对清末民初的政治制度改革问题展开研究。紧随他人之后展开研究也有很多好处，比如可以确认之前学者的各种观点，并利用制度的利益分析理论进行新的学术创造。如在第三章中所概括的，学者们对清末民初政治制度改革失败原因的研究，基本上可以分为两大类，一类是从宏观视角进行考察，一类是从微观视角进行考察。从宏观视角进行考察主要有如下的几种看法：制度移植水土不服、传统政治文化根深蒂固、经济基础薄弱、民智不足等。从微观角度考察，主要有权力斗争导致失败等看法。但两类观点中无论哪一类，都没有理论支持，都无法建立有效的数据链条以证明他们观点的正确性。而实际上，强者为追求其完美的政治利益，阻止政治制度向前发展、扭转政治制度发展的方向，这才是清末民初政治制度改革失败的根本原因。这种观点，既能够从理论上进行解释，又能够建立有效的数据链条加以证明。这是在制度的利益分析理论之下的创新。这种研究方法是其他研究所没有的，而采用这种研究方法进行推导、证实的观点，也是其他研究所没有的。

除了上述的研究突破之外，在第二部专著中，如果没有制度的利益分析理论，下述诸问题在短期内无法得到合理的解释。①政治领域的文化与制度之间的关系，是先有蛋还是先有鸡的问题。人们对政治领域这种问题的迷茫认识，已经长期存在，甚至还存在文化决定论的观点。这些观点主要问题之一，是没有意识到行为主体的存在，把行为客体误认为是行为主体。但在制度的利益分析理论的政治利益导向的分析中，首先要区分政治主体、政治客体。鸡和蛋是政治主体、是行为者，文化与制度是政治客体、是行为者的行为对象。在政治利益非均衡导向的专制制度之下，政治主体的政治利益与政治制度、政治文化之间的关系，是一个三个层次的同心圆关系，政治主体的政治利益处于核心地位，政治制度、政治文化从属于政治主体的政治利益。由于强者是利益人，必定追求其个人最大化的政治利益，因此政治制度与政治文化的具体利益内容必定向也们完全倾斜。也就是在某种特定制度之下，强者是鸡，强者的儿子是蛋，而政治利益是鸡和蛋生存与发展的营养，政治制度、政治文化都是他们获取更多政治利益的手段，采用这些手段可以确保他们能够长期获得政治利益这种营养。所以，没有确认在专制制度之下强者的政治利益问题，就把制度与文化当成鸡和蛋，把政治客体当成政治主体，并且还论争它们之间的谁先谁后问题。显然，双方无论哪一方都是错误。而如果没有制度的利益分析理论，这种混沌的状态毫无疑问今后将继续（第三章参照）。②东方、西方的政治体系完全不同，制度移植、水土不服是导致清末民初政治制度改革失败原因的观点将依然盛行（第三章参照）。③康雍乾三朝，皇帝们自吹自擂它是盛世。但从制度的利益分析理论看，康雍乾三朝的政治制度同样是皇帝制度，这种制度使皇帝以及大大小小的掌权者为所欲为，存在极为严重的制度性政治腐败的问题，不存在盛世的制度基础。如果认为该时代的人民生活比之前的战乱时代要安定、要好一些，这是可能的，但这些时代同样存在极为严重的制度性政治腐败问题，同样存在如愚民术、凌迟等极端狡猾、残暴的控制民众手段的问题，同样存在官员普遍压迫民众以及民众普遍饥饿的问题。如果认为盛世就是这些内容或者包含这些内容，那么他们是正确的，但如果按照常识，盛世的最低条件是民富国强，康雍乾三朝则远远无法满足这个条件。同样，长期以来不少人认为雍正朝官员较为廉洁，甚至还存在所谓的"雍正一朝无官不清"的说法。这也是虚假的，因为同样不存在"无官不清"制度基础。总而言之，康雍乾三朝是否是盛世，这些人们长期以来困惑不解的问题，在制度的利益分析理论之下轻而易举地得到合理的说明（第四章参照）。实际上，中国历史上，要依靠造假手段得到好名声的远不止康雍乾这些人。人们同样认为唐太宗的贞观时代是盛世。其具体的问题在第一部专著《超越不同形式政治制度的研究范式》第九章中阐述，在此仅举一个例子进行说明。在唐太宗的贞观盛世时代，手足健全的民众要承担繁重的赋役，是不幸福的，而自残、自己砍断自己的手足才幸福，所以被自己砍断的手、足叫"福手福足"。对这些自残的人，唐太宗指示要"据法加罪，仍从赋役"，自残者不但躲避不了赋役，还要被依法惩罚。这是什么盛世？天下还存在其他的如此盛世国家？④洪秀全定都天京之后，在恢复不平等的等级制度的同时，为何同时又打出主张绝对平等的《天朝田亩制度》？这种做法让人们极为困惑。实际上，他通过建立绝对经济平等的制度，从日用饮食方面着手彻底控制民众，让他们彻底屈服，以永久维持其"真命天子"的不平等政治制度。如果没有制度的利益分析理论，就不会从洪秀全追求极端的个人利益的角度去思考，反而可能认为他是天下最完美的道德家（第七章参照）。⑤制宪后美国政治成功与民初中国政治失败原因的比较探讨，由于多数学者拘泥于制度移植、水土不服等的见解，无法进行更深层次的突破。从制度的利益分析理论角度看，两国间不同的结果并非是不同政治制度系统所致，而是权力是否得到控制、制度性政治腐败是否得到有效抑制所致（第十一章参照）。没有制度的利益分析理论，要从更深层次进行突破，这几年内是不可能的。

另外，在第三章以及附录中，还针对萧功秦、章永乐、苏力等学者的一些观点进行商榷。与他们进行商榷，与其说是反驳他们的学术观点，不如说是强调理论导航的重要性。这些学者中有的在相关的领域耕耘数十年，应当说具有深厚的学术积累。但即使是这样的学者，如果没有理论导航，其思路、具体观点也容易存在问题。特别是，缺少理论，无法厘清思路，造成资料乱用等问题的同时，激情往往变成最大的卖点，在作者澎湃激情之下把读者带入非理性思考的境地，为不受制约的邪恶权力的存在提供支持。笔者对该问题极为担忧，这也是我在拙作中进行率直分析的主要原因〔1〕。由于他们的观点都在拙作之中进行展示，读者也都可以进行确认。笔者的目的是建设理性社会，需要有理性思维，而激情无法做到这一点。更重要的是，缺少理论，往往不止一个观点、两个观点出现错误，而是在错误思路之下发生连锁反应，产生一连串的错误观点。理论问题引起思路问题，思路问题引起观点问题，形成一种多米诺效应。笔者发现他们在使用资料的时候较为随意。出现该问

---

〔1〕 苏力后来把《作为制度的皇帝》论文编入他今年出版的《大国宪制》的著作中，在编入的时候或者已经对常识性的资料运用错误问题进行修改过。但笔者的商榷论文是去年（2017 年）写好的，工作的忙碌使我没有时间去确认。

题，与其说与他们学术态度不严谨问题相关，不如说与他们思路不清晰问题相关，而思路不清晰又与缺少正确理论导航问题密切相关。当然，此处笔者仅仅探讨与笔者研究相关的问题，但缺少理论、思路混乱，将使他们在其他方面同样出现类似的问题。

　　三是，对制度的利益分析理论的前景预测。真正的理论，其本身就是真理，它是建立在事实的基础之上，包括历史中的事实、现实中的事实。制度的利益分析理论就具备了这种真理的品质。笔者曾经对包括理论问题在内的各种学术研究方法进行长期的学习、探讨，这种经历使我知道建立在客观真实基础之上制度的利益分析理论的价值。目前，对中国古代、近代制度能够进行有效分析的也只有制度的利益分析理论。当然，它的价值不仅仅在于它是能够进行有效分析的唯一理论，而是这种理论的内在价值。该理论认为，在政治领域，政治行为者追求自身政治利益是中心、是目的，政治制度只是为实现政治利益的一种手段。利益人追求自身利益是万古不变的，但政治制度可以不断地进行改革、改变，以适合利益人更加公正、合理地追求自身利益，促进社会的发展。如果一味强调改造世界观，以制度不变求人性改变，这种做法是本末倒置，是徒劳的。这就是万古不变的真理。任何人，无论权力有多大，都无法违背该真理。并且，在该理论之下，可以采用论证的手段多种多样，包括文献资料考证、实地考察以及统计学的量化分析等。如果无法取得较为真实的量化数据，采用文献资料考证、实地考察的研究等方法，文章的学术价值或者更大一些。总而言之，只要采用这种理论，无论采用哪一种论证手段，都可以使你的文章变得精彩而与众不同。清晰、严密的逻辑推理，将使这种理论拥有越来越多的共鸣者。人们是理性的，他们没有理由，当制度的利益分析理论这个导航系统指示你不远之处有座桥，而你却去摸石头过河[1]。他们没有理由，不使用送到你手边可以让你认识真相的科学方法，而去相信巫术、迷信，抽签问卦于街边的算命先生。总而言之，他们没有理由拒绝该理论所带来的学术启迪与享受，他们必定关注这套理论、运用这套理论，这就是我对制度的利益分析理论的理论自信、学术自信。这种自信使笔者热衷于与学者们进行学术争鸣，因为我认为这是促使理论发展的重

----

　　[1]　但不能一方面大摇大摆地走这座桥、享受这座桥给你带来的效益，另一方面又向世人宣称我是摸石头过河的。

要手段。这种理论在最初可能遭遇与和氏璧一样的坎坷曲折，但在学术的权力光环、投机取巧、浮躁虚假等在某种程度上退潮，人们真正地认识到其价值之后，将自动地聚集在制度的利益分析理论这面旗帜之下。甚至我有一种预感，就像我利用该理论对托克维尔、摩尔根等原始民主制度观点进行修正一样，学界关于政治制度的形成与发展的各种看法，将来可能要在该理论之下重新进行整理。

介绍笔者的一个小故事。2010 年，笔者在国内发表第一篇论文《汉初皇帝利益追求的策略》〔1〕，数个月之后被《新华文摘》进行论点摘要。2013年，笔者又在《中国政法大学学报》上发表《古代东西方民主政治制度形成与否原因的考察——先秦中国与古希腊雅典的比较》，毫无疑问这是一篇高质量的论文。因为之前《新华文摘》对《汉初皇帝利益追求的策略》论文进行论点摘要，当时我还认为《古代东西方民主政治制度形成与否原因的考察》理应也会被哪个刊物进行论点摘要或者全文转载。然而，一年半载过去了，似乎无人关注，我很失望，就断念了。但在 2015 年该论文的部分内容却突然间出现在高中学子的考卷上，是这样的内容："实际上，让每个人有尊严生活的民主政治制度，在世界的每个角落都有培育这种制度的土壤。先秦中国不例外。之所以先秦中国与古希腊雅典形成两种不同的政治制度，主要是当时两地强者、掌权者追求政治利益的主观欲望与维护既得利益的客观统治手段的差异所致。客观统治手段的差异，包括对被统治者的欺骗技巧是否高明以及是否采用斩草除根式的残暴镇压等。强者、掌权者的主观欲望与客观统治手段的差异，决定了先秦中国与古希腊雅典形成不同的政治制度的结果"〔2〕。以这种方式对我研究成果的承认，让我感到意外，也让我感到慰藉。大批的学子因此认识到相关的问题原来还有另一种解释，并且与其他种类的解释相比，这种解释更得到理论与事实的强有力支持。现在该试题进入高中生的题库，今后每年都将出现在学子的试卷或者练习题中，这是对该研究将来价值

---

〔1〕 载《齐鲁学刊》2010 年 06 期。

〔2〕 陈忠云："古代东西方民主政治制度形成原因的考察——先秦中国与古希腊雅典的比较"，载《中国政法大学学报》2013 年 05 期摘要。这段内容也是 2016 届（鄂豫晋陕冀）五省高三历史 12 月月考试卷的问答题考题（载 http://www.ttzyw.com/news1/2015/107877.html，访问日期：2016 年 2 月 1 日）。

承认的一种最好方式〔1〕。

　　制度的利益分析理论适合于所有有志于运用理论对制度进行研究的新老学者。如第二章所述，该理论具有研究方向导航以及具体分析功能等作用。如果作为研究方向导航，该理论容纳包括质的分析、量的分析等各种具体问题的分析手段，但这种理论本身也具有很强的具体问题分析功能。并且，该理论由于是建立在普遍事实的基础之上，概率理论基本上不需要。而如果是推测统计方法，由于该方法是建立在概率理论的基础之上，要运用它，还需要有一定量的概率理论知识。当然，推测统计很重要，运用范围很广，但在制度分析的问题上，就目前来说，制度的利益分析理论更有效。在运用该理论进行分析的时候，学过概率理论、推测统计方法当然更好，但没有学过，也不妨害你运用该理论去追求真理。总而言之，利用制度的利益分析理论进行推理时，将省去了很多麻烦。该理论好用易懂。在笔者第一部专著《超越不同形式政治制度的研究范式——制度的利益分析理论之魅力》的第十六章中，涉及一些西方政治的内容。实际上，西方特别是古代西方的政治制度并非是笔者所擅长的专业，之所以敢于深入自己所不熟悉的领域，就是因为有制度的利益分析理论。经验固然重要，但方法同样重要。经验再多，没有方法，同样容易出现思路破绽。而有了新理论，再加上在具备认真、扎实、追求精确细节、不投机取巧等研究者应有品质之上，去搜集最真实的第一手资料，即使是新手也可以闯出一片新天地。当然如果是你熟悉的专业，运用这种理论将如虎添翼。利用该理论，或者利用该理论的思路，可以使你的研究更有社会价值。利用这种理论时，你可以添砖加瓦，也可以大胆进行剪切，以更适合于你的具体研究，也可以将它推翻、重新塑造，发展出一种更好的制度分析理论。任何一种真实的理论，都只不过是社会进步的一块垫脚石。我很愿意让制度的利益分析理论，成为这样的一块垫脚石。

　　为读者提供与政治制度相关的最高水平的理论、思路、观点，是我过去、现在以及将来的学术追求。但尽管如此，包括笔者的制度利益分析理论在内，世界上任何一种学说都不可能是一成不变的教条。因为无论哪个学者，他必

----

〔1〕　另外，同学们也可以看看我在去年（2017年年末）录制的一段如何写作的视频（https://v. qq. com/x/page/j0603ptbp73. html 中国政法大学"学术十星"论文写作指导-陈忠云老师）。这段视频的内容，不介绍格式化的写作知识，如文献综述、标注、参考文献等，因为这些都有现成的模板，而主要是介绍我在国外学习所获得的写作知识以及自己在写作过程中的切身体验等。

定是人而不是神。他必定存在处于某个特定的时代，并且打上那个时代的烙印。而这个时代观点的局限性随着社会的进步越来越明显。如果有人为了自身的利益，把某种特定的颠倒黑白学说奉为圭臬，个人倒是有他的自由，但如果超出其个人选择的范围，则不但是作茧自缚，而且阻碍人类正常的学术进步与社会进步，是极端自私的利己行为。任何一种符合社会发展规律的理论，都必须在实践中接受反复检验，反复修正，才能够砥砺前行，不断成为学术进步、社会进步的垫脚石。不符合政治制度发展规律、成为社会进步的绊脚石甚至给社会发展带来灾难的所谓的一些理论，必须予以淘汰。

四是，理论体系化困境与笔者再就职愿望。三十年前，我到海外留学的时候，最大的愿望是学习国外的一些能够推动中国社会进步的学问，所以最初选择了社会学专业。但后来知道，政治学才是主导社会进步的学问，结果又转到政治学专业进行学习，并且走上了政治学研究的道路。回国以后，抱着一种与世无争的态度，秉持学术良心，专心致志地进行学术研究。在制度的利益分析理论基本上构建好了之后，我就打算以该理论为中心，建立一个理论体系，按照古代、近代、现代、当代区分四个阶段，并由四部专著构成。2014 年完成第一部专著《超越不同形式政治制度的研究范式——制度的利益分析理论之魅力》的写作，今年（2018）完成第二部专著《清末民初政治制度改革失败原因的研究——制度的利益分析理论系列研究之二》的写作。如果说这套理论体系是由四部专著构成，那么到目前为止才完成一半。

因为构建制度的利益分析理论以及对古代政治制度的研究难度相对较大，花了我大量的时间，撰写第一部专著是八年半，第二部专著是四年。或者由于沉浸于自己的学术世界里，没有意识到星移斗转，时间飞速流逝。去年学院在毫无预警的情况下突然间以即将退休为理由停止我招收硕士研究生资格的时候，我才意识到时境已经大为变迁，给我一种强烈的山中才一日、世上已千年的冲击。的确，我今年已经五十九岁，但六十岁退休，却使我的研究陷入窘境，因为我刚刚走上学术研究的正轨。

其实，到六十岁为止，写四部专著以上的学者大有人在。但由于特殊原因，笔者的学术事业的整体后挪，经过六年的博士课程学习之后[1]在四十四

〔1〕 如果没有在博士课程中受过六年严格的学术训练，我可能将缺少有效地突破困境的手段，即使如前述有破釜沉舟的勇气，自己也可能被困在沉舟中坠入海底。

岁时取得博士称号、四十七岁到国内大学任职、五十七岁出版第一部专著、五十九岁完成第二部专著。当一位朋友、同事（屈超立教授）问我在六十岁退休之后是否还继续进行研究时，我回答说对制度的研究是我生命中的一部分，无论什么情况我都将继续我的研究，特别是制度的利益分析理论的理论体系化构建尚未完成之时。构建一套理论不容易，理论体系化也刚刚进行到一半，单凭这一点，责任让我不能放弃，我将继续踏上求职的道路。

上述的内容是按照当初为仨要构建制度的利益分析理论、到目前为止该理论究竟探讨了哪些学术问题形成哪些新的学术思想、该理论的前景预测、理论体系化困境与笔者再就职愿望等的顺序阐述过来的。假如不是最后一个"笔者再就职愿望"的原因，前面几个内容将不会出现在后记中。我将继续默默地进行我的工作，用自己的心血去铸造良心品质的作品，直到理论体系构建的完成。其实，我更希望读者自己能够细细地品味我的作品，悟出其中的道理，无须由我来介绍我的作品如何如何。桃李不言下自成蹊，我丝毫不担心我的作品无人认识，是垃圾，垃圾堆就是它的好去处；是金子，扔在垃圾堆中，也有人去挖掘、发现。写作的甘苦自知即可，每个认真搞学术研究的学者几乎如此。之所以现在我要介绍自己学术作品与众不同的地方，是因为时不我待，我马上面临着再觅职的问题，上述这些内容实际上就是我求职的学术履历书。

对政治制度问题的研究，是我生命的一部分，无论如何，都将坚持已经走上正轨的研究。下一步的研究，按照原来的计划，是对现代、当代的政治制度建设的问题进行研究。回到我的老本行，因为我最初研究的就是现代、当代政治的课题。构建制度的利益分析理论，以及对古代中国政治制度、近代政治制度问题的研究，其实都是为研究现代、当代中国政治制度做准备。现在已经进入思考的成熟期，我希望能够把我最成熟的思考献给当代的政治制度研究。这是我当初出匡学习时的愿望，也是我构建制度的利益分析理论，并进行古代政治制度、近代政治制度研究的目的。几年前，当制度的利益分析理论构建好之后，我曾经要求建立一个专门进行制度研究的学术平台，但没有实现。现在利用退休的机会，重新再找一个研究平台，继续我的研究。由于制度的利益分析理论汲具分析魅力，我希望通过这套理论找到志同道合的学术同仁，让我们建立一个新的制度研究平台，共同推动制度的利益分析理论向前发展。或者如果您已经建立起这种学术平台，让我加盟到该制度研究队伍的行列之中，将制度研究的成果做大做强。若有愿意进行合作的单位，请联系我，我的邮箱是 chenzhongyunyi@163.com。

我还想在后记中记述一些我的惦念与感谢的语言。恩师松下洋教授在2016年写了热情洋溢的信件给我之后就少有联系，不知身体是否还是一如既往地安康无恙？而恩师白钢教授，在百忙中热情地为我的第二部专著作序。我不才，并且当时马齿徒增、年龄已大，但此生有幸、蒙不见弃，得到学术视野开阔、学术功底深厚，学识全面、渊博的二位导师的指导、提携。现在，每当我回想起恩师们对我的教诲与帮助，总是让我感激的心情无以言表。师恩难忘，尽管我自己已经马上步入六十岁。另外，我也不会忘记我的第一部专著《超越不同形式政治制度的研究范式——制度的利益分析理论之魅力》编辑刘知函博士，正是他以及他的团队成员的努力，才使这部书能够及时地出版。第二部，也就是该部专著，由雷猛女士担任编辑，她工作认真、热情洋溢，她以及她的团队成员的细致工作令我感动。还有，跟随我学习的硕士研究生们，他们都对制度的利益分析理论深感兴趣，有的在进入硕士课程时，就以为将来能够跟随我继续深造，但是各种原因让他们失望，我深感有愧。总而言之，所有支持、理解我工作的恩师、同事、朋友、学生以及家人，请在此一并接受我真诚的感谢。

陈忠云

2018年8月于北京回龙观寓所